做一个理想的法律人
To be a Volljurist

法律人进阶译丛【法学启蒙】
李 昊/译丛主编

法律研习的方法

作业、考试和论文写作 第10版

Juristische Arbeitstechnik
und wissenschaftliches
Arbeiten,10.Auflage

〔德〕托马斯·M.J.默勒斯/著
申柳华 杜志浩 马强伟/译

北京大学出版社
PEKING UNIVERSITY PRESS

著作权合同登记号　图字：01-2024-0513
图书在版编目（CIP）数据

法律研习的方法：作业、考试和论文写作：第 10 版：德文/（德）托马斯·M. J. 默勒斯著；申柳华，杜志浩，马强伟译.—北京：北京大学出版社，2024.4
（法律人进阶译丛）
ISBN 978-7-301-34729-4

Ⅰ.①法… Ⅱ.①托… ②申… ③杜… ④马… Ⅲ.①法律—学习方法—德文　Ⅳ.①D9-4

中国国家版本馆 CIP 数据核字（2024）第 004991 号

Juristische Arbeitstechnik und wissenschaftliches Arbeiten, 10. Auflage, by Thomas M. J. Möllers
© Verlag Franz Vahlen GmbH, München 2021
本书中文版由原版权方弗兰茨·瓦伦公司授权翻译出版。

书　　　名	法律研习的方法：作业、考试和论文写作（第 10 版） FALÜ YANXI DE FANGFA: ZUOYE、KAOSHI HE LUNWEN XIEZUO(DI-SHI BAN)
著作责任者	〔德〕托马斯·M. J. 默勒斯　著 申柳华　杜志浩　马强伟　译
丛 书 策 划	陆建华
责 任 编 辑	陆建华　张文桢
标 准 书 号	ISBN 978-7-301-34729-4
出 版 发 行	北京大学出版社
地　　　址	北京市海淀区成府路 205 号　100871
网　　　址	http://www.pup.cn　http://www.yandayuanzhao.com
电 子 邮 箱	编辑部 yandayuanzhao@pup.cn　总编室 zpup@pup.cn
新 浪 微 博	@北京大学出版社　@北大出版社燕大元照法律图书
电　　　话	邮购部 010-62752015　发行部 010-62750672 编辑部 010-62117788
印 刷 者	三河市北燕印装有限公司
经 销 者	新华书店
	880 毫米×1230 毫米　A5　12.125 印张　432 千字 2024 年 4 月第 1 版　2024 年 4 月第 1 次印刷
定　　　价	68.00 元

未经许可，不得以任何方式复制或抄袭本书之部分或全部内容。
版权所有，侵权必究
举报电话：010-62752024　电子邮箱：fd@pup.cn
图书如有印装质量问题，请与出版部联系，电话：010-62756370

"法律人进阶译丛"编委会

主　编

李　昊

编委会

（按姓氏音序排列）

班天可	陈大创	季红明	蒋　毅	李　俊
李世刚	刘　颖	陆建华	马强伟	申柳华
孙新宽	唐波涛	唐志威	吴逸越	夏昊晗
徐文海	叶周侠	查云飞	翟远见	章　程
	张焕然	张　静	张　挺	

做一个理想的法律人（代译丛序）

近代中国的法学启蒙受自日本，而源于欧陆。无论是法律术语的移植、法典编纂的体例，还是法学教科书的撰写，都烙上了西方法学的深刻印记。即使是中华人民共和国成立后兴盛过一段时期的苏俄法学，从概念到体系仍无法脱离西方法学的根基。20世纪70年代末以来，借助于我国台湾地区法律书籍的影印及后续的引入，以及诸多西方法学著作的大规模译介，我国重启的法制进程进一步受到西方法学的深刻影响。当代中国的法律体系可谓奠基于西方法学的概念和体系之上。

自20世纪90年代开始的大规模的法律译介，无论是江平先生挂帅的"外国法律文库""美国法律文库"，抑或舒国滢先生等领衔的"西方法哲学文库"，以及北京大学出版社的"世界法学译丛"、上海人民出版社的"世界法学名著译丛"，诸多种种，均注重于西方法哲学思想尤其是英美法学的引入，自有启蒙之功效。不过，或许囿于当时西欧小语种法律人才的稀缺，这些译丛相对忽略了以法律概念和体系建构见长的欧陆法学。弥补这一缺憾的重要转变，应当说始自米健教授主持的"当代德国法学名著"丛书和吴越教授主持的"德国法学教科书译丛"。以梅迪库斯教授的《德国民法总论》为开篇，德国法学擅长的体系建构之术和鞭辟入里的教义分析方法进入中国法学的视野，辅以崇尚德国法学的我国台湾地区法学教科书和专著的引入，德国法学在中国当前的法学教育和法学研究中日益受到尊崇。然而，"当代德国法学名著"丛书虽然遴选了德国当代法学著述中的上乘之作，但囿于撷取名著的局限及外国专家的视角，丛书采用了学科分类的标准，而未区分注重体系层次的基础教科书与偏重思辨分析的学术专著，与戛然而止的"德国法学教科书译丛"一样，在基础教科书书目的选择上尚未能充分体现当代德国法学教育的整体面貌，是为缺憾。

职是之故，自2009年始，我在中国人民大学出版社策划了现今的"外国法学教科书精品译丛"，自 2012 年出版的德国畅销的布洛克斯和瓦尔克的《德国民法总论（第 33 版）》始，相继推出了韦斯特曼的《德国民法基本概念（第 16 版）（增订版）》、罗歇尔德斯的《德国债法总论（第 7 版）》、多伊奇和阿伦斯的《德国侵权法（第 5 版）》、慕斯拉克和豪的《德国民法概论（第 14 版）》，并将继续推出一系列德国主流的教科书，涵盖了德国民商法的大部分领域。该译丛最初计划完整选取德国、法国、意大利、日本诸国的民商法基础教科书，以反映当今世界大陆法系主要国家的民商法教学的全貌，可惜译者人才梯队不足，目前仅纳入"日本侵权行为法"和"日本民法的争点"两个选题。

系统译介民商法之外的体系教科书的愿望在结识季红明、查云飞、蒋毅、陈大创、葛平亮、夏昊晗等诸多留德小友后得以实现，而凝聚之力源自对"法律人共同体"的共同推崇，以及对案例教学的热爱。德国法学教育最值得我国法学教育借鉴之处，当首推其"完全法律人"的培养理念，以及建立在法教义学基础上的以案例研习为主要内容的教学模式。这种法学教育模式将所学用于实践，在民法、公法和刑法三大领域通过模拟的案例分析培养学生体系化的法律思维方式，并体现在德国第一次国家司法考试中，进而借助第二次国家司法考试之前的法律实训，使学生能够贯通理论和实践，形成稳定的"法律人共同体"。德国国际合作机构（GIZ）和中国国家法官学院合作的《法律适用方法》（涉及刑法、合同法、物权法、侵权法、劳动合同法、公司法、知识产权法等领域，由中国法制出版社出版）即是德国案例分析方法中国化的一种尝试。

基于共同创业的驱动，我们相继组建了中德法教义学 QQ 群，推出了"中德法教义学苑"微信公众号，并在《北航法律评论》2015 年第 1 辑策划了"法教义学与法学教育"专题，发表了我们共同的行动纲领：《实践指向的法律人教育与案例分析——比较、反思、行动》（季红明、蒋毅、查云飞执笔）。2015 年暑期，在谢立斌院长的积极推动下，中国政法大学中德法学院与德国国际合作机构法律咨询项目合作，邀请民法、公法和刑法三个领域的德国教授授课，成功地举办了第一届"德国法案例分析暑期班"并延续至今。2016 年暑期，季红明和夏昊晗也积极策划并参与了由西南政法大学黄家镇副教授牵头、民商法学院举办的"请求权基础案例分析法课程暑期研习班"。2017年暑期,加盟中南财经政法大学法学院的"中德法教义学苑"团队,成功举办了"案例分析暑期培训班",系统地在民法、公法和刑法三个领域以德国的鉴定式模式开展了案例分析教学。

中国法治的昌明端赖高素质法律人才的培养。如中国诸多深耕法学教育的启蒙者所认识的那样,理想的法学教育应当能够实现法科生法律知识的体系化,培养其运用法律技能解决实践问题的能力。基于对德国奠基于法教义学基础上的法学教育模式的赞同,本译丛期望通过德国基础法学教程尤其是案例研习方法的系统引入,循序渐进地从大学阶段培养法科学生的法律思维,训练其法律适用的技能,因此取名"法律人进阶译丛"。

本译丛从法律人培养的阶段划分入手,细分为五个子系列:

——法学启蒙。本子系列主要引介关于法律学习方法的工具书,旨在引导学生有效地进行法学入门学习,成为一名合格的法科生,并对未来的法律职场有一个初步的认识。

——法学基础。本子系列对应于德国法学教育的基础阶段,注重民法、刑法和公法三大部门法基础教程的引入,让学生在三大部门法领域中能够建立起系统的知识体系,同时也注重扩大学生在法理学、法律史和法学方法等基础学科上的知识储备。

——法学拓展。本子系列对应于德国法学教育的重点阶段,旨在让学生能够在三大部门法的基础上对法学的交叉领域和前沿领域,诸如诉讼法、公司法、劳动法、医疗法、网络法、工程法、金融法、欧盟法、比较法等有进一步的知识拓展。

——案例研习。本子系列与法学基础和法学拓展子系列相配套,通过引入德国的鉴定式案例分析方法,引导学生运用基础的法学知识,解决模拟案例,由此养成良好的法律思维模式,为步入法律职场奠定基础。

——经典阅读。本子系列着重遴选法学领域的经典著作和大型教科书(Grosse Lehrbücher),旨在培养学生深入思考法学基本问题及辨法析理之能力。

我们希望本译丛能够为中国未来法学教育的转型提供一种可行的思路,期冀更多法律人共同参与,培养具有严谨法律思维和较强法律适用能力的新一代法律人,建构法律人共同体。

虽然本译丛先期以德国法学教程和著述的择取为代表，但是并不以德国法独尊，而是注重以全球化的视角，实现对主要法治国家法律基础教科书和经典著作的系统引入，包括日本法、意大利法、法国法、荷兰法、英美法等，使之能够在同一舞台上进行自我展示和竞争。这也是引介本译丛的另一个初衷：通过不同法系的比较，取法各家，吸其所长。也希望借助本译丛的出版，展示近二十年来中国留学海外的法学人才梯队的更新，并借助新生力量，在既有译丛积累的丰富经验基础上，逐步实现对外国法专有术语译法的相对统一。

本译丛的开启和推动离不开诸多青年法律人的共同努力，在这个翻译难以纳入学术评价体系的时代，没有诸多富有热情的年轻译者的加入和投入，译丛自然无法顺利完成。在此，要特别感谢积极参与本译丛策划的诸位年轻学友和才俊，他们是：留德的季红明、查云飞、蒋毅、陈大创、黄河、葛平亮、杜如益、王剑一、申柳华、薛启明、曾见、姜龙、朱军、汤葆青、刘志阳、杜志浩、金健、胡强芝、孙文、唐志威；留日的王冷然、张挺、班天可、章程、徐文海、王融擎；留意的翟远见、李俊、肖俊、张晓勇；留法的李世刚、金伏海、刘骏；留荷的张静；等等。还要特别感谢德国奥格斯堡大学法学院的托马斯·M. J. 默勒斯（Thomas M. J. Möllers）教授慨然应允并资助其著作的出版。

本译丛的出版还要感谢北京大学出版社副总编辑蒋浩先生和策划编辑陆建华先生，没有他们的大力支持和努力，本译丛众多选题的通过和版权的取得将无法达成。同时，本译丛部分图书得到中南财经政法大学法学院徐涤宇院长大力资助。

回顾日本的法治发展路径，在系统引介西方法律的法典化进程之后，将是一个立足于本土化、将理论与实务相结合的新时代。在这个时代中，中国法律人不仅需要怀抱法治理想，还需要具备专业化的法律实践能力，能够直面本土问题，发挥专业素养，推动中国的法治实践。这也是中国未来的"法律人共同体"面临的历史重任。本译丛能预此大流，当幸甚焉。

李 昊

2018 年 12 月

中文再版序

摆在您面前的这本书，在德国首次发表于20年前，旨在填补空白。当时虽然有关于如何进行法律检索的书籍，但没有学术工作的标准，例如，如何正确引用和避免抄袭。随着时间的推移，学术标准已经建立，学术改革使学术工作与法律研究更加紧密相关（第一章边码30及以下）。众所周知，自古滕贝格事件[1]以来，剽窃可以让人失去博士学位，也可以结束辉煌的政治生涯（第五章边码1及以下）。

2018年，本书的第9版中译本由北京大学出版社出版，目前销量超过15000册。显而易见，在拥有约600所法学院的中国法学领域，人们对学术研究的标准有着极大的兴趣。

作为发行20周年的纪念版，这本德文第10版（中文第二版）再次纳入了一些与时俱进的、与法律人相关的新内容。更新的内容如下：第一章中关于学术研究的基本条件和学习技巧的介绍。第三章中在如何训练自己的法律思维方面也加入了新的想法。第四章中对法律检索、关于引用来源的批评的介绍和运用互联网来源（如馆藏书目检索系统或博客）进行研究，以及阅读技巧等问题都得到了深化。第五章中除了关于抄袭案的最新裁决外，还增加了关于不诚实的学术研究的内容。第六章中增加了关于法律语言风格的展现需要一定的写作技巧的内容。第七章中增加了学期论文和研讨会论文都属于学术研究论文，需要评估相关的法律引用来源，并将形成一个清晰的思路的内容。此外，第八章中加入了对PPT演示和新冠病毒感染疫情暴发时期的活动方式的思考，例如，作为在线媒体形式的在线会议和播客等。第九章

---

[1] 古滕贝格事件，是指前德国联邦国防部长卡尔-特奥多尔·楚·古滕贝格于2011年2月，因涉嫌博士学位论文抄袭被网络公开讨论后，在两周内辞职。同年4月，其博士学位被母校宣布取消。两年之后，2013年联邦女教育部长沙万也因同样指责被迫辞职。——译者注

中，在论文写作方面也有新的思考，例如，介绍了博士生首先要面临的难题——如何在选题、方法论途径和法律论证等方面满足创新性的要求。最后，在新的附录五中介绍了如何运用 Beck-Online 和 Juris 数据库进行学术研究。

法律研究方法侧重于描述法律研究工作所需要的技能，而法学方法论的重点则是关注得出法律结论的论证方式，即法律论证（第三章）。那些想通过 100 个法律论证模型来加深对学术研究的认识的人，推荐参考阅读我的《法学方法论》（Juristische Methodenlehre）一书。该书于 2017 年首次出版，目前德国已经更新为第四版。值得高兴的是，该书的中文版本已于 2022 年由北京大学出版社出版。

在中文翻译方面，我特别感谢申柳华博士（教授），她自 2014 年开始在奥格斯堡大学法学院我创立的 RICE（欧中法律研究与创新中心）工作，主持完成了本书第 10 版的中文翻译和出版；衷心感谢已回国任教的上海财经大学法学院的马强伟博士（讲师）认真及时地在中文第 2 版中更新了其所负责的部分章节。我还要感谢本中心的中国客座高级研究员中南财经政法大学李昊教授对本书的出版与校勘提供的巨大帮助。最后，我要特别衷心感谢北京大学出版社陆建华、张文桢编辑，在本书中文版首版后仅三年，若无他们的辛勤工作与推荐，与德国贝克出版社的协调和沟通，本书第 10 版将无法如期问世。同时在本书首版中担任翻译工作的杜志浩博士和北京大学刑法学博士唐志威（慕尼黑大学博士生）为本书中文版（首版）的校勘也提供了帮助，在此一并感谢。

托马斯·M. J. 默勒斯教授（博士）
于德国奥格斯堡
2022 年春季初撰
2023 年夏季定稿

中文版序

本书适用于那些愿意去阅读、思考、练习、批判和从事学术研究工作的学生。在本书的九个版本中，我都强调了关于学习成功所必需的三项技能：阅读、思考和练习（Lesen Sie, Denken Sie, Üben Sie）。本书虽是为德国学生而作，但同样有益于中国学生。

近年来，中国法律考试的结构发生了变革，也开始采纳类似德国的闭卷考试（Klausur）的形式（见本书第二章）。对读者非常有帮助的首先是第一章中关于有效学习方法的部分。从事所有重要的学术工作之前，人们都需要进行思维训练，此时，第三章所介绍的"法律论证"技术也能为中国学生所用。本书同时也是法学学术论文写作的指南。撰写学术论文时，需要在图书馆以及互联网上进行法律文献的检索（见本书第五章）。学术论文的写作，意味着要对各种论题和结构不断地进行推倒重建。这一过程就好比反复地拼、拆一个1000块的拼图，直至找到所有合适的位置。千万不要在拼到第900块拼图的时候放弃，否则功亏一篑。在写论文时，所有人都需要重视的一个问题是相关文献的正确引用规则（见本书第六章）。剽窃会导致丧失博士学位、受到罚金刑，乃至政治生涯提前结束。前国防部长卡尔-特奥多尔·楚·古滕贝格男爵（Karl Theodor Freiherr zu Guttenberg）的剽窃丑闻就是前车之鉴。家庭作业、学期论文、学士学位论文和硕士学位论文要求写作者在特定的时间内，根据论文的类型，采取不同的写作方法。根据论文类型的不同，这些方法可以是问题的具体化，或者某种特殊的处理路径（见本书第七章）。第八章则特别介绍了博士学位论文的写作方法。写完论文之后，常常需要对论文主题进行报告。第九章介绍了演讲和口试中的各种修辞技巧。第十章则是各种拓展案例及答案。本书还适时介绍了"微软Word软件2016版"的使用指南。

本书也有益于所有希望在德国读书或者写作硕士或者博士学位论文的中国学生。与此相关，最有帮助的章节自然是"法学语言风格"一章（见本书第四章）。

2017年年底，我在C. H. Beck出版社又出版了《法学方法论》（Juristische Methodenlehre）* 一书。比较而言，本书描述了从事学术工作所必需的研究技术和技能，而《法学方法论》一书则着重论证支持法律决定的理由。法律人可能需要在法律争议的程序中提供帮助；法官则需要通过法律的论证说服当事人，努力使案件双方都能满意。《法学方法论》介绍了一百多种论证手段，可资世界各国的法律人在论证法律裁判时引作参考。

在此，我衷心感谢执笔本书翻译的我的学术助手申柳华博士、北京大学和奥格斯堡大学联合培养的马强伟博士和哥廷根大学博士生杜志浩。正是因为他们的辛勤工作，中文版才得以如期问世。同时，北京航空航天大学法学院李昊副教授、北京大学出版社陆建华编辑、北京大学刑法学2017级博士生唐志威对本书中文版的校勘、出版与发行提供了巨大的帮助，在此一并感谢。

我真诚希望读者在阅读中收获乐趣，同时也欣然采纳本书的建议。

托马斯·M. J. 默勒斯教授（博士）
2018年早春于德国奥格斯堡

---

* 该书中文版已于2022年在北京大学出版社出版。——译者注

目 录

第一章　成功的学习 …………………………………………… 001
　第一节　学术研究的基本条件 ………………………………… 001
　第二节　作为方法的学术研究 ………………………………… 009
　第三节　组织能力：目标计划和时间管理 …………………… 016
　第四节　学习技巧 ……………………………………………… 022

第二章　案例分析和闭卷考试 ………………………………… 038
　第一节　分析题干和案情 ……………………………………… 039
　第二节　一个概念的创建 ……………………………………… 042
　第三节　结论的检查 …………………………………………… 066
　第四节　考试答卷 ……………………………………………… 067

第三章　法律论证 ……………………………………………… 072
　第一节　提出争议 ……………………………………………… 072
　第二节　法学方法论和论证模型 ……………………………… 079
　第三节　法律思维作为法律论证的法律推理 ………………… 091

第四章　法律检索及文献阅读 ………………………………… 096
　第一节　文献检索作为法律工作中的重要组成部分 ………… 096
　第二节　法律渊源 ……………………………………………… 104
　第三节　文献评价和阅读技巧 ………………………………… 125

第五章　文献引用的规则 ……………………………………… 136
　第一节　学术研究的基本原则及抄袭 ………………………… 136

第二节　引用的基本规则 …………………………………… 146
　　第三节　引用的形式规则 …………………………………… 152
　　第四节　引用互联网上的内容 ……………………………… 174
　　第五节　文献索引和判例索引 ……………………………… 181

第六章　法学语言风格和写作技巧 ……………………………… 186
　　第一节　法律人的语言 ……………………………………… 186
　　第二节　恰当的法学语言风格的标准：紧凑、简单、清楚、
　　　　　　直观而精确 ………………………………………… 198
　　第三节　写作技术 …………………………………………… 207

第七章　大学学习阶段的学术论文：家庭作业、研讨课论文
　　　　及学士、硕士学位论文 ………………………………… 212
　　第一节　撰写论文：有目的性的工作 ……………………… 212
　　第二节　家庭作业 …………………………………………… 215
　　第三节　研讨课论文、学士学位论文和硕士学位论文 …… 218
　　第四节　论文的修改与缩减：抓住主旨脉络 ……………… 229
　　第五节　外在形式 …………………………………………… 234
　　第六节　小型论文的发表 …………………………………… 238

第八章　学术报告——演讲和口试的修辞技能 ………………… 241
　　第一节　演讲对法律人的重要性 …………………………… 241
　　第二节　口头表达的构成 …………………………………… 247
　　第三节　脱稿的报告 ………………………………………… 253

第九章　博士学位论文 …………………………………………… 263
　　第一节　个人成果作为对学术进步的贡献 ………………… 263
　　第二节　有目的性的博士研究 ……………………………… 271
　　第三节　其他工作阶段 ……………………………………… 276
　　第四节　论文形式和口头结辩 ……………………………… 279
　　第五节　博士学位论文的出版 ……………………………… 281

第十章　提问和答案 ·· 289
　第一节　成功的学习（对应本书第一章）····················· 289
　第二节　案例分析和闭卷考试（对应本书第二章）········ 290
　第三节　法律论证（对应本书第三章）························ 292
　第四节　法律检索及文献阅读（对应本书第四章）········ 295
　第五节　文献引用的规则（对应本书第五章）··············· 297
　第六节　法学语言风格和写作技巧（对应本书第六章）··· 297
　第七节　大学学习阶段的学术论文：家庭作业、研讨课论文及
　　　　　学士、硕士学位论文（对应本书第七章）········· 300
　第八节　学术报告（对应本书第八章）························ 301

附录一　法律检索相关的重要网站 ································· 303
附录二　重要引用规则概要 ·· 306
附录三　封面和目录 ··· 315
附录四　利用微软 Word 2019 工作的 12 个步骤 ·············· 319
附录五　与 Beck-Online 和 Juris 一起工作 ····················· 330
术语索引 ··· 337
译后记 ·· 363

那些今天开始学业的同学,请花一点时间来思考你对学业的期待是什么这一问题。首要的是现实目标,即为了从事某一特定的职业而学习与储备知识,同时获得学士和硕士学位,以及那些与现今的职业发展相关的证书。有时候,家庭传统也扮演着一定的角色,例如家庭成员从事的职业、父亲作为榜样的力量或者其愿望,以及来自家庭关系的压力等环境性因素。在这些时候会出现这样一种想法——尽管许多年轻人不能清晰表达,但我相信,它存在于年轻人的潜意识中。这种思想认为,大学的学习并不仅是为了获得更佳的学术进入社会的机会,也不仅为符合职业发展的需要,而是为极大地发挥人类的天赋,为适当地实现自我决定提供机会。如上所述,围绕这些目标进行工作,去实现这一设想(的活动)的概念就是教育。

麦克斯·霍克海默(Max Horkheimer)*

第一章　成功的学习

第一节　学术研究的基本条件

一、应该怎么做才能取得学术研究的成功

目前特别需要警戒的是法学的"被侏儒化"[1]:德国法学课堂仅主要介绍实体性的知识。基本的学习方法和技能,比如,如何在图书馆工作及如何利

---

* 为编写本书所使用的所有网络上的资料来源,最后访问日期为2021年1月1日。*Horkheimer*, Gesammelte Schriften, Bd.8,1985, S.409 ff.

[1] *Larenz / Canaris*, Schuldrecht, Bd. II 2, 13. Aufl. 1994, Vorwort; nlich auch *Rüthers/Fischer/Birk*, Rechtstheorie, 11. Aufl. 2020, Rn. 38.

用网络工作和正确地引用,如何较好地使用德语及有意义地书写诉讼请求结构的能力等,都会被认为是理应具备的学习能力和技能。因此,不以为奇的是,最后,在笔试中,在第二次国家司法考试的见习工作中,在读博期间,甚至在律师执业期间,自己的这一重大缺陷才被发现,即未掌握那些完成法学学术研究的基本技能。我们希望通过这本 2001 年年初问世的《法律研习的方法》(Juristische Arbeitstechnik und wissenschaftliches Arbeiten)一书来填补此空白。在此期间,也有越来越多的德国大学学习美国的法学教育体系,设立了法律研究和法律写作等课程[2]。

3 本书希望能够给你勇气[3]并在法学学习中给予你帮助。法学是一门有着高要求,却又非常吸引人的专业。请训练自己,因为教育塑造人格。正如本书第 10 版所指出的,这些学生[4]非常喜欢在互联网和维基百科(Wikipedia)上花大量的时间。[5] 麦克斯·霍克海默先生用本章开头的话向 1952 年的新入学的法科新生致辞。本书希望不仅能传授重要的能力,更重要的是传达学习的快乐。这本书面向的是那些有意愿去阅读、去思考问题(提问、质疑和批判)的学生——简而言之,就是愿意从事学术工作的人。作为学生的你应该为学业具备什么呢?原则上,要获得学业的成功需要具备四种技能:好奇心、阅读思考、自律和练习。

(一)好奇心和对知识的渴望

4 保持好奇:当出现问题并且需要解决这些问题时,我们通常需要法律人。解决方案最后应该是经过权衡的,利益公平并且令人满意。这样的挑战我们每天都会遇到。与我同姓的克里斯托夫·默勒斯(Christoph Möllers)曾经说过,一名优秀的法律人不仅对法律感兴趣,还对法律之外的其他事物感兴趣,可以是商业或政治,当然也可以是自然科学、IT、体育等。[6] 这些领域可能会

---

[2] 例如,奥格斯堡大学(Augsburg)法律学院、科隆大学(Köln)法学院和柏林洪堡大学(Berlin Humboldt)法学院。

[3] 参见本书第九章边码 67 中的"代结语"。

[4] 在下文中,出于可读性的原因,使用阳性形式。它适用于所有性别的人。

[5] 如果您在中学的德语、数学和第一外语专业都有良好成绩的话,在法学的学习中会站在一个良好的起点上。关于这些专业成绩与第一次国家司法考试之间的关系,参见 Finkenstaedt/Heldmann,Studierfähigkeit konkret, 1989, S.130。

[6] Ch. Möllers, als Video abrufbar unter https://www.faz.net/aktuell/karriere-hochschule/uni-ratgeber/f-a-z-uni-ratgeber-professoren-geben-tipps-fuers-studium-13692345.html.

出现问题,然后法律人可以解决这些问题。阅读(跨)区域的地方报纸中的"政治"或"经济"栏目中的文章时,你将会发现每天都有需要用法律澄清的问题。你会疑惑——何为不公平?解决方案应当如何?你已经选择了这个专业,所以你应该带上足够的好奇心,甚至是对知识的渴望来塑造自己:"如果教育只不过是引导人的自主发展、人的个性特征(美德)的发展和真正人性化生活方式的实践,那么从这个意义上说,教育就是自身的目的。"[7]在最初的几年里,你将会学习与吸收很多新的东西。上课与参加学习小组及本书都是服务于此目的。充分的心理准备将会给你的学习带来很多快乐。

(二)阅读乐趣、对话和独立思考

德国15岁的学生因缺乏阅读技能受到媒体的批评,在经济合作与发展组织(OECD:Die Organisation für wirtschaftliche Zusammenarbeit und Entwicklung)的研究中,他们的得分经常低于其他北欧的欧盟国家。[8]德国学生花了很多时间在智能手机上,他们耗费在聊天和游戏上的时间令人印象深刻。阅读只在摘录式地进行,法律出版商也抱怨,阅读的意愿正在减少,相反,只浏览简明的文本的趋势正在上升。

阅读:在课堂上仅讲授部分考试材料。学习是一种为了自助的(Selbsthilfe)辅助手段。在新冠病毒感染疫情暴发期间,这一点尤其明显。愿意阅读是一个学者的基本素质之一,而这对于法律人而言尤其如此,因为他们的工作并非不以简洁的公式或算法为基础,它的手段是语言。你在法学院学习期间吸收大量的阅读材料,家庭作业和研讨课论文都有助于训练这些阅读技能。俗话说,周末可以给一个律师20个文件夹,周一他就能给出两页的摘要来简洁地阐述相关问题。这不仅是一个公司法务向董事会报告这一日常工作的一部分,也是一个律师在某个复杂的案件中,必须将其陈述限制在20分钟内的日常工作要求(第八章边码17)。[9] 本书将以一种理想的方式传达知识,因此,

---

〔7〕 *Nida-Rümelin*, Philosophie einer humanen Bildung, 2013, S. 52.

〔8〕 参见 *Schmoll*, Sie mögen den Satz nur, wenn er kurz ist, FAZ v. 4.12.2019, S. 2; *dies*., Neue Pisa-Studie: Lesemuffel auf dem Niveau von Analphabeten, FAZ. NET v. 3.12.2019, abrufbar unter https://www.faz.net/aktuell。

〔9〕 在对大众汽车公司前首席执行官温特科恩的刑事审判中,起诉书有692页,还有75000页的调查档案。参见 *Müßgens/Gropp*, Der Betrugsprozess gegen Winterkorn wird zur Mammutaufgabe, FAZ v. 10.10.2020, S. 28。

你应该保持充足的阅读乐趣。例如,通过阅读优美的文学作品来训练你的语言风格[10];通过阅读优秀的教科书加深你的知识(第一章边码 16);练习各种阅读技巧,例如强化或控制交叉阅读(第四章边码 102 及以下)。

7　　**思考**:讲座的目的是激发你的思考。与政治家相反,法律人不是提出一定框架内的政治愿望,而是要找到有弹性的解决方案,因为它们符合法律要求而经久不衰。学习法律是令人兴奋的,正是因为你不仅要重现解决方案,还要(例如在研讨课论文中)发展和提出你自己的解决方案的方法(第七章边码 21 及以下)。[11] 按照康德的说法,思考就是自言自语。法律论证训练了这种法律思维(第三章边码 36),这种思维经常在对话中发展(第一章边码 70)。

(三)自律、专注、休闲和放松的能力

8　　1.学习意味着自由,因为没有人检查你的学习或听课情况,你要对此负全责。没有学校,也没有父母来监督与控制你,因此,学习必然要求你的自律。学位学习基本上是一个全日制的学习过程,所以应该与雇员的正常工作时间相比较。上课期间从事酒吧夜班工作就与此不相符。研究、阅读、学习和思考都需要集中精力,要保证充足的睡眠、光线、场所和安静的环境。即使不容易做到经常保持安静和遵守时间,也不要中断工作;要尽量回避噪音来源(Lärmquellen),比如交通、对话、电台和经常闪烁的智能手机。

9　　而在学习之外,你还需要一种超前思考、反思和顺势思考的内在态度,这在最近似乎已经过时了——或者说也许又会成为高度热门的话题:学术研究也需要有足够的休闲[12]。如果你想为自己的研讨课论文、学士或博士论文进行提前思考、反思或顺势思考(第七章边码 25),那么你需要放松减速。在 20 分钟内,你无法充分地准备任何一个题目。你至少要学习 1 个小时,尽可能 2~3 个小时。在 45 分钟之后,你可以短暂休息一下。[13] 经验表明,你需要整个工作日的大段时间,才能得到足够的平静来进行学术研究工作。试图在每周 40 或 50 小时的工作间隙攻读博士学位是注定要失败的。

---

[10]　*Klimke,* Jura 2016, 1125 ff.

[11]　*Kant,* Anthropologie in pragmatischer Hinsicht, 1798, S. 101, § 39 Rn. 192.

[12]　"没有精神满足的休闲是死亡,是活死人墓",*Schopenhauer* 如此说道,参见 Aphorismen zur Lebensweisheit, geb. Ausgabe 2019. Kap. II-Von dem, was einer ist, der *Seneca,* Epistulae 82 zitiert。

[13]　经验表明,每天能够高效率学习的时间不会超过六到七个小时。有关可能的时间表,请参阅第一章边码 42。

2.紧张(专注)之余也需要放松。连续坐着看书三四个小时甚至五个小时的人,你会发现集中注意力的能力也降低到零。请保持你身体的健康[14]。当你发现已经无法吸收阅读的内容时,继续阅读就是浪费时间了。保持周末或至少是周日的空闲,每年休息放假几周,到了年底,你将取得比全年持续工作更高的产出。[15]

(四)必要的学习

练习:只有那些掌握丰富知识的人,才能提取并运用他的知识。在考试中,他多年学习的法学知识将受到检验。学习技巧会在下面介绍(第一章边码61及以下)。在准备过程中,只要你具备乐于阅读和大量阅读的热忱,具备一定的语感及在紧凑时间内运用所学知识(得出结论)的能力,你就能取得学业成功,以后也会获得很好的职业前景。

二、必要的工作助手

(一)学习场所——新冠病毒感染疫情暴发时期的居家学习

新冠病毒感染疫情暴发时期,许多大学的面对面活动被取消,大学仍然对许多学生关闭。因此,在线课堂学习非常必要。它需要互联网、自己的学习场所,最好还有自己的书房。作为一名学生,你现在或多或少地了解了在家工作的优势和劣势。

居家学习需要自律,以防为自己或他人干扰。建议你在学习之初制定一个时间表(第一章边码55),以保障自己的在线学习有条不紊,实现自我管理。首先要保证学习与休闲时间明确分开。充分利用可以根据自己的生物节律来安排日程的这种自由:处于最佳状态的时间多学习,如果状态不佳或有心理障碍时就抽出时间来休息。作为一名被要求同时处理多个任务的律师,居家办公往往需要反其道行之。请使用待办事项清单,依次解决各项任务。

如果在家里学习,那么家里就必须有文献资料,或者之后再到图书馆查

---

[14] 值得推荐的是:Lauren/Clark, Fit ohne Geräte, Trainieren mit dem eigenen Körpergewicht, 4. Aufl. 2019。

[15] 如何休息参见 Juvenal, Satiren X 356: *Mens sana in corpore sano* ("健康的身体里有一个健康的头脑")。Hülshoff/Kaldewey, Top-Training, Erfolgreich lernen und arbeiten, 3. Aufl. 1999, S. 20 ff. 对整体时间管理的进一步解释可参见 *Seiwert*, Wenn du es eilig hast, gehe langsam, 17. Aufl. 2018。

阅。你要准备足够的辅助工具,以保证能够完成学术工作(见下文)。只有在安静的时候,思路才能得到展开并成型于纸上。这自然要求(你)尽可能地拥有自己的书房,一张带台灯的大书桌,充足的纸张和文件夹。必备的工具书还有《杜登新德语正字法字典》和一本德语语法书。[16]

15 大学目前还提供配备电脑的计算机房,这是由联邦政府投资的所谓"CIP-Pools"(计算机设备援助工程)计划支持的。自己拥有手提电脑的人则不依赖于计算机房,也可以在听课期间使用自己的笔记本电脑。大量的图书馆会为博士生在一定时期内保留一个固定的学习位置(隔间),即所谓的"单间"(Carrell)。

(二)书籍作为学者的研究工具

16 学生是"脑力劳动者",应当用脑。排在首位的意愿是阅读—— 知识就是力量(Scientia est potentia)。[17] 即使在互联网时代也是如此。相较于传统的面授讲课,知识通过播客或 YouTube 视频等方式,会更直观与更快。毕竟,人们通过视觉吸收 70% 的信息。[18] 就书籍而言,其质量是由出版商的编辑负责的,出版商和作者的声誉可以对作品的意义和价值作出担保。这些则是网络来源的资料往往无从获得的(第四章边码 95 及以下)。

17 我真的有必要买一本教科书吗?老师提供的讲稿或者 PPT 文件,难道不够吗?老师为其讲座分发的讲稿或在网上提供的讲稿通常是有帮助的,但往往只是涉及最重要的定义或主题的总结。或者说,它的目的是补充和深化讲座的内容。然而,老师只能摘录某一法律领域的材料。短期内你只是为了期末考试而学习,但从长期来看是为了你的个人发展。因此,你应该通过教科书系统地学习你研究的法律领域,从而也补充讲课中的遗漏之处。因此,从传统的角度来看,教科书仍然是讲座的最重要的配套资料。这在新冠病毒感染疫情暴发时期尤为重要。(因为)此时大学只提供少量的讲座。在互联网上,你往往只能获得短短几行得到压缩过的知识。但人们通过纸版书学习取得的效果往往比电子书更好。请购置所有重要课程的教科书,并积极认真地学习。

---

[16] Auch im Internet verfügbar unter https://www.duden.de.

[17] Bacon, Meditationes Sacrae, 1597, S. 13: *ipsa scientia potestas est*, s. García, 28 Neohelicon, 109 ff. (2001).

[18] Bühler / Schlaich / Sinner, Wahrnehmung, in: Visuelle Kommunikation, 2017, S. 11, 13.

如果是自己的书，你可以在上面做记号，这样复习时更为方便。[19] 研读教科书的目的是认识到某法规存在的原因及其所保护的法益。于我自己而言，每个重要的法律领域的教科书应该拥有两本：一本较薄，用于学习；另一本较厚，用于理解。在选择教科书时，一般情况下是听从授课老师的推荐。更优的办法则是你自己对图书馆里各法律领域的相关教科书的质量拥有自己的评判标准。要做到这一点，请拿一个在讲座中已经讨论过的法律问题来进行比对，检查这一问题在相应教科书中讨论与推理的深度。

（三）用电脑工作的优势和劣势

你需要什么研究工具？你的研究工具之一是电脑[20]，最好是便携式的，如笔记本电脑、笔记本或平板电脑，这样你就可以在大学和居家学习之间灵活通勤。在不到十年的时间里，电脑已经成为每个学生不可缺少的学习（研究）工具。在新冠病毒感染疫情暴发时期，大部分课程是通过互联网提供的。而且，电脑也可以用来检索和编写法律文案。然而，人们也应当意识到，用电脑工作有大量优点的同时，也有其特殊的弊端。

过去，电脑给法律人寻找相关法条的工作带来了革命性的变化（第五章边码 5）。CD 光盘和在如 Juris、Jurion、Beck-Online、Westlaw、HeinOnline 或者 LexisNexis 这样的法律数据库里，以及在互联网上，存在无限量的信息。在最短的时间内，法律人凭借关键字就可以找到相关的法律渊源（Rechtsquellen），复制后就能添加到自己的文字里。文献检索必须花费的时间明显地减少（第四章边码 7）。

用电脑操作可以更好地管理文字，它甚至可以替代满墙壁的书柜。笔记本电脑更是提高了电脑的移动能力。人们在电脑里可以无限制编辑和修改自己的文字。因此，它也改变了工作的风格，此前人们只能从用手写字开始（第七章边码 56）。用电脑工作和读纸书是完全不一样的。人们往往不容易意识到长期看屏幕会给眼睛增加负担[21]，而且也不太容易通过屏幕阅读完整本书。人们不再完整地评价整本书，也不再反复地领会作者的深刻思路，取而代

[19] Zu Lerntechniken s. sogleich § 1 Rn. 61 ff. 关于学习技巧参见第一章边码 61 等。
[20] 关于微软 word 的使用手册见附录四。Zur Handhabung von Microsoft Word s. Anh. 4.
[21] 因此，雇员特别受到 1990 年 5 月 29 日欧盟第 90/270/EEC 号指令的保护，该指令涉及用显示屏幕设备工作的最低安全和健康要求。参见 naijnac ABl. Nr. L 156, S. 14。

之的是,书籍常常仅被单纯地用于寻找关键词,重要的信息经常会被缩略后采用。[22] 人们在电脑上修改的时候也常常会忽视错误,因为会出现屏幕眼盲。此外,运用电脑软件中预设的、快速修改文字功能的做法也会增加错误率,因为以软件中的一个预设标准作为参照来(修改)的句子可能不再是准确的。打印的文字看起来是非常官方和正式的,(但)如果没有被充分(多次)地修改,经常会存在非常多的错误。因此,经常需要在打印稿上进行修改,而不是直接在电脑上修改。毕竟,人们在电脑上的学习效果不如在印刷品上的学习效果好。[23]

三、本书的结构

21   摆在你面前的这本书不能被认为是一本缺乏学术要求和相关引用依据的简单指南,而应当是帮助你练习和学会如何进行学术研究的助手。此外,为了避免剽窃的嫌疑(第五章边码1及以下),本书必须有相关的脚注。

本书按照经典的学习进度编写,希望能够提出有效的建议和帮助你更好地通过第一次国家司法考试。本书开篇是第一章的组织能力和各种学习技巧。第二章主要介绍了案例分析技术和在笔试(Klausur)中应当特别注意的要点。在本版中,我们还把法律的论证独立成章,这对其他学术研究都是非常重要的(第三章)。你应该尽早学习如何在图书馆和互联网上进行法律检索和掌握相关的阅读技巧(第四章),以及如何安全地引用——脚注规则(第五章)。一名好的法律人需要通过学习写作技巧来掌握法律语言的风格(第六章)。家庭论文(Hausarbeit)、研讨课论文及学业论文(Seminar-und Studienarbeit)训练了学术研究能力,并要求自我的时间和工作管理(第七章)。毕竟,经常需要演示你的论文,比如说,在研讨课上作报告或者在答辩(Disputation)中讲解论文。为此,第八章涉及演讲和口试的个人修辞技巧。写博士学位论文是人生的新阶段,对自身的技能,如法律创新和法律思维都提出了要求——

---

[22] Crawford/Gorman, Future Libraries: Dreams, Madness, and Reality, 1995. 进一步的讨论参见第四章边码7。

[23] 然而,根据美因茨大学的一项研究,通过电子书的信息被吸收的程度与经典书籍相似,参见 N. N., Forschungsschwerpunkt Medienkonvergenz legt weltweit einmalige Lesestudie mit neurowissenschaftlichen Ergebnissen zum Lesen auf E-Readern vor, 12.10.2011, 登录网址:www.uni-mainz.de/presse/48646.php。

其应包含自己的研究成果(第九章)。第十章再次强调了前文各章中应当重点理解和练习的要点。为了更好地处理格式问题,本版中附录四举例说明如何使用主流软件——微软文档进行工作。此外,附录五简要介绍了德国领先的法律数据库 Beck-Online 和 Juris。

本书的定位是一本实用性的研习指南。新生在学习之初就不应当仅限于阅读本书中的章节,而是应当直接运用之,即应当练习。你不需要在第一学期就运用本书所有章节中的技能,在第二或第三学期才需要运用关于研讨课论文和家庭论文的技能,此后才是硕士学位论文或者博士学位论文。此书将会伴随你的整个学习生涯。在最理想的情况下,当学习结束之时,本书所给的建议都会成为你的学习习惯。

第二节 作为方法的学术研究

一、学术研究的目标

法学教学不仅是向学生介绍必要的法律知识,更要教会其进行法学研究和运用法律的方法。[24]对于法律人而言,学术研究[25]意味着什么呢?[26]学术

---

[24] 类似观点参见 § 2 Abs.1 STO JF Augsburg。

[25] 学者的观点可以参见 *Stickel-Wolf/Wolf*, Wissenschaftliches Arbeiten und Lerntechniken, 9. Aufl. 2019; Theisen, *Wissenschaftliches Arbeiten*, 17. Aufl. 2017; *Preißner*, Wissenschaftliches Arbeiten, 3. Aufl. 2012; *Krämer*, Wie schreibe ich eine Seminar-oder Examensarbeit, 3. Aufl. 2009; 一位英国学者: *Standop/Meyer*, Die Form der wissenschaftlichen Arbeit, 18. Aufl. 2008; 一位美国学者: Poenicke, *Wie verfasst man wissenschaftliche Arbeiten? - Ein Leitfaden vom ersten Semester bis zur Promotion*, 3. Aufl.2006; 一位文献学者: *Eco*, Wie man eine wissenschaftliche Abschlussarbeit schreibt, 14. Aufl. 2020; 从两位信息学者观点来看: Messing/Huber, *Die Doktorarbeit: Vom Start zum Ziel. Lei(d)tfaden für Promotionswillige*, 4. Aufl. 2007。

[26] Kosman, *Wie schreibe ich juristische Hausarbeiten*, 2. Aufl. 1997; 研讨课与博士论文的领域可参见 *Mann*, Einführung in die juristische Arbeitstechnik, 5. Aufl. 2015, Rn.340 ff.; 很大程度上限于学习计划的内容,可见 *Lange*, Jurastudium erfolgreich, 8. Aufl. 2015; *Putzke*, Juristische Arbeiten erfolgreich schreiben, 6. Aufl. 2018; *Schimmel/Weinert/Basak*, Juristische Themenarbeiten, 3. Aufl. 2017; 来自瑞士视角的文献: Forstmoser/Ogorek/Schindler, Juristisches Arbeiten, 6. Aufl. 2018; Gerhards, Seminar-, Diplom-und Doktorarbeit, 8. Aufl. 1995; Wyss, Einführung in das juristische Arbeiten, 3. Aufl. 2009; 来自奥地利视角的文献: *Kerschner*, Wissenschaftliche Arbeitstechnik und Methodenlehre für Juristen, 6. Aufl. 2014。

是一种讨论,并被视为一种长期的研究对话[27]:

——学术工作是一种系统性的工作。在学术工作中需要明确提出问题,对研究对象进行精确的描述并清晰地展现思路。[28]

——学术工作意味着客观论证。对法律人来说,学术工作首先意味着法律及其相关的文本。然而,在很多时候,案件事实不能简单地被涵摄于法律的字面意义中,因为构成要件总是提供了各种解释的可能性。首先被寻找的是普遍有效的论述[29],而不是保证绝对能够被提起的真实的请求。

——学术工作以大量的文献分析为基础,以保证特定的论述是可以被理解及再检验的。[30] 合理的规定强制性地要求法律人使用他人以前的言论时必须标明引注,以区别于自己的作品。

——法律的论文一般都涉及一系列的法律问题和争议焦点。因此,学生必须熟悉运用一系列的论证技术。

——作者在学术研究工作中,首先需要搜寻新的知识。[31] 一个好的法律人必须要具备理解、运用、分析、判断法律及提出问题的能力。他必须为还未判决的案件寻找解决方案,并时刻准备着在公开的讨论中发展出新的观点,衡量之,甚至可能推翻之。[32]

——学术工作要求有接受批判性争论和开放地接受新观念的能力。[33] 任何论点都需要通过说理来论证,因此也是可以被质疑的。[34] 因此,一个被充分论证的论点也是成为一篇优秀学术论文的重要条件。

---

[27] 博士学位答辩(Disputation)和博士学位口试(Rigorosum)中关于学术口试中的语言见第九章边码45。

[28] *Eco*, Wie man eine wissenschaftliche Abschlussarbeit schreibt, 14. Aufl. 2020, S.44.

[29] *Preißner*, Wissenschaftliches Arbeiten, 3. Aufl. 2012, S.1 f.; 类似见 *Krämer*, Wie schreibe ich eine Seminar-oder Examensarbeit, 3. Aufl. 2009, S.1。

[30] *Eco*, Wie man eine wissenschaftliche Abschlussarbeit schreibt, 14. Aufl. 2020, S.44.

[31] *Eco*, Wie man eine wissenschaftliche Abschlussarbeit schreibt, 14. Aufl. 2020, S.41 f.

[32] 参见本书第三章边码1关于法律论证的部分。紧接着会学习对法律的批判性理解及其进一步发展,§ 2 Abs.1 Nr. 4 STO JF Augsburg; ähnlich § 4 Abs.1 STO JF Humboldt。

[33] So *Canaris*, in: FS Medicus, 1999, S.25, 28.

[34] 哲学方面可以见 *Nida-Rümelin*, Philosophie einer humanen Bildung, 2013, S.134:"我们相信,对理由的衡量使得我们的思考连贯,由此得以接近真相。"

总而言之,法学作为一门学科,其目标旨在获得正确的法律知识。它通过尽可能全面地理解关系与论据的知识,以发展出能够应对普遍问题的解决方案。[35]

本书同时也可以作为顺利度过学术论文写作中的典型工作阶段服务的辅助资料。学术论文从准备的计划阶段到第一次草稿、修改稿、成稿直至发表都会遇到许多问题,本书将为这些问题提供解决办法。在学习生涯中,你将面对各种各样的家庭论文、入门研讨课论文(propädeutisches Seminar)、研讨课论文或学业论文,甚至学士学位论文(Bachelorarbeit,以下简称学士论文)、硕士学位论文(Masterarbeit,以下简称硕士论文)或者博士学位论文(Dissertation,以下简称博士论文)。本书将帮助你解决如何围绕目标编写提纲、写作及完善学术论文这些问题。因此,本书向你展示的难度将逐渐增加,而你也会掌握许多必要的技能和技术。

二、各类法学论文/报告

(一)法律笔试

法律笔试是法学院学生最典型的考试类型,伴随着整个学习过程直至参加国家司法考试。它的范围通常不局限以前学过的知识。更多时候,你需要分析一个平常并未见过的案例。这里,你可以运用已掌握的知识进行案例分析,首要的仍然是涵摄,即在一个未知的案件事实中运用法律、已学过的法律制度、概念,等等。此外,应试者通常还需要针对未知的法律问题指明立场并得出正确的答案。

直至第一次国家司法考试,应试者在笔试中通常都是只与法律条文打交道,而不会直接评价司法判决和法律文献。笔试的设计通常是非常合理的,因其给出明确的考题类型和考试时间(2个小时、3个小时,甚至5个小时)。本书将会在第二章中介绍笔试的结构。[36]

---

〔35〕参见 Schulze-Fielitz, JöR 50(2002), 1, 8。
〔36〕分数是根据评分表("很好"到"不及格"是18-0分),"很满意"有自己的分级标准(12-10分),在笔试中则是9.00-11.49分,相关内容见 § 4 Abs.2 BayJAPO。参见1981年12月3日《关于第一和第二次司法考试的等级和分数表的条例》第1条,第1243页(3.12.1981, BGBl. I, S. 1243)。

(二)家庭论文

28 大多数大学的学生在入门和进阶学习阶段都会遇到家庭论文。它非常类似于笔试,在考题中通常会采用案例分析形式。例如,在民法中经常选择写请求权结构的法律鉴定。它的涵摄、结构和讨论技术的规则与笔试(几乎)一样。

29 家庭论文与笔试的区别在于前者有更充分的时间———一般而言有 4~8 周的时间。在这段时间内,你应当使用图书馆,评价为解决案例所搜寻到的相关法律来源和法律文献,提出自己的立场并证明之。因此,家庭论文会要求你具备如下三种附加能力:第一,与笔试中特别设计的问题相反,家庭论文会更重视文献收集和评价文献。你必须有目标地草拟提纲、写作和组织。[37] 第二,相对于笔试,家庭论文将会期待你更准确和更详细地论证每一个争议点。第三,你需要具备法学方法论的基础知识,特别重要的是格式、法律风格和正确的引用。

(三)研讨课论文和学业论文

30 《法学教育改革法》(Gesetz zur Reform der Juristenausbildung)[38] 赋予法学院在自己的领域内有 30% 的考试权。在第一次国家司法考试中的考试成绩,70% 记入总分,30% 来自本学校的平时考试成绩。[39] 在大学考试中,你需要选择一个重点专业领域来深化自己的知识并参加专门的讲座和课程(第一章边码 45)。你选择一个专业方向,这不仅是战术角度上的考虑,即用最少的投入获得尽可能高的产出,更多考虑的是,今后是否希望在这个领域攻读博士学位或者在这个领域执业。[40]

31 在大多数法学院中,专业考试都采用笔试、口试和研讨课论文的形式。[41] 在德国,学术论文的成绩都会直接记入毕业考试成绩。学术论文不再是"故弄玄虚",其分数会被记入毕业总成绩。为了界定考试的难度和实现机会上的公平,有些法学院限制了学术论文的范围(如奥格斯堡大学法学院要求研讨课

---

[37] 参见本书第七章图 7-1"学术论文的时间与任务管理"部分(边码 13)。

[38] 参见《法学教育改革法》(Gesetz zur Reform der Juristenausbildung v.11.7.2002, BGBl. I, S. 2592)。

[39] 可参见 Hommelhoff/Teichmann, JuS 2002, 839; Windel, Jura 2003, 79。

[40] 不是所有人都打算做监狱主管(Gefängnisdirektor)的。

[41] 某些法学院中,把这样的研讨课论文(Seminararbeit)视作学习论文(Studienarbeit),把入门研讨课论文视为研讨课论文(das propädeutische Seminar als Seminar)。

文不多于 4 万个字符,约 20 页)。[42]为了帮助学生准备这类考试,法学院会提供入门练习或者研讨课,在这些练习和研讨课上,学生可以学习和练习写作学术论文的基础技能。[43]如相关教育规范所规定的研讨课论文应当具备的足够的学术标准。[44]入门的研讨课论文的要求类似于家庭论文,需要书面提交,运用法律鉴定语言评析法律文献。关于总结和分析法律文献的内容,请参见有关家庭论文的论述(第一章边码 28)。

研讨课论文和家庭论文的区别在于前者没有案例,而只是对某领域的主题进行研究。研究者围绕一个主题(These)来工作,而不是去分析具体案情。首先遇到的难题就是如何根据预先假设的主题,正确限定其范围,找到正确的、需要解决的问题。相较于笔试而言,学生们经常会在编写提纲和文章布局方面遇到更多困难,因为针对这种布局的训练相对较少。[45] 32

最后,研讨课论文还会以报告形式进行演示。此时会大量运用到修辞学的技能(第八章边码 1)。通常(在这种)情况下,文稿篇幅会被缩短或者时间上仅够介绍论文的部分章节。 33

(四)学士论文

在一些大学和应用技术学院中,在传统的法学专业之外,还有经济学与法学专业(Wirtschaftsjuristen)。[46]在这个专业中,学生通常需要书面提交一份学士论文(之后是硕士论文)作为毕业设计。一般而言,学生需要在 3~6 个月的时间内完成学士论文,类似于一篇内容翔实的研讨课论文。 34

(五)硕士论文

目前德国几乎所有的法学院都开始了供外国学生或德国学生选择的 35

---

[42] 参见《奥格斯堡大学法学院学习和考试规则》,2004 年 8 月 10 日版,第 18 条第 1 款第 8 句(§ 18 Abs.1 S.8 Studien-und Prüfungsordnung für das Studium der Rechtswissenschaft an der Universität Augsburg v.10.8.2004.)。

[43] Mosenheuer/Strasser/Wißmann, JuS 2005, 669 ff.; Noltensmeier/Schuhr, JA 2008, 576 ff.

[44] 例如,《奥格斯堡大学法学院学习和考试规则》第 7 章"考试和研讨课规则"规定:"一篇书面论文只有在作者经常参加研讨课,最后做报告(Referat)并在格式上和内容上符合学术论文的要求时,才能视为研讨课论文。" § 7 Übungs-und Seminarordnung der JF Augsburg.

[45] 这种能力对于第一次司法考试也非常有意义,其中主题的笔试(Themenklausuren,类似于论述题,考试题目更为抽象——译者注)至少会可能作为附加问题,例如:Möllers, Originale Examensklausur: Der Verbraucherschutz im deutschen Zivilrecht, JuS 1999, 1191 ff.

[46] 在拜仁州,例如奥格斯堡大学(Universität Augsburg)和埃尔兰根大学(Universität Erlangen)的法学院。

硕士项目。[47]其数量越来越多，而且有些还有外国学期的学习。硕士论文也是为证明学术研究能力服务的。[48]与博士一样，硕士生也有笔试部分和口试部分。硕士论文在硕士学习的最后阶段撰写，一般要花费2~6个月的时间。该论文一共80页，比研讨课论文要长，但是明显短于博士论文。

(六)博士论文

36 　　博士论文[49]与家庭论文、研讨课论文和硕士论文类似的是，研究者都需要反向对所收集的法律来源和学术文献进行分析和评价。具体而言，它与研讨课论文类似的是，学位候选人通常都是从一个笼统的任务出发，随后必须限制其范围；与家庭论文和研讨课论文相比，博士论文更详细地记录了学术研究成果。[50]

37 　　博士论文与研讨课论文、学业论文的区别在于，前者研究的主题和法律问题明显更全面和更复杂。博士生常常会进入一个全新的学术领域。因此，他也会有更多的时间，在写作方面也明显会有更多的空间来研究和讨论法律问题(第九章)。这种自由也要求非常严格的自律，博士生通常也是那个持续研究该主题的人。因此，不能在预期内完成预定的博士课题的风险也是非常大的，其结果是读博士所用的时间差距很大：有些博士生用10~11个月完成博士论文；有些需要3~4年，甚至5年。博士论文通常是150~250页。[51]除了博士论文之外，攻读博士还要求一个口语考试(mündliche Prüfung)，即所谓的博士学位口试(Rigorosum)或者答辩(Disputation)(第九章边码45)。成绩分为如下几个档次：成绩优异(summa cum laude)、良好(magna cum laude)、中等

---

[47] 例如，在加强和深化欧洲与国际经济法的学习方面，参见奥格斯堡、慕尼黑和哈勒(Halle)大学法学院的做法。关于奥格斯堡方面，参见网页：www.jura.uni-augsburg.de。

[48] 例如，2011年5月25日奥格斯堡大学法学院和经济学院"法律与经济"硕士课程考试条例第22条，经2016年2月10日法规修订(M-720-1-1-003)。

[49] 来源于拉丁语的 disserto，含有阐明、探讨和讨论之意。

[50] 这同样适合于流行的学徒作品(Gesellenstück)，某些情况下，会把教席资格论文(die Habilitationsschrift)视为真正的大师作品(Meisterstück)。

[51] 以前博士论文篇幅大概60~80页(Weinmann, Die wissenschaftliche Arbeit. Anleitung zur Anfertigung der Referendararbeit, der Doktordissertation und der wissenschaftlichen Assessorarbeit, 1932, S.83)或者 50~200 页(Brinkmann, Die rechtswissenschaftliche Seminar-und Doktorarbeit, 1959, S.176)。

(cum laud)、及格(rite)和不及格(insufficienter)。[52]口语考试的成绩按照规定通常25%~33%计入总成绩中(die Gesamtnote)。

三、如何评价一篇学术论文

符合下面标准的学术作品将有机会得到较好的评价。信息学家梅新(Messing)和胡贝尔(Huber)先生指出,为了获得好的评价,博士论文应当符合下面的标准[53]:

学术质量:是否细致认真地进行了研究并记录下来? 相关的文献是否标明了出处? 是否精确表述与使用概念? 主张是否得到扎实论证? 是否独立完成?

叙述清晰:是否布局合理,写作是否流畅? 作者的陈述是否努力运用了易懂的语言?

原创性:介绍的是一篇新的文章,还是重新咀嚼一篇旧知识——"旧胎翻新"? 或者仅仅将已知的句子重新组合? 是否有相似的文章?

重要性:是否可以归入已发表的文献中? 结论是否重要? 是否为有意义的主题? 涉及一个重大(中心)问题,还是一个边缘问题? 论文标志着一个显著的进步,还是一小步的前进?

(达到)这些能够保证学术论文更加层次分明和易于调整。在写学术论文时,你需要完成文献综述和解释的任务,也需要做到立意与评价:

——笔试应有合乎逻辑的结构(einen schlüssigen Aufbau,见本书第二章)。评价中还包含了熟练运用论证(Argumentation,见本书第三章)、语言和风格(Sprache und Stil,见本书第六章)等技能。

——在家庭论文中将会有附加的要求,即清楚地列出每个研究主题的状态和争议点。充分的文献检索(见本书第四章)与正确的引用是绝

---

[52] 在一些攻读博士的规则中"summa cum laude"表示优异,即非常优秀;"magna cum laude"表示良好,即成绩特别好(例如,Art.10 der PO Augsburg;§ 4 Abs.1 PO Humboldt)。在其他攻读博士规则中则相反,"magna cum laude"则表示好,即达到平均水平,而"summa cum laude"表示非常好的成绩(例如,§ 8 PO Augsburg;§ 10 Abs. 2 PO Humboldt)。

[53] *Messing/Huber*, Die Doktorarbeit, 4. Aufl. 2007, S.39.

对必要的(见本书第五章)。

——研讨课论文和学业论文通常要求围绕问题工作,选择出相关问题,通过自己的努力思考推理出结论(见本书第七章)。一篇好论文的重要指数是连贯的结构和简明的思路。

——这也适用于演示报告(见本书第八章):思路越清晰,越易理解,论文的内容越具说服力。

——人们期待硕士论文和博士论文不仅是处理法律情况,还是有说服力地论证自己的论点,因此,也要指出对立的观点并加以论证,然后反驳之。一篇好的博士论文的标准,请看本书第九章的具体论述。

第三节 组织能力:目标计划和时间管理

一、目标计划和时间管理

(一)资金筹备、附加的资格证明和职业经历

法学学习由于"试考"(Freischuß)制度缩短了时间;奥格斯堡大学的法学学习时间平均为8个学期。[54]然而,如果缺乏一个相应的中期学习计划,你将不能有效地学习。你是否受目标驱动呢?就是说,需要计划将来,在紧接着的或在下两个学期里,你在大学可以选择的课程和机会。

只有非常少的学生知道,在学习期间(至少一部分)能够有机会获得奖学金(Stipendium)的资助。除了优秀的成绩之外,来自政治组织或者教会方面的奖学金还要求学生具备对社会政治的热情。除了提供资助外,这些奖励还包括一些具有启发性的研讨课和会议,并将其作为推动(学生)思想进步的一部分。你可以在网络上找到这些组织的地址。有关地方和联邦层面的奖学金提供者的部分相关信息,你可以在自己大学的课程表(Vorlesungsverzeichnis)中找到。[55]

---

[54] 在学习时间这方面,奥格斯堡大学法学院的学生比其他大学的同学用的时间少,参见 Winkler, Beck'scher Studienführer Jura 2020。

[55] 联邦教育和科研部(das Bundesministerium für Bildung und Forschung)也提供奖学金提供者的信息概览。

德国联邦层面最重要的基金和协会包括：德国公民学习奖学金协会（Studienstiftung des Deutschen Volkes e. V.）、阿登纳基金（Konrad-Adenauer-Stiftung e. V.）、弗里德里希·艾伯特基金会（Friedrich-Ebert-Stiftung e. V.）、费里德里希-瑙曼基金会（Friedrich-Naumann-Stiftung e. V.）、汉斯-赛德基金会（Hanns-Seidel-Stiftung e. V.）、海因里希·伯尔基金会（Heinrich-Böll-Stiftung e. V.）、罗莎-卢森堡基金（Rosa-Luxemburg-Stiftung e. V.）、库萨努斯促进机构（Cusanuswerk）、德国经济汉斯-伯克勒基金会（Stiftung der Deutschen Wirtschaft Hans-Böckler-Stiftung）和电子伙伴网（E-Fellows）。对于拜仁州非常有意义的是马克斯-韦伯项目（Max-Weber Programm）及其学习奖学金。

在学习期间，学生还有机会获取一系列附加的资格证明或者职业经历。值得一提的是，除了外语培训[56]之外，还有境外学期的学习、奖学金，在教席中担任学生助理（studentische Hilfskraft），在律师事务所实习等，这些都可以（帮助学生）深化专业领域的法律知识和进入硕士专业的学习。中期考试之前的分数都不会计入第一次国家司法考试。外国学习、奖学金或者在教席工作中得到的评价，目前都属于学习中的成绩，而且也是一个重要的选拔标准，因此，其含金量较高。

（二）境外学习和法学硕士（LL.M.）

外国法和外语知识对于法学院学生而言也是一个越来越重要的资质。你必须明白的是，许多律师事务所都是国际化工作，因此，合同都是用英文起草的。

那些为各种资质提供层次鲜明的培训方案的法学院，较为值得选择。可取的是，例如，在第一学年至第三学年通过选择一门法学专业外语课程获得外语知识。在第三个学期就可以利用伊拉莫斯欧洲交换生项目（der Erasmusprogramme）到欧洲其他国家学习。除欧洲交换生到其他欧洲国家学习的项目之外，目前为止，仅有很少的法学院为特别优秀的学生提供到美国大学学习的机会。[57] 你必须要有 12~18 个月的准备时间，包括申请、签证、奖学金和找房子等准备工作。

---

[56] 例如，通过奥格斯堡大学法学院法律专业的外国语培训（FFA）及帕绍（Passau）大学等。
[57] 除了汉堡博锐思法学院（Bucerius Law School）和海德堡大学法学院外，德国还有奥格斯堡大学和帕绍大学法学院。

43　　　这些语言能力有助于你更有重点地学习外国法和国际法。在第一次国家司法考试之后,你就可以紧接着在一个德国或者外国的大学攻读法学硕士学位(LL.M)。一些大学允许学生在第一次国家司法考试之前就参加硕士的学习。[58]

44　　　一些机构和组织会提供到外国学习的经济支持。提供去美国学习的奖学金机构[59],例如,德意志学术交流中心(DAAD)[60]和富布赖特委员会(die Fulbright-Kommission)。[61]而且,如果你以前获得过普通的奖学金,也可能得到同一个基金会的资助到外国学习生活。

(三)准备大学考试(die Universitätsprüfung)

45　　　法学教育改革后,研讨课论文或者学业论文已成为目前所有法学院的必修课。在研讨课论文中,你可以学到论证技术(Argumentationstechniken,第三章边码1及以下)和练习脱稿发言(die freie Rede,见本书第八章边码1及以下)。研讨课论文提供了一个理想机会去写作学术论文,甚至发现其乐趣。因为学生将会熟悉其中运用的相关工作技巧,在之后的博士生阶段,也将不会遇到其他候选人于读博初期通常遇到的典型新手问题。如果一名学生在研讨课论文中取得好的成绩,相对于之前没有与老师直接接触过、申请读博资格的学生而言,他更容易被教授接纳为博士生。

46　　　大学的法学考试(die Juristische Universitätsprüfung)的内容来源于你自己选择的专业领域,一般要在四个学期内,学习16~24周的时间。专业课的学

---

〔58〕 硕士学习通常可以在第五学期和第六学期开始,但是只有通过第一次国家司法考试之后才能得到学位证书。例如,奥格斯堡大学与友好学校乔治华盛顿大学(George Washington)、芝加哥大学(Chicago)、肯特大学(Kent)和圣克拉拉(Santa Clara)大学的合作。

〔59〕 到美国学习的机会,参见 DAJV(主编)-Reihe *Biene/Eumann,* USA-Studienführer für Juristen, 6. Aufl. 2005 und *Ackmann u.a.*, USA-Masterstudium für Juristen(LL. M., M. C. L., M. C. J.), 3. Aufl. 2008; Koch(Hrsg.), Der LL. M.2020, 2020; *Großfeld/Vieweg,* JuS-Auslandsstudienführer. Jurastudium und Wahlstation im Ausland, 3. Aufl. 2010; Allgemein *Clausnitzer/Keller,* Das Auslandsstudium, in: Jura Extra, Das Jura-Studium, 2. Aufl. Reprint 2013, S.127; *Roth/Nikolay,* Rechtsstudium in den USA, 2000. Für Praktikumsmöglichkeiten in den USA gibt es aus der DAJV(Hrsg.)-Reihe folgende Publikationen: *Eckner,* USA Praktikumsführer für Juristen, 3. Aufl. 2009 und *Kochinke/Wilske,* Bewerbungsführer für Juristen, 2009。

〔60〕 参见每年年初出版的 *DAAD* 说明, *Studium, Forschung und Lehre im Ausland, Förderungsmöglichkeiten für Deutsche*。

〔61〕 也有些俱乐部和基金会提供奖学金,例如 Rotary Club, Lions Club und der Fritz-Thyssen-Stiftung。有些律师事务所也为到国外学习的法律硕士提供奖学金,例如,Gleiss Lutz, Linklaters 或者 Freshfields Bruckhaus Deringer。

习（Schwerpunktausbildung）内容一般在高年级学习阶段，也就是在第三和第四个学年。作为考试的组成部分，除了上面提到的学业论文（Studienarbeit）之外，还有一个口试和一些其他类型的考试，如笔试（Klausuren）和报告（Referate）等。法学考试是否适用于相关国外学士和硕士的学制，将其包含在国家考试中，目前仍是一个开放的话题。[62]

（四）准备第一次国家司法考试（das Erste Juristische Staatsexamen）

离开相关的学习技巧（第一章边码61及以下）来准备第一次国家司法考试将会无功而返。因此，学生们应当首先掌握学习的三步骤、复习、主动和结构性地学习。[63]   47

（1）第一次国家司法考试成绩包含大学的法学考试成绩及第一次国家司法考试中的成绩，如下规则同样适用于上述考试：   48

复习应当通过独立完成笔试的形式来进行，因为你此时不是抽象地复习所学的内容，而是要将其应用到具体的案例中。你可以检验出来自己是否适合法律工作。一开始，你要尽可能多地去参加笔试[64]：认识到自己的错误，并将所学到的知识运用到具体的案例中。大的或者小的考试（在数量上）并没有司法考试那么宽的范围，但是限定在单一法律领域范围内的笔试，却可以通过家庭论文形式，（在质量上）达到国家司法考试笔试的水平。   49

如果你已经在基础学习阶段（Grundstudium）熟练掌握了一个法律领域的知识，例如刑法总论，那么在这个领域，你可能随后也学习不到更多重要的知识，因为你已经熟知了各种不好的意外情况。那些在重大证书考试中只得到及格成绩的学生，很可能是在最初的两年内并没有好好学习。相反的是，那些在练习中得到两位数成绩的学生，极可能顺利通过国家司法考试。简而言之，他们从第一学期就开始了司法考试的准备。在直接的司法考试准备阶段，参加一门笔试课程（Klausurenkurs）是非常值得推荐的。在第一次国家司法考试前，每周都参加模拟的笔试，答卷都会被批改，因此，这是非常理想的练习方   50

---

[62] 相关值得阅读的文献有：Hirte/Mock, Beilage zu JuS 12/2005, 3, 12 ff. Einige Juristische Fakultäten haben diese Abschlüsse bereits eingeführt, etwa Universität Mannheim.

[63] 参见 Lange, Jurastudium erfolgreich, 8. Aufl. 2015, Kap.11。

[64] 有些人认为，在参加第一次司法考试之前，应当做50张、70张甚至100张国家的笔试（Staatsexamensklausuren）卷。

法。大学及商业性地帮助学生准备司法考试的教师都会提供这种课程。

51　　此外，组成一个私下的学习小组（private Arbeitsgemeinschaft）将会有助于考试准备。找到你的朋友并组成这样一个学习小组。尽管这不能取代自己学习的部分，但是对案例的讨论和辩论会激发你学习的兴趣，这在学习期间和考试准备阶段都会对你非常有帮助（第一章边码71）。

52　　在研究一个法律领域时，要尝试着运用系统性的学习方法，寻找普遍性的法律原则并将其应用到其他的法律问题中。根据兴趣和法律提出可以进行比较研究的问题。要找到法律之间的系统性交叉连接。

　　《德国民法典》（BGB）中的"善意取得"（der gutgläubige Erwerb）可以在下列条文中找到：第892条、第932条、第2366条、第1207条；下列条文规定了它的排除条件：第932条第2款、第935条、第818条第4款、第819条、第989条、第990条。[65]

53　　在第一个学期的时候，学生往往还不能完全理解考试中的提问，特别是民法总论部分。在第一年里，法学院学生学习的是基础知识，在高级练习阶段课程中（Fortgeschrittenenübungen），他们将会进行第二次深化学习。在考试准备阶段（Examensvorbereitung）开始第三次学习，也就是在第三学年和第四学年重新深化和网络化所学的知识，这也是一个好的法律人的重要标志。简而言之，第一年学习规则（die Regel），第二年学习例外（die Ausnahme），第三年学习例外中的例外（die Ausnahme von der Ausnahme）。

54　　在后面学期的复习中，你不仅使用那些"检验你的知识"的书籍，还要选择那些将总论与侵权法、不当得利、家庭法和继承法融会贯通的读物，如德国民法典概论。[66]例如，非常有用的方法是按照法律后果的顺序将最重要的民法中的请求权基础整理出来。这种方法同样适用于有难度的转引。[67]

55　　（2）为了准备考试，你需要有一个非常清晰的时间计划。应当计划你何时在选择的专业重点方向（Schwerpunk）上通过法学院的大学考试并毕业，如何将获得大学成绩证明（Leistungsnachweise）且与准备国家司法考试连接起来。

---

　　［65］深化的例子，Medicus/Petersen, Bürgerliches Recht, 27. Aufl. 2019, § 22。
　　［66］尤其经典的是，Medicus/Petersen, Bürgerliches Recht, 27. Aufl. 2019; 也可见 GernGrunewald, Bürgerliches Recht, 9. Aufl. 2014。
　　［67］参见本书第二章图表，边码34。

为了参加第一次国家司法考试,你需要学习 20~30 个法律领域,复习并特别深入地学习核心学科。依据《德国联邦法律教育和考试规则》(der Juristischen Ausbildungs-und Prüfungsordnung,简称 JAP)可以查询到这些相关的法律领域,其中,也规定了哪些法律领域必须要深入了解,哪些领域只需要掌握基础知识。你必须在考试准备期(12~18 个月)[68]内,把足够的时间分配给所有的法律领域,尽可能有两到三个持续的计划方案并留有足够的休闲时间。一个固定的时间计划是非常有帮助的。

要计划得现实一点! 不要安排太多,也需要留有足够的时间用于复习和模拟笔试训练。你在实施的过程中也会意识到某项任务需要多长时间。请设计一个易于执行的时间表,这样你就会发现它也易于坚持。

强调一下,一个有用的考试准备方案应当是怎样的呢? 请将学习资料分配到你可支配的时间中。

如果在一天的时间内搭配复习不同法律领域的知识,你的理解能力会得到提高,例如,不要几周都只是学习物权法(Sachenrecht)。(分配给)任何学习板块的时间都不要超过两到三个小时,因为之后你的理解能力会明显下降。(所以)要交替着学习民法、刑法和公法。而且,周六下午和周日也应当作为休息阶段空闲出来。休息会明显提高学习能力(第一章边码 10)。

具体而言,一周的时间计划可以如表 1-1 所示:

表 1-1 考试准备阶段的日和周计划

时间	星期一	星期二	星期三	星期四	星期五	星期六	星期日
8:00-10:30	物权法	物权法	物权法	物权法	物权法	考试课	自由
10:30-11:00	休息						
11:00-13:30	刑法总论	刑法总论	刑法总论	刑法总论	刑法总论		
13:30-14:30	午休						
14:30-17:00	建筑法	建筑法	建筑法	建筑法	建筑法	自由	
17:00-18:00	休息						
18:00-20:30	自由	私人学习小组	私人学习小组	私人学习小组	自由		

---

[68] *Deckert,* JuS 1994, L 25, 27; *Warringsholz,* JuS 2000, 311 ff.

需要在每个学期都制定一个日和周的学习计划。这里需要考虑的是,必须同时复习上课的内容并学习新的法律领域知识。

(五)博士论文

60 写作博士论文同样也需要一个时间计划。经常有法学院的学生直到第一次国家司法考试的口试之后或者第二次国家司法考试之后才有读博士的想法,此时,已虚度宝贵的时间。学生们应当充分利用笔试和口试之间的时间。在考试准备期间,就应当关注最新攻读博士的题目(Promotionsthemen)。如果潜在的博士生导师面临的不是一个泛泛的提问,诸如"您有什么建议吗?……"他会对你留下更为深刻的印象。[69]博士学位论文是否应当在第一次国家司法考试之后或者第二次国家司法考试之后完成,则不是能一概而论的问题,而更多地与个人因素有关系(第九章边码 13 及以下)。

第四节 学习技巧

一、认识、遗忘和长期的记忆——复习是学习之母

61 在中小学时,人们经常在考试的前一天下午才学习该科的内容,这就足够通过考试了。但是,人们并没有长期地掌握这些材料的内容。在大学里,大多数学生会在假期后不再记得上学期学过的内容,采用这种学习策略是无法通过司法考试的。法学院学生必须为两个司法考试中的笔试储备大量知识,而且长期掌握这些知识,并非为了考试。没有掌握基本知识的法学院学生将无法理解问题及创造性地找到答案。考试中被考察的并不是简单的学习材料的堆砌,而是对法律之间交互关系的深刻理解。只有已经掌握了单个法律领域,才可能认识到其法律结构中第二层次和第三层次的关系。在学习和理解了法律体系的基本结构后,你才能一步一步地形成法学的思考和工作方式。[70]许多学生失败了,因为他们从来没有学会如何正确地学习。

我的一个朋友用磁带录音机录了所有的上课内容。笔试前的 24 小时他

---

[69] 关于寻找主题(Themensuche)参见本书第九章边码 7 及以下。
[70] Broemel/Stadler, Jura 2014, 1209, 1211.

来找我问:"我又有一个难题,我录制了30个小时的课堂录音,但是我只有24个小时的时间来听,我是否应当快速播放磁带呢?"

在第一次司法考试之前,法学院学生必须掌握30个法律领域。人们只有通过严格训练,才能自如地运用这些法律资料。你需要学习策略。这要求获取知识、检验知识和把知识运用到具体案件中[71]。

学习,也就是获取知识,只能亲力亲为。人类的记忆是善忘的,就像个筛子一样。阅读和倾听并不意味着知道。从60万个周围的信息中,人们只会有意识地接受一个,其他信息根本没有被接纳。[72] 1个小时以后,从之前的每30个有意识接纳(记忆)的信息中,人们可以在短暂记忆中回忆起一个;在1个月之后,从之前的300个信息中,人们仅可以在长期记忆中回忆到1个。[73] 你必须要成功地将希望记忆的信息首先存在暂时记忆中,然后在短期内继续将其存储到长期记忆中。

如果依次在第二天后、一周后和一个月后复习所听和所读的材料,遗忘率将会降低到90%。半年后如果再次检查所学的知识,并把遗忘的东西重新按照上述的频率复习,那么你将有机会把90%的材料内容、记忆长期地保持并可以回忆出来(如图1-1所示)。

图1-1

---

[71] 详细参见 Lange, Jurastudium erfolgreich, 8. Aufl. 2015.。

[72] 人们在城市里行走的时候只会注意到交通标志、广告和人等资讯洪流(die Informationsflut)。参见 Vester, Denken, Lernen, Vergessen, 39. Aufl. 2020, S.67 ff.。

[73] Beelich/Schwede, Denken, Planen, Handeln, 3. Aufl. 1983, S.57.

64　　"复习是学习之母"。[74] 必须要提醒的是：只有通过不断地复习，才可能牢固地掌握法律领域的知识。复习也是为了更好地检查知识。只有掌握了多个法律领域的知识，才可能认识到法律之间的横向和纵向联系。复习在某些意义上甚至比进一步深化研究法律资料更重要。这里使用索引卡或思维导图（又译树状图）会非常有帮助。

二、动机和主动学习

（一）学习类型

65　　知道自己属于哪种学习类型，才能更容易地选择学习方法及更有效地学习。原则上，学习类型是根据接受渠道来区分的。有听觉的、视觉的、触觉的和交流的学习类型，当然各分类间有交叉与混合。[75] 反思一下，你过去是否有这样的感觉，即你能从课程或讲座中获得更多的东西（通过听觉），或者通过课本自学更多东西（通过视觉）。特别是触觉型的学习者可以通过视觉化（以自创的图形和索引卡的形式）得到最佳记忆。或者你更擅于通过交流学习，即通过向工作小组中的其他人解释相关内容，回答问题并一起讨论进行共同学习。

（二）结合不同的学习方法——课堂和课本

66　　"以理解为本的学习"，除了要求复习之外，还要求"主动地学习"（aktives Lernen）。你要通过听、读、写，但也要自己说，把声音和视觉学习方法结合起来。通过阅读一本书可以快速地钻研一个法律领域。

67　　在讲课中，授课老师能够比教科书的作者更了解教科书的权重（Gewichtungen）在哪里。然而，在新冠病毒感染疫情时期，在线讲座是一个特殊的挑战（第八章边码 51）。在听这样的讲座时，如果你只是"坐着"或喝着咖啡，就会很快地浪费掉这些时间。请摆脱"中小学生心态"，即在学期结束前临时抱佛脚突击几个小时复习。这是远远不够的！

68　　只有连贯地工作，（思路）才能一直与学习材料保持联系。大概应当花费与上课一样多的时间来准备和复习课堂学习内容。[76] 那些一周挪用了 30 个

---

[74]　复习是学习之母的拉丁文是 Repetitio est mater studiorum。

[75]　*Vester*, Denken, Lernen, Vergessen, 39. Aufl. 2020, S. 50 ff.; *Looß*, Die Deutsche Schule 2001, 186 f.; *ter Haar/Lutz/Wiedenfels*, Prädikatsexamen, 4. Aufl. 2016, S. 32 ff.

[76]　*Lange*, Jurastudium erfolgreich, 8. Aufl. 2015, S.132.

小时学习时间的人,无法有意义地预习和复习。你必须选择必要的课程和学习小组,因此,你要慎重思考,通过选课,希望自己的学习专注于哪个法律领域,选出好的课程,根据讲义做笔记(如果可能的话也预习)。[77]你也需要计划重要知识的复习时间,只有这样,你才可以有效率地利用选课的内容来实现自己的目标,即得到超过平均水平的考试成绩。[78]

阅读一本教科书可以让你更快地通晓该法律领域。你必须填补听课中老师遗漏的内容(第一章边码17)。如果你自己购买了该教科书,你还可以标记出重要的段落。(德国教科书比较贵,很多学生借书而非买书。——译者注)

(三)法律辩论——工作小组和研讨会

法律人是争论文化的主人,因为他们不断地要找到法律问题的解决方案,作为立法者如此,作为争端仲裁者的法官亦是如此。法律思维意味着法律论证(第三章边码36)。在辩论中才能更好地锻炼法律论证能力。你可以通过偶尔扮演"魔鬼的律师"(advocate diaboli)的方式来特别训练自己对特定问题的理解和辩论能力(第七章边码19)。

你在第一个学习小组的活动中就能学习到法律论证方法的运用,你应当积极地参与、提问及讨论。在这里,你被允许并应当运用法律思维及提出法律问题。此外,这些能力也会在后面的预备研讨课(propädeutischen Seminar)和主研讨课(Hauptseminar)中得到锻炼。

在第一学期,你可以先组织一个小团体作为私人学习小组。[79]

重要的是学习小组规模不要太大,关于成员的数量,一般以3~5位同学为宜。[80]成功的学习小组的优势也在于组员之间的学习计划是可以互相协调的。私人学习小组的意义在于互相学习和补充新的知识,重新思考先前的立场,学会更多的宽容。[81]通过学习小组,在特定程度上训练主动学习,例如你

---

[77] 我经常去参加那些比相关法律领域的教科书更有趣和具有更多信息内容的课程。

[78] 关于有效地利用课程的信息,参见 Mann, Einführung in die juristische Arbeitstechnik, 5. Aufl. 2015, Rn.5 ff.。

[79] 参见 Lange, Jurastudium erfolgreich, 8. Aufl. 2015, Kap. 10; Ehlert/Bleckmann, JuS 1995, L 25 ff., 33 ff.; Deppner/Feihle/Lehnert/Röhner/Wapler, Examen ohne Repetitor, 4. Aufl. 2017, S. 27 f.; Niederle, 500 Spezial-Tipps für Juristen, 14. Aufl. 2018; ter Haar/Lutz/Wiedenfels, Prädikatsexamen, 4. Aufl. 2016, S. 53 ff.; 165 ff.。

[80] Mann, Einführung in die juristische Arbeitstechnik, 5. Aufl. 2015, Rn.12.

[81] Schräder-Naef, Rationeller Lernen lernen, 21. Aufl. 2003, S.57 f.

可以将此用到具体案例的准备中。[82]私人学习小组还有助于检验知识和把知识运用到具体案例中,这会增强你的社会竞争力。最后,私人学习小组也有助于你保持动力,因为经常要准备学习小组的作业,有这种"外来的自我控制"约束着(第七章边码 19)。

来源:*Greser & Lenz*, FAZ v.20.5.2001, S.50.

图 1—2

三、结构性的学习

(一)学习和思考

主动学习首先意味着独立思考。你必须自己制定解决方案,而不仅仅是死记硬背。请在索引卡上记录下重点(第一章边码 85)。这也要求我们意识到,法律人必须准备着进行论证和辩解(第三章边码 36)。法律人必须要解决具体案例,并在学术论文中对新的法律问题表明自己的态度。

你可能知道这句谚语:教授要求学生们熟记当地的电话簿。医学生问:"记到什么时候?";而法律学生则问:"为什么?"

主动地学习(Aktive Lernen)要求记忆,它不是"盲目的",而是用心和带着理解阅读和学习("用心地学")。只有被记住,而且被真正理解的知识,才能

---

[82] 非常好的最新案例分析见 JuS 判决评论(Entscheidungsrezensionen der JuS),法学的索引卡片(Karteikarten)和"Rechtsprechungsübersicht(RÜ)"杂志(Alpmann & Schmidt 出版)。关于考试准备(Examensvorbereitung),参见 § 1 Rn.45 ff.。

够与新的见解结合起来,继续发展并保持下来。[83] 通过动手能够更好地学习。不要仅在课堂中跟着写。在第一学期的时候就应当明确定义作为请求权基础(Anspruchsgrundlagen)的构成要件特征,列出结构图(以及类似的问题)。你应当尝试用自己做的图表总结重要问题。这会鼓励你把这些材料吸收成为自己的东西。(你)应当尝试着把这些关系和结构直观形象化。

缩略图可以在最初的阶段给你提供一个概览,以方便了解请求权规则的结构和弄懂构成要件的前提。下文(如图1-3、图1-4所示)以《德国民法典》第823条第1款为例,举例说明应当如何形象化地列出思维导图:

图1-3

图1-4

---

[83] 在网站www.juraexamen.com/forum,可以找到许多对法学教授的关于法律学习和考试建议的访谈。

75 　　请求权人(Der Anspruchsinhaber)即受侵害人(der Geschädigte)作为起诉权人,在符合下列条件时,可以向作为应诉权人(Passivlegitimierten)的致害人(der Schädiger)提起损害赔偿请求(einen Anspruch auf Schadensersatz):

(1)行为(Tathandlung):作为(Tun)或者不作为(Unterlassen);

(2)损害一个被保护的法益(der geschützen Rechtsgüter):生命、身体、健康、自由、财产或其他权利;

(3)责任成立的因果关系(Haftungsbegründende Kausalität);

(4)损害(Schaden);

(5)责任范围的因果关系(Haftungsausfüllende Kausalität);

(6)违法性(Rechtswidrigkeit);

(7)过错(Verschulden)。

76 　　在第二步中,人们需要确定的是如何经常性地把构成要件要素与法律规范联系起来。可以用相关的规范组建一个模块化的系统。在考试中,需要在思考了一个规则之后,继续按照顺序考量下面相关的规则。这同样适用于区分请求权基础(die Anspruchsgrundlagen)和所谓的责任扩大规则(Haftungserweiterungsnormen),后者经常与请求权基础一起进行检验,自身并没有构成请求权事由,例如《德国商法典》第25条第1款第1句(§25 Abs.1 S.1 HGB)。但是基本法也通过间接的第三人作用或者作为私法中的保护义务发挥着作用。[84]

(1)行为(Tathandlung):作为(Tun)或者不作为(Unterlassen)。

(2)损害一个被保护的法益(der geschützen Rechtsgüter),如生命、身体、健康、自由(《德国基本法》第2条第2款,Art.2 Abs.2 GG),财产(Eigentum,见《德国民法典》第903条)或者其他权利,如所有的定限物权(beschränkt dinglichen Rechte,例如《德国民法典》第1018条、第1094条、第883条),合法的直接占有(der rechtmäßige unmittelbare Besitz,见《德国民法典》第854条);特别的人格权(besondere Persönlichkeitsrechte,见《德国民法典》第12条、《德国商法典》第17条,《德国艺术品版权法》第22—24条 KunstUrhG);一般人格权(allgemeines Persönlichkeitsrecht,见《德国基本法》第1条、第2条第1款);已设立并经营的企

---

[84] 参见本书第三章边码14。

业的权利(营业权)(Recht am eingerichteten und ausgeübten Gewerbebetrieb)。

(3)责任成立的因果关系(Haftungsbegründende Kausalität),在合适的情况下,《德国民法典》第830条作为独立的请求权事由。

(4)损害(Schaden),一般损害,例如,《德国民法典》第249—254条;特别损害,例如《德国民法典》第842—850条。

(5)责任范围的因果关系(Haftungsausfüllende Kausalität)。

(6)违法性(Rechtswidrigkeit):正当化事由(Rechtfertigungsgründe);《德国民法典》第227—231条,第904条;《德国刑法典》第193条;冲突权利间的权衡(Abwägung mit kollidierenden Rechten),例如《德国基本法》第5条第1款。

(7)过错(Verschulden):一般过错见《德国民法典》第276条;特殊过错见《德国民法典》第827—829条。

你为具体的法规或者特定的主题寻找范例和适用的案例。在处理非常规案例(直译为病态案例——译者注,pathologischen Fällen)之前,你需要先在正常案例中构思每一句法条和重要的构成要件或者争议焦点。

对于初学者(部分对高级阶段)很有帮助的是 C.H.贝克出版社(Beck-Verlages)的丛书"测试你的知识"(Prüfe Dein Wissen-PdW)。[85] 这些为深化民法典学习提供了大量案例练习的书,例如,C. H. Beck 出版的《法律研究课程》(der Juristische Studienkurs)[86];C. F. Müller 出版的《案例和解决方案》(die Reihe Fälle und Lösungen)[87];或 Luchterhand 出版的《在法律核心领域的复习和深化课程》(der Wiederholungs-und Vertiefungskurs in den Kerngebieten des Rechts)。[88] 附带法院原始判决的《判例的汇编》也是非常有帮助的工具书。[89]

图形比抽象的概念更容易记忆。因此,尝试着"带图形地学习"(bildhafte

---

[85] 有关民法典方面的书,例如 *Köhler*, BGB Allgemeiner Teil, *Köhler/Lorenz*, Schuldrecht Allgemeiner Teil, *Köhler/Lorenz*, Schuldrecht Besonderer Teil。

[86] 民法之外的书,例如,*Teichmann*, Vertragliches Schuldrecht; *Beuthien/Weber*, Schuldrecht II; *Buchner/Roth*, Schuldrecht III; *Rimmelspacher*, Kreditsicherungsrecht。

[87] 例如,*Marburger*, BGB Allgemeiner Teil; *Gursky*, BGB Sachenrecht。

[88] 例如,*Thiele/Fezer*, BGB Allgemeiner Teil; *Thiele/Fezer*, Schuldrecht, Allgemeiner Teil; *Thiele/Fezer*, Schuldrecht, Besonderer Teil; *Werner*, Sachenrecht。

[89] 例如,*Schack/Ackmann, Das Bürgerlichen Recht, in 100 Leitentscheidungen*, 7. Aufl. 2018;类似参见本书第四章边码110内容中的脚注。

Lernen)。带图形地学习首先可运用于法条的处理。概念和法律问题经常可以被归纳于个别的构成要件要素中。

通过把所学概念与图形联系起来,你也可以把抽象的概念形象化,这通常适用于把问题和案件事实(Sachverhalte)联系在一起的情况。

共犯的主观性理论(die subjektive Theorie)主要表现在帝国法院"浴缸案"(Badewannenfall)中。[90] 典型社会行为是否会导致合同上的义务则被明确于"汉堡停车场案"(Hamburger Parkplatzfall)中。[91]

79　刑法上的打击错误(aberratio ictus)可以认为是由于因果关系的偏离,导致结果发生在另一个行为对象身上,而非行为人所希望的人身上的情况。[92] 初学者不容易理解这样的定义。他只能记住:"T向O射击,但是却击中A。"即使是这样的描述,也不是很直观(anschaulich)。

80　你应当试图用自己的图像和电影来描述相关的法律问题,并赋予一个标题(Schlagwort)。最好尽可能直观地和显著地记住这些问题。越是令人难忘的和引人注目的电影,越容易被人想起,即越能够长时间地被记住。你可以用下面的案例来加深对打击错误的印象:

"周日弥撒案"(Sonntagsmessenfall):被背叛的丈夫带着枪躲在篱笆后面,等待正在做弥撒的妻子。在毫不知情的妻子离开教堂时,丈夫朝妻子开了枪。正在此时,牧师却挡在了妻子的前面,牧师被子弹击中脏倒地。[93]

81　运用这种所谓的影片联想法(Filmmethode)后,你将不会忘记"周日弥撒案"。在这个标题之下,你会把"打击错误"及其定义都关联上并很可能记忆非常长的时间。

82　根据常识,人们不能同时记忆7样东西。人们认为"7"是个神秘的数字。[94] 因此,根据关键词学习,而且尝试着根据关键词联系到争议的不同观点。例如,关于过失的意思表示(der fahrlässigen Willenserklärung)的问题由意

---

[90] RG, Urt.v.19.2.1940, 3 D 69/40, RGSt 74, 84, 85-浴缸案(Badewannenfall)。

[91] BGH, Urt.v.14.7.1956, V ZR 223/54, BGHZ 21, 319, 334 f.("汉堡停车场案") Hamburger Parkplatzfall。

[92] 参见 Roxin/Greco, Strafrecht Allgemeiner Teil, Bd. I, 5. Aufl. 2020, § 12 Rn. 160。

[93] 例如, *Klaner*, Richtiges Lernen für Jurastudenten und Rechtsreferendare, 5. Aufl. 2014, S.134 f。

[94] *Miller*, 63 The Psychological Rev.81 ff.(1956); *Beelich/Schwede*, Denken, Planen, Handeln, 3. Aufl. 1983, S.54.

思(Willens-)、表示(Erklärungs-)和过失意思表示的理论(der Theorie der fahrlässigen Willenserklärung)组成(第三章边码 11),而不要将大量的法律理论都简化成一个标题。

"贵族案"(Edelmannfall)中澄清了"签订合同时的过失是否可以导致一个未公证的买卖合同产生无效的法律后果这一问题"。[95] 间接正犯(der mittelbaren Täterschaft)则需要研究"猫王案"(der Katzenkönigfall)[96]。《德国基本法》第 12 条中关于职业自由的具体化则要参考"药店案"判决(Apothekenurteil)[97]中发展出来的三阶段理论(der Dreistufentheorie)。

通过记忆口诀(Eselsbrücken)也可以实现图像学习的效果。

刑法上的保证人义务可以用图像来形象化:

"骑士案"(Reiterfall):疾行如风的骑士鲁迪(Rudi)试图与他的马一起跳过一个 3 米宽的湍急的小溪,但不幸落入水中。不会游泳的萨宾娜(Sabine)和鲁迪都是新学期的法学学生,她正穿着新夹克和她的狗在散步。萨宾娜是否必须要跳进水里拯救鲁迪呢?

对你来说,这里的记忆口诀"REITQV"会非常有帮助:法条(Rechtssatz)、亲密的生活关系(Enge Lebensgemeinschaft)、由前行为引起的先行为义务(Ingerenz aus vorangegangenem Tun)[98]、实际上承担了保证责任、危险来源和合同(Vertrag)。然而,这些法律义务当然是没有被系统化地推导的。[99]

(二)法律中的结构性思维

法学是对逻辑性要求比较高的学科。

法律人技能的基本要求是,把逻辑和结构性思维运用到日常的法律工作中。这种结构性思维铸造了法律人,同时也区分了法律人和非法律人。[100] 结构性思维将清晰的、逻辑上令人信服的思路(Klaren unrd und logisch zwingenden Gedankargang)与含糊不清的、不明确的和有瑕疵的(fehlerhaflen)论述,

---

[95] RG, Urt.v.21.5.1927 V 476/26, RGZ 117, 121, 124 f"贵族案"(*Edelmann*)。
[96] BGH, Urt.v.15.9.1988.4StRaight352/88, BGHSt 35, 347, 351 ff."猫王案"(Katzenkönigfall)。
[97] BVerfG, Urt.v.11.6.1958, 1 BvR 596/56, BVerfGE 7, 377, 397 ff.
[98] 这里是 *Roxin*, Strafrecht, Allgemeiner Teil, Bd.2, 2003, Rn.143 ff.。
[99] 关于"骑士案"的答案(Reiterfalls),参见本书第十章边码 1。
[100] 关于法律的结构思维,参见 *Haft*, Juristische Rhetorik, 8. Aufl. 2009, S.25 ff.

即与"混乱与空谈"区分开来。[101] 德国联邦最高法院(BGH)将思维规则视为所谓的"不成文法的法律规范"(Normen des ungeschriebenen Rechts)[102];思维上的瑕疵会引起上告(Revision)。[103] 这种结构性思维有助于工作中的布局(第七章边码46及以下),有助于口试时的言谈(第八章边码1及以下),也有助于阅读法律论文(第四章边码85及以下)。依靠结构图可以更好地记忆案情和法律问题。思维导图(Mind Maps)也非常有助于结构的描述(第一章边码89)。

84　(三)一个结构图由诸多语言要素并通过"和"或者"或"的关系组合而成

有一种结构图称为"线状图",像历史一样,按照时间顺序将原因和效果的链条联系起来。在论证锁链的情况下,应当是一个思路后面跟着另一个思路。为了列出复杂的案情和法律问题的结构,要运用递阶结构,又称为树干结构。在大量材料需要整理的情况下,树干结构是非常有帮助的。结构必须是容易理解和简单的。为了不让读者或观众的记忆能力超负荷,每一个阶层不要超过两个或者三个要点。通常情况下,复杂案情需要写纲要。[104] 正反方的论证观点都可以在一个条目下形象化地列出来。

线状结构和递阶结构图如图1-5所示:

线状结构　　　　　　　　　　　递阶结构

图1-5　线状结构和递阶结构

---

[101] 参见 Haft, Verhandlung und Mediation, 2. Aufl. 2000, S.69 ff.;类似的见 Schnapp, Logik für Juristen, 7. Aufl. 2016, S.20:"概念是原材料,似乎也是法学(Jurisprudenz)的'仙丹'(das Lebenselixier);没有完全掌握它的人,就等同于没有认识到自己的工具;因为我们的法律书籍是概念的集合体……"

[102] BGH, Urt.v.18.3.1954 3 StR 87/53, BGHSt 6, 70, 72; BGH, Urt.v.23.2.1990 V ZR 188/88, BGHZ 110, 294, 297.

[103] 根据 Nach § 546 ZPO und § 337 StPO; s. Thomas/Putzo, ZPO, 41. Aufl. 2020, § 546 Rn. 12; Meyer-Goßner/Schmitt Meyer-Goßner, StPO, 63. Aufl. 2020, § 337 Rn. 30。

[104] 关于写案情的提纲,请参见本书第二章边码5及以下。

线状结构的例子经常可以通过改写得到,例如"阴险"这个概念:阴险是指利用受害人的无知和无抵抗力的情形。

递阶结构通常存在于概念金字塔中。一个简单的两个层次的概念金字塔清晰地区分了同意(Zustimmung)、允许(Einwilligung)和追认(Genehmigung)。同意和追认是肯定的上位概念,因为它们都包含一个上位概念的特征:事前或事后的肯定(认可 Zustimmung)(见《德国民法典》第182条及以下)。允许和追认是上位概念同意的下位概念,因为它们还包含上位概念更多的一个特征:事先和事后的同意。

结构性的思维简单,也容易被运用于口诀中。在上述"骑士案"中关于保证人义务的口诀"REITQV"也可以运用于线状结构图。相比之下,在论证每一个保证义务的时候,就衍生出"监督的保证义务"和"监护的保证义务"(Überwachungs- und Beschützergarantenpflichten),如图1-6所示。[105]

图1-6 刑法上的保证人义务

四、帮助表现创造性思路的工具

(一)索引卡和图表

针对每一个法律领域,都要设计自己的索引卡片(Karteikarten)[106],并在上面记录下从讲义和一两本教科书中总结出来的最重要的内容(第一章边码

---

[105] 参见 Haft, Verhandlung und Mediation, 2. Aufl. 2000, S.69 ff.; Haft, in: Gottwald/Haft, Verhandeln und Vergleichen als juristische Fertigkeiten, 2. Aufl. 1993, S.14, 22。

[106] 参见 Klaner, Richtiges Lernen für Jurastudenten und Rechtsreferendare, 5. Aufl. 2014, S.123 ff.。

85）。在处理争议点或者复习的时候，这种方式非常理想。思维导图也是非常有帮助的（第一章边码89）。人们可以在学习每一个新的法律领域之初就着手画思维导图，然后在学习中再进一步加工和拓展这些图。人们可以在早期通过建立思维导图就理清一个法律领域的结构和关系。当然也有许多专业的法律索引卡出售。[107] 法律教育杂志（die Ausbildungszeitschrift Jura）经常会重复发表与教学有关的索引卡片，大量的复习教材（Repetitorien）也用索引卡片的形式介绍法律领域。索引卡片非常适合于学习。由此可以很容易地区分出重点与非重点，你应当把已经掌握的卡片抽出来，而不是总重复已经掌握的知识。

（二）聚类分析

86　　一篇好的学术作品不可或缺地以一定程度的创新性为前提。大部分作者缺乏的不是思想，而是组织结构与展开论证的过程。这里推荐一个非常有效的方法，即被李克（Rico）首次提出并科学论证的所谓聚类分析法（Clustering）。[108] 与法律案例分析中的请求权检验（Anspruchsprüfung）相区别的是，学术论文与其说是解决线性问题（lineare Problemlösung），不如说是要处理一个主题领域（Themenbereich）中的广泛问题。在这种情况下，应当考虑应用聚类分析法，因为它是基于自由组合的原理构建的。通过这种方法，应用者可以拓展思路。

87　　你应当作出如下处理[109]：人们从一个核心概念出发，首先将其写在一张白纸上，然后围绕它画一个圆圈。之后人们放任思路去思考，不要试图去控制它，也不要试图使其集中起来。人们跟随着思维运动，把冒出的一个个念头联系起来。你要赶紧把这些被发现的念头（即核心概念的联系点）写下来，每一个念头都有一个自己的圆圈，这些圆圈从中心点向四周发射。每一个新的概念都用一条线与那些思维上联系的概念连接起来。下一步要做的是，针对这些被发现的概念再次寻找它们之间的关系，将其与每一个上位概念联结起来。在多次重复这些过程之后，在卡片上会显示一个有很多新分支的思路和想法

---

[107] 电子版的索引卡下载网站：https://www.repetico.de；https://apps.ankiweb.net/；https://www.studysmarter.de；https://www.studyblue.com。

[108] Von *Cluster*, engl.für Traube, Büschel.

[109] 根据 *Rico*, Garantiert Schreiben lernen, 1984, S.30 f.。

的网络,其中原始的核心概念会像光源一样被包围起来,这时它可以被称为"思路地图"。

这种方法的优点在于,作者可以从单轨的、线性的思维强制中解放出来。根据逻辑的基本原理,你可以轻松地克服来自思维概念方面的阻碍性停顿。应用者可以最大限度地发挥其创造性潜能和主动性。我们推荐感兴趣的读者将所描述的这种方法首先运用于简单概念(如学习、家庭等)的练习,这样你会为聚类分析法的高效所折服。

(三)思维导图

从聚类分析法进一步发展就是思维导图了[110],这是有方向地思考和自由地联想之间的一条折中路线。应用者不是自由放任其思维的发展,而是根据关键词概念,有方向性地、有系统性地从初始概念里发展出来。你应该简明扼要地总结问题的主要方面。这种方法的特别之处在于,每一个关键词概念都被其自身的关系领域所包围。一个主题领域只会涉及很少的一些概念。[111]

在搜索其他关键概念的过程中,思维导图会随着直觉和联想被拓展开来。应用者会为他的思维设定一个特别的方向。通过这种方式找到的概念,将根据类似聚类分析法一样的方法排列起来。应用者在把这个概念写进思维导图时,将进一步检验其适当性(Tauglichkeit)。[112] 与此同时,各出版商[113]也为学生[114]提供了各个法律领域的思维导图。

在画思维导图时,首先将纸张横向置于你的面前,将需要处理的主题(behandelnde Thema)写在中心位置。你还需要画出主题要点的分支。重要的是每一个分支上只能写很少的词(最好只写一个)并把这个词写在分支上。另外,可以使用不同的颜色及词语直观地配上图形。思维导图的优点在于可以将文字的结构形象化(visualisieren)。这会更容易记忆,因为两个脑半球都被

---

[110] 关于思维导图的概况参见 Beyer, BrainLand. Mind Mapping in Aktion, 3. Aufl. 1997; Buzan/Buzan, Das Mind-Map-Buch, erweiterte Aufl. 2013; Sauerwald, Mind Mapping in Studium und Referendariat, 2006。

[111] Beyer, BrainLand. Mind Mapping in Aktion, 3. Aufl. 1997, S.8, 10, 19.

[112] Beyer, BrainLand. Mind Mapping in Aktion, 3. Aufl. 1997, S.16.

[113] Etwa der Verlag C. F. Müller mit Khalil, JuraMindMaps zum Strafrecht.

[114] S. https://www.juralib.de.

启动起来。[115]

92　　特别是那些你在考试前必须要学习的法律领域,更有必要尽早建立起一个体系化、方便修改关键词并有助于长期记忆的系统。思维导图是特别适合法学院学生的学习方式,它可以系统化地去拓展一个特定的问题范围(bestimmten Problemkreis)。因为根据德国法律占统治地位的立法技术的杰作,一个特定的法律资料往往与各种各样的其他基本法规,甚至需要与整体法规相联系,才能被理解和运用。法律学生可以凭借思维导图,形象地看到这些联系,并整理出自己的思路结构。这将简化对这些资料的理解,同时也减轻学习者的负担。

例如,联邦总统的职责可以通过下面的思维导图来表现(如图1-7所示):

图 1-7

93　　此外,思维导图还可以用于作报告(演讲 Vortrag)时提示思路。

94　　你将会证明:学习之初越是富有激情和主动性,就更容易理解法律问题,并不易忘记它们。学习到的知识必须存储在长期记忆里(Langzeitgedächtnis)。这里将本章所介绍的学习技术[116]总结为四条黄金法则:

---

[115] Tony Buzan 在 Mind Map-Die Erfolgsmethode, 2005, S.20-35,如此创建一个思维导图。
[116] 提供各种很好的学习技术概述的是 Klaner, Richtiges Lernen für Jurastudenten und Rechtsreferendare, 5. Aufl. 2014, S.112 ff.。

> 四条黄金法则:
> (1) 要有好奇心:生活中不断有潜在的冲突。寻找利益公平的解决方案。
> (2) 阅读:作为一个学生,要动脑筋。不喜欢阅读的人,学习会非常困难。缩略版的书对于入门阶段和复习阶段非常好,而大部分则是为了深化理解。
> (3) 思考:在上课时,不要记下老师说的每一句话,只需记下关键词。不应把自己训练成秘书,而是要尝试一起思考,让自己的思维跟上老师的思路。在上课或者读书时不动脑筋的人,还不如去咖啡馆或者在沙发上休息。如果在开始的时候感到非常困难,那么就应当提问,大部分老师都会非常乐意回答你的问题。
> (4) 练习:要寻找法条的应用案例来进行练习。好的法律人能够论证。要与私人学习小组里的同学交流和讨论所听到的内容。要学会写提纲;要创造自己的有关法律问题的图表和概述。
> 同时:复习(Wiederholen)和再加工(Nacharbeit)都会令人受益。

图 1-8

第二章 案例分析和闭卷考试

1　法律人经常需要论证判决的法律理由(第三章)。闭卷考试会练习这些思维和方法,尽管练习中的那些没有争议的案情明显比实践中的真实案例更简单。

闭卷考试[1]的时间通常分为四个阶段:第一阶段,整理题干(Bearbeitervermerk)和案情(Sachverhalte);第二阶段,撰写草稿提纲;第三阶段,检查结论;第四阶段,成稿。

第一学期民法的一个典型案件如下所述:

"斑马线案"(Zebrastreifenfall):在一个阳光明媚的周日,法拉利司机费迪南(F)与其兴奋的女友弗朗西丝卡开车横穿弗莱堡。这对坠入爱河中的情侣眼中只有对方,费迪南没有看见老奶奶格雷琴(G)正一边思念着其唯一的亲人——孙子爱德华(E),一边牵着她的狗慢慢地走过斑马线。老奶奶和狗被法拉利撞倒并于三天后死亡。

题干:请分析法律状况?

案例变体:如果费迪南以每小时40千米的速度行驶,老奶奶与其汪

---

[1] 关于闭卷考试技巧(Klausurtechnik)的概述,参见 s. *Beaucamp/Treder*, Methoden und Technik der Rechtsanwendung, 4. Aufl. 2019, Rn.395 ff.; *Braun*, Der Zivilrechtsfall, 5. Aufl. 2012, S.32 ff.; Bringewat, Methodik der juristischen Fallbearbeitung, 4. Aufl. 2020; *Drehsen*, Bonner Rechtsjournal, 2013, 106 ff.; 2014, 50 ff.; *Fritzsche*, Fälle zum BGB Allgemeiner Teil, 7. Aufl. 2019, Teil1, Rn.37 f.; *Mann*, Einführung in die Juristische Arbeitstechnik, 5. Aufl. 2015, Rn.154 ff.; *Valerius*, Einführung in den Gutachtenstil, 4. Aufl. 2017, S.47 ff.; *Schimmel*, Juristische Klausuren und Hausarbeiten richtig formulieren, 13. Aufl. 2018, Rn.530.关于第二次国家司法考试的闭卷考试技巧,参见 *Knöringer*, Die Assessorklausur im Zivilprozess, 16. Aufl. 2016; *Schuschke/Kessen/Höltje*, Zivilrechtliche Arbeitstechnik im Assessorexamen, 35. Aufl. 2013, Rn.465 ff.; *Wimmer*, Klausurtipps für das Assessorexamen, 5. Aufl. 2018, S.17 ff.。

汪叫的腊肠犬(Dackel)忽然从一个拐弯的盲区转入而在街道上与车碰撞,那么本案的法律状况又是如何呢?

第一节 分析题干和案情

很多时候,人们(会因为)没有充分阅读题目和案情,而忽视重要的提问。为此,你必须要保证有足够的时间。

一、题干

对于应试者而言,最重要的提示是在闭卷考试的最后一部分。此处将会提示需要解决的是何种问题。例如,在民法的闭卷考试中,有的时候只会针对特定的请求权(例如物权请求权)进行提问;在刑法的闭卷考试中,有时可能只检验特定参加人,或不需要检验某个构成要件;在公法的闭卷考试中,则会在题干说明,究竟是要求检验案件的合法性(Zulässigkeit)及采取法律措施的合理性(Begründetheit)或者是要求检验其一;在进阶阶段和司法考试的闭卷考试中也会有一些不常规的问题,例如,评估一个起诉或者法律手段(Rechtsmittel)成功的可能性,设计一份合同或者要求回答法律问题。你要认真地通读题干,避免多余的工作。

在"斑马线案"中,若题干只提问《德国民法典》第 823 条第 2 款之外的请求权,就无须再对《德国刑法典》(StGB)、《德国道路交通法》(StVG)和《德国道路交通规则》(StVO)等进行讨论了。

在阅读案情之前,你要先阅读题干。这样你可以尽早避免在一些本来就没有涉及的问题上过多纠缠。

二、第一次阅读案例和头脑风暴

大多数时候,通读案例时产生的初步想法都是正确的——请务必记在一张纸条上,最后能与提纲(结构)进行比较,以保证没有忽略提问点。运用不同的颜色进行标记是一个更好地总结案情的技巧。[2]

---

[2] 你要针对不同的人或者不同的程序和实质性问题使用不同的颜色。

在"斑马线案"中:老奶奶死亡,谁可以为老奶奶提起有效的诉讼请求?可能存在的继承人,例如,她的孙子爱德华(Eduard),这在案情中只是被间接提及。

三、视觉的辅助工具:草图和时间表

5 通常情况下的案情都非常复杂,不限于两个人之间的关系。画草图对理清案情非常有帮助,便于可视化地再加工具体的法律问题,并整理人际关系。恰恰在法律问题比较一般性的时候,你就更能清楚地识别,谁能够针对谁使请求权。即使是所提及的法律问题仅是单向的问题,例如,老奶奶(G)或者孙子(E)是否有权向费迪南(F)提起诉讼。你也可以根据草图认清,在抵销权(Aufrechnung)的范围内是否有可能提出相反的请求。"斑马线案"草图如图2-1所示:

图 2-1

拓展:最有名的依据是基普先生独创的双重功效理论(die Kipp'sche Doppelwirkung)[3]:对古董没有任何概念的 17 岁的 V,从刚去世的奶奶处继承了一个文艺复兴时期的柜子,价值 5 万欧元。V 将其以 4000 欧元的价格出售给古董商人 K,因为 K 恶意隐瞒该柜子的年代和价值,欺骗了 V。K 把柜子转卖给 D。D 明知该欺骗的历史,并不知道 V 是未成年人。请自己编写一个案

---

[3] 基普的双重功效理论(Kipp'schen Lehre von der Doppelwirkung),参见 *Kipp*, in: FS von Martitz, 1911, S.211 ff.; Fikentscher, Methoden des Rechts, Bd.4, 1977, S.363; Palandt/*Ellenberger*, BGB, 80. Aufl. 2021, vor § 104 Rn.35。

情草图。[4]

在物权法和继承法的闭卷考试中，通常也会包含时间的规定。应试者必须厘清所涉及的法律相关行为的时间顺序。通过一个时间表(Zeitstrahls)，人们可以把各种时间和法律行为的顺序清楚地展现出来。

四、完全理解案情

尽可能轻松地阅读相关的案情，并用充足的时间来完全理解它。完全理解案情的前提是重复及集中注意力阅读，不能忽略或者按照自己的意愿改变案情。[5] 通常情况下，任何关于案件的说明都是重要的，应当与特定的法律问题联系起来考虑。请不要漏掉任何东西(或者忽略那些与你的法律结论不相符合的案件说明)，要仔细地检查每一个特定条件下的案件事实，至少要思考它的法律意义。因此，重要的通常不仅是每一个人、每一个日期和每一句案件描述，还有每个单独的词汇，它们都可能与闭卷考试有直接的联系。这些都必须在答案中重新表现出来。为了有利于检查，人们可以把自己的答案设想为案情的"镜像"(Spiegelbild)：所有在案情中提到过的东西——尽管之后未提及——但是也需要在自己的答案中或多或少地重现。你要标记出所有相关的数据，包括草图和时间表。因为在这个阶段的努力就如同"复活节找蛋"(Ostereiersuche)一样将会得到好的回报。

哪一方参与人没有遵守交通规则？案情中是否还有结论未定之处？老奶奶过马路时是否环顾四周了？在另一种情景中，如果狗把老奶奶拉到大街上，这一事实是否有意义？

当然，你不可能就每个构成要件都能在案情中找到提示信息。请思考，案件事实究竟没有提供哪些信息。可能犯的最大的错误是所谓的"扭曲案情"，即你错误地认定了一个不相关的案件事实。[6] 特别是在你做过类似案例的时候，实际上两个案情并不是一样的，反而在一个非常重要、没有注意到的点上有所区别。对案例分析的题目本身进行质问、批评，或者怀疑案例描述的事实是否真实发生过，都是不恰当的做法。请根据案情的本来面貌分析

---

[4] 答案参见本书第十章边码3。
[5] 参见 Mann, Einführung in die juristische Arbeitstechnik, 5. Aufl. 2015, Rn.157。
[6] 参见 Mann, Einführung in die juristische Arbeitstechnik, 5. Aufl. 2015, Rn.159。

案情。[7]

（1）如果案情不明确或者有歧义，那么就要根据生活中的正常情况来推测。案情中不会存在如邮递不准时的问题，题目假设的前提是邮件会准时到达。

（2）需要自问，是否需要根据证明责任规则（Beweislastregeln）来裁判。首先需要遵守的自然是法定的举证规则，这是你在闭卷考试中无须查看法典评注（Kommentar）就应当掌握的内容。例如，《德国民法典》第891条及以下。[8]

（3）如果不如上所述，就应当有足够的勇气把这些要点列为事实问题，而不作出论断。当然也必须保证闭卷考试的案例是能够找到分析结论的。应当提出一个建议性的答案，而不是几个建议，也不要让结论待定。

如果案情中未提示，则可以认为人们是遵守了交通规则的：在基本案例中，老奶奶先到达街上，她就应当从右向左察看了周围。在修正案例中，违反了交通规则的是司机，而不是老奶奶。

9　在这个阶段，可以安静地、尽情地记录下头脑风暴中想到的所有要点。不仅提示部分需要关注，还需要特别关注的是，参与人在案情中具体参与、实施的法律部分。[9]这些法律的观点虽然不具有约束力，但是案例分析人通常应当特别关注案件中特别提示的法律问题，并详细地研究和理解它。应当搜集所有潜在的请求权基础（Anspruchsgrundlagen）和判决理由（Entscheidungsgrundlagen）。

第二节　一个概念的创建

一、提纲作为案例分析方案的粗略草稿

（一）提纲的优点和形式

10　是否已经理解了案情和提问，这是寻找案例法律答案的开始。对于简单

---

[7]　通常都是虚构的案情；在后面的实践中人们才学习如何去调查案情。关于事实的诠释学（Sachverhaltshermeneutik）参见 Möllers, Juristische Methodenlehre, 3. Aufl. 2020, § 14 Rn.11 ff.。
[8]　*Velte*, Jura 1980, 193, 195.
[9]　*Velte*, Jura 1980, 193, 196.

的案例,人们可以仅凭头脑琢磨就能找到答案;对于闭卷考试中的答案,应当用书面形式,也就是以提纲为基本形式。提纲是作为案例分析方案的粗略草稿。请你运用"展开"(entwickeln)这个概念的字面含义进行推导,没有任何一个法律案例是凭借少量的"思维火花"(Gedankenblitzen)就能寻找到答案的。答案至少需要通过非常谨慎的步骤推导才能得到。这些措施能够让人尽早弄懂闭卷考试的结构,认清重点,有时候也会纠正你的解题思路(Lösungsweg)。此外,如果目标明确地推导(写作)案例分析答案,文字会更加简短和精确。

建议在一张或多张草稿纸上书写提纲,并运用典型的打草稿的方式——用关键词简短地记录重要的思路,缩写得合目的,并运用指示箭头、(+)/(−)等符号标识。

应当注意的是答案草稿,其应当是一目了然和便于理解的,以便于你随后能够没有阻碍地把答案写下来。出于这个原因,人们应该在提纲中列明相关法律问题的解决方案。你应当在答案草稿相应的位置上标出你之后想要进一步思考的内容。应当注意的是,提纲不要太详细:不是所有论证都需要记录下来,这也保证了手稿书面的干净。 **11**

(1)在民法中典型的提问是:谁基于何种请求权基础,想从谁那里得到什么?

(2)在刑法中典型的提问是:谁做出了怎样的可罚行为?

(3)在公法中典型的提问是:行政行为、措施或者法律是否形式或者实质上违法并因此侵害了告诉人的权利?

(二) 时间管理

通常你应该留出最多50%的时间编写提纲。如果有几个问题需要,请务必全部回答。一个简短的回答总比没有回答好,因为完全缺失了一个回答,整个问题都会被标记为"不及格"。然而,请注意,被评分的是你的答题卷,而不是你最初准备的提纲草稿;因此,你也不应该把它交上去。 **12**

二、民法中的请求权结构[10]

(一)请求权的目标和参与人

13　民法涉及主体(Subjekten)、客体(Objekten)、主观权利(subjektiven Rechten)和法律关系(Rechtsverhältnissen)。首先应当确定当事人(Parteien,即主体)和请求的目标(Anspruchsziele,即主观权利)。对此,请制作一个大的表格作为书写答案的草稿,并从一些重要的问题开始:

谁想从谁那里得到什么?

法律的语言意味着,你必须按照如下规则分解法律问题:

(1)请求人(Anspruchssteller),即谁想要主张什么?(Wer will etwas?)

(2)请求的对象(Anspruchsgegnern),即谁想要向谁主张?(Wer will etwas von wem?)

(3)请求的目标(Anspruchszielen),即要主张什么?(Was wird jeweils gewollt?)

14　在具体问题的提问中会有解题的提示(例如,请检验 A 可以向 B 及 B 可以向 C 银行提出哪些请求),即使在概括性问题的情况下,也应是有所区别的(例如,当事人有哪些请求权,或者法律状况如何)。文字对问题进行精确地描述,谁针对谁可以提出有效的请求(例如,A 要求 B 损害赔偿,B 反驳,认为 C 应当为其承担责任),因此,尽管是概括性的问题,但是案例分析的范围也仅

---

[10] 参见 *Zimmermann*, Klage, Gutachten und Urteil, 21. Aufl. 2019; *Braun*, Der Zivilrechtsfall, 5. Aufl. 2012, S.21 ff.; *Diederichsen/Wagner*, Die BGB-Klausur, 9. Aufl. 1998; *Metzler-Müller*, Wie löse ich einen Privatrechtsfall, 7. Aufl. 2016; *Fahse/Hansen*, Übungen für Anfänger im Zivil-und Strafrecht, 9. Aufl. 2001; *Klaner*, Wie schreibe ich juristische Hausarbeiten, 3. Aufl. 2003; *Michalski*, Übungen im Bürgerlichen Recht für Anfänger, 3. Aufl. 2005; *Quittnat*, Der Privatrechtsfall, 6. Aufl. 2005; *Wimmer*, Klausurtipps für das Assessorexamen, 5. Aufl. 2018; *Wörlen/Schindler*, Anleitung zur Lösung von Zivilrechtsfällen, 10. Aufl. 2020. 有益的教科书还有 *Brox*, *Köhler*, *Leipold* zumBGB, AllgemeinerTeilsowie *Medicus/Petersen*, GrundwissenzumBürgerlichenRecht. 此外,还可以找到 2002 年 1 月 1 日债法改革后的所有的案例汇编,例如 *Dauner-Lieb* (Hrsg.), Das neue Schuldrecht-Fälle und Lösungen, 2002; *Köhler/Fritzsche*, Fälle zum neuen Schuldrecht, 2002; *Fritzsche*, Fälle zum Schuldrecht I, 8. Aufl. 2019; *Becker*, Vertragliche Schuldverhältnisse, 2002; *Kornblum/Stürner*, Fälle zum Allgemeinen Schuldrecht, 8. Aufl. 2017。

限于该问题中所提及的请求人。如果在问题中没有任何限制性的提示,那么在概括性问题中需要分别检验所有当事人的请求(也就是说,每个当事人针对其他当事人的请求)。[11]

在提纲卡片上,需要列出所有需要检验的请求人,例如:

A. A 对 B 的请求

B. B 对 A 的请求

C. A 对 C 的请求

……

或者以"斑马线案"为例:

A. G 对 F 的请求

B. E 对 F 的请求

下一步你要查证每一个请求人相应的请求目标(例如,请求交付一辆被售的汽车、请求损害赔偿)。你得清楚地区分易混淆的各请求目标[例如,请求赔偿(Schadensersatz)和用益返还请求(Nutzungsherausgabe)]。你的答案草稿可能如下所示:

A. G 对 F 的请求

原则上存在,但是此人死亡了。

B. E 对 F 的请求

对 G 的请求权的继承,第 1922 条。

a. 请求支付医院的费用

b. 请求赔偿狗死亡的损害

c. 请求精神赔偿金等

(二)请求权基础

现在才开始真正的法学工作。(你)要考虑的是,哪些请求权基础(法律关系)可以支持所需证明的请求权。但凡法律规范抽象的法律后果能实现具体请求目的的,都应纳入考虑。你可以将上面提及的这些问题扩展为提问:谁希望从谁那里得到什么?

---

[11] 关于提纲的结构,参见本书第七章边码 46 及以下。

17 首先需要寻找、收集并考察每一个请求权可能涉及的请求权基础。此时，适用如下原则：合同优先于法律，即合同的请求权基础应当先于法定的请求权基础加以检验，以避免因请求权基础的条款是以其他条款的解释为前提，导致出现烦琐的"嵌套式"的证明（Schachtelprüfungen）。[12]（这里）应先想到的是合同上的请求权，比如请求付款，类似《德国民法典》第 433 条第 2 款。义务违反（Pflichtverletzungen）是需要思考的次级请求权（Sekundäransprüche），例如，因合同磋商行为中的过错产生的请求权（见《德国民法典》第 311 条第 2、3 款，第 241 条第 2 款）或者积极侵害债权（positive Forderungsverletzung，见《德国民法典》第 280 条第 1 款）。与合同相类似的请求权（vertragsähnliche Ansprüche），例如，《德国民法典》第 677 条的无因管理请求权（Ansprüche aus Geschäftsführung ohne Auftrag）。

18 接下来需要按照特定的顺序检验请求权基础。检验合同上的请求权基础；在检验侵权（deliktische，参见《德国民法典》第 823 条）和不当得利请求权（bereicherungsrechtliche Ansprüche，参见《德国民法典》第 812 条）之前，应当继续检验物上请求权（dingliche Ansprüche），例如，《德国民法典》第 987 条规定的所有人—占有人关系（Eigentümer-Besitzer-Verhältnis）。如下检验顺序是必须要遵守的：

19 （1）合同请求权（Vertragliche Ansprüche）可能会影响其后所有的请求权基础。由此可以根据合同关系推导出《德国民法典》第 986 条意义上的占有的权利，来论证首先根本不存在"所有人—占有人"关系（Eigentümer-Besitzer-Verhältnis）。此外，可以根据合同确定责任减轻（Haftungsprivilegierung），例如，《德国民法典》第 521 条修改了侵权法框架下的过错的检验。这样的考虑同样适用于类似合同的债务关系（vertragsähnliche Schuldverhältnisse），例如，好意施惠（Gefälligkeitsverhältnis）情况下的责任减轻（Haftungsprivilegierung）问题。合同往往为不当得利法（Bereicherungsrecht）上的后果提供了一个法律理由。在其他案例中，为了避免这些，你必须注意检验合同关系，至少在头脑里要预先检验一下合同上的请求权（die vertraglichen Ansprüche）是否

---

[12] 详见 Medicus/Petersen, Bürgerliches Recht, 27. Aufl. 2019, Rn. 7 ff.; Braun, Der Zivilrechtsfall, 5. Aufl. 2012, S. 19 f.。

成立。

（2）在开始检验侵权责任和不当得利请求权基础前，应当首先思考一下物上请求权（dingliche Ansprüche），例如，是否会出现"所有人—占有人"关系。这里人们也希望能够避免混乱的嵌套式的论证。根据《德国民法典》第993条第1款和第2款，"所有人—占有人"关系将会阻断用益和损害赔偿的请求（在适用范围和例外上存在争议）。

（3）采用侵权法和不当得利法中的哪些请求权基础，通常是闭卷考试考察的目的和重点所在。[13]

具体而言，适用如下检验顺序：

①合同请求权（Ansprüche aus Vertrag）：

A.主请求权（Primäransprüche，例如履行）；

B.次级请求权（Sekundäransprüche，例如损害赔偿）。

②类似合同法律关系的请求权（Ansprüche aus vertragsähnlicher Beziehung）。[例如，缔约过失责任及无因管理之债（Verschulden bei Vertragsverhandlungen, Geschäftsführung ohne Auftrag）]。

③物上请求权（Dingliche Ansprüche）：特别是出于所有人—占有人关系（Eigentümer-Besitzer-Verhältnis）。

④侵权行为请求权（Ansprüche aus Delikt）。

⑤不当得利请求权（Ansprüche aus ungerechtfertigter Bereicherung）。

（4）如果在某个特殊关系中需要思考多个请求权的法规（Anspruchsnormen），那么首先需要检验的是特殊规范（Spezialnorm）。如果有作为前提条件的特殊规范，则不需要再检验概括性的规范（allgemeine Norm）。只有在没有牵涉特殊规范时，才会检验概括性的规范。[14]

在德国的闭卷考试中，请求权结构（Anspruchsaufbau）占统治地位。在学习过程中，你应当收集相关的请求权基础，系统化并牢记之。而哪个请求权基础将会被运用到具体案例中，则取决于案例提问中所提及的法律后果（Rechtsfolge）。[15]

---

[13] *Medicus/Petersen*, Bürgerliches Recht, 27. Aufl. 2019, Rn. 11.

[14] *Mann*, Einführung in die juristische Arbeitstechnik, 5. Aufl. 20150, Rn. 198.

[15] *Medicus/Petersen*, Bürgerliches Recht, 27. Aufl. 2019, Rn. 3.

根据请求权基础类别进行归类之后,你的草稿提纲大致如下所示:

①G 向 F 主张的请求;原则上可行,但是 G 死亡了。

②E 向 F 主张的请求:G 请求权的转让(或继承,Rechtsnachfolge),《民法典》第 1922 条[16]:

A. 要求支付住院费(Krankenhauskosten)

a.《德国道路交通法》第 7 条第 1 款

b.《德国道路交通法》第 18 条第 1 款

c.《德国民法典》第 823 条第 1 款

d.《德国民法典》第 823 条第 2 款与《德国刑法典》第 229 条之结合

e.《德国民法典》第 823 条第 2 款与《德国道路交通条例》第 26 条第 1 款之结合

B. 因为腊肠犬的死亡而请求损害赔偿(Schadensersatz)

a.《德国道路交通法》第 7 条第 1 款

b.《德国道路交通法》第 18 条第 1 款

c.《德国民法典》第 823 条第 1 款

d.《德国民法典》第 823 条第 2 款与《德国刑法典》第 303 条之结合

e.《德国民法典》第 823 条第 2 款与《德国道路交通条例》第 26 条第 1 款第 2 句之结合

C. 根据《德国民法典》第 823 条第 1 款、第 253 条第 2 款请求(精神或肉体损害的)赔偿金等。

(三)涵摄

现在开始最艰苦的写作阶段:在具体的案件中,检验每一个请求权基础的条件是否得到满足。这里要想周全考虑到每一个请求权基础,主要经过两个思考步骤。请自问如下问题:请求权的成立依赖哪些法律前提(条件)?这些前提(条件)在具体的案例中是否成立?

1. 第一个思考步骤是对一个请求权基础的法律前提进行工作

对于某些请求权基础而言相对简单。其请求权成立的条件(Anspruchs-

---

[16] 关于索赔的法律后果,参见 Leipold, in: MünchKomm-BGB, 8. Aufl. 2020, § 1922 Rn. 19 ff.。

voraussetzungen)可以从请求权规范(Anspruchsnorm)中简单地看出来,因为根据请求权规范就可以鉴别出其构成要件(Tatbestandsmerkmalen)(例如,《德国民法典》第 433 条第 1 款);另外一些请求权基础则需要与其他相关(很可能是嵌套式)的法条联系起来考察,才能找到请求权成立的条件。

例如,根据《德国民法典》第 280 条第 2 款、第 286 条的迟延损害请求权(Verzugsschaden):存在《德国民法典》第 286 条第 1 款的给付义务(Leistungsverpflichtung)、给付到期(Fälligkeit der Leistung,规定于《德国民法典》第 271 条)、未给付(Ausbleiben der Leistung,《德国民法典》第 286 条第 1 款)、催告(Mahnung,《德国民法典》第 286 条)、未给付并非债务人无须负责(Ausbleiben nicht unverschuldet,《德国民法典》第 286 条第 4 款)、产生延迟支付的损害(Eintritt eines Verzugsschadens,《德国民法典》第 280 条)。

请求权的要件不仅包含积极的成立要件(例如,《德国民法典》第 823 条第 1 款,它还要求存在一个对法益的损害或者在合同请求权中须具备双方达成合意的意思表示),而且也要求不存在生效障碍事由(例如,缺乏行为能力、违反善良风俗)、消灭原因(例如,撤销、履行、履行不能),以及抗辩理由(例如,延期清偿、诉讼时效)。为了不遗漏每一个请求权的要件,应当从以下三个问题对每一个请求权基础进行考察:

(1)请求权是否成立(entstanden)?

(2)请求权是否消灭(erloschen)?

(3)请求权是否存在障碍(gehemmt)?

在"请求权是否成立"的论证方面,需要检验成立条件(Entstehungsvoraussetzungen)和生效障碍事由(Wirksamkeitshindernisse);在"请求权是否消灭"的论证方面,需要检验可能存在的"消灭原因";在"请求权是否存在障碍"的论证方面,需要检验是否存在一个可能的请求权抗辩理由。

请在答卷上列出相应请求权需要的所有条件(要件),例如:

根据《德国民法典》第 823 条第 1 款的(第一章边码 75)请求权要件:

(1)法益侵害(Rechtsgutsverletzung):身体、健康等;

(2)侵害行为(Verletzungshandlung):作为或不作为(Tun oder Unterlassen);

（3）责任成立的因果关系和可归责（Haftungsbegründende Kausalität und Zurechnung）；

（4）违法性（Rechtswidrigkeit）；

（5）过错（Verschulden）：故意或过失（Vorsatz oder Fahrlässigkeit）；

（6）损害结果（Schaden）；

（7）责任范围的因果关系（Haftungsausfüllende Kausalität）。

2. 在已经思考了一个请求权基础的法律要件并且列出这些要件之后，就可以开始第二个思考步骤，即考虑把这些规范归类列入具体的案例中。[17]

你需要检验这个具体的案例是否满足了每一个要件，即每一个构成要件是否得到满足。这种在考试和实践中的涵摄是对法律人要求最高的工作。这种方法依赖于一个三段论（Syllogismus），其中有两个前提（Prämissen），即所谓的大前提（Obersatz）、小前提（Untersatz）和结论（Schlussfolgerung, conclusio）。因此，大前提是被应用的法律规范，小前提是生活的案件事实，结论是法律的推论。[18]

涵摄中需要注意如下四点：

（1）一些构成要件通常是很容易被证实的（例如，一个被撞凹陷的汽车挡泥板是否属于财产损害）。在这种情况下不需要一个完整的涵摄，此处简单地确认案件事实符合构成要件就足够了。

（2）相反，在其他构成要件中，人们不能简单地说，具体案例是否符合了该构成要件，例如，特定合同是否违反了善良风俗（sittenwidrig），或者堵住一辆小汽车是否构成了对财产的损害。例如，通过清楚提示要回答的问题来开始你的论证：

> 需要检验的是，堵住一辆小汽车是否也可以被看作是《德国民法典》第823条第1款意义上的财产损害。

（3）之后便是对法律规范或某个构成要件进行解释的技艺。如果你首先介绍一个可能的反对意见，接着论述支持己方观点的理由，最后以强烈、有说服力的论证结束（第三章边码2及以下），那么泛泛的理由也会变得有

---

〔17〕 Mann, Einführung in die juristische Arbeitstechnik, 5. Aufl. 2015, Rn.208.

〔18〕 详细内容请参见 Möllers, Juristische Methodenlehre, 3. Aufl. 2020, § 4 Rn. 4 ff.。

说服力。

如果堵住一辆小轿车构成财产损害的观点成立的话,需要满足如下理由:关于……此处的反对观点认为……然而具有决定性的是对……的考量。

请你在解释或者说明法律规范时,务必与具体的案例相联系。抽象的讨论与太纯粹的"理论讨论",不属于闭卷考试(中要回答的部分)。

你应当采用按顺序检验请求权构成要件的叙述方法。如果你对请求权某个要件的检验得出否定的结论(即最后认为请求权不成立),那么你在考试中应当否定相关的请求权基础。

即使很可能非常有趣,你也务必不要继续检验其他请求权要件。一旦缺乏一个请求权要件,也就意味着即使其他要件都具备,该请求权也仍然不成立。你可以如此写结论:

因为老奶奶 G 已经死亡,她不能成为请求人。因此,老奶奶 G 自己的请求权不能成立。

(4)在检验了一个请求权的全部条件之后,你可以明确自己的结论。然后以同样的方式,继续检验下一个请求权基础的条件。如此进行,直到你检验了所有的请求权基础。你应当一次性检验完所有与请求目的相关的请求权基础,即便你同时看到了其他相对可能成立的请求权,例如:

根据《德国民法典》第 823 条第 1 款,E 可以向 F 主张……的请求权。
根据《德国民法典》第 823 条第 2 款和《德国刑法典》第 229 条,A 可以向 B 主张损害赔偿请求。

在学生生涯中,你应当认识大量的请求权基础。因此,非常有必要尽可能早地开始收集《德国民法典》中的请求权基础,并很好地掌握它们,例如,像我们提到的"斑马线案"(第二章边码 1 及以下)。针对重要的请求权基础可以按表 2-1 所示,列出一个请求权的体系:

表 2-1　民法中请求权的体系（Das bürgerlich-rechtliche Anspruchssystem）

1. 根据法律关系进行分类（Gliederung nach Rechtsverhältnissen）：
(1) 谁向谁主张（Wer von wem）：

(2) 什么 (was)：	① 特别关系的合同、家庭法、继承承法（Sonderbeziehung Vertrag, FamR, ErbR）	② 类似合同债务（Vertragsähnliche SchuldV）	(3) 根据什么（woraus）：③ 物上请求权（Dingliche Ansprüche）	④ 侵权行为（Unerlaubte Handlung）	⑤ 不当得利（Ungerechtfertigte Bereicherung）
履行 (Erfüllung)	a) 合同请求权，例如第 433 条、第 241 条、第 311 条第 1 款 b) 家庭法，例如第 1353 条 c) 继承法，例如第 2174 条	第 677 条	特殊的，例如第 1108 条	—	—
退回或返还 (Rückgabe oder Herausgabe)	a) 特别的，例如，第 546、604、488、695 条、第 495 条与第 355 条结合；第 355 条与第 312 条、第 357 条结合 b) 概括性的，例如，第 346 条、第 326 条第 4 款、第 346 条（证明链需要注意的是，例如，第 480 条、第 437 条第 2 项、第 440 条第 1 款、第 323 条第 1 款、第 346 条、第 634 条第 3 项、第 636 条、第 323 条第 1 款、第 346 条）	第 667、681、677、687 条、第 2 款或者第 684 条、第 812 条	a) 特殊的，例如，第 1100、1223、1227、1065、2018 条等 b) 第 861、985、1007 条更改土地登记簿（GB-Berichtigung），第 894、888 条（而不是第 1004 条）	第 823 条等与第 249 条第 1 句（恢复原状 Naturalrestitution.），第 826 条	a) 特殊的，例如，第 2287、818 条等 aa) 第 816 条第 1 款第 1、2、第 816 条第 2 款 bb) 第 813、817 条 cc) 第 812 条第 1 款之 1、2 dd) 第 822 条

续表

(2) 什么 (was):	(3) 根据什么 (woraus):				
	①特别关系的合同、家庭法、继承法 (Sonderbeziehung Vertrag, FamR, ErbR)	②类似合同债务 (Vertragsähnliche SchuldV)	③物上请求权 (Dingliche Ansprüche)	④侵权行为 (Unerlaubte Handlung)	⑤不当得利 (Ungerechtfertigte Bereicherung)
损害赔偿 Schadensersatz	a) 特殊性的，合同方面的，例如，第 437 条第 3 项、第 440 条第 1 句、第 281 条第 1 款、第 280 条第 1 款、第 3 款 b) 概括性的，例如，履行不能 (Unmöglichkeit) 第 283 条第 1 句、第 280 条第 1 款、第 3 款；延迟 (Verzug) 第 280 条第 1 款、第 286 条；第 281 条第 1 款、第 280 条第 1 款、第 3 款；其他的义务违反 (sonstige Pflichtverletzungen)、第 280 条第 1 款、第 241 条第 2 款	第 678 条、第 687 条第 2 款、第 670 条、第 241 条第 2 款、第 311 条第 2 款、第 280 条第 1 款、第 3 款 (缔约过失)	a) 特殊的，例如，第 1065 条 b) 概括性的，第 989、2023 条等	a) 危险责任 (Gefährdungshaftung)，例如《德国道路交通法》第 7 条、《德国药品法》(AMG) 第 84 条、《德国产品责任法》(PHG) 第 1 条、《UHG》第 1 条 b) 推定过错责任 (Haftung für vermutetes Verschulden)，例如，第 831、836 条、《德国道路交通法》第 18 条 c) 过错责任 (Verschuldenshaftung)，例如，第 823 条等、第 826 条；第 823 条第 2 款结合《德国刑法典》第 211 条等保护法的法律 (Schutzgesetzen)	证明锁链 Verweisungskette：第 819、第 818 条第 4 款、第 292 条、第 989 条等
赔偿金 (Wertersatz) 或者收益 (Erlös)	a) 特殊性的，例如，第 667 条 b) 概括性的，例如，第 285 条	第 667、681、677 条	a) 特殊性的，例如，第 951 条结合第 812 条、第 1247 条第 2 句 b) 概括性的，例如第 285 条	第 249 条以下、第 852 条第 3 款与第 818 条结合	第 816 条或第 818 条第 2 款至第 818 条第 4 款、第 285 条

续表

(2) 什么 (was):	(3) 根据什么 (woraus):				
	①特别关系的合同、家庭法、继承法 (Sonderbeziehung Vertrag, FamR, ErbR)	②类似合同债务 (Vertragsgleiche SchuldV)	③物上请求权 (Dingliche Ansprüche)	④侵权行为 (Unerlaubte Handlung)	⑤不当得利 (Ungerechtfertigte Bereicherung)
收益 (Nutzungen)、使用 (Verwendungen)	a) 特殊性的，例如，第446条第1款 b) 概括性的，例如，第346条等，第347条	第670、677、683条	a) 特殊性的，例如，第1030、970条 b) 概括性的，例如，第987、994条等，第2022条	第850条	第812、818条使用条件 (Verwendungskondiktion)
妨碍去除 (Beseitigung)、不作为 (Unterlassung)	a) 特殊性的，例如，第550条 b) 概括性的，例如，第311条第1款，第241条	—	第12、1004、1004条类推可以结合第823条第1款，（第1065、1227条）第1134、862、1029条，第1090条第2款	第823条结合第249条第1句，恢复原状（Naturalrestitution）	—
请求偿还 (Rückgriff)（索赔 Regress）	第255、401、426条（第427、769、774条）、第670条、《德国不当竞争法》（VVG）第67条、《德国社会保障法》第五卷（SGB X）第116条	第670、677、683、1607、1608、1615b条	第268条第3款、第1143条第1款、第1150条（第1182、1173条）、第1219条第2款、第1225、1249、1247条	第426条（第840条），第255条	第812条第1款之1和2求偿型不当得利（Rückgriffskondiktion）

2. 在一个请求权基础内需要检验的内容

（1）请求权成立 （Anspruch entstanden）	（2）请求权嗣后消灭 （Anspruch später weggefallen）	（3）请求权可得抗辩 （Anspruch einredebehaftet）
正常的（normaler）要件（Ausschlussstatbestand）	生效原因（Aussgründe） ① 特殊的，例如，第817条第2句、第2078条等 ② 合同概活性的合意（Einigung über Parteien）的规定，第104条以下、第117条以下、第125、134、138、142条 给付（Leistung），对待给付（Gegenleistung），例如，第119、123条），例如，第433条	给付障碍（Leitungsstörung） 仅针对合同请求权 ① 解除（Rücktritt） ② 终止（Kündigung） ③ 解除买卖合同（Rücktritt beim Kaufvertrag）例如第437条第2项、第441条 ④ 第275条 ⑤ 第326条 ⑥ 第280条第1款、第311条第2款、第241条第2款更明确切地说，第313条合同基础事由的障碍（Störung der Geschäftsgrundlage）穿透抗辩（Einwendungsdurchgriff），第359条	消灭（Erlöschen） ① 第362条 ② 第364条 ③ 第378条 ④ 第387条 ⑤ 第397条	转让（Weitergegeben） ① 第398条 ② 第414条 ③ 第311条等1款（转让合同，Vertragsübernahme）	暂时的（vorübergehend）（延期）（dilatorisch） ① 第273条 ② 第320条 ③ 第519条	永久的（dauernd）（强制性）（peremptorisch） ① 第214条第1款 ② 第438条第4款 ③ 第821条 ④ 第853条 ⑤《德国融销权法》（Anfechtungs G）第9条 ④ 第771,770条 ⑤ 第1000.999条 ⑥ 第2014条 ⑦《德国国际法典》第369条	第三人异议（fremde Einreden） ① 第404条 ② 第768条 ③ 第1137条 ④ 第1211条
权利阻却的抗辩 （rechtshindernde Einwendungen）	权利消灭性抗辩 （rechtsvernichtende Einwendungen）	权利障碍性抗辩 （Rechtshemmende Einreden）

（4）异议的排除
（Ausschluss von Einreden）

宣示承认债务
（deklaratorisches Schuldanerkenntnis），第307—309条、第495条、第355条

无异议的让与（einredefreier Erwerb），第405条（注意第406条），第1138、1157、892、1208、936条

三、刑法中的案例结构

(一)刑法相关的行为

36　　与民法的请求权结构不同的是,刑法中不会问某人是否可以向他人提出请求权的问题,而是问某个参与人如何做出了刑事可罚的行为。这意味着在闭卷考试中,采取的是完全不同于民法的推导方法。在民法的闭卷考试中需要为有关的请求权基础寻找相关的法律后果,即谁想从谁那里主张什么;而在刑法中需要思考的是,哪些实际发生的作为(Handlungen)或者哪些实际发生的不作为(unterlassenen)具有刑法相关性,以及可能符合哪个犯罪构成要件。[19]

(二)行为综合体的建立

37　　在对每一个构成要件进行鉴定式检验之前,首先需要对案件的行为结构,根据其意义进行分类,即所谓的行为综合体(Tatkomplexe)。这对于案件的成功处理是不可或缺的,尤其适用于案情复杂并有多个参与人的情况。这种根据行为综合体构建的结构需要注意,每一个行为综合体都需要独立封闭式地完成。[20] 按照时间顺序定位整个案件事实时,需要设立一个新的行为综合体的提示,可能是时间上的重大转折点或者场景的变化。

38　　在一个行为综合体内部,应该按照参加人的顺序进行归类。这里应当再次指出的是,仅检验题干中提及的参与人的刑事可罚性,从最开始的行为开始检验,并且先检验行为人,然后是参与人(即先主犯,再从犯)。这是逻辑上的强制要求,因为从犯是以主犯的行为为前提的,从犯有从属性(akzessorisch)。通过这种方式可以避免复杂的重复论证。

　　当他人自己决定自杀时,递给其麻绳或者提供致命毒药的帮助犯(Beihilfe)不能被刑事处罚。自杀不具有刑事可罚性(straflos),因此,帮助犯的刑事可罚性在对主犯的检验中就已经被否定。[21]

---

[19] *Arzt*, Die Strafrechtsklausur, 7. Aufl. 2006; *Jäger*, Examens–Repetitorium Strafrecht Allgemeiner Teil, 9. Aufl. 2019; *Kühl*, Strafrecht, Allgemeiner Teil, 9. Aufl. 2019; *Rengier*, Strafrecht Allgemeiner Teil, 12. Aufl. 2020; *Rotsch*, Strafrechtliche Klausurenlehre, 2. Aufl. 2016; *Wessels/Beulke/Satzger*, Strafrecht, Allgemeiner Teil, 50. Aufl. 2020.

[20] *Beulke*, Klausurenkurs im Strafrecht I, 7. Aufl. 2016, Rn. 35.

[21] 参见 *Wessels/Hettinger/Engländer*, Strafrecht, Besonderer Teil I, 43. Aufl. 2019, Rn. 48; 有争议的是,在自杀者进入无意识状态后,在场帮助犯的刑事可罚性如何判决。

在论证间接正犯(mittelbaren Täterschaft,参见《德国刑法典》第 25 条第 1 款第 2 项)的幕后人(Hintermann)之前,首先要否定的是人作为"工具"的可能性。[22] 只有在存在一致的行为或在共同正犯(Mittäterschaft,参见《德国刑法典》第 25 条第 2 款)的情形下,所有人都以可归责的方式(zurechenbarer Weise)实现了整个犯罪的某一部分时,同时检验几个行为参与人才是可以被考虑的。

(三)大前提的措辞

如果已经把案件事实划入行为综合体,那么下一步你应当起草一个可规制考试的大前提模板。在民法的闭卷考试中,(你)需要验证相关的请求权基础并寻找关联的法律后果;而在刑法的考试中,(你)需要思考的是,哪些事实作为或者不作为具有刑事相关性,或者因此可能符合了哪个犯罪构成要件(Tatbestände)。因此,也有包含了回答如下问题的大前提的措辞:谁鉴于其针对谁的什么行为而应当受到刑罚?

可以通过如下的例子来说明:

A 重重地打了 B 一记耳光,导致 B 的脸颊剧痛。A 是否应当受到刑事处罚?

这个案情相应的大前提可以如下所示:根据《德国刑法典》第 223 条第 1 款,A 由于扇 B 耳光的行为,可能受到刑事处罚。

重要的是,这里总要与实际案件的行为相关,并且正确地填写大前提。特别是,不能只是简单地列举犯罪构成要件(Straftatbestand)来代替大前提。

(四)检验每一个构成要件

基于《德国基本法》第 103 条第 2 款的保障机能(无犯罪即无刑罚,nulla poena sine lege),刑法的犯罪构成要件是否得以实现是检验的核心。[23] 为此,需要寻找的是由侵害行为(Verletzungshandlungen)造成的行为后果,以及由此引发的相关行为(Verhalten)。

---

[22] *Wohlers/Schuhr/Kudlich*, Klausuren und Hausarbeiten im Strafrecht, 6. Aufl. 2020, S. 42. 其他见„Täter hinter dem Täter", *Roxin*, Täterschaft und Tatherrschaft, 10. Aufl. 2019, § 24;类似见,Satzger/Schluckebier/Widmaier/*Murmann*, StGB, 4. Aufl. 2018, § 25 Rn. 20 ff.; *Rotsch*, Strafrechtliche Klausurenlehre, 2. Aufl. 2016, Rn. 365 ff.。

[23] *Roxin*, Strafrecht Allgemeiner Teil, Bd. I, 5. Aufl. . 2020, § 5 Rn. 4 ff, 7 ff.

与民法中需要以鉴定风格模式进行检验一样,同时需要检验的是每个犯罪构成要件是否成立,是否存在有利于行为人的正当化事由和阻却罪责的事由(Rechtfertigungs-oder Entschuldigungsgründe)或者具体情况中是否存在刑法量刑情节或者刑法追诉中需要注意的问题。

43 在闭卷考试中,应当根据侵权行为的种类来决定具体犯罪构成要件的结构。[24] 人们要区分故意的作为犯(vorsätzlichen Begehungsdelikt)、过失犯(fahrlässigen Delikt)、不作为犯(Unterlassungsdelikt)和未遂犯(dem versuchten Delikt)。

检验一个单独犯罪人(Alleintäter)的故意作为犯(vorsätzliche Begehungsdelikte)时,可以按照如下的结构进行:

X 对 Y 的什么行为,根据《德国刑法典》第几条应当受到处罚(Strafbarkeit des X gegenüber Y gemäß § ……StGB durch ……):

(1)构成要件符合性(Tatbestandsmäßigkeit);

(2)违法性(Rechtswidrigkeit);

(3)有责性(Schuld);

(4)量刑(Strafzumessung);

(5)刑事追诉条件(Strafverfolgungsvoraussetzungen);

(6)结论(Ergebnis)。

44 闭卷考试中的重点通常是提纲中的前三点,即构成要件符合性(Tatbestandsmäßigkeit)、违法性(Rechtswidrigkeit)和有责性(Schuld)。如果你运用了正确的证明结构,那么这通常也会保证你能在案例鉴定中对案情所涉及的法律问题采取正确的立场。

(五)加重情节

45 当行为人的行为满足了基本构成要件的同时,又符合加重的构成要件(Qualifikationstatbestand)时,案例分析的结构具有特殊性。在这种情形下,应当先检验加重的构成要件(Qualifikationstatbestand),然后仅将同时实现的基本

---

[24] 具体的结构模板可以在下面的书中找到例子,*Fahl/Winkler*, Definitionen und Schemata Strafrecht, 8. Aufl. 2019.

构成要件,在竞合(Konkurrenzen)的框架内讨论。[25]因为加重构成要件中已经包含了基本构成要件的全部内容,只是在与特殊构成要件竞合时,基本构成要件需要让位(lex specialis)。[26]加重构成要件的排他性检验方法有一个优点,即避免重复、烦琐的双重论证。你一定要注意把握正确的重点!

如果改动上面例子的案情,A 不是打了 B 一记耳光,而是用一根棒球棍殴打 B,那么需要运用下面的案例结构:

1. 根据《德国刑法典》第 223 条第 1 款、第 224 条第 1 款第 2 项:A 的刑事可罚性:

(1)构成要件符合性(Tatbestandsmäßigkeit)

①客观构成要件(Objektiver Tatbestand)

a. 针对身体的不当行为及/或健康损害(Körperliche Misshandlung und/oder Gesundheitsschädigung);

b. 因果关系和客观归责(Kausalität und objektive Zurechnung);

c. 加重的构成要件(Qualifikationsmerkmal):武器(Waffe)或者危险工具(gefährliches Werkzeug)。

②主观构成要件(Subjektiver Tatbestand)

根据《德国刑法典》第 15 条,与上条 a、b 和 c 项相关的故意(Vorsatz)。

(2)违法性(Rechtswidrigkeit)

(3)有责性(Schuld)

2. 竞合(Konkurrenzen):《德国刑法典》第 224 条第 1 款第 2 项排斥(优先于)《德国刑法典》第 223 条第 1 款。

(六)结果加重犯

在结果加重犯(Erfolgsqualifikation)的情况下,存在一些特别之处。尽管此时仍然在基本构成要件的框架内有可能同时检验结果加重犯,鉴于其复杂

---

[25] *Rengier*, Strafrecht Allgemeiner Teil, 12. Aufl. 2020, § 56 Rn. 29; *Haverkamp/Kaspar*, JuS2006, 895, 898. 当然可以先检验基本构成要件(Grundtatbestand),最后再检验加重的构成要件(Qualifikationstatbestand),参见 *Beulke*, Klausurenkurs im Strafrecht I, 7. Aufl. 2016, Rn. 53 ff.。

[26] *Rengier*, Strafrecht Allgemeiner Teil, 9. Aufl. 2017, § 56 Rn.29。

性,还是建议不采取这种方式。似乎更有意义的是,先完整地检验基本构成要件,然后在第二个阶段检验结果加重犯的构成要件。

A 重重地击打 B 的脸颊,导致 B 的一只眼睛失明。A 的刑事可罚性?
1. 根据《德国刑法典》第 223 条第 1 款的刑事可罚性
(1) 构成要件符合性(Tatbestandsmäßigkeit)
① 客观构成要件(Objektiver Tatbestand):
a. 对身体或健康的侵害行为(Körperliche Misshandlung und/oder Gesundheitsschädigung);
b. 因果关系和客观归责(Kausalität und objektive Zurechnung)。
② 主观构成要件(Subjektiver Tatbestand):
根据《德国刑法典》第 15 条,与上条 a、b 和 c 项相关的故意(Vorsatz)。
(2) 违法性(Rechtswidrigkeit)
(3) 有责性(Schuld)
(4) 根据《德国刑法典》第 230 条提起的刑事诉讼(Strafantrag gemäß §230 StGB)
2. 根据《德国刑法典》第 226 条第 1 款第 1 项选项 1(§226 Abs. 1 Nr. Alt. 1 StGB)的刑事可罚性
(1) 实现了《德国刑法典》第 223 条第 1 款基础犯罪的违法性(见上)
(2) 严重后果:一只眼睛失明
(3) 客观归责(Objektive Zurechnung)
(4) 与特定犯罪构成要件相关的危险关系(Tatbestandsspezifischer Gefahrzusammenhang)
(5) 对严重后果的过失(Fahrlässigkeit bzgl. der schweren Folge)
① 客观的违反义务及可预见性(Objektive Pflichtwidrigkeit und Vorhersehbarkeit)。
② 主观的违反义务及可预见性(Subjektive Pflichtwidrigkeit und Vorhersehbarkeit)。
3. 竞合(Konkurrenzen)
《德国刑法典》第 226 条第 1 款第 1 种变化排斥(优先于)《德国刑法典》第 223 条第 1 款。

(七)竞合

最后,每一个行为综合体都需要对每一个参与人进行检验,如果其实施了多个犯罪行为,那么还需要针对每一个犯罪构成要件确认其是否存在竞合(Konkurrenzen)。[27]作为整个作业的结论,还需要从整体案情出发,考虑每个参与人应当如何处罚。

四、公法中的案例分析结构

(一)不同的诉讼类型

公法的闭卷考试与民法和刑法的闭卷考试的区别在于,其命题多是对一个起诉或申请可否成功的预测。[28] 在实体法之外,通常也需要对程序上诉的合法性要件(die prozessualen Zulässigkeitsvoraussetzungen)进行检验。这里需同样适用的是,务必准确地阅读题干中的提示:命题要求是一个完整的检验或者在非实质性检验要求之外,仅需要验证关于诉讼合法性的若干点。

原则上,法律救济程序(Rechtsbehelfen)的三种基本类型是有区别的:联邦宪法法院的法律救济程序、行政法院的法律救济程序和异议程序。[29] 诉讼合法性要件在《德国联邦宪法法院法》(BVerfGG)和《德国行政法院法》(VwGO)中都有特别的规定。在学习过程中,在国家组织法的框架下,可以练习行政法的诉讼类型、宪法诉讼和法律救济程序的内容。

在行政法的闭卷考试中经常出现的是,行政机关实施或拒绝实施一个行政行为是否侵犯了起诉人的权利。在宪法诉讼的考试中提问的,则常常是是否侵犯了起诉人的基本权利。国家组织机构法则主要是关于不同国家机构的

---

[27] 关于考试中竞合部分,参见 *Rengier*, Strafrecht Allgemeiner Teil, 12. Aufl. 2020, § 56 Rn. 1 ff.。

[28] *Lindner*, Öffentliches Recht 2017; *Frenz*, Öffentliches Recht, 8. Aufl. 2019; *Schwerdtfeger*, Öffentliches Recht in der Fallbearbeitung, 15. Aufl. 2018; *Heyen/Collin/Spieckergen*. *Döhmann*, 40 Klausuren aus dem Verwaltungsrecht, 12. Aufl. 2020;深化部分参见 *Maurer/Waldhoff*, Allgemeines Verwaltungsrecht, 20. Aufl. 2020. 国家法部分参见: *Degenhart*, Klausurenkurs im Staatsrecht , 5. Aufl. 2019;同作者, Klausurenkurs im Staatsrecht II, 8. Aufl. 2018; *Heimann/Kirchhof/Waldhoff*, Verfassungsrecht und Verfassungsprozessrecht, 2. Aufl. 2010。

[29] 在一些联邦地区,异议程序(Widerspruchsverfahren)在很多领域是可有可无的。例如,《巴伐利亚州行政法院规则实施法》第15条(Art. 15 BayAGVwGO-Gesetz zur Ausführung der Verwaltungsgerichtsordnung)、《北威州司法法》第110条(§ 110 JustG NRW)和《下萨克森州行政法院规则实施法》第80条(§ 80 Abs. 1 NJG);但仍有可能作为特殊案例,因此,你必须检验异议程序的执行。

职权和法律对它的监督。

51 　　运用哪种法律救济程序可以达到目标？基于实践意义,下面将选一个行政法上的法律救济程序作为例子。关于其他法律救济程序,请继续阅读相关文献资料。[30]

　　（二）公法中的案情分析

52 　　公法考试的案情总是被设计得能够包含结构模板(Aufbauschema)中的每一个考察点。因此,在第一次阅读完相关的案情时,你首先要在一张单独的纸上先写下相应的考试模板(框架),然后一句接着一句地再次阅读案情。你要尽力在每一句中过滤和找到相关的信息,并将其归类到仍然"空白的"考试模板（第二章边码59）[31]的每一个考察点中。通过这种方式,你才能完整地评估所有的案件信息,而不会遗漏任何问题。

　　（三）行政法的法律救济程序的大前提

53 　　请你根据结构模板来把握公法的方向。考试总是从行政法律路径的启动和法院的管辖权开始,紧接着开始两部分独立的验证,即诉讼合法性(Zulässigkeit)和实体理由(Begründetheit)。

　　考试答题时,最典型的大前提可以如下表述：

　　　　如果原告向有管辖权的法院提起诉讼,且具有诉讼合法性及有实体理由的话,行政途径会被启动,那么起诉将会成功。

　　（四）行政法的法律救济程序的结构(Aufbau eines verwaltungsrechtlichen Rechtsbehelfs)

54 　　首先需要检验的是行政途径的启动和所诉法院的管辖权,即检验被诉的机构。[32]

55 　　紧接着需要进行的是法律救济程序的诉讼合法性的检验。在诉讼的适当性(Statthaftigkeit der Klage)之外,需要检验的是起诉人的诉讼权能(Klagebefugnis)、期限(Frist)、形式(Form)、诉讼参与人的参与能力和诉讼能力,甚至是普遍的权利保护需求。在具体情况下,还可以讨论特定的主题,例如,提起诉

---

[30] 参见本书第二章边码28内容中的脚注。
[31] 这些做法也被我的同事克希霍夫(Kirchhof)教授推荐给奥格斯堡大学的学生们。
[32] 除了这里推荐的具有代表性的三段论结构之外,仍有运用其他结构的可能性,深入的讨论参见Lindner, Öffentliches Recht, 2. Aufl. 2017, Rn. 1058 und Fn. 1496.

讼之前,是否符合规范(ordnungsgemäß)地提起了先行程序(Vorverfahren)。[33] 另外,还需要检验特殊的合法性要件(Zulässigkeitsvoraussetzungen),例如,根据《德国行政法院法》第 43 条的规定,确认诉讼(Feststellungsklage)中有确认利益(Feststellungsinteresse)。

在实体理由部分,通常需要检验应诉权(Passivlegitimation)、国家措施的合法性[34]以及原告的申诉。一个措施只有当它在形式和实质上都是合法的时候才是合法的。当相关的管辖权、程序和形式都不存在违反法律之处,那么它具备形式合法性。当国家措施具备法律基础(Rechtsgrundlage),而且符合比例性(verhältnismäßig)时,该行政措施的实质合法性得到肯定。法律理由必须是合法的,特别是合宪的。特别的法律基础应当优先于普通的法律基础。

在公法的闭卷考试中,考察的重点常常是检验实质违法性。考试的核心经常是检验国家机构的措施是否具有合比例性。[35] 这个时候的任务是衡量两个对立方的利益。这里会包含大量的论证点并要求进行详细的论证。

合比例性(verhältnismäßig)的要求是从法治国原则中(参见《德国基本法》第 20 条第 3 款 Art. 20 III GG)推导出来的,并适用于每一个国家行为。合比例性的检验由以下四个部分组成[36]:

(1)该措施是否有合法的目的,例如,公共福利(Gemeinwohl)、公共利益(öffentliche Interessen)?

(2)该措施是否具备实现该目的的普遍适当性?

(3)该措施是否是实现该目的的最轻微并达到同样效果的手段?

(4)该措施是否是相当的,即"目标—手段的相关性"(Ziel-Verhältnis Relation)?

对(1)到(3)点的论证必须尽可能简单,但是必须小心地与考试中案情所

---

[33] 在巴伐利亚州仍有《巴伐利亚州行政法院规则实施法》第 15 条第 1 款(Art. 15 Abs. 1 AGVwGO)的运用领域。

[34] 比如,合宪性(Verfassungsmäßigkeit)。

[35] *Pitschas* 载 Hoffmann-Riem/Schmidt-Assmann/Voßkuhle, Grundlagen des Verwaltungsrechts, Bd.2, 2. Aufl. 2012, § 42 Rn. 107 ff.; *Maurer/Waldhoff*, Allgemeines Verwaltungsrecht, 20. Aufl. 2020, § 10 Rn. 50 f.; *Schwerdtfeger/Schwerdtfeger*, Öffentliches Recht in der Fallbearbeitung, 15. Aufl. 2018, Rn. 455 ff.; 国家法参见 *Kingreen/Poscher*, Grundrechte Staatsrecht II, 36. Aufl. 2020, Rn. 330 ff. 关于方法论参见. *Möllers*, Juristische Methodenlehre, 3. Aufl. 2020, § 10 Rn. 41 ff.。

[36] *Maurer/Waldhoff*, Allgemeines Verwaltungsrecht, 20. Aufl. 2020, § 10 Rn 51.

涉及的措施的相当性的确认联系起来。通常需要对案情中的每一个利益进行大量的讨论,在写作中,必须要提及这些被侵犯或者被贯彻的利益。

例如,慕尼黑市政府通过一个规定,禁止在公共场所和街道喂鸽子饲料。请问这个规定是合比例性的吗?[37]

(1)该禁止是为合法目的服务的,为了让鸽子远离公共场所和建筑,以保护建筑物外部不受鸽粪的污染。同时也服务于保护公共卫生和健康,因为鸽子是病菌的携带者。

(2)在规定框架内,禁止喂鸽子饲料具有普遍适当性,其目标是使鸽子因无饲料而更少地出现在公共场所。

(3)禁止喂鸽子饲料也是必须的(erforderlich),因为无法找到另一种更轻缓的并能够让鸽子远离公共场所的方法。

(4)禁止喂鸽子饲料的背景是适合的,同时也是与实现目标相当的手段。尽管这个禁止可能违反《德国动物保护法》第 1 条(§ 1 TierSchG)的规定,同时也可能违反了《德国基本法》第 20a 条的规定(Art. 20a GG),即根据动物的舒适来进行保护。但是,这些对动物保护的侵犯(Eingriff)通过合理的理由得到了正当化,因为这个禁止是保护公共健康法益所必须的。此外,它对个体行为自由的侵犯也仅限于非常小的领域,因为这个禁止只涉及城市的设施。这种限制在保护公共健康的背景下是合适的,也是可以接受的。

如果得到的结论是,被检验的措施是违法的,则需要继续检验该行政措施是否确实侵害了其主观权利。

检验模板可为如下所示:

撤销一个诉讼的成功可能性,根据《德国行政法院法》第 42 条第 1 款第 1 选项。

1. 行政法律途径的启动和管辖权

(1)行政法律途径的启动:根据《德国行政法院法》(VwGO)第 40 条第 1 款第 1 句

(2)行政法院的管辖权

①事实上的管辖权(Sachliche Zuständigkeit):根据《德国行政法院法》

---

[37] OLG Hamm, Beschl. v.22.2.20072 Ss OWi 836/06, NuR 2007, 633 f.

第45条；

②属地上的管辖权(örtliche Zuständigkeit)：根据《德国行政法院法》第52条，与《巴伐利亚州行政法院规则实施法》(BayAGVwGO)。

2. 诉讼合法性(Zulässigkeit)

(1)诉讼适当性(Statthaftigkeit der Klage)：根据《德国行政法院法》第42条第1款第1选项、《巴伐利亚州行政程序法》(BayVwVfG)第35条第1款；

(2)诉讼权能(Klagebefugnis)：根据《德国行政法院法》第42条第2款；

(3)先行程序(Vorverfahren)：根据《德国行政法院法》第68条，与《巴伐利亚州行政法院规则实施法》(BayAGVwGO)第15条第2款、第3款；

(4)期限(Frist)：根据《德国行政法院法》第74条第1款、《巴伐利亚州行政程序法》(BayVwVfG)第41条；

(5)形式(Form)：根据《德国行政法院法》第81条及以下；

(6)参与能力和诉讼能力(Beteiligten-und Prozessfähigkeit)。

①参与能力(Beteiligtenfähigkeit)：根据《德国行政法院法》第60条；

②诉讼能力(Prozessfähigkeit)：根据《德国行政法院法》第61条。

3. 实体理由(Begründetheit)

诉讼是有理由的，当原告针对正确的被告提起诉讼(根据《德国行政法院法》第78条第1款)，即有争议的行政行为是非法的，原告的权利因此被侵犯(根据《德国行政法院法》第113条第1款第1句)。

(1)应诉权(Passivlegitimation)：根据《德国行政法院法》第78条第1款

(2)行政行为的违法性(Rechtswidrigkeit des Verwaltungsakts)

①形式违法性(formelle Rechtswidrigkeit)

a. 管辖权(Zuständigkeit)

b. 程序(Verfahren)

c. 形式(Form)

②实质违法性(materielle Rechtswidrigkeit)

a. 法律基础(Rechtsgrundlage)

b. 构成要件前提(Tatbestandsvoraussetzungen)

　　c. 与上位法的一致性(Vereinbarkeit mit höherrangigem Recht)、合比例性原则的检验(Verhältnismäßigkeitsprüfung)

　　(3)原告受到的法律侵害(Rechtsverletzung beim Kläger)

　4. 结论(Ergebnis)

第三节　结论的检查

一、合理性检验

60　　如果已经检查了所有相关的法律规范,那么你已经完成最困难、最艰苦的工作。现在可以思考一会儿,从结果反思:你认为该结论公平与合理吗？如果答案是否定的,那么应该考虑再次检查该答案,也许某个地方犯了一个错误。这样一来,你将保证在大多数情况下,你的解决方案不会完全跑题。

二、替代性解决方案

61　　如果发现有两种答案可供选择,则需要思考,哪一种"选择"更容易获得好的考试成绩。你需要对"闭卷考试策略"进行衡量。如果一种选择会导致闭卷考试中的试题变成根本不需要检验且成为显而易见的问题,那么这种答题方案极可能是考官所不青睐的。[38]

三、如何处理不认识的问题

62　　当然,在考试中会碰到一些难以继续下去的困难,因为可能找不到特定法律问题的答案或者不知道是否需要将特定的案情写入答案中。在这种情况下,重要的是不能失去控制。尽管你的知识有"缺口",但在这种情况下,仍然应尽量把最佳的答案写在纸上。

63　　如果不能马上就考试的问题找到一个答案,那么就先把这个问题放到一边:让相关的请求权基础先空着,将考试继续下去。当完整思考一遍考题后,

---

　　〔38〕　*Velte*, Jura 1980, 193, 197 及进一步的论证。

你通常会得到答案。如果在考试进行到一半的时候,你仍然没有找到答案,那么请先写下那些目前能够想到的答案。对于尚未解决的问题,你仍可以通过添加答题纸的方式把答案在最后写进去。

如果完全不能解答一个问题,那么要尽量精确地、并尽可能多地去描述和分主题写。这样可以表示你至少认识到了问题所在。

在"斑马线案"(Zebrastreifenfalls)的变化案例中,比如可以讨论,在假设 F 遵守了交通规则的情况下,双方与有过失(Mitverschulden)的问题。这也是目前一个有争论的问题。在危险责任(Gefährdungshaftung)的范围内,行人的行为也是司机驾驶时应当预见到的运行风险(Betriebsgefahr)。[39]

当你不能找到"教科书中的标准答案"时,应当通过自己的论证努力找到一个自己的答案。请使用常见的解释学说(第三章边码 14),并尝试着从"人类常识"的角度看问题、解决问题。你需要注意的是,少数闭卷考试会对教科书中已知的问题提问。大多数情况下,考官不会考这些问题,而是想看到你如何对待那些新的、未知的法律问题。这里最后起决定作用的是你论证的质量与描述的语言水平的高低。

第四节 考试答卷

一、书写文稿时的重点

在考试中,不能多次改写文字,因此,应采取如下方针:只写事实部分。最好不要写多余的内容,这通常是错误的。[40] 在把提纲中的内容誊写下来时千万记住,不要记录下思维中的多余内容(第二章边码 10)。

如下的论述是不妥当的:

(1)重复描述法律字面意思或者案情,因为这些已为公众熟知。

(2)检验没有被提问的请求权或者明显无关的请求权。

(3)与所提具体问题无关的纯理论论述。一定要小心的是,不要简单地

---

[39] 参见 Oetker, in: MünchKomm-BGB, 8. Aufl. 2019, § 254 Rn. 5 f.。
[40] 参见 Braun, Der Zivilrechtsfall, 5. Aufl. 2012, S. 4。

显摆自己的知识。你所写的内容应当与被提问的请求权具有逻辑关联性或者与最初的提问有关。

(4)解释答案或者结构。一个好的答案是可以不言自明的,一个无用(unbrauchbare)的答案通过解释也不会得到改善。

66 在誊写文稿时,请注意命题人期待你应当关注的那些焦点。无须充分论证那些无争议的部分。未受到争议的构成要件特征和请求权只需要简单地描述。当真正存在问题,或者构成要件要素有争议,或者存在多种答案的可能性时,才需要对该法律问题进行详细论述。在这些地方,你需要详细地展开论证和涵摄(第三章)。这里受到评价的不仅是你正确的法律论证,还有你是否成功地论证这些要点。[41]

直到第二次国家司法考试仍容易犯的一个典型错误是,花几页去论证一个不存在歧义的合同订立(Vertragsschluss)、要约邀请(invitatio ad offerendum)、区别要约(Angebot)和承诺(Annahme)。通常情况下,只需要半句话就足以说明合同已订立。

如果被害人在车祸中多处骨折,那么就已经能确定是身体损害了,在这种情况下不需要再检验此犯罪构成要件,而可以直接运用判决式风格(Urteilsstil)确认这一结论。

二、鉴定式风格和判决式风格

67 鉴定式风格和判决式风格属于法学的"专业语言"风格。[42] 你必须熟练掌握。

68 1. 在第一次国家司法考试之前,参加每次考试时,你必须坚持使用鉴定式风格(Gutachtensstil)来解决各种问题。鉴定式风格要求以准确的语言来表达思考的过程,写作者循此可以得到特定问题的解答,并通过努力找到最有说服力的答案,尽可能地"确保"结论的可靠性。[43] 在段落的开篇,首先要列出待

---

[41] Mann, Einführung in die juristische Arbeitstechnik, 5. Aufl. 2015, Rn.221.

[42] 关于鉴定式风格和判决式风格的详细内容参见 Braun, Der Zivilrechtsfall, 5. Aufl. 2012, S. 9 ff.; Mann, Einführung in die juristische Arbeitstechnik, 5. Aufl. 2015, Rn.204 ff.; Putzke, Juristische Arbeiten erfolgreich schreiben, 6. Aufl. 2018, Rn. 98 ff.。

[43] 对于鉴定式风格也参见 Beyerbach, JA 2014, 813 ff.。

解决的问题,其次再开始检索各种与答案相关联的条件,并将事实涵摄于法律条文的文义之下,最后给出结论。

"斑马线案"[44]:E 或许可以根据《德国民法典》第 823 条第 1 款的规定向 F 请求赔偿住院之费用。为此,F 须已侵害了死者 G 基于《德国民法典》第 823 条第 1 款之规定受保护的某种权利。F 驾车撞到了 G 并造成其身体之伤害。这一身体伤害也是非法的,因为并不存在阻却违法之事由。F 的行为可能存有过错。根据《德国民法典》第 276 条第 2 款,若行为人未尽通常之谨慎义务(die verkehrsübliche Sorgfalt),即属于有过错的行为。F 当时只顾瞅着其女友 Franziska 而忽视了 G。一个谨慎的驾驶者本应当及时地发现 G。故此,F 未尽到通行之谨慎义务,因而对其行为负有过错。由此,其行为应当说与 G 之损害存有相当之因果关系。所以,E 作为 G 的权利继受者,根据《德国民法典》第 823 条第 1 款的规定,享有对 F 请求损害赔偿之权利。

德语中(表示因果关系的)"also……, folglich……, mithin……, somit……, daher……, infolgedessen……"等单词都是(这类鉴定式风格文体中出现的)典型的连接词。

(鉴定式风格的)另一种写法则可以是这样:"对此,有意义的问题是,是否"(Hierfür ist von Bedeutung, ob……),"由此产生的问题是……"(damit ergibt sich die Frage……),"需要研究的是……"(zu untersuchen ist……),"需要查明的是……"(zu prüfen ist……),"进一步需要思考的问题是……"(zu denken ist weiter daran……),"最后需要考量的是……"(schließlich ist zu erwägen……)。

鉴定式风格的另一个显著特点是使用"虚拟式"(Konjunktiv)。案例分析经常以一个三段论的"大前提"为开端,并采用虚拟式的表达方式,指出接下来所要查验的问题。

"为此,F 须已侵害了死者 G 基于《德国民法典》第 823 条第 1 款规定受保护的某种权利",或者"A 或许可以根据《德国民法典》第 433 条第 2 款之规定请求 B 支付 200 欧元的货款。这以双方当事人之间已缔结有效的买卖合同为

---

[44] "斑马线案"的案情事实参见本书第二章边码 1;关于"涵摄"的一般性介绍参见本书第二章边码 24 及以下。

前提。为此,须存在分别以要约(第 145 条)和承诺(第 147 条)为形式的两个意思表示。"

2. 判决式风格[45]则和鉴定式风格截然不同。在判决式风格里,首先写明的是判决的结论,然后才会提供判决的理由。

E 作为 G 的权利继受者,根据《德国民法典》第 823 条第 1 款的规定,享有对 F 请求损害赔偿之权利。因为 F 撞到了 G,故而损害了其身体。彼时发生之驾车行为存有过错,因为 F 未尽通行之谨慎义务,因其当时并未注意交通之情形。

3. 需要注意的是,你的写作必须主次分明。对于那些没有争议的问题就不需要多费笔墨了(第二章边码 76)。[46] 文体风格的形式应当因内容的重要程度而有所不同。在案情事实完全清楚的情况下,就可以使用"鉴定式风格和判决式风格的混合形式"。这样做的好处就是,不必在涉及每个问题时都使用"需要解决的问题是,是否……"或者"需要查明的是,是否……"之类的表达。如果都这样写的话,那么读起来就非常容易让人厌倦。

与其写成"进一步需要查明的是,A 是否符合《德国民法典》第 990 条第 1 款第 1 句规定的取得占有之恶意的要件",不如写得简单点:"此外,A 在取得占有时还应当是恶意的(《德国民法典》第 990 条第 1 款第 1 句)。"[47]

与其写成"问题在于,买卖合同是否已经被缔结",如果对此没有争议的话,不如直接写成"K 通过对书面订单进行签字,而作出了自己的意思表示"或者更简单:"有效的合同已于……缔结。"

不过,即使在写研讨课论文和家庭作业时,也不能忽略鉴定式风格的作用。恰恰因为,论文的目的就在于表达见解和发表观点,因此,如果你能做到循序渐进地论述你的想法和观点(第三章边码 37 及以下),那么你的论文就会有更大的说服力。

---

[45] 具体参见 Schuschke/Kessen/Höltje, Zivilrechtliche Arbeitstechnik im Assessorexamen, 35. Aufl. 2013, Rn. 561 f.。

[46] 也就是说,写作要"以问题为导向",参见 Lagodny/Mansdörfer/Putzke, ZJS2/2014, 157, 160。

[47] 例子来源于 K. Müller, JuS 1996, L 49, 51。

三、格式和字体

1. 在练习中,也应当在抬头中写上如下信息:考试科目、教授姓名(出题人)、日期,当然还有你的姓名及学号。请务必只写单面并且在左边或右边留出 1/3 的空白页,以便于改卷人批卷,同时你需要把所有考卷都按顺序标注页码。 73

另外,在格式之外还需要注意的是,应当尽力书写方便阅读的字体。阅卷人只有在能阅读你的论述的基础上才可以理解你的思路。如果阅读有困难的话,通常会降低给分。并且,那些无法识别的内容,将会被视为没有作答。 74

2. 阅卷人通常没有太多时间,却必须评改大量的工作。用提纲(A.,I.,1.,a)来组织你的写作(第七章边码46),既帮助了阅卷人又帮助了你自己(厘清思路)。如果有必要,你还可以写标题,但不要割裂你的考试答题。在编写答题结构时,始终要确保写作的流畅和整体的可读性。你的答卷越赏心悦目,阅卷人对它会越有好感。 75

法论上完美无瑕的那些论证也不可能是绝对正确的,它们不过是专家的意见罗列出的一些不受质疑的论述,应当有效地论证,陈述相反观点的理由,最后给出更好的驳回理由(Ausschlag)。你需要提醒自己的是:你的作品越赏心悦目,阅卷人对它会越有好感。

联邦宪法法院*

第三章　法律论证

1　　法学学习的目标之一是解决法律案件。在这个过程中,你通常会发现数个代表性的观点。因此,一个好的法律人要熟知法律论证中的正、反两方观点。此处,我只想作一个简单的导论。正如上面联邦宪法法院评论中所透露的,你应当有说服力地论证自己所持的观点。本章第一节中首先提到了如何区分论点、前提和论据。之后在第二节中你将了解到和法学方法论相关的大量论据。紧接着第三节是关于一定的法律创新性的要求。第四节则可在与持批判性意见的谈话伙伴争论时提供帮助。更深入的信息,请参考我的作品《法学方法论》[1],其中介绍了100多个法律**论证模型**。法律人必须会说理。如果你想增加自己的法律论证的深度,就应该知道相关的法律论证模型,并运用于具体的案例中。

第一节　提出争议

2　　在这个过程中,经常会有对立的观点,否则就没有必要在法庭上进行裁

---

* BVerfG, Beschl. v. 5.4.19902 BvR 413/88, BVerfGE 82, 30, 38 f.
[1] Möllers, Juristische Methodenlehre, 3. Aufl. 2020.

决。律师必须学习法律论证。只有在非常少的情况下,才有真与非真,正确与错误。在大多数情况下,法律人必须在不确定中生活,最终人们必须遵循最令人信服的意见。仅仅单纯展示法律现状(Rechtslage)并不是学术研究的成果。[2] 你必须要对法律现状提出批判性的意见、表达具体的观点,并在论证中表明立场。此处,要区分提出争议点与表明立场。[3] 这种方法可以用于笔试、家庭作业、研讨课作业及学习论文中,并且扮演着重要的角色。[4] 与笔试一样:你只需简单提及无争议的问题,并详细处理存在问题(即存在争议)的地方。

一、论题、前提和论据

参加笔试的人很多时候都相信,在提出一个主张之时就已经是提出了一个论题(命题,Thesis)。论证需要区分论题、前提和论据[5]。论题是可以争议的主张,因此,必须进行证明或说明理由。论题需符合前提与得到论据的支持。[6] 前提设定了论题得以成真所必须满足的条件。V 向 K 索赔 20000 欧元的论题得以成立的前提是 V 卖给 K 一辆车,双方就这个购买价格达成合意。如果前提和论题之间的联系不太明显,则需要用论据来支持。

父母问你去国外学习的优点和缺点。下面两个说明中你认为哪一个更有说服力,为什么?

主张 A:参加国际学习有大量的优点,但是,也有一定的缺点。

非常肯定的优点是,优秀的外语能力是现在许多应聘的一个先决条件。然而,这也要求你充分利用在国外的时间,尽可能完美地学习外语。

与此同时,在国外学习也让你有机会去熟悉该国的法律体系。掌握

---

[2] 同样,关于法律比较的研究,参见 *Zweigert/Kötz*, Einführung in die Rechtsvergleichung auf dem Gebiet des Privatrechts, 3. Aufl. 1996, S. 42:"不加评论地比较不同法律体系的解决方案并非比较法,在此后才开始法律比较。"
[3] *Brinkmann*, Die rechtswissenschaftliche Seminar-und Doktorarbeit, 1959, S. 119.
[4] 关于如何设定笔试中的重点,常见上面第二章边码 65。
[5] Zum Folgenden s. *Möllers*, Juristische Methodenlehre, 3. Aufl. 2020, § 1 Rn. 93.
[6] Zum Folgenden sehr anschaulich *Gast*, Juristische Rhetorik, 5. Aufl. 2015, Rn. 73 ff.; s. auch *Muthorst*, Grundlagen der Rechtswissenschaft, 2. Aufl. 2019, § 7 Rn. 54 ff.

外国法律的基本条文是许多大型律师事务所的要求；这同时也加深了对本国法律条文的理解。

不过，尽管掌握的外国法律知识与第一次司法考试并不相关；在外国停留也会延长学习时间，但是在我看来，优点还是胜过缺点，因此，我计划到外国去学习。

主张 B：国际学习无论如何是值得的。

人们有非常多的机会学习当地的语言和文化。这些在今天是非常重要的。虽然，人们在考试中基本运用不到在国外学习到的知识。

无论如何，它会给我带来巨大的乐趣。

5　　哪个说法更能说服你？主张 B 包含两个未经证实的论点[7]。因此，它的说服力远不如 A。后者包含一个必须满足的前提和论据。此外，它的结构显然比 B 更加清晰。

二、观点—反面观点—所持立场

6　　(1) 当不同的观点导致不同的结论时，你只需要陈述观点和提出结论来推动一个争议的进行。与结论不相关的大量争论不仅是多余的，还放错了重点。

在作业或者笔试中，你通常不需要为自己的观点辩论。不过，应当展示出你对所述问题形成了自己的意见。你应当解释的是：为什么认为这个观点比其他观点更有说服力。如果没有提出论据，只是同意了一个说辞，这也是可行的，但是人们就会追问"为什么"。在博士论文和其他学术出版物中，人们会期待作者发展并提出自己的论点或立场（Position）。[8]

7　　在第一步中，你需要描述那些你将要研究和讨论的法律问题。在这种情况下，一般都存在至少两个彼此矛盾的观点，通常还会有一个第三方提出调和的观点，即折中观点（vermittelnde Meinung）。如果针对一个问题存在着大量不同的观点，那么就应当总结一下。通常人们会罗列出各种意见，并把相应的论据涵摄在这个观点下。在有大量争议的情况下，也可以以问题为导向来设置论证的结构。

8　　论据应当按照说服力强度来排列。将说服力最强的用在开始，以说服力最

---

　[7] "这些在当今是非常重要的"，以及"无论如何，它会给我带来巨大的乐趣"，参见本书第十章边码 4。

　[8] 参见第一章边码 36、第六章边码 52、第七章边码 65 和第九章。

弱的作为结束。如果你想让读者感到无趣的话,那么也可以从说服力最弱的开始。最理想的方式是,人们在开始和结束时都使用最强有力的论据,在其之后接着论证说服力弱的部分。[9] 最有效的论证是,你能够质疑反方观点的不当之处,例如,其前提或者法律后果不能适用于具体案例。这包括了归谬法(argumentum ad absurdum)——一方的法律义务或者法律后果明显会导致一个荒谬的或者不公正的后果。[10] 更聪明的做法通常不是简单地把所有正方和反方的观点都对立地罗列起来,而是把每组对应的正方和反方的观点归纳与排列出来。

(2)在回答的过程中,也可以考虑把自己的主张与针对反方的构成要件进行的质疑联系起来一起论证——质疑其构成要件并未成立,或者也可以质疑对方的证明材料,还可以反驳涉及对方的法律依据(Rechtsausführungen)。在这个范围内,结论或者理由都可以被质疑。在民法的作业中,可以通过说明一个请求存在抗辩来提出反驳。

因为有抗辩(Einwendungen)的存在,一些请求根本无法成立(例如《德国民法典》第 125 条中因形式瑕疵而无效),消灭(Vernichten,例如《德国民法典》第 362 条第 1 款的因履行而消灭)或者障碍(Hemmen,例如《德国民法典》第 214 条第 1 款——第二章边码 35)。典型的权利障碍的抗辩(die rechtshemmenden Einwendungen)必须是由债务人(Schuldner)明确提出的,因此,它在实体上被定义为抗辩权(Einreden)。[11]

(3)你要从目前的争论中提出自己的观点作为自己的立场(或主张)。正如前面所介绍的,首先要提出一个问题,其次罗列争论的观点,最后提出自己的立场(或主张)。

三、作为民法总论典型案例的"特里尔葡萄酒拍卖案"(Der Trierer Weinversteigerungsfall)

"特里尔葡萄酒拍卖案"(Trierer Weinversteigerungsfall):斯蒂芬·舒尔兹

---

[9] *Gast*, Juristische Rhetorik, 5. Aufl. 2015, Rn. 864.

[10] 论证参见第三章边码 39 及以下的"烟花案"(Feuerwerkskörperfall)和第十章边码 5 的"游乐火车案"(Spieleisenbahnfall),关于归谬法参见 Möllers, Juristische Methodenlehre, 3. Aufl. 2020, § 5 Rn. 62 ff.。

[11] *Medicus/Petersen*, Bürgerliches Recht, 27. Aufl. 2019, Rn. 732;关于抗辩和抗辩权的请求权结构可见 §2 Rn. 34f.。

(Stephan Schulze)与他的朋友维尔纳·旺克尔曼(Werner Wunkelmann)相约去参加一个葡萄酒拍卖会。当舒尔兹看见旺克尔曼时,向其挥手。但是,他没有注意到拍卖人在不久之前就在叫:"第一,第二",此时,正是拍卖人喊"第三"声的时候,因此,他以2700欧元的价格,拍到了一瓶1992年产自奥本海默蟾蜍喷泉牌子的贵腐甜白酒。该合同有效吗?请列出争议意见。[12]

(1)在意思表示的主观前提中,应区分行为意思(Handlungswille)、表示意识(Erklärungsbewusstsein)和法律效果意思(Geschäftswille)。毫无争议的是,一个意思表示首先必须具有的是行为意思;与此相反的是可以缺少法律效果意思,即引发特定法律后果的意愿,因为行为人也可能以错误(Irrtums)为由撤销(意思表示)。有争议的是,表示意识是否可以缺少。

(2)根据客观理论或者表示理论(die objektive oder Erklärungstheorie),表示意识不是意思表示的本质要求,因为只有这样才可能对法律交易给予充分保护。意思表示人随后只可以通过《德国民法典》第119条第1款的规定撤销其意思表示。

根据主观理论或者意思理论(der subjektiven oder Willenstheorie),"意思表示人有意识(das Bewusstsein)地引发其行为的法律后果"属于意思表示的生效条件。私法自治(Privatautonomie)要求依自己的意思作出决定。

联邦法院则寻找中间路线,在两个限制条件的前提下承认所谓的"过失的意思表示"(fahrlässige Willenserklärung),即表示过失理论(Theorie der Erklärungsfahrlässigkeit):表意人必须能够认识到其表示是作为意思表示实施的。此外,表意接受人(der Empfänger)也必须将其视为意思表示。联邦法院表述如下[13]:

> 尽管缺乏表示意识(Erklärungsbewusstsein),当表意人在尽到实施日常交易行为所必需的注意义务之际,应当认识或者可以避免(认识)到,其表意根据诚实信用原则和交易惯例可以被视为意思表示,而且表意接受人实际上也是如此理解之时,仍然成立一个意思表示。它可以根据《民

---

[12] 其他有说服力的列举争议观点的方法,参见 Armbrüster, in: MünchKomm, BGB, 8. Aufl. 2018, § 119 Rn. 97 ff.; Petersen, Duldungspflicht und Umwelthaftung, 1996, S. 66 ff.。

[13] BGH, Urt. v. 7.6.1984 IX ZR 66/83, BGHZ 91, 324, 330; BGH, Urt. v.2.11.1989 IX ZR 197/88, BGHZ 109, 171, 177 m. jeweils w. Nachw.

法典》第 119 条、第 121 条、第 143 条类推被撤销。

(3)立场:"客观理论或者表示理论"主张对比"缺乏表示意识"和"缺乏效果意思"(法律效果意思),后者指的是在《德国民法典》第 119 条第 1 款中规定的内容错误和表示错误(Inhalts- und Erklärungsirrtums),该理论同时主张二者具有本质的同等性。表意人在上述两种情况下,都是在没有足够的自我决定的基础上作出的意思表示。在内容错误的情况下,自我决定是有瑕疵的,因为完全缺乏表示意识。从结果上看,两种错误都会导致相似的灾难性影响。例如,当表意人说"卖",实际上却是要表达"购买"(内容错误)的意思。既然它们的客观构成要件是一致的,那么,所谓的"信赖保护"和"法的安定性"似乎就不能成为区别对待二者的正当理由了。[14] 这些利益通过法律的衡量得到了确定:表示理论相关性的提示也系统地说明了《德国民法典》第 116 条中的真意保留(der geheime Vorbehalt)的规定,其后作为秘密保留的愿望将会被法律忽略。这份合同将根据《民法典》第 157 条兼顾"交易习惯"一并考量。

主观理论或者意思理论则相反,它拒绝与《德国民法典》第 119 条意义上的有瑕疵的意思表示进行比较。这种《德国民法典》第 119 条意义上的有瑕疵的意思表示无论如何仍然包含有一部分自我决定,而在缺乏表示意识的情况下,则是完全没有自我决定。某人完全无意愿或者是有其他意愿,这两者有非常关键的区别。私人自治原则要求,只在自己愿意的范围内承担责任。在法律中,我们也能够陆续找到这种系统性的思考:根据《德国民法典》第 133 条的规定,应当寻找到意思表示人的"真实的意思表示"。同时,在《德国民法典》第 118 条中关于戏谑表示(Scherzerklärung)的条文中,也能找到意思理论的支持。按照法律规定,缺乏表示意识的情形应当导致无效(Nichtigkeit)的法律后果。根据这种观点,当缺乏表示意识时,原则上不存在有效的意思表示;对于表示受领人的信赖保护可以通过类推适用《德国民法典》第 122 条来实现。[15]

这两种观点在法益和法律条文中都能够找到支持,但是在历史上,立法者决定既不采用"意思理论",也不采用"表示理论"。"保护交易中的信赖利益"

---

〔14〕 与安布鲁斯特(*Armbrüster*)的观点相比较,载 MünchKomm, BGB, 8. Aufl. 2018, § 119 Rn. 97 ff.;批评观点见 *Wolf/Neuner*, Allgemeiner Teil des BGB, 12. Aufl. 2020, § 30 Rn.4f.。

〔15〕 Canaris, NJW 1984, 2281 f.; *Singer*, JZ 1989, 1030 ff., 1034 f.

和"自我决定"作为"私人自治"的一部分,也是为这两种理论都认可的价值,当然在此处它们也是互相对立的和排斥的法律原则。德国联邦最高法院选择走中间路线,也是基于瑕瑜互见的考虑,因为它可以为交易双方设立注意义务,以避免产生瑕疵行为。

12　　为了更好地记住这些,你应当把上述争论点用构图方式直观化。过失的意思表示可能存在的争论点,可以如图3-1所示列举出来:

图 3-1

第二节 法学方法论和论证模型

在笔试和家庭作业中你有机会应用论证模型和相应的论据来练习论证。通过法律方法论的学习,正面和反面辩论的法律思维都会得到特别好的训练。[16] 在这里会作一个简单的介绍,以避免答卷人仅运用教义解释(解释原理 Auslegungskanon)来支持自己的论点。在经典的立法解释之外,对法条和法律原则的具体化运用具有特别重要的意义。特别需要注意的是相关的判例和占统治地位的观点(即通说)。

一、解释规则作为论证的辅助手段(Auslegungskanon als argumentationshilfe)

当不存在立法者的法定概念、法院判决或者文献认可的解释建议时,解释法律规范总是非常重要的。因此,在这种情况下应当注意检验构成要件是否被正确地解释。[17] 学者和司法判决从萨维尼(Savigny)[18]的基本观点中发展出四条经典的解释方法(Auslegungsmethoden)来解释法律规范。[19] 分别是:

(1)文义解释(grammatische Auslegung):这种方法是根据构成要件的字面语义来进行解释。

(2)体系—逻辑的解释(systematisch-logische Auslegung):它的标准是在法律规范体系中的构成要件的地位。规范应当被解释得与整个法律体系都不冲突和不矛盾。

(3)历史—谱系的解释(historisch-genetische Auslegung):这种解释方法

---

[16]　*Möllers*, Juristische Methodenlehre, 3. Aufl. 2020; *Reimer*, Juristische Methodenlehre, 2. Aufl. 2020; *Rüthers/Fischer/Birk*, Rechtstheorie, 11. Aufl. 2020; *Rückert/Seinecke（Hrsg.）*, Methodik des Zivilrechts-von Savigny bis Teubner, 3. Aufl. 2017; *Engisch*,Einführung in das Juristische Denken, 12. Aufl. 2018; 从瑞士的视角参见: *Kramer*, Juristische Methodenlehre, 6. Aufl. 2019。

[17]　*Butzer/Epping*, Arbeitstechnik im Öffentlichen Recht, 3. Aufl. 2006, S. 32.

[18]　Von *Savigny*, System des heutigen römischen Rechts, Bd. I, 1840, S.213 ff.

[19]　*Butzer/Epping*, Arbeitstechnik im Öffentlichen Recht, 3. Aufl. 2006, S. 32; *Mann*, Einführung in die juristische Arbeitstechnik, 5. Aufl. 2015, Rn.227.

的基础是过去的规范和立法者在过去立法过程中形成的意图。这些信息大量地存在于立法资料中(第四章边码 38)[20]。

(4)目的解释(teleologische Auslegung):它立足于用现在的视角来观察法律规范的意义和目的。法律规范解释的社会影响也是要顾及的。[21]

(5)合宪法解释(verfassungskonforme Auslegung):这种方法是根据宪法来解释基本的法律。因此,会受到第三方因素,例如,宪法的保护义务的影响。[22]

(6)合欧盟法解释(europarechtskonforme Auslegung):欧盟的法律享有对国家法的优先权。国家法律如果违反了欧盟的条约或者《欧盟运行条约》(AEUV),那么该国家的法律是不能被适用的。[23] 国家法应当在欧盟法律指令的指导下进行解释。

15　当然,你不需要在一个学术作业中,针对每一个构成要件的特征,全部运用这六种方法进行一次全面的检验;也不需要完全依赖于解释方法。只要提出你自己的解释模型(Auslegungsfiguren),其论据可以支持自己的法律立场就足矣。

例如,条文的文字意思可以推论出这样一种假设……但是,这与以下规定是矛盾的……此外,该规定的目的是确保……正是出于目的论的原因,我们需要如下理解法条……

二、法律续造的简单形式

16　在你的学习过程中,你至少在笔试或者家庭作业中遇到过这样一种情况——无法根据法律规范的解释把案情涵摄于该规范的字面意思内,但最后却表明在具体的案件应用中,该规范以及规范规定的法律后果确实是有意义并相适应的。这种情况下,你需要检验是否能够通过类推适用一条相应的规范来弥补法律规范可能存在的漏洞。

---

[20] Weiterführend *Möllers*, Juristische Methodenlehre, 3. Aufl. 2020, § 4 Rn. 146 ff., 156 f.
[21] 这里特别适合举例的是"特里尔葡萄酒拍卖案"(Trierer Weinversteigerungsfall),见本书第三章边码 11。
[22] 进一步深化的资料参见 *Stern*, Das Staatsrecht der Bundesrepublik Deutschland, Bd. III/1, 1988, S. 1568, 1572; *Canaris*, AcP 184(1984), 201, 213, 227; *Canaris*, JuS 1989, 161 f.。
[23] 多个欧盟法院相关的案例参见如下:EuGH, Urt. v. 15.7.1964, 6/64, EU:C:1964:66, 1259, 1269−Costa/E. N. E. L.。

反之亦然,有可能出现具体的案情可以涵摄于一个规范内,然而根据该规范规定的法律后果,却显示出了不恰当或者不正确的情况,或者在具体的案例中,规范的目的不适用于该案情。在这些情况下,存在着对这些规范进行目的性限缩解释(die teleologische Reduktion der Norm)的可能性。

(一)具体类推

具体类推不是一种独立的解释类型(Auslegungstopos),而是一个为了确定"立法意旨"(die ratio legis)的解释过程的特别称谓。[24]某具体案情导致了某构成要件中规定法律后果,然而该案情却不能被涵摄于此构成要件之内。因此,这里存在着一个"计划外的漏洞"(eine planwidrige Lücke),而其只是一个前提(假设 Prämisse,第三章边码3)。首先,要确认的是,该具体的案情无法涵摄到这个规范之中,因此,有必要进行具体类推。其次,必须把"一致性"作为一个有待证明的前提,即用相似性论据(Ähnlichkeitsargument)与当然推论(Erst-recht-Schluss)[25]来得出相同结论。为此,必须探讨所适用的规范的目的。这种可比较性(die Vergleichbarkeit)使得将该构成要件扩大适用于法律未规范的案件中的做法具有正当性(rechtfertigt)。再次,作为论证模型要将**规避论据**(Umgehungsargument[26])与不公平(Unbilligkeit)相关联。宪法规定的平等原则要求同样的人应受到平等对待。最后,此时才可以通过具体类推弥补漏洞。

"**周六晚上购买地产案**"(Samstag-Abends-Grundstückskauf):买家克劳斯(Klaus,以下简称 K)在广告上发现了一个非常便宜的位于慕尼黑的房屋,售价为10万欧元。周六晚上,他与卖家维克托(Victor,以下简称 V)见面,V 表示马上将房屋卖给他。在 K 邀请 V 吃完饭的时候,双方签署了一个书面的预约合同(Vorvertrag)。在这个预售合同中,双方约定 V 有义务在公证处把房子

---

[24] Möllers, Juristische Methodenlehre, 2017, § 6 Rn. 87ff; Raisch, Juristische Methoden, 1995, S. 153.

[25] 当然推论,也称为举强以明弱,即如何通过"举轻以明重"(argumentum a maiore ad minus)或者"举重以明轻"(argumentum a minore ad maius),参见 RG, Urt. v. 9.3.1918, V 354/17, RGZ 92, 295; Larenz, Methodenlehre der Rechtswissenschaft, 6. Aufl. 1991, S. 375, 382。

[26] RG, Urt. v. 8.12.1925, VI 350/25, RGZ 112, 199, 201-Vorvertrag. 规避论据则经常被用来论证存在违反计划的漏洞。若不进行类推,规范之适用将被规避,其保护目的也将落空,参见 Möllers, Juristische Methodenlehre, 4. Aufl. 2021, § 6 RRn135。

卖给 K。当 K 在周一与 V 约定公证时间时，V 拒绝了 K 的要求，因为他早上找到了一个愿意出双倍价格购买房屋的买家。K 是否可以根据 V 违反了预约合同，向 V 要求损害赔偿？根据预售合同因损害赔偿提出的请求权：

（1）两个互相合意的意思表示。

（2）但是因为违反《德国民法典》第 311b 条第 1 款第 1 句而无效（Unwirksamkeit），《德国民法典》第 311b 条第 1 款第 1 句只直接适用于土地买卖合同（Grundstückskaufverträge）。

（3）此处是预约合同（Vorvertrag），它规定了缔结土地买卖双方的义务：

①漏洞（Lücke）：预约合同（Vorvertrag）并非直接被规定于《德国民法典》第 311 条第 1 款第 1 句。

②《德国民法典》第 311b 条第 1 款第 1 句的"规范的目的"，具有对买卖双方的警示（Warn）、公证（Beurkundung）、咨询（Beratung）功能。

③可以直接适用于法律中的已有规定与法律中无相关规定的案例之间的可比较性（或关联性 Vergleichbarkeit）。

这个保护的功能同样应当适用于土地买卖合同和因缔结一个土地购买合同而负义务的预约合同。如果预约合同中的对证书进行公证的义务没有约束力，那么土地买卖合同的保护功能也会落空。如果卖方根据预售合同被责以损害赔偿责任，那么等同于在经济上设置了一种类似卖方必须要转让其同意卖出的土地的义务。[27]

20 具体类推框架内的找法（Rechtsfindung im Rahmen der Einzelanalogie）见图 3-2。

（二）目的性限缩

21 目的性限缩在逻辑上正好是具体类推的相反方向。首先，该论题是，案情虽然能够涵摄于法律规范的应用领域，但相关案情却不符合规范的目的。[28] 当本案与常规的案情之间缺乏可比性时，构成了一个前提，此时需要运用反推（反证法，argumentum e contrario）。为此需要研究法律规范的目的，为何本案

---

[27] RG, Urt. v. 8.12.1925, VI 350/25, RGZ 112, 199, 201-Vorvertrag.

[28] Im Unterschied dazu wird bei der restriktiven Auslegung noch innerhalb der Wortlautgrenze der Anwendungsbereich der Norm reduziert, Möllers,Juristische Methodenlehre, 3. Aufl. 2020, § 6 Rn. 82 ff.

图 3-2

不能适用该法。可以运用诸如**归谬法**[29] 这类结果导向的论证方法。认同法律规范规定的法律后果可能会导致荒谬的结论。导致最后的结论可能是案情不能涵摄于该规范内。

"**剪辫子案**"（Zopfabschneidefall）[30]：犯罪行为人用剃刀剪下受害人的辫子。行为人应当根据《德国刑法典》第 224 条第 1 款第 2 项的第 2 种选择

---

[29] *Butzer/Epping*, Arbeitstechnik im Öffentlichen Recht, 3. Aufl. 2006, S. 55.
[30] 案例参照 *Roxin/Greco*, Strafrecht Allgemeiner Teil, Bd. I, 5. Aufl. 2020, § 5 Rn. 29。

(§224 Abs. 1 Nr.2 Alt.2. StGB)受到惩罚吗?

(1)根据这个构成要件的字面意思,这种行为构成了危险的身体伤害(gefährliche Körperverletzung),因为行为人为了把辫子剪下,使用了刀子并损害了被害人身体的完整性。

(2)但这个条文的目的要求,仅当根据其客观的属性(Beschaffenheit)和在具体案件中的运用方式导致了明显的身体伤害时,才能把该侵害行为涵摄在内。[31]

(3)剪头发并不符合上述条件,因为剪头发并未导致明显的身体伤害。本案中,行为人因为使用了刀具而被加重处罚将会有违生活的惯例。

(4)因此,案件事实不能归入规范之内。

23 在目的性限缩框架中的找法(Rechtsfindung im Rahmen der teleologischen Reduktion)见图3-3。

图3-3

[31] BGH, Urt. v. 6.6.1952, 1 StR 708/51, BGHSt 3, 105, 109; BGH, Urt. v. 26.2.1960, 4 StR 582/59, BGHSt, 14, 152, 154; Satzger/Schluckebier/Widmaier, *Momsen-Pflanz/Momsen*, StGB, 4. Aufl. 2018, § 224 Rn. 17.

深入理解参见"游戏轨道案"(Spieleisenbahnfall):父母是否可以送给自己5岁大的儿子一个玩具轨道火车作为圣诞礼物?请你运用归谬法(argumentum ad absurdum)来限定《德国民法典》第 181 条的适用范围。[32]

三、法律规范的具体化

(1)不确定的法律概念(Unbestimmte Rechtsbegriffe)和一般条款(Generalklauseln)通常都非常模糊,以至于不可能将该法规直接解释与适用于一个具体的案件中。具体化的方法则让案情有可能被涵摄于那些规定不明确的法规中。具有普遍性的法律原则和案例群也因此得到了发展。这不仅对基本法,还对一般条款,如《德国民法典》第 823 条第 1 款都有效。根据《德国民法典》第 823 条第 1 款的规定,法律主体都应当负有哪些交往义务呢?

"清扫案"(Streufall):房屋所有人是否应当在 22 点时仍然负有清扫门口道路的义务?

依据维尔伯格(Wilburg)[33]"动态体系"(bewegliche System)理论,为了能够更好地均衡受损害人和行为人之间的利益,冯·巴尔(von Bar)运用下面五个标准来判断是否负有风险管理的责任:

①创建或维持了危险(来源);
②危险的控制;
③可识别的危险[34];
④来自危险源的优势;
⑤信赖保护。[35]

关于"清扫案"(Streufall):恶劣天气和下雪是不可抗力,不是房屋所有人或者承租人制造的。同时,通过晚间铲雪的方式,他也不能控制这种危险,通常他不会知道晚上会忽然开始下雪,况且他也没有从这种危险中获得任何利益。路人也不能期待晚上有一条被维护得没有积雪的道路。所以,房主不必

---

[32] 答案参见本书第十章边码 5。
[33] Wilburg, Die Elemente des Schadensrechts, 1941, S.26 ff.; ders ., Entwicklung eines Beweglichen Systems im Bürgerlichen Recht, 1950, S. 12 ff.; ders ., AcP 163(1964), 346 ff.
[34] 参见 Möllers, Rechtsgüterschutz im Umwelt–und Haftungsrecht, 1996, § 8。
[35] von Bar, Verkehrspflichten, 1980, S. 113 ff., 294 ff.

在晚上也保持道路上无雪。

白天则与之不同:房屋所有人或者承租人可以认识到这种危险,并且可以通过有期待可能性的方式来控制之。第三方(如邮递员)可以信赖,其所进入的土地是不会危及其财产和生命安全的。

"**酒馆案**"(Wirtsfall):当地窖门后是一个非常陡的楼梯时,酒馆是否应当在厕所旁的地窖门设安全措施? 如果顾客从楼梯掉下受伤,他是否可以向酒馆要求损害赔偿?[36]

27 (2)当一个法律条文作为普通条款不能被运用于某个案情时,应当发展出相应的法律原则和标准。[37] 在合同订立的时候,通常也成立了说明和接受咨询的义务,这是为《德国民法典》第311条第2款、第3款,第241条第2款所支持的。通常情况下,合同双方自己为对方提供了这方面的信息。[38] 例外情况下,一方也可能负有特定的解释和咨询义务。这需要满足三个条件,这在过去几年中得到进一步发展。

"**二手汽车案**"(Gebrauchtwagenfall):二手车经销商是否应当向不熟悉技术的买家解释,汽车的发动机已经不能够全马力运行了?

在合同前的谈判中,根据普遍认为的观点,应当根据以下三点决定是否负有说明义务(Aufklärungspflichten)。

28 ①在表意接收人(Aufklärungsempfänger)会得到大量信息的情况,例如,银行的顾客;

②从说明义务人(Aufklärungspflichtigen)的信息渠道来看,因为他有渠道,比信息接收人更容易获得这些信息;

③从说明义务人进行说明的期待可能性(Zumutbarkeit)看,例如,银行在进行投资业务的时候。

这些标准被认为是一个动态体系(bewegliches System)的要素。在此,第三个标准有特别的意义:解释义务通常只是出于信赖关系或者基于前两个标

---

[36] BGH, Urt. v. 9.2.1988 VI ZR 48/87, NJW 1988, 1588 f."酒馆案"的答案见第十章边码 6。

[37] 详见 *Möllers*, Juristische Methodenlehre, 3. Aufl. 2020, §§ 7 ff.。

[38] 原始数据参见 15, 3, 3 § 9(Ulpian): *curiosus igitur debet esse creditor, quo vertatur – Der Gläubiger muss darauf achten, wofür der Kredit verdeut wird*(债权人必须注意到贷款的用途)。从货物出门概不退换,买主须自行当心(Emptor curiosus esse debet),也就是从所谓的买主当心的原则(caveat-emptor-Prinzip)推断出来的,顾客应当充满好奇心,特别是对其要获取必要的信息。

准,如建立在说明义务人的特别专业知识基础之上。[39]

关于"二手汽车案"(Gebrauchtwagenfall):二手汽车经销商相对于没有技术经验的顾客而言,对被卖的商品拥有更多的专业知识(Sachverstand)。顾客也期待二手汽车经销商在买车前会检查该车。因此,经销商必须传递他的专业知识或者申明他并没有如此做(即没有检查该车)。[40]

四、主流观点和判决

(1)仅提到这是主流观点,仍不能代替实质的论证,主流观点不是论证理由。只有对主流观点提出增强其论证力的理由,才是进行了实质的论证。例如,主流观点所主张的是法律安全性,则论证负担(Argumentationslast)将按如下方式分配:根据主流观点,这是合理的;谁否认这个观点,就由谁承担证明责任。[41] 一篇学期论文和博士论文良好的标志也可以是提出了充分的理由,成功地驳斥了一个不太严谨的主流观点。

29

(2)在德国,有约束力的原则上只有法律,而非法官法。因此,以前的法院判决,即判例,原则上对法律运用中的解释和应用没有约束力。通常认为,该判决的效力只适用于案件的双方,法院的判决原则上也没有立法上的可比较的效力。[42] 例外的是习惯法(Gewohnheitsrecht)和联邦宪法法院的部分判决——依据是《联邦宪法法院法》第31条第2款第1句(§ 31 Abs.2 S. 1 BVerfGG)[43],以及部分欧盟最高法院(EuGH)的判决。[44] 与主流观点相类似的观点主张针对以前的判决具有一种所谓的辅助性的遵守义务(subsidiäre Befolgungspflicht)。这意味着,当有更多的解决方案,以及具有同样的代表性

30

---

[39] Hopt, Kapitalanlegerschutz im Recht der Banken, 1975, S. 414 ff.; ders., in: FS Gernhuber, 1993, S. 169, 186; Breidenbach, Die Voraussetzungen von Informationspflichten beim Vertragsschluss, 1989, § 13; ausführlich Fleischer, Informationsasymmetrien im Vertragsrecht, 2001, S. 985 ff.; Grigoleit, in: Bankrechtstag 2012, 2013, S.25, 35; Bachmann/G. Roth, in: MünchKomm-BGB, 8. Aufl. 2019, § 241 Rn. 142.

[40] 参见最高法院判决:BGH, Urt. v.21.1.1975 VIII ZR 101/73, BGHZ 63, 382, 386; 进一步的证明见 Palandt/Ellenberger, BGB, 80. Aufl. 2021, § 123 Rn. 7。

[41] Gast, Juristische Rhetorik, 5. Aufl. 2015, Rn. 437 ff.

[42] Vogel, Juristische Methodik, 1998, S. 84.

[43] 这需要检验判决的哪些部分属于判决理由(ratio decidendi),哪些部分属于附带意见(obiter dicta)。

[44] 欧盟最高法院判决的约束力参见本书第四章边码46。

时，人们会在实践中更多地适用最高法院的判决，只要没有与判决相违背的、更好的论证理由。谁要作出与以前判决不一样的判决，就需要论证特别的理由。这种论证负担由意欲作出不同于以前的判决的一方来承担。[45]

五、案件类比的方法

31 法官不能仅从法律文本出发，也应当遵守以前判决中的法律应用的例子。特别是在案件事实不能简单地涵摄于不确定的法律概念或者一般条款时，教义学（又译为信条学，Dogmatik）才具有特别的意义。由于没有成文法，在盎格鲁-撒克逊法的普通法国家中，这种工作模式占统治地位。[46]

案件类比的方法根据一个案例与其他案例的关系来设定解释和具体化的范围。[47] 如同在具体类推和目的限缩中，经常被提问的是，当前的案情与目前的法律是否具有部分类比性或者是完全不具有可比较性。

在法律类推中，这种思考将被限定于法律的层面，而在案件类比方法中，这些被限制于案情的层面。两种方法的目标都是共同的，即为了继续具体化不确定的法律概念。

32 常规案例是出发点；根据"常规案例的方法"（Normalfallmethode），经常被提问的是，什么样的案件通常是符合规范的。具体而言，也可以根据已经判决的案件共性来探究新的案件。不应当提倡的是，在有可比性的利益情况下，强制认为类似的案件必须要受到同等对待。在论证上，你可以通过相似性论证（argumentum a simile）、当然推论（der Erst-recht-Schluss）与规避论证，即进一步用反证法（argumentum econtrario）以证明不一致性，以及归谬法（argumentum ad absurdum）将新案的部分与以前类似的案件联系起来。

危险工具（Gefährliches Werkzeug）：穿了鞋的脚、拳头或者墙壁是否可以适格作为《德国刑法典》第224条第1款第2项第二种选择意义上的危险工

---

[45] *Bydlinski*, Juristische Methodenlehre und Rechtsbegriff, 2. Aufl. 1991, S. 506 ff.; vertiefend *Möllers*, in: FS Buchner, 2009, S. 649 ff.

[46] 关于普通法系和民法法系的区别，参见 *Gordley*, ZEuP 1993, 498; *Kötz*, ZEuP 1998, 493。

[47] 详见 *Möllers*, Juristische Methodenlehre, 3. Aufl. 2020, § 7 Rn. 45 ff.; *Haft*, Juristische Rhetorik, 8. Aufl. 2009, S. 89 ff.; *Bydlinski*, Juristische Methodenlehre und Rechtsbegriff, 2. Aufl. 1991, S. 543 ff.。

具?这可以通过与武器或常规危险工具进行比较的方式论证。[48]

通过案例比较可以扩展规范的目的范围:仅有根据其客观属性与在案件中具体运用的方式相适应并造成了明显损害的攻击(实际指使用工具的行为),才能够涵摄于该规范之内。

"烟花案"(Feuerwerkskörper):当被问及是否允许向儿童出售烟花的问题时,应考虑德国联邦最高法院已经认可了的向儿童出售火柴和飞镖的商人的责任。[49]

深化的案例——损害物品:当拆除一个洗手盆、放出自行车轮胎里的空气、污染邮箱、取下杆子上的旗子,以及分解、拆卸闹钟时,是否构成《德国刑法典》第303条损害物品罪呢?[50]

运用案件类比方法找法(Rechtsfindung im Rahmen der Vergleichsfallmethode)见图3-4。

从《德国刑法典》第224条意义上的危险工具的例子,人们可以认识到目的性限缩和案件类比这两种方法不是互相排斥的,而是相辅相成的。这两种方法都有助于将规范进一步具体化,前者是与法律进行比较论证,后者是与相似的案例进行比较论证。

六、以规范的目的作为案例的重要准则

反证法和相似性论证(Ähnlichkeitsargument),或者更确切地说与"举重以明轻"的方法在逻辑上是一致的。只有当你清楚和明确地界定了规范的目的之后,才可能进行具体类推。具有决定性的要点是,法律漏洞是否是违反立法者的计划以及可否通过类推来弥补。[51] 当然也存在着完全不能弥补的漏洞。[52]

---

[48] 证明参见 Fischer, StGB, 67. Aufl. 2020, § 224 Rn. 9 ff.。

[49] BGH, Urt. v.23. 10. 1962 VI ZR26/62, NJW 1963, 101 f.–Wurfpfeile; OLG Stuttgart, Urt. v. 8.6.1983 4 U 185/82, NJW 1984, 182 f.–Streichhölzer. Zum Feuerwerkskörperfall s. § 3 Rn. 39ff。关于案例比较研究的方法更多的论证,参见高法院判决:BGH, Urt. v. 1.4.2003 VI ZR 321/02, NJW2003, 2018, 2019 = JZ2004, 95 m. Anm. Möllers –Porscherennen。

[50] 答案参见本书第十章边码 7。

[51] BVerfG, Beschl. v. 30.3.1993 1 BvR 1045/09, u.a. BVerfGE 88, 145, 165; Larenz, Methodenlehre der Rechtswissenschaft, 6. Aufl. 1991, S. 373.

[52] 这是一个关于"未违反计划的法律漏洞"的案例:BVerfG, Urt. v. 31.5.2006 , 2 BvR 1673/04u.a., BVerfGE 116, 69, 83。详见 Möllers, Juristische Methodenlehre, 3. Aufl. 2020, § 6 Rn. 97 ff.。

图 3-4

"母婴车厢案"（Mutter-mit-Kind-Abteil）：在列车上有一节特别的母婴车厢。30 岁的单亲爸爸带着一岁的儿子坐在这样的母婴车厢里。列车员是否可以要求这位父亲离开该车厢，还是应当允许这位父亲与儿子一起坐在车厢里。

答案：如果从该父亲与孩子们（拥有的）不受打扰地玩耍的教育抚养权利，以及其他乘客不受打扰的权利来看，相似性的论证是合理的。

如果一位母亲也同时需要安静的情况下，所得出的相反结论也是有说服力的。此时，(男女)自然的不平等就是优先的了。[53]

---

[53] Stein, Die rechtswissenschaftliche Arbeit, 2000, S. 51; 详细的答案参见 Möllers, Juristische Methodenlehre, 3. Aufl. 2020, § 1 Rn. 3 ff.。

拓展的思考题：介绍伴侣的合同（Partnervermittlungsvertrag）：在《德国民法典》第 656 条的范围内考虑介绍伴侣的合同？[54]

根据规范的目的来回答问题通常比想象中的要困难些。通常有多种代表性观点。对论文（作业）评分起决定作用的是，你不能只是遵循一种观点，而应全局地考虑各种法律立场和论证的理由。

自己的观点要与法律及法律的判决相一致。这里要求你花费教义学上最少的周折（Aufwand）。这特别适用于当法律的运用人希望通过法的续造实现对现行法律[55]的解释以利于论证法律意见书（Rechtsauffassung）时。如果法的续造通过法院无法完成时，那么就需要立法者来承担这一未来改革法律状态的任务。[56] 他需要明确区别现在的法律状态（de lege lata）和未来的法律状态（de lege ferenda）。原则上应用法律的人不能够非法地行使立法者的权限（第九章边码 33）。

第三节　法律思维作为法律论证的法律推理

一、法学方法作为论证的理论

运用方法论的能力是法律专业学生参加国家考试必须掌握的前提条件之一。[57] 通过闭卷考试和家庭作业，你将定期练习运用对立的观点陈述法律纠纷，以及变换进行法律论证。要做到这一点，你必须了解过去几十年来出现的众所周知的争议。此外，特别是在运用新法律或新一般条款的情况下，争议就更不明确了。法学方法论的论证模型有助于论证的结构化，从而使你的论证合理化。要做到这一点，你必须明确区分论题、前提和论据，并认识到往往存在着对立的（即矛盾的）论证模型。有了这些技能，你才可以更有效地学习，

---

[54] 答案见本书第十章边码 8。
[55] 字面上：关于已颁布的法律。
[56] 字面上：关于已颁布的法律。
[57] S. § 5a Abs. 2 S. 3 DRiG und etwa § 16 Abs. 2 S. 2 BayJAPO, § 7 Abs. 2 S. 2 JAPrO BW.

因为,论证模型[58]可以应用到整个法律中。然而,除了解释之外,法律推理还包括具体化和构建。此外,学生将学习到法教义学和法学方法学之间的相互作用[59]。目标必须是反驳错误的答案,并针对该法律问题提供最令人信服的答案。法学方法论的目标是解答未知案件时,也获得确定性的答案[60]。第七章中,我们还会再来讨论这个问题(第7章边码21及以下)。

二、严谨的思路和合乎逻辑的论证——"烟花案"

37 法律思维远不是初步的收集想法(头脑风暴)。论证过程的清晰度和深度是你说服对手的基本前提。如果放置在错误的位置,那么就会抵消正确论证的效果。只有当你知道"旅行将去何方"时,才可以简洁地表述。所以,事先要构思自己想说什么,并优化结构和推理过程。我的学术老师给我建议,在论文开始的时候就写下结论,能够保证写作的针对性,且避免烦冗的论述。[61] 为了保持文本的结构清晰,你应该始终围绕大纲(第二章边码10和第七章边码46及以下)进行工作。对提纲进行不断的修订也是一个持续的过程。

38 你不但是讲故事,而且应从一个必须要得到证明的论题开始。你要用手牵着读者,逐步地展开自己的论证锁链。这意味着每一步和每一个论点都应该以清晰和合理的方式来表述并且附加论证,读者就可以跟随你(的思路),而不是对你的推理过程产生怀疑。如果一直这么做,读者就能在论证结束的时候赞同你的观点。因此,你的思路必须是有逻辑性的,没有思维跳跃与断裂(第一章边码83)。[62] 基本方案是从前提开始,然用一条论证(证据)锁链连接到所寻找到的结果。表述如下所示:

---

[58] 当然推论(der Erst-recht-Schluss)和反证法(反推 argumentum e contrario)是矛盾的(第三章边码34);更多的论证模型举例见 Möllers, Juristische Methodenlehre, 3. Aufl. 2020, § 6 Rn. 2 ff.。

[59] Möllers, Juristische Methodenlehre, 3. Aufl. 2020, § 9 Rn. 2 ff.

[60] Röhl/Röhl, Allgemeine Rechtslehre, 3. Aufl. 2008, S. 609; ähnlich Kötz, RabelsZ 54 (1990), 203, 215:"法律教育真正应该做的是教会年轻人在法律不确定性时仍感觉良好(wo es doch eigentlich in der Juristenausbildung darum gehen müßte, daß es die jungen Leute lernen, sich unter Bedingungen juristischer Unsicherheit wohlzufühlen)。"

[61] 进一步明确的论述参见 Calleros, Legal Method and Writing, 8th ed.2018, S.272:"你不可能清晰地描述,除非你首先明确了思路。"

[62] Braun, Der Zivilrechtsfall, 5. Aufl. 2012, S. 15 ff. 举例请看 Neumann, Legal Reasoning and Legal Writing, 6th ed.2009, S. 85 ff.。

根据目前的观点……这意味着……由此进一步……因此这是正确的……

最后一个相关的例子"烟花案"(Feuerwerkskörperfall):就德国联邦最高法院所赞同的是否允许经销商向儿童出售烟花的问题,我采取如下的批评立场[63]:
……

(一)关于经销商的责任和个人承担交易义务的问题

德国联邦最高法院已经认可了烟花具有相当大的危险性,尤其是在儿童和青少年手中。它还明确了,当通过禁止销售义务(einem Verkaufsverbot verpflichtet)就能避免可预见的危险局面时,经销商应当不允许将这些产品交到顾客手中,这意味着他将负有禁止销售的义务。最后,已得到确认的是,销售商也可以预计到,购买烟花的儿童会采用的点火方式并在没有适当监督的情况下点燃烟花。然而,进一步具体化经销商的义务是不可能的。

经销商在多大程度上通过调查、阅读专业文献或基于他受过的普通教育能够认识到(烟花)危险的范围的这一问题,仍未被讨论。

(二)对过失的质疑:危险的可认识性

1. 德国联邦最高法院(BGH)的观点

与前一审级——杜塞尔多夫高等法院于1998年6月9日作出的判决相反,德国联邦最高法院不希望作出销售商不准向小学孩子出售烟花这一普遍性禁止,而是更愿意根据具体的情况来判断。关于经销商是否意识到风险的问题,起决定性的是生产商如何描述产品、经销商有哪些处理烟花的实际经验,以及他需要把哪些信息告诉购买方。由于制造商将危险降到了最低(甚至)无伤害的限度,经销商无法猜测到危险性。销售商没有实际经验,他在烟火领域缺乏必要的技术知识。此外,事实上不能避免的是,孩子们往往不小心或有侵略性。相反,卖方能够相信,"能够跟上学校教育步骤"的孩子有能力阅读并理解使用说明。

2. 批评

(1)根据德国联邦最高法院的观点,经销商可以信任生产商或进口商的

---

[63] *Möllers*, JZ 1999, 24, 27 f. zu BGH, Urt. v.26.5.1998 VI ZR 183/97, BGHZ 139, 43, 50 f.;鉴于篇幅所限,此处不一一列出脚注,请参见 *Jansen*, AcP 202(2002), 517 ff.; a. A. *Wagner*, in: MünchKomm, BGB, 7. Aufl. 2017, § 823 Rn. 688。

信息。即使低估了这些危险,经销商仍然是不被质疑的。但这个标准已经被否认,因为制造商或进口商越是低估了危险性,经销商就越会被免除责任。其结果是最初的理由被正当化,德国联邦最高法院也认可了这会导致经销商的责任被降低到零。此外,当用手就能够触摸到危险时,对一个产品的无害性的信任不是无过错的。因为经销商自身负有保护客户的职责,所以不能盲目信任客户,而是负有小心、怀疑甚至事后调查的义务。

（2）正如德国联邦最高法院认同的那样,经销商是否是烟火技术（Pyrotechnik）的专家不是关键性的问题。这里建议,要求经销商自己去获取相关信息,但是不需要进一步深化。工作自由权（Berufsfreiheit）强制规定了只能在非常有限的范围内限制职业资格。为销售烟花人规定的这些必要条件不是为了强迫其成为烟火技术的专家,而是使其基于日常知识（例如,阅读报纸）能知道烟花的危险性。人们凭常识就能知道的是,烟花是会爆炸的,或者至少知道不像蜡烛那样容易控制燃烧。产品使用说明中的只能在节日使用,并迅速离开点燃的烟花等内容也在具体案例中明确表现了烟花的危险性。即使生产商低估了这种危险,经销商基于常识也应当认识到并产生怀疑,给生产商打电话询问。

（3）第三个标准是没有任何说服力的,即尽管孩子们往往有攻击性的倾向,经销商仍可以相信,小孩子们会阅读并理解使用说明。根据这种说法,德国联邦最高法院放弃了以前的判例,即故意限制了对儿童的信任原则。尽管对于更加无害的物品,针对适用范围不特定的危险,法院的判决确定了经销商必须承担责任的原则,但仍存在特别矛盾之处：一方面,认为由于孩子不成熟,很可能没有理解所阅读的使用说明；另一方面,又确定经销商应该可以相信一个8岁半的孩子能正确阅读并理解使用说明书……

（三）结论

其结果是,德国联邦最高法院仍然落后于其在20世纪60年代就经销商向儿童销售危险产品所规定的要求,直到现在才在《市场产品供应法》（ProdSG:Gesetz über die Bereitstellung von Produkten auf dem Markt）中首次发现了该法律规定。与其他国家进行的比较后,令人惊讶地发现,德国法院的判决无法良好地保护小学年龄儿童的健康免受严重伤害。

尽管有不同理由论证了经销商需承担的责任与义务,但是德国联邦最高法院还是混淆了经销商与孩子们的小心谨慎义务的范围:一方面,可以盲目地相信"大蜜蜂"和"火龙"等烟花是安全的;另一方面,他可以信赖小学里一个8岁半的孩子(二年级)会独立通读使用说明书并且不会错误操作、正确地燃放烟花,即使这些烟花会被加热到2200摄氏度,如果不谨慎使用会导致身体受到伤害。

第四章 法律检索及文献阅读

第一节 文献检索作为法律工作中的重要组成部分

1   在考试和家庭作业中,对案例的解答需要你发表自己的看法,这是值得肯定的。但不能容忍的是,考生完全忽视其他甚至是主流的观点。更严重的是,律师因为不了解最新法律发展,如忽视了相关的法律或判决,给他的委托人提供错误的建议,是需要承担责任的。[1] 一些学生在他们的家庭作业或研讨报告中满足于仅引用几个文献,甚至为自己引用了《帕朗特民法典评注》(Palandt Komentar)而感到自豪。通常来说,这是不够的,并且会导致扣分。因为认真地分析案例和学说恰恰是他们需要完成的任务。

2   英美法系中有大量研究法律文本体系化检索的著作[2],与之相比,德国在这一领域的成果相对要少得多。[3] 这可能是由于我们欧盟大陆的法律体系是基于成文法,看上去要比主要基于判例法构造的英美法系简单一些。然而,事实并非如此。法学教育并非只要通过掌握一些简单的基础知识就可以掌握某一具体法律领域。对法及其体系的掌握,还必须要深入地研究判决及

---

[1] 相关判例(Rechtsprechungsnachweise)可参见 Palandt/*Grüneberg*, BGB, 80. Aufl. 2021, § 280 Rn. 66。

[2] 参见 *Blumenwitz/Fedtke*, Einführung in das angloamerikanische Recht, 8. Aufl. 2020; Holland/Webb, Learning Legal Rules, 10th ed.2019; *Mann*, The Oxford Guide to Library Research, 4th ed. 2015; *Bott/Talbot-Stokes*, Nemes and Coss' Effective Legal Research, 7th ed.2018; Bar kan/Mersky/Dunn, Fundamentals of Legal Research, 10th ed.2015; Watt/Johns, Concise Legal Research, 6th ed.2009; Stott, Legal Research, 3rd ed.2004。

[3] 值得关注的著作如:*Bergmans*, Juristische Information: suchen-bewerten-beschaffen-aktualisieren, 2007; *Wilke*, Informationsführer Jura: Juristische Recherche on-und offline, 4. Aufl. 2003。

相关理论学说。高级的学术研究工作是这样,实务中解决案例也是如此:在起草一份案例分析鉴定时,除了法条外,还要运用判例及学说。但可惜的是,德国的大学有关法律检索方法的教学并不多。因此,之前学生通常都是自己尝试去收集和熟悉相关的文献,如法条、判决及目前的学说。但如果他们的作业中缺少一些关键的判决或相关法律文献时,则又不可避免地会被扣分。

因此,你应当首先熟悉图书馆、数据库及互联网检索各自的优缺点。法律文本,包括作为法源的法条(本章边码 25 及以下)〔4〕、法院的裁判文书、理论学说以及其他法律文本。本章接下来还要讨论的是(德国)国内法、欧盟法及国际法在法律适用实务中的法律意义。〔5〕但是,当你了解法律渊源之后,你应该谨慎选择,否则你很快会被海量的文献"淹没"。因此,最后探讨的是,阅读技巧以及文献综述、文献收集和文献评价之间的区别(本章边码 83 及以下)。

一、图书馆中的文献检索

对学业刚刚开始的法学院学生来说,去参观学校图书馆是一件非常理所应当的事。你应当参加工作人员提供的图书馆介绍服务。为了完成学业中要求的各种家庭作业和研讨课论文,你应尽早掌握正确的法律检索技能。

在学校图书馆中查找文献常用的是联机公共查询目录(Online Public Access Catalogue,简称 OPAC)。在输入作者姓名及(或)书名或其他关键词后,便会显示图书的位置及书架号。通过这一系统,原则上可以很快地找到自己需要的著作。要注意的是,每个大学的联机公共查询目录只能找到图书馆馆藏的图书。如果要找的是图书馆没有收藏的书,则可以通过汇总图书目录(Meta-Kataloge)查找,如选择卡尔斯鲁厄(Karlsruher)的电子目录。〔6〕

第一,在法律图书馆中,书籍通常是按照合理的标准系统地进行摆放。逛一逛图书馆你会有很大收获。这种情况下,常常会有有价值的"偶然发现(Zu-

---

〔4〕 有争议的是,除了法律条文和法院判决外,哪些规范可以被称作第二位的法律渊源;参见 Bydlinski, Juristische Methodenlehre und Rechtsbegriff, 2. Aufl. 1991, S. 510; *Möllers*, in: FS Buchner, 2009, S. 649 ff.。

〔5〕 州的法律仅会在例外情况下被强调,关于法律体系参见 *Merkl*, Prolegomena einer Theorie des rechtlichen Aufbaus, 1931.

〔6〕 关于卡尔斯鲁厄的电子目录,请阅读第四章边码 75 及以下。

fallsfunde)",而电脑则不能。

6　　如果学校的图书馆没有自己要找的著作,你还可以通过馆际互借(Fernleihe)的方式获得,也就是说,你可以(付费)预定保存在其他图书馆中的著作或文章。如果图书馆没有自己想要找的文章,你也可以自己付费购买。[7]

二、法律数据库检索

(一)法律数据库检索的优点及缺点

7　　目前互联网上有无数个与法律相关的网站,不仅有商业运营商(域名以.com 结尾),还包括大学或国际组织的网站(域名以.org 或.gov 结尾)。有的网站是收费的,如下文要讲的法律数据库,也有一些是免费的。在学习研究中使用互联网时要十分注意,不要盲目地相信这个工具,首先要明白其中的优点与风险。[8]

8　　(1)优点:

第一,高质量的法律数据库背后是大型出版社的支持。(大型出版社)对其中的内容有必要的质量控制。你不必(费力地)去图书馆检索,可以便利地在工作场所进行检索,甚至能在家庭办公场所使用法律数据库。

第二,借助相关关键字或关键词,你可以迅速找到相关文献,复制粘贴到自己的文本中。因此,在文献检索上花费的必要时间明显减少,而获取的结果又明显变多。

9　　(2)然而,人们同样也要明白网络检索过程可能带来的风险[9]:

文献检索也是不详尽的,因为法律数据库只提供一部分出版物。如(Beck-Online)只包含了 C. H. Beck 出版社的期刊、手册、法典评注。但是,其他所有的专著、教科书以及其他出版商的期刊几乎都没有。[10] 实际上,能在数据库中访问的范围,取决于你订阅的范围。这进一步限制了法律检索的范围。[11]

---

[7] 例如通过 www.subito-doc.de,另外参见本书第四章边码 82。

[8] 与电脑相关的常见工作参见本书附录四边码 32 及以下。

[9] 参见 Mann, The Oxford Guide to Library Research, 4th ed.2015, Chap. 10; Wirth, Das Ende des wissenschaftlichen Manuskripts, Forschung & Lehre 1/2002, 19 ff.。

[10] 合作的期刊如莫斯贝克(Mohr Siebeck)出版社的《法学家报》(JZ)或者 RWS 的《经济法杂志》(ZIP)等其他数据库一般没有的期刊。另外参见本书附录五 Rn 80。

[11] 奥格斯堡大学的订阅内容例如不包括《法学教育》(JuS)和《法学工作报》(JA)。

所以你还是得去图书馆!

第二,在电子媒介上,查阅者只有在使用"正确"的关键词搜索时,才能发现具体的问题。因此,这里包含的一个隐患是网络检索变成了搜索关键词,而不能再深入地去阅读学术文献。手头的评注可以进行交叉阅读,法律数据库却很难做到的,因为电脑往往只能打开一个页面。

第三,网站推荐的相似文献常常是不合适的。在有疑问时,使用者会忽略这些可能有用的知识。因此,类似于图书馆中的"偶然发现(Zufallsfunde)"(本章边码5)几乎是不可能的。

第四,只有在图书馆才可以免费访问部分收费的数据库。由于著作权的保护,网络服务如法律数据库以后仍然会保持收费。

(3)当今法律检索中,Beck-Online 和 Juris 数据库是不可或缺的,因此了解这些数据库最常见的功能非常重要。在学习之初,你就应该掌握这些数据库的使用方法,以便适应用户界面,并充分利用其优势。为了方便检索,这两个数据库都可选择文献来源类别(判例法、评注、论文等)。此外,点击脚注的链接就可以直接进入原始文献。请使用详细的检索和筛选功能吧(附录五有 Beck-Online 和 Juris 的使用方法)。

(二) 一些重要的法律数据库

(1)下文简要介绍了互联网上最重要的数据库和文献。德国的法律数据库包括 Juris、Beck-Online 以及 Jurion(第四章边码10)。[12] 此外,还有一些其他的法律数据库包含了德国法的内容。国外的法律数据库,如美国的(LexisNexis 和 Westlaw),这些数据库一般来说不是免费的。但对于学生来说,通常是可以通过(法律)图书馆来访问一些数据库的。图书馆经常也会有这方面的培训。另外,EUR-Lex 和 PRE-Lex 是可以免费访问的,它们包含了一些欧盟法的内容。

(2)成立于1985年的 Juris 数据库[13](收费的)坐落于萨尔布吕肯

---

〔12〕 参见 *Noack/Kremer*, Studie: Professionelle Online-Dienste für Juristen, v.2009, abrufbar unter, www.s451554149.online.de/wp-content/uploads/2013/02/2004Potsdam-Kremer.pdf; *Noack/Kremer*, NJW 2006, 3313 ff.。

〔13〕 参见 www.juris.de。

（Saarbrücken），并受到联邦司法部的青睐。[14] 通过Juris数据库，人们可以免费访问联邦法律法规，以及各州的法律法规。此外，它还提供联邦宪法法院和五个最高法院的裁判文书，以及其他法院的精选裁判文书。因此，在查找案例时首推Juris数据库。这个数据库可通过日期、页码和关键词来查询。当你找到想要的裁判文书时，除了会显示该裁判文书在所有官方案例集中的页码，数据库还会列出该裁判文书在其他汇编中的位置。最后，Juris数据库中还有丰富的参考文献。但是，在Juris标准数据库中，文章或专著都是不提供全文的。[15]

13　　（3）除Juris数据库外，Beck-Online数据库[16]是有关德国法最重要的收费法律数据库。它除了可以查询到目前生效的法律法规、C. H. 贝克出版社（C. H. Beck）的期刊[17]外，还有大量的评注。此外，这个数据库还包括许多合作出版商的期刊。[18]

14　　（4）Jurion（前身为LexisNexis.de）[19]是世界上最重要的在线数据库LexisNexis的德国分支。[20] Jurion提供大约超过85万份欧盟、德国联邦和各州的裁判文书及法律规范。此外也包括行政法规、规章等，另外还有各种不同的法律文献模块，包括评注、手册、文书模板和专业期刊等。[21]

15　　（5）EUR-Lex数据库[22]主要开发的是欧盟法。除了法律条文外，还有欧盟法院相关判例法的链接。[23] 与前面几个数据库不同，这个数据库是免费的，并且实时更新官方公报。EUR-Lex数据库除了提供几乎每日更新的官方

---

[14]　参见 *Schlagböhmer*, JZ 1990, 262 ff.。

[15]　但在高级版的Juris数据库中，是可以按次计费方式查询到一些文章和评注的全文的。

[16]　参见 www.beck-online.de。

[17]　例如，自1981年以来的《新法学周刊》（NJW）、《新行政法学杂志》（NVwZ）、《欧盟经济法杂志》（EuZW）和《银行与资本市场法杂志》（BKR）等。可惜的是，法学教育类期刊《法学教育》（JuS）通常不在大学图书馆的订阅范围之内。

[18]　例如，《企业顾问》（BB）和《有价证券法通讯》（WM）。

[19]　参见 www.jurion.de

[20]　www.lexisnexis.com。

[21]　根据 *Noack/Kremer*, NJW 2006, 3313, 3316所称，LexisNexis.com的文献数量增长速度要明显高于Juris, Legios和Beck-Online数据库。

[22]　www.eur-lex.europa.eu。

[23]　官方公报的L和C系列文本以及未在纸质版中出版的C和E系列文本也通过CD-ROM版提供。该光盘每月更新一次，然后以单语版的形式提供。

公报外,还包括其他欧盟条约、国际协议、次要法律规范(主要是指令和条例)等,另外还有欧盟最高法院、欧盟法院及各专门法院的所有案例。[24] 数据库和其中的大部分文件都提供欧盟 24 种官方语言版本。所有文件都根据年份清楚地归类。可以通过关键词、日期、官方公报中的页码或文件编号进行搜索。比较特别的是,这个数据库还可以根据 CELEX 识别码来搜索。EUR-Lex 数据库中的每一个文件都有一个识别码,使得查找文件更为简易。一些情况下,次要法律规范的立法过程资料也可以通过"法律规定程序"[25]获得。为了欧盟内不同语言下术语的统一使用,一些数据库开展了名为"欧盟术语互动百科(LATE[26])"的工作。

(6)欧盟及各成员国经济法的详细介绍可以通过奥格斯堡免费的数据库来了解。这个数据库既适用于研究学习者,对于实务工作人员也有帮助。通过这个数据库,你不仅可以初窥经济法的概貌,还可以了解到经济法的最新发展。它由我教席的工作人员来管理,这个数据库清楚地展现了欧盟法对各成员国经济法的影响。它的特色是将法条和裁判文书按照主题排列并相互关联,此外还提供了英语、德语和法语三个版本,有些文件也提供了中文版本。

(7)(Westlaw)[27]是关于英美法系的法律数据库,里面包括了大量的文章、联邦和州的法律及行政法规等。在 Westlaw 中检索的一大便利在于,数据库中的每个文件都有钥匙码。之前 Westlaw 只有美国法的内容,现在共同市场法律报告(Common Market Law Reporter)中也包含了欧盟最高法院的裁判文书。

芝加哥肯特法学院的杰里·高曼(Jerry Goldman)教授毕生呼吁的将最高法院信息化和媒体化的"Oyez"项目[28],提供了美国最高法院目前所有的裁判文书、法院的虚拟参观程序、关于法院的详细信息,以及自 1955 年以来的审判录音。

---

[24] 欧盟法院的判决也可以通过法院的官方网站:www.curia.europa.eu 查询。另外参见本书第四章边码 48。

[25] www.eur-lex.europa.eu/collection/legislative-procedures.html.

[26] www.iate.europa.eu

[27] www.westlaw.com(WestLaw 的标准版本).lawschool.westlaw.com 网站还提供了 WestLaw Next(内容更丰富)和 TWEN 两种版本。TWEN 是一个网络论坛,主要是为法学课堂教育准备的。老师们可以将讲义、法律检索训练和作业上传到这里,也可以设置讨论,还可以设置学生提交作业的期限。TWEN 是美国法学院师生常用的在线交流的工具。

[28] www.oyez.org.

19　　HeinOnline[29]也是关于美国法的数据库。这个数据库中包含了大量扫描版的法律评论，另外还包括了最早到17世纪的历史文献。

20　　（8）LexisNexis.com 包含了美国、英国、加拿大、澳大利亚、新西兰和亚洲地区的法律信息，欧盟的法律也包括在内。通过这个数据库可以查询到超过40个国家的法律文本。一些国家或地区的法律数据库也合并到了 LexisNexis.com 中。尽管这个网站包含了大量的文献，但是通过关键词查找时会被要求选择某一具体数据库。如德国的用户可以选择德国子库或欧盟子库。[30] 欧盟法有一个独立的分库，包括欧盟的法律和欧盟法院的判决。英联邦的法律，尤其是英国的法律也是比较容易找到的。[31] 搜索时关键词可以另外附加"和""或"以及"否"来进行限缩或扩展。另外有专门的一栏可以进一步限缩当事人与标题等。在 HeinOnline 数据库中的法律评论是原版扫描的，LexisNexis.com 数据库则与之不同，将脚注转换为尾注。

三、互联网法律检索

（一）互联网法律检索的优缺点

21　　（1）相比法律数据库，互联网检索有更多的优势。

　　第一，互联网不停地在扩张，其数据量以及网页数量几乎是无限的。我们自己的法律体系甚至域外法律体系的法律、判例以及越来越多的法律文献，因为有互联网的存在，可以一键下载保存。

　　第二，与传统出版物相比，在互联网上可以毫不延迟地获得最新资料。[32] 例如，近年来，法律博客大量涌现，它们非常及时地处理了最新的法律问题（第四章边码97）。

　　第三，无论何时何地，你都可以在任何一台电脑上获取互联网上的信息。

---

［29］　www.heinonline.org.

［30］　在这里，用户可以看到大量日报或周报的全文，如《法兰克福汇报》（Frankfurter Allgemeine Zeitung）、《南德报》（Süddeutsche Zeitung）、《新苏黎世报》（Neue Zürcher Zeitung）、《日报》（Tageszeitung）、《镜报》（Spiegel）等。

［31］　这里以丹宁（Denning）勋爵著名的"Hinz v. Berry [1970] 2 QB 40"案（参见本书第四章边码13）为例，在 SECONDARY LEGAL 分库搜索，不仅可以找到该案的判决全文，还可以找到之后援引该案的判决。

［32］　参见 Ebenso Noack/Kremer, NJW 2006, 3313, 3314。

第四,这些数据是定期免费的。

(2)然而,必须明确强调两项风险。

第一,自由访问的互联网一方面提供的信息还不足;另一方面又提供了太多的信息。信息不足是由于作者的版权问题,互联网以及法律数据库只包含了一小部分法律出版物。因此,只能在有限的范围内找到科学著作。另外,我们通过关键词在互联网上查到的相关文献又是非常广泛的,这其中大部分是没有价值的。

第二,基本上,任何人都可以在互联网上发布信息;因此,质量往往参差不齐。[33] 在"假新闻"时代,如果它们是一些利益相关者的作品,则结果很可能是错误的,或含有相关利益倾向。此外,也有在互联网上引用到失效法条的风险。而由出版社出版的图书或文章,在摆到读者面前之前,通常是经过两到三次的筛选程序的。[34]

(3)因此,你必须要检查一下,从互联网上获取的文本是否真的可以使用或引用。"文献评价"是学生必须掌握的一项重要的能力。[35] 因此,以下是关于互联网上可引证的(第四章边码 99 及以下)和可引用的页面的解释(第五章边码 100 及以下)。

(二)进一步的互联网检索方式

搜索引擎,如卡尔斯鲁厄(Karlsruher)电子目录(第四章边码 76),经常可以指引出搜索的目标或者至少提示接下来要检索的关键点。对有关当局或法院的网页进行检索可能会有帮助。对最新话题进行评论的报纸和博客也很有意思(第四章边码 95 及以下)。最后,其他有用的在线工具还有法律搜索引擎[36]、翻译工具[37]、在线百科[38]、引用词典[39]、法学院[40]

---

[33] 举例来说,Dudek,JZ 2020,884,887:"检索结果并不总是令人满意,当然也不准确,这无关紧要。准确度80%已经很好了!"

[34] 例如,博士论文要经过两个审稿人的审查,然后要找到一个出版商,最后还要找到一个愿意在资金匮乏的情况下购买该作品的图书管理员。参见下文第九章边码 47 及以下。

[35] Wirth, Forschung & Lehre 1/2002, 19,批评了学生缺乏鉴别文献的能力。

[36] 例如,www.abogado.de。

[37] 例如,www.dict.leo.org;www.deepl.com;www.linguee.com。

[38] 例如,www.britannica.com。

[39] www.zitate.de。

[40] 关于美国的大学,见第四章边码 44。

和教授[41]的主页或者法律书店。[42] 谷歌扫描相关图书的计划也慢慢凸显其重要性,这一计划对法律文献的检索很有帮助。[43] 维基百科[44]尽管不是专业法律数据库,但是一个非常全面的包含不同语言的词典。这个由互联网用户共同创造的免费数据库一直在增长,它提供的信息有时非常有用。但由于没有质量控制过程,所以不能盲目地引用维基百科上面的内容(第五章边码79)。

第二节 法律渊源

律师必须了解包括法律、法院判决和相关法律文献的法律渊源。

一、法律

25   20世纪30年代梅尔克(Merkl)提出了法律的层级构造理论。[45] 根据这一理论,法律规范可划分为不同的阶层,由法律规范组成的不同阶层按照上下级关系排列。上位法是下位法适用的基础,而且规制下位法的制定程序,在一些情况下也规制下位法的内容。因此,欧盟法要优先于德国法,而德国联邦法又优先于州法。

(一)欧盟法律渊源

26   (1)欧盟层面法律的地位日益重要(第五章边码47及以下)。《欧盟官方公报》(以下简称《官方公报》)每天都会以所有官方语言发布正式法律汇编(offizielle Gesetzessammlung),每年大约有340份。公报自1952年首次发行,从1968年起分为两个部分:《官方公报》L卷(Législation)主要是与立法相关,包括欧盟法律规范如条例和指令,根据《欧盟业务运作条约》第297条第1款

---

[41] 例如,www.stephan-lorenz.de; www.thomas-moellers.eu(www.kapitalmarktrecht-im-internet.eu 或缩写为:www.caplaw.de; www.dauner-lieb.de.)

[42] 例如,www.schweitzer-online.de。旧文献参见:www.alibris.com 或 www.zvab.com.或者 www.abebooks.de,在互联网上进行法律检索还可参考:Basak/Schimmel, ZJS 4/2008, 435 ff.。

[43] 参见 www.books.google.de。见下文第四章边码79。

[44] www.wikipedia.org。

[45] Merkl, in: FS Kelsen, 1931, S.252, 272 ff. Kelsen, Reine Rechtslehre, 2. Aufl. 1960, S.228 ff.; Möllers, Juristische Methodenlehre, 3. Aufl. 2020, § 2 Rn. 36 ff.

和第 2 款的规定,这些法律规范必须要经过公布才能生效。裁判文书、决议、建议和声明虽然原则上也公布,但是根据《欧盟业务运作条约》第 297 条的规定,并非是强制性的。《官方公报》是根据相关的共同体法律来公布的,它缩写为 ABl. Nr. L。[46]《官方公报》的 C 卷(信息和通知)包含了通知和公告,以及立法建议和草案。

27　　欧盟层面的法律可以在官方门户网站 EUR-Lex(第四章边码 15)上面检索。LexisNexis.com 和 Juris 数据库当然也包含欧盟的法律法规。[47]

28　　欧盟条约的条文已经经过数次变更。[48] 这些条文的对照表也比较混乱,导致一些较早时期的法院裁判不易理解。欧盟条约所有条文的对照表可以在 www.kapitalmarktrecht-im-internet.de(简短域名为:www.caplaw.de)查询(第四章边码 16)。

29　　非官方法律汇编是由不同的出版商以活页形式出版的。[49] 然而,由于在互联网上也可以找到这些法律,这些活页文集的使用越来越少了。此外,欧盟条约还存在着非常多的平装版本。[50]

30　　(2)法律的起源历史对于解释立法者的历史意图非常重要(第三章边码 14)。《欧盟条约》(EG-Vertrags,现称为《欧盟业务运作条约》)早期版本的制定历史是无法查阅的,因为当时的谈判没有记录在案。但值得高兴的是,欧盟次级法律渊源(条例和指令)的立法资料是非常丰富的。发布条例或指令的重要原因一般可以在导言结尾处的脚注中找到。在欧盟的 EUR-LEX 数据库网页左边的程序下可以找到制定历史。[51]

---

[46] 在英语中,O. J.的缩写代表 Official Journal Series L。关于如何在英国查找欧盟法律,参见 Inns of Court (ed.), Evidence and casework skills, 3rd ed. 1991, S.261。

[47] EUR-Lex 的光盘包括欧盟所有的法律,一部分法律也提供了简短的法律沿革。

[48] 参见《马斯特里赫特条约》《阿姆斯特丹条约》《尼斯条约》《里斯本条约》。

[49] Beutler/Bieber/Pipkorn/Streil, Das Recht der Europäischen Union (Nomos); Sartorius II, Internationale Verträge, Europarecht(C. H. Beck)sowie für die wichtigsten Richtlinien; von Borries/Winkel, Europäisches Wirtschaftsrecht(C. H. Beck)。

[50] 另外,Halsbury's Laws of England (一部有关英国的综合性法律百科全书) 或者 Encyclopedia of European Union Laws (Sweet & Maxwell)中也有欧盟法的内容。Encyclopedia of European Union Laws 是早期的版本名称。

[51] 关于新的 2019/771 号货物销售令,见 https://eur-lex.europa.eu/legal-content/DE/TXT/PDF/? uri=CELEX:32019L0771。

31　　欧盟的立法史也可以在 EUR-Lex 网站查阅。[52] 这个网站提供了有关立法历程和所有 KOM 及 SEK 文件的概要,可以通过《官方公报》的页码来查询(第六章边码 55)。KOM 文件是指委员会的立法建议,优先于欧盟层面的所有次级立法。此外,在某一政治领域向公众介绍未来发展路线的绿皮书和白皮书,也经常以欧盟委员会文件的形式发布。SEK 文件是委员会的内部工作文件,网站有时也会提供。最后,还有 SWD 文件(代表工作人员工作文件),这是欧盟委员会的工作文件,定期只以英语或法语出版。EUR-Lex 网站除了有关委员会的页面,也提供立法最新发展动态,如一些指令的草案等。[53]

32　　(3)《官方公报》的 C 卷部分(ABl. Nr. C)包含欧盟机构日常的工作信息,尤其是有关欧盟最高法院的司法程序、会议报告和公开声明。欧盟每年会发布这一年欧盟的行动总报告(由欧盟各委员会合著)。[54] 欧盟最新动态的公报在 2009 年 7 月份以前都是按月公布的(由欧盟各委员会合著)。[55] 在所有欧盟成员国中都有一个欧盟档案中心,保存有欧盟的法律文件。[56] 此外,所有的欧盟成员国中还有委员会的代表机构。而欧盟门户网站的信息也非常丰富[57],这里面也有一些这些代表机构的日常工作和行动信息。[58]

(二)国内法

33　　(1)国内法律主要包括联邦法和州法,以及行政法规和规章。自 1949 年开始,根据《德国基本法》第 82 条第 1 款的规定,联邦法律在《联邦法律公报》(Bundesgesetzblatt,简称 BGBl.)[59]中公布,是正式的法律汇编;州的法律在相应的州法律或行政法规公报中根据有关规定公布(第五章边码 49 及以下)。[60]

---

[52]　www.eur-lex.europa.eu/collection/legislative-procedures.html.

[53]　欧盟委员会的页面:www.ec.europa.eu/ commission/index_de.;如何检索欧盟法,参见 Desax/Christen/Schim van der Loeff, EG/EU-Recht: Wie suchen? Wo finden?, 2. Aufl. 2001。

[54]　往年的和最新的报告可在 https://europa.eu/european-union/documents-publications/reports-booklets/general-report_de 网站查询。

[55]　在 www.ec.europa.eu/archives/bulletin/de/welcome.htm 网站中可以找到截至 2009 年 8 月的公报存档。

[56]　有关欧盟档案中心的简要信息,参见 www.europa.eu/europedi-rect/meet_us/。

[57]　www.europa.eu。

[58]　如第四行政总局——竞争:www.europa.eu/european-union/topics/competition_de。

[59]　1871—1945 年的法律在帝国法律公报(RGBl.)中公布。

[60]　如巴登-符腾堡州(Baden-Württemberg)的法律公报(GBl. BW)。自治团体的章程根据各州的规定公布。

《联邦法律公报》分为两个部分:第一部分公布联邦法律。这一部分也有对发表在联邦司法部公报上的行政法规的指引,或者对德国法有影响的欧盟法的指引。第二部分是国际条约。《联邦法律公报》的所有版本是按照数字排序的,可以在互联网上免费阅读(www.bgbl.de)。[61]

《联邦公报》(Bundesanzeiger,简称 BAnz.)分为官方部分、非正式部分、法院部分和其他一些公报部分,部分公报内容可以在互联网上获取。[62] 官方部分还包括一些行政法规、规章。州的行政法规在部长会议公报中公布。《联邦税务公报》(Bundessteuerblatt,简称 BStBl.)不仅公布税法法律法规,还公布联邦最高税务法院的裁判文书。[63]

一些州的官方出版物中也包含有法律,如巴登-符腾堡州的法律公报(Gesetzblatt für Baden-Württemberg,简称 GBl. BW)或者拜仁州的法律法规公报(Gesetz- und Verordnungsblatt,简称 GVBl.)。

非正式的法律汇编往往用可替换活页的形式,根据法律变更的情况,补充最新发布的法律。一般来说,法律的开始部分有这一法律的修订概览。[64] 在教学和实务中,常用的活页形式的非正式汇编有(这些汇编会持续寄送最新的法律法规以更新汇编的内容):

- Schönfelder und Schönfelder Ergänzungsband, Deutsche Gesetze: Sammlung des Zivil-, Straf- und Verfahrensrechts(C. H. Beck).
- Sartorius, Verfassungs- und Verwaltungsgesetze der Bundesrepublik Deutschland(C. H. Beck).[65]

另外,还有无数特别法的活页法律汇编,如以国际法为内容的 Schönfelder II,又如以拜仁州法律为内容的 Ziegler/Tremel, Verwaltungsgesetze des Freistaates Bayern.此外,C. H. Beck 出版社、Deutschen Taschenbuchverlag(dtv)出版社和 Nomos 出版社也出版有成卷的法律汇编。这些汇编的法律法规包含了由司法部制定的《联邦立法及联邦法律修订引用码》。

---

[61] www.bgbl.de.
[62] www.bundesanzeiger.de.
[63] 指引参见 www.bundesfinanzministerium.de。
[64] Das Deutsche Bundesrecht: Systematische Sammlung der Gesetze und Verordnungen mit Erläuterungen(Nomos),本汇编包括了联邦所有的法律。
[65] 活页的汇编也会作为一个整体的著作,每年出版两次。

37　　　（2）在互联网上也可以查阅到大量的法律。联邦司法部和 Juris 合作开通了一个法律网络检索平台，在这个平台上可以免费查阅到联邦所有的法律，以及联邦法律公报第一部分的最新更新（www.gesetze-im-internet.de）。[66] 这个网站不仅包括一些法律的修订版本，还包括一些法律修订前的版本。州的法律同样可以在互联网上查阅（如拜仁州的法律可以在 www.gesetze-bayern.de 查阅）。[67]

另外通过数据光盘或 Beck-Online 数据库也可以查阅到 Schönfelder 和 Sartorius 的汇编数据。[68] 州的规定通常也可以在互联网上查阅。在线法律图书馆集中提供了最为重要的法律规范。[69] 由牛津大学的欧盟和比较法研究中心组织的 IUSCOMP 项目，提供有德国法律的英文译本。[70]

38　　　（3）立法史，因为可以从中得知立法者制定规则的初始意图，立法史也是值得关注的。在历史解释的框架内，立法史在历史解释论证方面扮演了重要的角色（第三章边码 14）。

《德国民法典》是在 1896 年 8 月 18 日通过的，并自 1900 年 1 月 1 日起实施。1899 年穆格丹（Mugdan）编纂的《德意志帝国民法典材料汇编》（Die gesamten Materialien zum Bürgerlichen Gesetzbuch für das Deutsche Reich）最先收集了民法典的草案、动议和记录，此后该汇编多次重印。[71]《德国基本法》的法律史，是以《联邦德国成立前档案（1945-1949）》（der Akten zur Vorgeschichte der Bundesrepublik Deutschland 1945-1949）[72] 和《西德议会委员会（1948-1949）决议内容》（der Ausgabe Der Parlamentarische Rat 1948-1949）[73] 为根据不断再版的。

---

[66]　其他需要提及的数据库，免费的有：www.rechtliches.de, www.dejure.org, , https://www.juraforum.de/, www.kapitalmarktrecht-im-internet.de（简短域名为：www.caplaw.de）；参阅下文附录一。

[67]　如拜仁州的法律参见：www.gesetze-bayern.de，巴登-伍滕堡州的法律参见：www.landesrecht-bw.de，图宾根的法律参见：www.landesrecht-thueringen.de 等。联邦各州法律概览可参见：www.rechtliches.de。

[68]　Müller, Jura 1996, 273 f.

[69]　www.online-rechtsbibliothek.de.

[70]　参见 https://germanlawarchive.iuscomp.org/.

[71]　穆格丹汇编中没有收录的文献参见：Die Vorlagen der Redaktoren für die erste Kommission zur Ausarbeitung des Entwurfs eines Bürgerlichen Gesetzbuches（Hrsg. von Schubert），以及 Die Beratung des Bürgerlichen Gesetzbuchs in systematischer Zusammenstellung der unveröffentlichten Quellen（Hrsg. von Jakobs/Schubert）。

[72]　5 Bde., Hrsg. Bundesarchiv und Institut für Zeitgeschichte in München, München 1976-1981.

[73]　Akten und Protokolle, 11 Bde., Hrsg. Deutscher Bundestag und Bundesarchiv, München 1975-1997.

联邦新近的立法规划可以在联邦议会出版物和联邦参议院出版物中查阅（第五章边码 56 及以下）。其中包括所有的法律草案、议会党团或联邦政府的提案、建议、立法计划委员会的报告以及立法理由。

39

这些出版物自第八次选举期开始，有些部分自 1949 年开始[74]，可以根据文档编号在互联网上免费查阅（www.bundestag.de/dokumente/drucksachen/index.html）。另外，通过议会动态的档案和信息系统（das Dokumentations–und Informationssystem für parlamentarische Vorgänge, DIP）也可以在互联网上很方便地找到立法过程，以及立法过程的月度文件。[75] 在这方面，联邦议院和联邦委员会主页上的搜索引擎也是有帮助的，其中包括文字记录、会议视频和提交的意见。[76] 然而，建议草案（Referentenentwürfe）仅可以在各部门的网站查阅[77]，因为它们并不包含在联邦议院或参议院的出版物中。

40

在州一级，可以在州议会出版物和记录中找到新的立法规划和立法材料，这些资料在很多联邦州也是可以在线访问的。[78]

除了正式的法律草案和个别机构的意见外，其他学术和实践中的意见往往是在立法程序中收集的。例如，教授和受到影响的利益团体有可能对各个法律草案的效果作出评价。[79]

41

（4）联邦部委和联邦机构的法律文本持续通过《德意志联邦共和国政府手册》[Bundesrepublik Deutschland Staatshandbuch (Heymanns)] 出版，其中部分版本包括联邦各州的法律文本。在联邦议会[80]和联邦参议院[81]、联邦部委[82]、其他联邦机构，如联邦卡特尔局[83]、联邦环境局[84]或联邦金融监管局

42

---

[74] www.bundestag.de/parlamentsdokumentation.
[75] dip.bundestag.de. 另外也可通过联邦的相关各部网站查阅，如 www.bmjv.de, 或 www.bundesfinanzministerium.de。
[76] www.bundestag.de 和 www.bundesrat.de。
[77] 可以在联邦政府网站上找到有关各部门的链接列表：www.bundesregierung.de, 在多数情况下，联邦司法部是主管部门，www.bmjv.de。
[78] 例如，拜仁州的可访问：www.bayern.landtag.de/dokumente/drucksachen。
[79] 参见 Möllers, Juristische Methodenlehre, 3rd ed. 2020, 第四章边码 162。
[80] www.bundestag.de。
[81] www.bundesrat.de。
[82] 例如：www.auswaertiges-amt.de; www.bundesfinanzministerium.de 或 www.bmjv.de; www.bmu.de。
[83] www.bundeskartellamt.de。
[84] www.umweltbundesamt.de。

(BaFin)[85],以及州的部委[86]自己的门户网站上也可常见到与其相关的法律的最新版本。可以在联邦政府网站上找到有关各部委的网站链接列表。[87]

43　虽然通常可以借助作为入门辅助材料的法律评注开始你的家庭作业,但为了完成研讨课或博士论文,你经常需要处理新的、未知的话题。在这种情况下,与当局保持联系可能就是有意义的了,这不是为了解决一个法律问题,而是为了从正在进行的立法中寻找信息,或从实践中获取信息。值得注意的是,你问的问题越具体,得到的信息就越准确和有用。

(三)国外法

44　(1)《国际比较法百科全书》(International Encyclopedia of Comparative Law, Mohr)、《国际法律百科全书》(International Encyclopedia of Laws, Kluwer)以及《法律百科全书》(Encyclopedie juridique, Dalloz)特别适合用来深化外国法律知识。外国法律也可以通过 LexisNexis.com 找到。在互联网上也可以查阅到国际法和各国的法律,如奥地利[88]、瑞士[89]、法国[90]、意大利[91]、西班牙[92]、英国[93]或中国[94]。一般来说,建议访问各国司法部的网站,这些网站往往也以英文提供最重要的内容。

萨尔布吕肯(Saarbrücken)大学[95]和基尔(Kiel)大学[96]在它们的网站上提供了关于外国法律渊源的网站链接。康奈尔大学[97]法律信息研究所和瓦士本(Washburn)大学[98]就美国法律提供了联邦各州和许多法院的网站链接。

---

[85] www.bafin.de.

[86] 例如,www.justiz.bayern.de; www.justizministerium.hessen.de。

[87] www. bundesregierung. de/Webs/Breg/DE/Bundesregierung/Bundesministerien/bundesministerien. html.

[88] www.ris.bka.gv.at/jus.

[89] www.admin.ch.

[90] www.legifrance.gouv.fr.

[91] www.parlamento.it.

[92] www.congreso.es/portal/page/portal/Congreso/Congreso/Iniciativas.

[93] www.legislation. gov.uk.

[94] www.lawinfochina.com und www.chinas-recht.de.

[95] www.jura.uni-sb.de.

[96] 对外国法律法规有较好的概括介绍和链接,参见 www.ipvr.uni-kiel.de/de/ipvr-1/linksammlung/linksammlung-zum-auslaendischen-privat-und-verfahrensrecht。

[97] www.law.cornell.edu.

[98] www.washlaw.edu.

另外,澳大拉西亚法律信息研究所(Australasian Legal Information Institute)[99]将有关澳大利亚和新西兰法律的重要信息汇编在了一起。

(2)在国际法中至关重要的法律规范是联合国条约、协定,这些可在联合国官方网站上查询,网站上提供了多种语言版本。[100] 另外,因为国际跨境购买商品频率日益增加,《联合国国际货物销售合同公约》[101]在联合国法律中也逐渐占据重要地位。

二、法院的裁判

(一)法院体系

国内的判决通常只约束当事人(inter partes),而非所有人(erga omnes)。[102] 德国的法院分为不同的级别,当事人可以针对下级法院的判决提起上诉,而上级法院也可以废除下级法院的判决。一般情况下,法院裁判的约束效力和优先地位排序为:联邦宪法法院(BVerfG)—联邦最高法院(BGH)—州高等法院(OLG)—州法院(LG)—地方法院(AG)。德国的司法审判权细分为五个部门:普通法院审判权(民事与刑事法院)、行政法院审判权、社会法院审判权、财政法院审判权和劳动法院审判权。

另外,在欧盟中还有欧盟法院审判权。自《里斯本条约》以来,《欧盟条约》(EUV)第19条第1款中以所谓的"欧盟最高法院"的概念指代司法审判权,分为欧盟最高法院(EuGH)、欧盟法院(EuG,曾称为第一法院)和专门法院三级,享有司法审判权。[103] 然而,到目前为止,只设置了一个专门法庭,即欧盟公务员法庭(EuGöD)。欧盟最高法院的判决原则上约束诉讼当事人和呈送的法院,在宣布某一行为无效的情况下,甚至还约束所有与纠纷相关的法院,

---

[99] 有关澳大利亚和亚洲的法律,参见 www.austlii.edu.au。
[100] www.un.org/depts/german/。
[101] www.globalsaleslaw.org/index.cfm?pageID=28。
[102] 参见本书第三章边码30。
[103] 欧盟普通法院成立于1989年,以缓解欧盟最高法院的负荷,参见 Oppermann/Classen/Nettesheim, Europarecht, 8. Aufl. 2018, § 5 Rn. 132 ff.。内部责任分工部分规定在《欧洲联盟运行条约》(AEUV),部分规定在《欧盟最高法院章程(SEuGH)》第51条中。由于European同时有欧洲、欧盟的意思,国内有将欧盟最高法院和欧盟普通法院译为欧洲最高法院或欧洲法院,属于误译。这两个法院均属于欧盟之下的组织,应为欧盟最高法院和欧盟(普通)法院,另参见其官方案例网站:https://curia.europa.eu/。——译者注

在事先裁决程序中还约束欧盟机构和欧盟成员国(普遍效力)。按照通说,唯有如此才能统一法律的适用。[104] 下文将介绍国内和国际法院判决的重点。重要的判决将在案例评议中讨论(第四章边码92及以下)。

(二)欧盟的裁判

48　　(1)欧盟最高法院及欧盟法院裁判集(die Sammlung der Rechtsprechung des Gerichtshofs und des Gerichts 缩略为 Slg.)收录了欧盟最高法院(EuGH)和欧盟法院(EuG)的裁判文书。这一官方汇编包括两个部分:第一部分为欧盟最高法院的裁判,第二部分为欧盟法院的裁判。欧盟公务员法庭(EuGÖD)的裁判目前还没有官方的汇编出版。

2012年以后,欧盟法院的裁判便不再在官方裁判汇编中公布。[105] 欧盟法院的裁判文书)和裁判文书中总检察官的意见(die Schlussanträge des Generalanwalts)(第五章边码59和边码63)都有一个单独的欧盟案例识别码(ECLI, European Case Law Identifier),并可通过EUR-Lex(第四章边码15)和www.curia.eu数据库获取。Curia是欧盟法院官方案例网,包含自1997年6月17日以来的所有裁判文书。根据文件编号或欧盟案例识别码搜索时,用户除了可以使用所有的官方语言搜索具体裁判文书外,还可以搜索该裁判文书的总检察官的意见或法庭的其他裁定。除了欧盟法院的裁判文书外,总检察官的意见中也可能包含重要的信息和论据。

49　　(2)一些重要的德国法学期刊中也公布欧盟的裁判文书。但通常不包括总检察官的意见。裁判文书汇编对德国学生尤其有帮助。此外,还有一些英文的非正式的欧盟法院裁判汇编。[106]

(3)欧洲人权法院(EGMR)[107]、WTO争端解决机构[108]和国际法院(IGH)[109]的裁判汇编也可以在互联网上永久查阅使用。

---

[104] 相关争论参见: *Ehricke*, in: Streinz, EUV/AEUV, 3. Aufl. 2018, Art.267 Rn. 69; *Schwarze*, in: Schwarze, EU Kommentar, 4. Aufl. 2019, Art.267 AEUV, Rn.69 ff.; *Wegener*, in: Callies/Ruffert, EUV/AEUV, 5. Aufl. 2016, Art.267 Rn. 48 ff.。

[105] *Keiler*, euvr 2014, 298.

[106] 转载自《共同市场法律报告》(CMLR, Sweet & Maxwell),也可通过LexisNexis.com、Westlaw和HeinOnline查阅,并可在《全英报告》(All E. R.,Butterworth)补充卷中找到。

[107] www.echr.coe.int.网站上有英语和法语的版本。

[108] 网址:www.wto.org/english/tratop_e/dispu_e/dispu_e.htm.

[109] 网址:www.icj-cij.org.

(三)国内的裁判

(1)在德国,只有《联邦法律公报》(BaBL.)可以发布官方裁判汇编。根据《联邦宪法法院法》(BVerfGG)第 31 条第 2 款第 2 句,联邦宪法法院的裁判文书也在公报中发布,《联邦税务公报》(BStBl.)则刊载联邦财政法院的裁判文书。其他的汇编不是官方的,而是由私人出版商运营,但通常同样也被称为官方汇编。然而,这些非正式裁判汇编所收集公布的判决是由其法院成员选定的。

这些裁判汇编有:

- 《联邦宪法法院裁判汇编》[Bundesverfassungsgericht(BVerfGE, Mohr)];
- 《联邦最高普通法院民事裁判汇编》[Bundesgerichtshof in Zivilsachen (BGHZ, Heymanns)];
- 《联邦最高法院刑事裁判汇编》[Bundesgerichtshof für Strafsachen (BGHSt, Heymanns)];
- 《联邦行政法院裁判汇编》[Bundesverwaltungsgericht(BVerwGE, Heymanns)];
- 《联邦劳动法院裁判汇编》[Bundesarbeitsgericht(BAGE, de Gruyter)];
- 《联邦社会法院裁判汇编》[Bundessozialgericht(BSG, Heymanns)];
- 《联邦财政法院裁判汇编》[Bundesfinanzhof(BFHE, Stollfuß)]。

帝国法院的裁判同样也有官方汇编:

- 《帝国法院民事裁判汇编》(RGZ, von Veit und Co./de Gruyter,1897 年至 1945 年)
- 《帝国法院刑事裁判汇编》(RGSt, von Veit und Co./de Gruyter,1880 年至 1944 年)
- 《帝国财政法院裁判汇编》(RFH, von Veit und Co./de Gruyter,1919 年至 1945 年)

通过 Juris 数据库,你可以下载到《帝国法院民事裁判汇编》(RGZ)的 PDF 扫描原件。这些汇编也提供 CD-ROM 或 DVD-ROM 版本。

最后,上诉法院,即州高等法院和州高等行政法院也都有自己的裁判汇编。由相关的出版商运营这些官方裁判集,并提供 CD-ROM 或 DVD-ROM 版本,同时提供相应的更新服务。借助裁判的日期、文件号或关键字,可以很好地完成法律检索。

53　　非正式裁判集中的判决,有一部分不仅按时间顺序,而且还通过关键词的首字母顺序体系化地编排。其中,《德国判例——司法实务判例选及论文指引》[Deutsche Rechtsprechung-Entscheidungsauszüge und Aufsatzhinweise für die juristische Praxis(DRspr., Deutsche Rechtsprechung Verlag)]一书,内容超过15000页,是最为详尽的。它包含了关于裁判内容的简短介绍,并提示了该裁判文书是否已公布以及在何处公布过。学术文献中有许多判决汇总和评论。另外,也有很多为学生编撰的、来自最高法院的裁判汇编。通过这些汇编你可以了解到各法律领域中的最重要判决的概况。[110]

54　　(2)然而,实务中广泛使用的是在法学期刊中复述的案例。主要是《新法学周刊》《法学家报》,另外还有《德国法月刊》以及《有价证券通讯》。[111]

55　　(3)在 Juris 数据库中可以找到所有官方裁判汇编的全文,最近数据库中还提供了很多其他判决。但是,这些裁判文书算不上是官方汇编的案例,大多数包含各自法院提供的编码,如果没有法院的编码,则会有一个 Juris 的编码。Juris 还提供了特别指引服务,除了指出这些案例在官方汇编中的位置外,还提示类似案例的位置。

另外,其他法律数据库,如 Beck-Online 或 Jurion,它们中的裁判汇编也是很全面的。

56　　(4)除法律数据库外,法院本身也在互联网上免费提供它们的裁判文书。例如,在联邦宪法法院的网站上可以查阅自1998年1月1日起的所有裁判文书。[112] 联邦最高普通法院自2000年1月1日开始在网上公布判决。[113] 其他

---

[110]　例如,民法的:*Schack/Ackmann, Das Bürgerliche Recht in 100 Leitentscheidungen*, 7. Aufl. 2018;劳动法的:*Schoof, Rechtsprechung zum Arbeitsrecht von A-Z*, 6. Aufl. 2010;国际私法和程序法的:*Kulms, Die deutsche Rechtsprechung auf den Gebieten des Internationalen Privatrechts*(erscheint jährlich seit2003);宪法的:*Menzel/Müller-Terpitz*(Hrsg.), *Verfassungsrechtsprechung*, 3. Aufl. 2017; *Graßhof, Nachschlagewerk der Rechtsprechung des Bundesverfassungsgerichts*, Loseblattsammlung, Stand September 2019;欧盟法的:*Hummer/Vedder/Lorenzmeier, Europarecht in Fällen*, 7. Aufl. 2020; *Pechstein, Entscheidungen des EuGH*, 10. Aufl. 2018;刑法的:*Graf, BGH-Rechtsprechung Strafrecht2015 und2016*; *Puppe, Strafrecht Allgemeiner Teil im Spiegel der Rechtsprechung*, 4. Aufl. 2019。

[111]　其他的判例汇编有《新法学周刊民法判例报告》(NJW-RR),有关公法的《新行政法杂志判例报告》(NVwZ-RR),刑法的如:《新刑法杂志判例报告》(NStZ-RR)。

[112]　www.bundesverfassungsgericht.de.

[113]　www.bundesgerichtshof.de.

在网上公布判决的联邦层面的法院还有联邦劳动法院(BAG)[114]、联邦行政法院(BVerwG)[115]、联邦财政法院(BFH)[116]、联邦社会法院(BSG)[117]和联邦专利法院[118]。遗憾的是，这些判决没有出现在官方汇编的可引用版本中。[119]

而数量庞大的州高等法院、州法院和地方法院的判决，根据各州的情况，通常也是可以在网上查阅的。[120] 一般来说，这些判决可以通过日期、文件编号或关键词来查询，但是为了保护个人隐私权，不能通过诉讼当事人的名称查询，因为在德国法院裁判通常不会提及当事人的名称。[121]

法院裁判的公开一般需要历经数月，至少也要数周的时间。这时，人们可以通过案件日期和识别码，直接在主审法院索要裁判文书。因此，知道我们可以直接向主管法院请求具有日期和档案编号的法院裁决是有用的。但每页通常需要花费 0.5 欧元。《司法手册》(*Handbuch der Justiz*, C. F. Müller 出版)这本书中记载了相关法院的联系地址。在联邦各州的司法部网站上通常也可以找到一些民事、刑事法院的联系地址列表。[122] 如果裁判文书即将在法院网站上公布，这个步骤显然就是多余的了(第四章边码 56)。

Boorberg 出版社和 ZIP(法律通讯、经济和税法)出版社也提供类似的电子服务，以便我们可以尽早收到法院的裁判文书。在一些法学期刊如《新法学周刊》和《法学家报》的封面折页上有时也可以看到一些提前发布的案例。

(四)国外的裁判

最后，我们还需要查阅一些外国法院的裁判(第五章边码 76)。英国裁判

---

[114] www.bundesarbeitsgericht.de，可以查阅到当前和过去两年的裁判文书。
[115] www.bundesverwaltungsgericht.de，提供自 2002 年 1 月 1 日起的裁判文书。
[116] www.bundesfinanzhof.de，可以查阅自 2010 年 1 月 1 日起的裁判文书。
[117] www.bundessozialgericht.de，可以查阅到当前和过去四年的裁判文书。
[118] www.bundespatentgericht.de，可以查阅自 2000 年 1 月 1 日起的裁判文书。
[119] 如何引用参见本书第五章。
[120] 北莱茵-威斯特法伦州新近的裁判文书可以在 http://www.justiz.nrw.de/BS/nrwe2/index.php 查阅。巴登-符腾堡州司法部的判例数据库参见：http://lrbw.juris.de/cgi-bin/laender_rechtsprechung/list.py？Gericht=bw&Art=en。柏林和勃兰登堡州司法部的判例数据库参见：www.gerichtsentscheidungen.berlin-brandenburg.de。黑森州法院的裁判文书可以在 www.hmdj.hessen.de 查阅。德国其他法院的链接参见 archiv.jura.unisaarland.de/internet/gericht.html。
[121] 参见 VGH Baden-Württemberg, Beschl. v. 23.7.2010, 1 S 501/10, MMR 2011, 277 ff.。
[122] 如拜仁州的参见 www.justiz.bayern.de/gericht。

文书的官方汇编是高等法院(high court of justice)不同分庭的法律报告[123],非正式汇编有全英法律报告(All E. R.)。美国[124]最高法院[125]的裁判可以在美国报告(United States Reports, U. S.)中查阅[126],而且每份裁判都附带有摘要和关键词。另外,还可以通过百科全书找到法院的裁判。这些版本也会通过CD-ROM、DVD-ROM来发行。美国的裁判也可以通过LexisNexis.com、Westlaw和HeinOnline等数据库找到。

59　　另外,在互联网上也可以找到例如奥地利[127]和瑞士的法院[128]、法国最高法院[129]、英国高等法院[130]和澳大利亚高等法院[131]等的案例。

三、法学文献

60　　法学文献的任务是系统地理解和评论法院裁判,并进一步提出法律问题的解决方案。而文献和判例的丰富性使得在文献评价框架内进行的文献筛选工作十分必要(第四章边码83及以下)。

(一)国内的法律文献:专著、法律评注、论文等

1.专著、教科书、法律评注、手册

61　　专著(Monographien)也属于法学文献的一类(第五章边码78)。与手册相比,专著的目的是对单个问题领域或单一课题进行全面的研究,通常只有一位作者。因此,专著通常服务于对某一具体问题的深化研究。专著中通常有一个较为全面的参考书目,这大大简化了文献检索和进一步的研究工作。专著可以更好地展示相关的文献目录。

62　　法学文献还包括教科书(Lehrbücher,第五章边码78)。教科书的重点是

---

[123] Queen's Bench Reports(QB), Chancery(Ch), Family(Fam)und Appeal Cases(AC)。

[124] 有关美国法院的链接汇总,请访问www.uscourts.gov/about-federalcourts,另外,也可以通过网站上的"法庭定位"查询。

[125] www.supremecourt.gov。

[126] 关于美国法律的深入介绍,参见 *Blumenwitz*, Einführung in das anglo-amerikanische Recht, 8. Aufl. 2020。

[127] www.ris.bka.gv.at/jus 和 www.vfgh.gv.at。

[128] www.bger.ch。

[129] www.courdecassation.fr。

[130] www.gov.uk/government/organisations/hm-courts-and-tribunals-service; www.justice.gov.uk/index.htm。

[131] www.hcourt.gov.au; www.austlii.edu.au。

对某一主题领域进行系统的论述和介绍。借助它们,读者可以系统地学习与了解一个法律领域。出于教学方法的考虑,判例在教科书中只是作为个别例子来展现。第一学期的学生可以通过一些简明教科书(Kurzlehrbuch)来学习有关法律领域的概况。另外值得一提的是案例研习书,它们从案例着手,用案件解答来处理相关的法律问题,以提高学生对法律案件的处理和论证能力。而那些较为全面、理论层次较高的教科书,比较适合用来深化对个别法律问题的认识和准备考试。[132] 因此,你在选择教科书时要注意参考自己目前的学习层次。

法学文献中首先需要介绍的是法律评注和手册。它们通常会广泛地评价法院的裁判和法律学术文献。法律评注(Kommentar)是德国最重要的二手文献(Sekundärliteratur),因为它们非常适合用来初步了解某一法律规范的概况。

法律评注通常根据所评议的法律来构造,并评释相关法律条文中所有的构成要件和法律后果(第五章边码 79 及以下)。在评注中,通常会在脚注中提示进一步的参考文献。评注又分为全面性的评注和精简性的评注,前者包含深入的学术论述,后者只是简要和简洁地解决了一些中心问题。

而手册主要论述的是一个综合的主题,因此,很适合用作特定主题领域的入门书(第五章边码 85 及以下)。

下面按照法律领域分类的列表,简要汇总了一些最重要的评注和手册:

① 关于《德国民法典》的评注和手册

- *Bamberger/Roth*, Kommentar zum Bürgerlichen Gesetzbuch(多卷本)
- *Bamberger/Roth*, Beck'scher Online-Kommentar zum BGB
- *Baumgärtel*, Handbuch der Beweislast im Privatrecht
- *Gsell/Lorenz/Krüger/Mayer*, beck-online Großkommentar zum Zivilrecht: BeckOGK
- *Erman*, Bürgerliches Gesetzbuch(多卷本)
- *Jauernig*, BGB-Kommentar
- *Kropholler*, Studienkommentar BGB
- *Lange*, Schadensersatz, Handbuch des Schuldrechts

---

[132] Mann, Einführung in die juristische Arbeitstechnik, 5. Aufl. 2015, Rn. 124.

- *Langenfeld*, Münchener Vertragshandbuch(多卷本)
- *Palandt*, Bürgerliches Gesetzbuch
- *Münchener Kommentar zum BGB* (mehrbändig) – Hrsg. von Säcker/Rixecker
- *Soergel*, Kommentar zum BGB(多卷本)
- *Staudinger*, Kommentar zum Bürgerlichen Gesetzbuch mit Einführungsgesetz und Nebengesetzen(多卷本)

②关于刑法的评注和手册

- *Fischer*, Strafgesetzbuch
- *von Heintschel-Heinegg*, Beck'scher Onlinekommentar StGB
- *Joecks*, Studienkommentar StGB
- *Joecks/Miebach*, Münchener Kommentar zum Strafgesetzbuch(多卷本)
- *Satzger/Schluckebier/Widmaier*, StGB-Strafgesetzbuch
- *Schönke/Schröder*, Strafgesetzbuch

③关于宪法的评注和手册

- *Dreier*, Grundgesetz Kommentar(多卷本)
- *Epping/Hillgruber*, Beck'scher Onlinekommentar zum Grundgesetz
- *Isensee/Kirchhof*, Handbuch des Staatsrechts der Bundesrepublik Deutschland(多卷本)
- *Maunz/Dürig*, Kommentar zum Grundgesetz(多卷本)
- *Mangoldt/Klein/Starck*, Das Bonner Grundgesetz(多卷本)
- *von Münch/Kunig*, Grundgesetz Kommentar(多卷本)
- *Schmidt-Bleibtreu/Klein*, Kommentar zum Grundgesetz

④关于行政法的评注和手册

- *Bader/Ronellenfitsch*, Beck'scher Onlinekommentar VwVfG
- *Fehling/Kastner/Störmer*, Verwaltungsrecht
- *Hoffmann-Riehm/Schmidt-Aßmann/Voßkuhle*, Grundlagen des Verwaltungsrechts, Handbuch(多卷本)
- *Johlen/Oerder*, Münchener Anwaltshandbuch Verwaltungsrecht
- *Kopp/Ramsauer*, Verwaltungsverfahrensgesetz

- *Kopp/Schenke,* Verwaltungsgerichtsordnung
- *Posser/Wolff,* Beck'scher Onlinekommentar VwGO

⑤关于欧盟法的评注和手册

- *Basedow/Hopt/Zimmermann,* Handwörterbuch des Europäischen Privatrechts(多卷本)
- *Calliess/Ruffert,* EUV, AEUV
- *Geiger/Khan/Kotzur,* EUV/AEUV
- *Grabitz/Hilf/Nettesheim,* Das Recht der Europäischen Union(多卷本)
- *Schulze/Janssen/Kadelbach,* Europarecht, Handbuch für die deutsche Praxis
- *Schwarze,* EUV, AEUV
- *Streinz,* EUV, AEUV
- *Vedder/von Heintschel-Heinegg,* Europäisches Unionsrecht
- *von der Groeben/Ehlermann,* Handbuch des Europäischen Rechts
- *von der Groeben/Schwarze/Hatje,* Europäisches Unionsrecht

2.法律论文

学术文献也发表在法学期刊上(juristischen Zeitschriften,第五章边码88及以下)。期刊上的文章主要展示最新的学说发展,并经常会发表一些判例概要。一些期刊只是单纯发表一些文章,另一些期刊则是混合的,既包括判决,又包括学术文献。所谓的档案期刊是具有学术声誉的(第四章边码66)。例如,包括《民法实务档案》(AcP), Zeitschrift für die gesamte Privatrechtswissenschaft(ZfPW),《公法实务档案》(AöR), Goldtammer 的 Archiv für Strafrecht (GA)、Jahrbuch des öffentlichen Rechts(JöR),以及 Vereinigung der Deutschen Staatsrechtslehrer(VVDStRL)的出版物。Zeitschrift für die gesamte Strafrechtswissenschaft(ZStW),《拉贝尔外国私法与国际私法杂志》(RabelsZ),以及《公司法和社团法杂志》(ZGR),《整体商法和经济法杂志》(ZHR),《欧盟私法杂志》(ZEuP) and the Europäische Zeitschrift für Grundrechte (EuGRZ)。

一些比较重要的期刊有:《德国法官报》《法学评论》《法学家报》《德国法月刊》《新法学周刊》。[133] 近年来,几乎所有的德国法学期刊都涉及欧盟法,

---

[133] 另外,还存在大量的专业性法学期刊。

专门涉及欧盟法律的期刊有:《欧盟法杂志》《欧盟法律与经济杂志》《欧盟私法杂志》。

关于法律学习的期刊有:《法学工作报》《法律学习》《法学教育》。这些是为学生特别准备的,除了裁判总结外,还包含与考试有关的法律问题的论述。此外,一些大学的学生还自己组织编辑了一些法律学习期刊。[134]

免费或者部分免费的在线法律期刊越来越多。但是,它们没有质量控制。其中包括《法学教育期刊》(Zeitschrift für das Juristische Studium, ZJS)[135]、《洪堡法学论坛》(Humboldt Forum Recht-HFR)[136]、《波恩人法律杂志》(Bonner Rechtsjournal)[137]、《弗莱堡法律》(Freilaw)[138]、《汉堡巴塞利乌斯法学期刊》(Bucerius Law Journal-BLJ)[139]或《海德堡法学学生杂志》(StudZR)[140]。此外,还有《法律信息学和信息法在线杂志》(JurPC)[141]、《新法学在线杂志》(NJOZ)[142]、《国际法律事务杂志》(ZIS)[143],以及最近的《Covid-19 与法律》(COVuR)[144]杂志。在欧洲法律领域,不得不提还有 Jus Civile。[145] 这些杂志定期向所有人免费开放。此外,这些期刊往往也有很好的搜索功能。

在庆典文集(Festschriften)[146]和纪念文集(Gedächtnisschriften)中也有一些专论性文章。这些汇编作品是为了祝贺某位著名学者的喜庆事件或者是为

---

[134] 如柏林的洪堡法学论坛(www.humboldt-forum-recht.de);波恩的《波恩人法律杂志》(www.bonner-rechtsjournal.de);明斯特的《Ad Legendum》。

[135] 一些著名的教授也在 www.zjs-online.com 网站发表文章。此外,由于该期刊的结构设计,也可以参照专业期刊的引用方式引用。

[136] www.humboldt-forum-recht.de。

[137] www.bonner-rechtsjournal.de。

[138] www.freilaw.de。

[139] www.law-journal.de。

[140] Studentische Zeitschrift für Rechtswissenschaften Heidelberg, p. www.studZR.de. 另见最高法院在刑法方面的判例法,见 www.hrr-strafrecht.de。

[141] https://www.jurpc.de/jurpc/start? css=full。

[142] https://beck-online.beck.de/? vpath=bibdata% 2Fzeits% 2FNJOZ% 2Fcont% 2FNJOZ% 2Ehtm. Jeweils erforderlich ist ein Zugang zu beck-online (s. Anh. 5 Rn. 70)。

[143] http://www.zis-online.com/index.php。

[144] https://beck-online.beck.de/? vpath=bibdata% 2Fzeits% 2FCOVUR% 2Fcont% 2FCOVUR% 2Ehtm。

[145] http://www.juscivile.it。

[146] Festschriften 虽然常指祝寿文集,但实际也有可能是为庆祝某大会或组织成立、某法典颁布多少周年等之类文集,正文中作为统称使用时译为"庆典文集"更为准确。——译者注

了某一特殊机构的周年纪念而发表的,主要围绕被纪念者较为感兴趣的特定主题展开。[147] 还有会议记录,这通常是在会议之后制作的,专门讨论一个特定的法律问题。

另外有用的还有所谓的书评(Buchbesprechungen),即对某一著作的内容加以总结和评论(第四节章边码94)。此外,还有一些例如期刊、工作文件、博客等所谓的准法律文献(graue Literatur,第四章边码95页及以下)。

(二)国外的法律文献

(1)我们有时还要检索外国法。英美的百科全书和德国的评注发挥着类似的作用,它们承担了重要的任务,即将英美法中的案例和制定法按照关键词有体系地进行汇编。如美国的《法律依据大全》(Corpus Juris Secundum,简称:C. J. S.)和《美国法律》(第2版)(American Jurisprudence2d,简称:Am. Jur.2d),英国的《英国哈尔斯伯里法》(第4版)(Halsbury's Laws of England, 4th ed),以及澳大利亚的《澳大利亚哈尔斯伯里法》(Halsbury's Laws of Australia)。它们有的超过150卷,甚至比类似的德国法律评注还要全面,而且每个月还会提供内容的更新补充。这些百科全书可以通过索引中的关键字(keywords)来快速查阅。美国法律中的法律重述(Restatements of Law)也尤为重要,它们同样将普通法体系化,尽管它们没有法律效力,但法院也会经常引用。[148] 来自整个亚洲和英美法系范围内的论文可以通过访问载于 LexisNexis.com 数据库或 CD-ROM/DVD 上的 AGIS 系统来查询。法律杂志和图书索引[149]会筛选论文和图书,它们同样可以通过访问 LexisNexis.com 或通过 CD-ROM/DVD 来获得。

(2)欧盟各成员国出版的英文期刊对欧盟法律也很重要。其中著名的档案期刊有《欧盟法律》(CDE)、《哥伦比亚欧盟法学杂志》(CJEL)、《共同市场研究杂志》(JCMSt)、《共同市场杂志》(RevMC)、《共同市场法律评论》(CML. Rev.)、《欧盟法律评论》(ELRev.)、《欧盟合同法评论》(ERCL)和《欧盟私法评论》(ERPL)。对于商业法来说,重要的是《资本市场法杂志》(CMLJ)、《欧洲商业和组织法》(EBOR),以及《欧盟公司和金融法评论》(ECFR)。

---

[147] Mann, Einführung in die juristische Arbeitstechnik, 5. Aufl. 2015, Rn. 130.
[148] Schindle, ZEuP 1998, 277 ff.
[149] Vormals 法律索引(Vormals Index to Legal Periodicals)。

73　　（3）作为收费的数据库,之前介绍的 LexisNexis.com、Westlaw 和 Hein Online 上也提供大量的外国裁判文书。[150] 一些有名的法学院学生组织的期刊和评论通常可以在互联网上免费获取全文并加以引用。[151] 例如,关于英国法,需要提及的是数量众多的牛津法学杂志[152],以及《剑桥法律杂志》(Cambridge Law Journal)。[153]

四、其他电子检索辅助工具

（一）电子期刊图书馆和汇总图书目录(Meta-Kataloge)

74　　另外一个提供进一步检索工具的是电子期刊图书馆(EZB)。[154] 通常可以在图书馆的主页上找到。这个数据库是由雷根斯堡大学图书馆提供的一个服务,里面包含大量的期刊,但内容并不完整。[155] 大多是过去十年的期刊。

75　　由于近年来学术文献的数量与日俱增,因此,不可避免地要与文献目录打交道,它们提供了专题文献的标题。[156] 特别是在一些较好的专著以及教科书中可以找到文献目录。自 1965 年出版的《卡尔斯鲁厄法学文献目录》(Karlsruhe Juristische Bibliographie, C. H. Beck 出版社)每个月公布新出版的专著(有 4~5 个月的延期),以及从大约 700 个法学期刊中挑选出的论文的目录。每份目录按照作者和关键词的字母顺序进行排列。另外,《德国法学文献目录》(Nomos 出版社)提供二手文献的目录。《法学家报》在其封面页按照主题提供专著和法学论文的目录。简而言之,《公司法和社团法杂志》和《整体商法和经济法杂志》中有关于经济法的目录,《拉贝尔外国私法与国际私法杂志》中有关于国际法的目录,《欧盟法杂志》和《欧盟私法杂志》中有关于欧盟法的目录,《劳动法杂志》中有关于劳动法的目录。《民法、公法、税法、劳动和社会法的分册》(Die Fundhefte für Zivilrecht, öffentliches Recht, Steuerrecht, Ar-

---

[150] 参见本章前文边码 11 及以下关于数据库的描述。
[151] 美国法的如 Harvard Law Review、Yale Law Journal、Duke Law Journal 以及 California Law Review。法学院的法学期刊及评论的链接汇总可访问:http://lawstudents.findlaw.com。
[152] www.oxfordjournals.org/subject/law.
[153] www.journals.cambridge.org/action/displayJournal? jid=CLJ.
[154] http://ezb.uni-regensburg.de.
[155] 例如,奥格斯堡大学允许访问 Juristenzeitung,而通过 Beck-online 则无法访问。
[156] 此处参见 Mann, Einführung in die juristische Arbeitstechnik, 5. Aufl. 2015, Rn. 147 ff。

beits-und Sozialrecht, C. H. Beck 出版社)筛选了一些论文和法院裁判文书,并根据法律条文加以体系化。《外国法学期刊索引》(Uni. of Ca. Press)涵盖了约 60 种德语期刊。德国书商协会也公布有德国图书目录。一般的书商都可以提供可配送图书的汇编目录或者德国图书目录。

互联网对于文献检索也非常有帮助。尤其是图书馆的联机公共检索目录(OPAC)特别有帮助,通过这个系统可以找到图书馆中藏书的位置。除了查找本地藏书之外,还可以通过该系统进行馆际互借。特别值得注意的是卡尔斯鲁厄虚拟目录(http://kvk.bibliothek.kit.edu)。作为汇总图书目录,它包含了所有联机公共检索目录的联合目录。该目录筛选了来自世界各地的 6000 多万本书籍和论文。在这个系统中检索的命中率很高。由 DFG 资助的另一个汇总图书目录是柏林国家图书馆的 ViFa Recht 目录。[157]

在欧盟层面,自 2008 年以来,一个名为 Europeana[158] 的虚拟图书馆得以创建,旨在使全球可以访问所有欧盟成员国的文化遗产。欧盟在建设这个虚拟图书馆上面投资了 1.2 亿欧元。德国数字图书馆(Deutschen Digitalen Bibliothek)的设立是德国对 Europeana 所做的贡献。它链接了三万个数据库,并于 2012 年 11 月底上线。[159]

(二)历史法律文献

应当阅读历史法律文献并核对原文,以避免二次引用和盲目引用(第五章边码 28)。过去,只能在图书馆查阅 16 世纪、17 世纪或 18 世纪的旧作品,这相当麻烦,但越来越多的大学扫描历史文献并放在互联网上免费对外开放。例如,海德堡大学、柏林和慕尼黑的州立图书馆都提供了这样的平台。[160] 人们还可以在国外找到历史资料,如瑞士、奥地利[161],美国的耶鲁大学和芝加哥大学。[162] 美国公司 ProQuest 为其订阅用户提供了过去 500 年约 9000 种图书。[163]

---

[157] https://vifa-recht.de/.
[158] 网址:www.europeana.eu/portal; 一些作品提供所有的语言版本。
[159] 网址:www.deutsche-digitale-bibliothek.de。
[160] https://www.jurawiki.de/DigitalisierungsProjekte ; https://www.ub.uni-heidelberg.de/helios/digi/digilit.html; https://digital.staatsbibliothek-berlin.de/; https://www.bsb-muenchen.de.
[161] https://www.ssrq-sds-fds.ch/home; https://www.onb.ac.at/digitaler-lesesaal.
[162] https://avalon.law.yale.edu; https://guides.lib.uchicago.edu/amerleghistonline
[163] https://about.proquest.com/.

如果扫描件也有搜索功能,就很容易查到原文中的引文。此外,谷歌搜索也很有帮助(见下文)。

(三)虚拟图书馆、开放存取功能(Open Access)和免费杂志内容服务(ZID)

(1)虚拟图书馆日益重要。近年来,Google已经扫描和数字化了七百多万本图书,并可全文搜索。但是,由此也影响到了作者的版权。美国出版商和作者的利益集团起诉谷歌并达成和解。虽然这些作品并未完全扫描,也不允许下载,但是它们以 PDF 文件的形式准确地再现了文献的原始版本,并可以直接用于文献检索。此外,谷歌在谷歌学术(https://scholar.google.de/)下对互联网上免费提供的文献进行评估。

(2)另外,还有一个被称为"开放存取(Open Access)"的世界性倡议,即通过互联网免费获得科学研究成果。[164] 在自然科学领域,它为人所熟知。对于传播程度即影响因子占主导地位的科学领域来说,尤其具有吸引力。在律师行业和德语国家中,开放存取仍然不是很普遍,需要付费的数据库仍然占主导地位(第四章边码 11 及以下)。

在英美法中,互联网上有许多付费的和免费的数据库或论文汇编。社会科学研究网(SSRN)的电子图书馆[165] 现已收录超过 17 万份的文档。因为现在越来越多的德国律师在那里发表文章,它应该被纳入研究范围。一方面,它免费提供了在学术期刊上已经发表的论文的摘要,这些论文有时也可以根据作者以可引用的长形式来检索;另一方面,网站上还有一些工作论文,提供全文或者提供原文的下载链接(有些需付费)。

(3)除了提供付费期刊文献索引之外,KUSELIT[166] 还通过电子邮件提供免费杂志内容服务(ZID)。图书馆中不提供的文章也可以付费订阅。[167] 学术服务机构 EBSCO 网站[168] 提供有偿的工作论文和已在期刊上发表的论

---

[164] 参见 Johannes, DÖV 2017, 899, 903 ff.; Beyerbach, Die juristische Doktorarbeit, 3. Aufl. 2019, Rn. 399a ff.。

[165] www.ssrn.com。

[166] www.kuselit.de。

[167] 通过 www.subito-doc.de 网站获得文档获取服务。

[168] www.ebscohost.com。

文。部分德国大学图书馆已经和其签订了协议,学生可以使用该服务。[169]

其他提供收费服务的网站还有:Jstor[170] 提供知名期刊发表的论文以及经济学领域的专著的摘录;Proquest[171] 主要是检索期刊上的文章;Econpapers[172]根据个人需求,可以获取世界范围内经济学的工作论文、期刊上的论文以及软件。提供免费服务的有 Ideas[173],提供论文和工作论文。Jstor 上也有免费服务商的链接。

第三节　文献评价和阅读技巧

通过上述多种文献检索方式,你可能已经找到了相关的法律文献。现在你必须开始对主题文献进行评估。在你撰写家庭作业或研讨课论文的 4~6 周中,通常可能会遇到"迷失"在海量文献中的危险。你要阅读许多判决、专著和论文。但是,在工作开始时就收集完整的文献完全是不经济的,因为你还不能估计什么文献是重要的,以至于不可避免地会缺乏对全局的认识。所以,请不要仅一次复制五个文件夹的文献复印资料。但是,只有少数装饰性的参考书目也是不够的。

明确区分文献筛选、文献收集以及详细的文献评价是非常有意义的办法。通过这些步骤你可以分清楚,并不是所有文献都必须立即收集,也并不是所有文献都需要详细阅读。多数情况下,文献筛选是在准备工作阶段进行,文献的实际收集和文献的评价则直到撰写初稿时才需要完成。另外,需要掌握不同的阅读方法,即深度阅读(Intensivlesen)和检视阅读(Querlesen)。重要的部分需要一句一句地读(第四章边码 87 及以下)。如果是在处理与你的主题相关的一个重要概念,而此前已经有了一个整体的了解时,则可以使用检视阅读的方法快速阅读(第四章边码 91 及以下)。[174]

---

[169] 例如,奥格斯堡大学图书馆与雷根斯堡大学图书馆有相应的协议可以使用 EBSCO 的服务。
[170] www.jstor.org.
[171] www.proquest.com.
[172] www.econpapers.repec.org.
[173] https://ideas.repec.org.
[174] Reimer, Juristische Methodenlehre, 2020, Rn. 159 f. 不同于"解释阅读"和"查找阅读"。

一、文献评价:法律文献的关联性和质量

(一)不同法律文献和法律知识的关联性

85　　法律文献和法律知识来源是有区别的。[175] 与记者、历史学家或图书馆管理员相比,在对法律文献进行批评性评价方面,法律人受到的训练要少很多。[176]

　　首先,你要根据法律文献的重要性和重要意义展开你的检索。[177] 根据法律渊源理论,只有法律才对任何人有直接约束效力。重要的是,法律必须是最新的。在 BMJV 网站上检索会有所帮助(第四章边码 37)。

86　　裁判文书只约束当事人,只发挥间接的约束效力(第五章边码 41 及以下);它们并不具有普遍约束力。因此,必须确定该裁判文书是否仍然有效。当法院解释、适用或深入研究法律时,法律论证发挥重要的作用。有疑义时,最高法院的判例要比下级法院的判例更重要。通常,判例和法律文献是通过最新的法律评注和案例评议来最好地展示自己的。它们能够审查法律论证的说服力,并在必要时进行反驳(第三章边码 30)。

87　　法律文献对公民根本没有约束效力。与国外判例一样,它只是一个法律知识的来源。

(二)优秀法律文献的标准

88　　(1)比较重要的筛选标准是文献的时效性。这对于处理当前的法律问题和最新的法律争论很重要。相反,文献越古老,就越要确定在现行法律的背景下该文献是否仍然适用。为了避免抄袭,文献作者应当为人所知(第五章边码 3)。期刊一般要比著作更及时。如果问题是和法条相联系的,则你可以将查阅不同的评注作为研究的第一步。评注的任务在于筛选和重述相关的判决和法律文献。通过这个途径,你有很大的机会收获颇丰。它们不仅是最新的,还通常比教科书更有成效。

89　　(2)筛选的另一个标准是出版商(第九章边码 51)和作者的声誉。详细的书评也可以帮助你快速了解这本书的内容(第四章边码 94)。另外,你也可

---

[175] Möllers, Juristische Methodenlehre, 3. Aufl. 2020, § 2 Rn. 2 ff.
[176] *Schimmel*, JA 2015, 643, 650.一文值得参考。
[177] 历史考证资料,参见本书第五章边码 4 和边码 31 及以下。

以通过分析目录、序言或结论部分来判断一本书对你所要研究主题的重要性和相关性。诚然,与美国或其他国家[178]相比,德国没有官方的法律期刊排名。知名期刊或档案杂志上面的文章通常要比对法律问题进行简短介绍的文章更有价值(第四章边码66)[179]。这是因为这类期刊有严格的质量控制,例如通过所谓的同行评审程序,由评审员审查稿件是否值得发表。作者是谁？是发表专业作品的教授、联邦最高法院法官,还是不知名的实务人士？

(3)另一个重要标准是科学文献的质量。这里的决定性因素是学术讨论的强度。例如,文章是只想对某一法律情况进行概述,还是也想深入讨论法律问题？没有脚注的文章,其学术价值也大打折扣,因为读者无法辨别哪些思想来自作者,哪些可能是抄袭的(第五章边码3)。大型评注(第四章边码63)和手册通常比短评注更有帮助,因为有更多的空间进行法律论证。

(4)最后,文献来源是否与你的研究问题相关,这一点至关重要。这可能导致政治讨论中政治家的声明变得很重要。例如,在BVerfG对PSPP案件作出裁决后,众多政治家发表了自己的看法。这种关于法律政策的声明对你的实证分析可能很重要[180],还包括与你的声明有关的采访或者你对受访者进行的采访。然后你就可以为毕业论文进行一个全面的实证分析。[181]

(三)辅助工具：案例评议和书评

(1)案例评议(裁判文书)用于评估一项判决(关于引用方法,参见第五章边码90)。裁判文书全文或部分印制,并附有作者某一具体说明或对某一具体议题的说明。注释的结构通常按照以下方案进行：实质性介绍判决和问

---

[178] 许多国家都有排名,并以A、B、C类期刊进行区分,如意大利、澳大利亚或香港。还有《社会科学引文索引——法律》。

[179] Juristenzeitung 发表了一份德国期刊的排名,见 Gröls/Gröls, Ein Ranking juristischer Fachzeitschriften, JZ 17/2009, Beil. Juristenzeitung S. 40.法学期刊在许多领域都处于领先地位。

[180] 例如,BVerfG 对欧洲央行货币政策的 PSPP 裁决引起了轰动,见 F. Mayer, Auf dem Weg zum Richterfaustrecht？Zum PSPP-Urteil des BVerfG, Verfassungsblog v. 7.5.2020, 访问网址：https://verfassungsblog.de/auf-dem-weg-zum-richterfaustrecht/; Nußberger, Die Crux des letzten Wortes, FAZ v. 20.5.2020, p. 6; M. Mller, Bundesverfassungsgericht vers. EuGH: Das PSPP-Urteil beschädigt weniger die EZB als die europäische Rechtsgemeinschaft, Föderalist v. 7.5.2020, 访问网址：www.foederalist.eu; Schmieding, Der Irrtum der Richter, FAZ v. 14.5.2020, p. 16; Schuller, Richter gegen Richter, FAS v. 10.5.2020, p. 8.

[181] Mansen, Die neuen Anlageberatungsregelungen der MiFID II, 2018 m. 书评 Möllers, EuZW 2018, 731.关于事实诠释学和作为方法的经验主义,见下文第九章边码9。

题概要,介绍选定的问题和判决对实践的影响。较为严谨的评议会给出判决内容的前后背景,即和早期的裁判及学说观点加以比较。这些注释类似于经典论文。理想情况下,读者可以了解到法院在其判决书中发表了哪些新的重要声明。[182]

93 不过,并不是每一个案例评议都会被收进评注中,因此,在检索时还要注意查阅期刊和判决汇编。一些重要的案例评议会在《法学家报》《新法学周刊》和《法学评论》以及个别档案杂志中发表。[183] 民法中一些较短小的案例评议被系统地收录在《林登迈尔/默林民法典评论、判决》中[184],民法—经济法方面的则收录在《经济法判例集》和《经济法和银行法裁判汇编》中,竞争法方面有《竞争法裁判集》,《劳动法实务杂志》中也有《劳动法裁判集》。同时,互联网上也有大量的博客,对当前的判例法判决进行评估(第四章边码97)。

94 (2)另外有用的还有所谓的书评(Buchbesprechungen),即对某一著作的内容加以总结和评论。在评议过程中,作者考察了该著作在多大程度上反映了当前的研究状况,以及它包含哪些进一步的思考。[185] 比较有名的是,自1995年开始,《新法学周刊》和《法学家报》在"当年法律图书——推荐名单"栏目中举办的针对法学著作的评议。[186] 遗憾的是,德国目前还没有对书评进行系统化的整理。[187]

二、处理互联网资料和准法律文献

(一)报纸、工作论文、博客、草稿等

95 (1)所谓的准法律文献,一般为报纸、工作论文、草稿,即没有在法律杂志上或在法律出版社出版的文献。在一些日报,如《法兰克福汇报》(FAZ)中,人们可

---

[182] S. Nettesheim, NJW 2020, 1631 ff.; Mayer, JZ 2020, 725 ff. und die Autoren im Sonderheft der EuZW 2020, 489-544; s. auch Möllers, Juristische Methodenlehre, 3. Aufl. 2020, § 13 Rn. 107 ff.

[183] 例如《商法和经济法杂志》(ZHR)、《公司法杂志》(ZGR)、《欧盟法杂志》(EuR)和《欧盟私法杂志》(ZEuP)。

[184] 同样可以在Beck-Online数据库中获取。在2003年1月1日之前,该案例集被称为Lindenmaier-Möhring, Nachschlagewerk des Bundesgerichtshofs。

[185] S. etwa Möllers, JZ 2019, 86 f. oder Merkt, NZG 2018, 779.

[186] 例如 Zimmermann, NJW 2007, 3331 ff.。

[187] 例如,您可以在下列网站找到书评 www.mohrsiebeck.com 或者 www.faz.net/book。

以通过订阅获得报纸中的单篇文章。[188] 有时也可以在互联网上找到这些文章。[189] 通过你大学图书馆的网站,也可以免费找到一些大型日报的存档。[190]

（2）此外,还需要关注和检索的是工作论文（Working Papers）。[191] 这些在英美法律领域中和企业研究人员中是较为常见的。但需要注意的是,它们没有一个质量控制程序。这些论文是根据法学期刊的文章结构来写的,但是还没有发表在期刊上,或集结成书出版。这些论文可以在不同的数据库[192] 或若干机构的网站上访问。

（3）最后,近年来出现了博客[193] 和在线法律报纸。知名的博客包括贝克博客（Beck-Blog）、FAZ 博客、LTO、程序法博客和宪法博客。此外,许多大型律师事务所也开设了博客。博客文章涉及立法、判例法以及更广泛的法律领域的最新发展。[194]

（4）准法律文献还包括各种统计数据和访谈。这些信息来自有关当局或类似机构,如联邦统计局、[195] 联邦银行的月度报告[196] 或德国经济专家委员会。[197] 法律事务机构[198] 或者律师事务所[199] 也会经常发表有关统计数据的材料。有关最新话题对政治家进行的采访,其内容会被深入分析,并可能成为法律政策讨论中的重要内容,例如,关于目前的科罗纳大流行病。[200] 你也可以自己采访,来证实

---

[188] 然而,检索是要收费的。

[189] 《法兰克福汇报》（FAZ）的德语和英语版本与 www.faz.net;《南德意志报》（SZ）在 www.sueddeutsche-zeitung.de,《商报》在 www.handelsblatt.com。

[190] 例如,在奥格斯堡大学,学生可以免费查阅《法兰克福汇报》（FAZ）和《南德意志报》（SZ）的存档。

[191] 例如,可参见法兰克福大学法律和经济研究中心（ILF）的文集：www.ilf-frankfurt.de/research/ilf-working-papers/,或者是马普所网站上的工作论文：www.mpg.de/de。

[192] 例如,SSRN 数据库,参见第四章边码 81。

[193] Blog 是英语单词 Binary 和 Log 组成词。

[194] 例如,Beiten Burkhard, CMS, Hogan Lovells, Luther。

[195] https://www.destatis.de/DE/Home/_inhalt.html。

[196] https://www.bundesbank.de/de/publikationen/berichte/monatsberichte/aktuelle-monatsberichte-764436。

[197] https://www.sachverstaendigenrat-wirtschaft.de/。

[198] 例如,Deutsches Aktieninstitut（DAI）, https://www.dai.de/de/。

[199] 例如,Stüber, Gender Diversity, Allen&Overy 2020, abrufbar unter https://www.allenovery.com/de-de/germany/news-and-insights/frauenquote-studie。

[200] 参见 Hase, JZ 2020, 697ff.和 Heinig/Kingreen/Lepsius/Ch. Möllers/Volkmann/Wißmann, JZ 2020, 861ff.中的脚注参考。

你的研究论文。[201]下文将进一步讨论正确的引证方法(第五章边码98)。

(二)互联网资料和准法律文献的质量评估

99　　过去的观点认为,准法律文献,如未发表的稿件,因没有进行质量控制,所以不值得引证和引用。然而,这样的观点似乎已经过时。相反,准法律文献也应该适用上文提到的法律著作的标准,即时效性、声誉、质量和与所研究问题的关联性(第四章边码85及以下)。报纸、博客比传统法律期刊的时效性更强,因为一篇稿件的印刷和出版往往需要几个星期,甚至几个月。如果你所研究的法律问题极具时效性,而传统媒体上缺乏相关法律文章,那么你可使用报纸或博客来做学术工作。[202]如果你要写一篇研讨课论文,且必须在法院公布判决前或当前事件发生后立即完成,那么对互联网资料和准法律文献进行评估,肯定有所收获。因为你研究的可能是尚不完整的事实,但已经可以构成一个学术成就。[203]

100　　除此之外,必须特别关注这些内容的质量。仅仅因为描述了一个法律问题,并不一定意味着这些材料有可信的实质性内容。要审查作者是否只是在传播观点,还是从法律角度论证其合理性。是否有第三方的质量把控?

101　　综上所述,你应该注意以下几点:

①文献是什么时候出版的?有比这更新的吗?

②作者是谁?是州法院还是联邦宪法法院,发表专业作品的教授是联邦最高法院法官,还是不知名的实务人士?

③在哪里发表?在知名期刊还是在什么出版社?是否已经发表?谁是编辑或负责人,例如网站编辑?

④思考和论证的水平怎么样?

⑤该资料来源与你的研究问题有什么关系?

(三)通过深度阅读对重要文献进行分析

1.重要文献分析的技巧:深度阅读

102　　对基础文献和需要反复阅读的文献应当尽早进行文献的筛选,以方便初

---

[201]　例如,Möllers, NZG 2014, 361 ff. (Porsche-VW-Übernahnme); ders., NZG 2018, 649 ff. (Short-Sell-Attacken)。

[202]　关于 PSPP 的判决(参见第九章脚注14),参见 Möllers, Juristische Methodenlehre, 3. Aufl. 2020, § 13 Fn. 209, 212, 222 ff. 中提到的曾在 foederalist.eu 和 FAZ 上发表文章的作者。

[203]　关于事实诠释学,见下文第九章边码9。

稿的写作。但是,当你已经有了一个初步的解决思路后,写作时只需放一本书在手头。关于这一点布劳尔(Brauer)在1955年已经讲得很清楚了:

在不清楚这本书会告诉你什么的时候,不要打开它,当你已经有了一个明确的主题阅读计划时,再进入图书馆。[204]

在小型的家庭作业中,文献收集是和文献综述同步的。其他情况下,则要依次进行,以避免"只见树木不见森林"。刚开始的时候,你可能需要相对较多的时间来处理新的文献。

期刊文章中经常详细地讨论法律问题。原则上,你需要多次深度阅读重要的、有意义的文献,以掌握所有相关的想法。要逐字逐句地阅读。重要的文献要复印,因为在电脑上阅读,可能会发生电子屏幕前看花眼的风险(第一章边码48)。当你筛选出了论文,并借助它们写作时,要在论文的复印件上标注论文的观点、前提及一些重要的段落。

或者,直接将文中的论点和论据归纳在一个文件中。这样做的优点在于,之后可以在Word中通过搜索术语更快地找到具体的论点和论据。但是请注意,计算机也带来了弊端。通常来说,计算机仅是写作工具,因此,只有当你的某些想法已经确定时它才有用处。通过手工来设计一个装纸条的盒子通常要比用电脑设计得快。只有当你有了大纲观点时,通过电脑工作才可以节省时间。

正如滚雪球一样,通过脚注可以再找到其他文献。你会发现,一些作者的观点经常会被其他作者引用,因此,在经过非常短时间的检索后,你就会经常遇到重复的观点和论证。

2.阅读技巧——检视阅读

(1)这时你会很快发现你面前的文献已经堆积如山。为了克服这一点,你需要掌握不同的阅读技术。[205] 处理文献时为了不绕弯路,不能盲目地阅读,而是要提前审视文献的重要性及其意义。

阅读前需要明白自己要研究的结构及问题。[206] 提前了解一下具体的法

---

[204] Brauer, NJW 1955, 661, 662.

[205] 同样参见 Herrmann, Richtig Studieren. Ein Handbuch, 1982, S. 173 ff.; Klaner, Richtiges Lernen für Jurastudenten und Rechtsreferendare, 5. Aufl. 2014, S. 84 ff。

[206] Haft, Juristische Rhetorik, 8. Aufl. 2009, S. 51,有关主动阅读。

律问题会很有帮助,由此你会知道,哪些观点(以及文章)彼此符合。这样,一段时间后你会感觉到,对已知问题的阅读变得越来越得心应手。

108　　　（2）不必花费同样的精力阅读所有文献。因此,需要练习快读和检视阅读的技能。[207] 在描述观点争论时,你可能会发现,一开始观点的数量并不是那么清楚。事实上,大多数作者只支持一个观点。因此,要通过引用不同的文献来评价一个法律问题,而不是在法律问题之间跳来跳去。在早期阶段,你要总结每个主题下多个作者的观点并放在一个脚注中,这样尽早地引用他人的观点可以避免(误)将其作为自己的观点。[208] 另外,这样也不必每次都把要引用的文章放在手边。不过,要注意的是,在有疑问的情况下,你不必引用所有文献,而只要引用最基本的文献即可(第五章边码 31 及以下)。

109　　　科学发现了能够证明人们是有跳读能力的重要论据,即使只是正确理解了句子开头和结尾部分的单词,人们也能正确理解其含义。

请尝试快速地理解图 4-1 中的这段话[209]：

当你在新的文本中发现了已知的论点和论据时,尤其容易实现有效的阅读。最终,你只需要花费一小部分时间就可以理解该文献,而不必全部理解文本的内容,而且很多内容对你来说也是多余的。在此基础上,某些写作技巧是有帮助的,这将在第六章进行介绍。

（四）技术辅助工具

1. 通过 Microsoft Word 写作

110　　　文字编辑软件可以减轻写作初稿的工作量。大范围使用文字编辑软件也是今天能够高效进行学术工作的一个重要前提。用人单位也非常看重这一能力。由微软公司研发的 Office Word 2016[210] 软件是目前世界上最有名且使

---

　　[207] *Morris et al.*, Laying Down the Law, 4th ed. 1996, S. 352; *Schmitz*, Schneller lesen, besser verstehen, 7. Aufl. 2013, 该书介绍并实施了罗杰斯的改进阅读训练。

　　[208] 关于这个问题和抄袭的风险,见第五章边码 1 及以下。

　　[209] *Schmitt*, FAZ v.24.9.2003, S. 9. 图片段落标题为"单词中字母顺序是无所谓的",整篇文章大部分单词拼写是错误的,类似于英文中将 September 错写为 Sptbemeer, Frankfurt 错写为 Fkarfnrut。但是,放在句子中,联系前后仍然可以理解。作者借此要说明的是快速阅读和理解能力。——译者注

　　[210] 属于微软公司的注册商标。在微软的网站上(www.office.microsoft.de)提供有非常详细的软件功能在线使用帮助。

Die Bcuhstbaenrehenifloge in eneim Wrot ist eagl

pps. FKARFNRUT, 23. Sptbemeer. Ncah enier nueen Sutide, die uetnr aerdnem von der Cmabirdge Uinertvisy dührruchgeft wrdoen sien slol, ist es eagl, in wlehcer Rehenifloge Bcuhstbaen in eneim Wrot sethen, Huaptschae, der esrte und ltzete Bcuhstbae snid an der rhcitgien Setlle. Dié rsetclhien Bshcuteban kenönn ttoal druchenianedr sien, und man knan es tortzedm onhe Poreblme lseen, wiel das mneschilhce Gherin nhcit jdeen Bcuhstbaen enizlen leist, snodren das Wrot als gnazes. Mti dme Pähonemn bchesfätgein shci mherere Hhcochsluen, acüh die aerichmkianse Uivnäseritt in Ptstbigurh. Esrtmlas üebr das Tmeha gchseibren hat aebr breteis 1976 – und nun in der rgchitien Bruecihhsetnafoelngbe – Graham Rawlinson in sieenr Dsiestraiton mit dem Tetil „The Significance of Letter Position in Word Recognition" an der egnlsicehn Uitneivrsy of Ntitongahm.

图 4-1

最广泛的一款文字编辑软件。[211] 由于其设计布局清晰而深受人们喜爱，即使对初学者来说也十分方便。除了写作功能，它还提供了很多其他非常有用的功能。

本书的附录详细介绍了 Office Word 2016 的主要功能，以及学术著作中的格式指导（附录四边码 32 及以下）。

2. 复印件及文件夹

存在争议的是，是否需要复印之后要引用的所有文献。一方面，大部分课堂资料都不用复制，只复印与作业相关的书籍即可。但有时，你需要反复阅读才能完全理解一些章节。这时，复印这些资料后，你能够随时获取并阅读研究，因此比较有帮助，你也可以在上面标注论点和论据等（第六章边码 42 及

---

[211] *Schröder/Steinhaus,* Mit dem PC durchs Studium, 2000, S. 91.

以下）。

另一方面，不应该在复印机前浪费宝贵的时间，并且应避免为一个家庭作业复印多个文件夹的资料。仅复印文献通常是不起作用的。重要的是，(你需要)去阅读那些已经复印的文献，否则也是在浪费金钱。[212]

因此，一个中间方法似乎更可取。当你需要对与法律问题相关的段落进行更充分和深入的研究时，则需要复印副本。相反，如果你只是需要补充一些法律观点而不需要论证时，则不必复印副本。这类观点你可以很容易摘录出来，或者直接放入某个脚注中。

112 你可以按照字母排序把这些复印的文献放在独立的文件夹中。另外你也可以用标签再对文章按字母进行细分，而且需要的话你也可以按照具体法律领域划分。

3. 文献管理

113 同时，你需要把一些重要的标题放在 Word 文档中，制作一个临时的文献索引，并标记出哪些是需要阅读的，哪些是已经读过的。杜塞尔多夫大学开发的免费软件 Literat[213] 可以实现文献的保存、编辑以及标记。其他的文献管理软件如 Citavi，可以和 Word 协同使用。[214] Citavi 是一个非常有效率的德文文献管理软件，你可以通过这个软件在线检索，并导入图书馆和数据库的数据。最后，这些数据可以在 Word 中生成一个文献索引。但遗憾的是，通过 Citavi 软件不能检索 Juris 和 Beck-Online 数据库的内容，因此，法律研究仍然需要大量的手动劳动，而且管理自己的数据库和使用 Citavi 来寻找引用文献时也比较费时间，所以它并不适合于所有的法学工作。[215]

114 对于较为复杂的问题，还需要另外制作需使用的法律和相关判例的一览表。你可以按照法院的层级和时间来排列这个表格。这个目录的更新是一个持续的工作，最终是要合并到文献目录、判例目录和法律目录（第五章边码

---

[212] 同样的，*Theisen*, Wissenschaftliches Arbeiten, 17. Aufl. 2017, S. 48 f.; *Eco*, Wie man eine wissenschaftliche Abschlussarbeit schreibt, 14. Aufl. 2020, S. 162; *Kosman*, Wie schreibe ich juristische Hausarbeiten, 2. Aufl. 1997, S. 19.

[213] www.literat.net.

[214] www.citavi.com.一些大学图书馆提供使用许可和培训，如 www..bibliothek.uniaugsburg.de/service/literaturverwaltung/Citavi/.

[215] *Beyerbach*, Die juristische Doktorarbeit, 3. Aufl. 2019, Rn 80a f.

102 及以下)中。

在英美法系的法律研究教科书中,通常会有一些法律检索的作业用于测试学生是否掌握了法律检索的技能。为了进一步的提高,你需要做一些练习。请检索下述判决、文献和法律[216]:

(1)在哪里可以找到"骑士案"(Herrenreiterfall)?

(2)如何正确引用"Fleischer, in: FS Immenga, 2004, S. 575 ff."这篇论文?

(3)请检索《割草机条例》(Rasenmäherverordnung)。

(4)"知识就是力量"这一格言的出处(第一章边码16)?

---

[216] 答案参见第十章边码9。

第五章 文献引用的规则

第一节 学术研究的基本原则及抄袭

1 2001年,本书首次出版时,学术研究的基本原则在德国仍然鲜为人知,而且,至今学术引用的规则还是存在一定的随意性。有很多德国的(简明)教科书或概论,甚至偶尔在高级法院的判决中[1],很少看到引用,这(可能)是因为字数限制省略了一些必要的脚注。[2] 这么做有时也是有道理的,因为某些类型的创作不需要提供例证。但如果作者只是匆忙地写完了初稿,因为没有注明来源,将他人的观点写成是自己的,这就是抄袭了。[3] 这些作品显然不能作为如何正确引用的示例。相比而言,期刊类的文章、(大型)法律评注以及教授资格论文在引用相关文献、判决时,显然要好很多。自"古滕贝格事件"[4]以来,在学术研究中必须正确、准确地引用的意识已经明显增强(第五

---

[1] Derleder, NJW 2007, 1112, 1113;负面的例子如 BGH, Urt. v. 26.5.1998, VI ZR 183/97, BGHZ 139, 43 ff.-Feuerwerkskörper;, Vorlagebeschluss v.23.11.2010(II ZB 7/09 NJW2011, 309 ff.-Schrempp)。

[2] 以此认为以教授知识为导向的作品不必那么详尽地写明脚注的观点是欠缺说服力的,因为这么做无疑会造成抄袭的结果。不同的观点参见 *Beyerbach*, Die juristische Doktorarbeit, 3. Aufl. 2019, S. XV。

[3] 有意识地省略脚注,如 *Putzke*, Juristisches Arbeiten erfolgreich Schreiben, 6. Aufl. 2018, S. VII; *Röhl/Röhl*, Allgemeine Rechtslehre, 3. Aufl. 2008 ausdrücklich im Vorwort; *Kötz*, Vertragsrecht, 2. Aufl. 2012, Vorwort zur 1. Aufl. Zu knapp auch Klippel, Die rechtswissenschaftliche Dissertation, 2020.。

[4] 卡尔-特奥多尔·楚·古滕贝格男爵(Karl-Theodor Zu Guttenberg),是因博士论文涉嫌抄袭被剥夺博士头衔并辞职的前德国国防部长。——译者注

章边码 13 及以下）。[5]

在英美法系法域中，关于如何正确引用法律文献存在许多权威著作。[6] 在美国法律实践中，哈佛大学的蓝皮书（Bluebook）[7]被视为美国法律界正确引用的"圣经"；有类似影响力的还有英国法中的 OSCOLA[8]。为了避免抄袭，我们首先需要明白何为引用（本章第一部分），进而学习掌握不同的引用规则（本章第二至第六部分）。

一、引用的任务

（一）创作者的证明作用

出于理性的要求，在学术讨论中，我们需要把自己的观点和别人的观点区分开来。我们已经介绍，对判决或学说中出现的法律意见和观点，必须要加上引注。脚注中的引用首先承担的是证明作用，因为它可以证明文中某一观点的作者。因此，学术研究中需要通过对应的脚注把自己的观点和别人的观点区分开来。借助脚注提供的来源说明，你可以知道他人的观点，并且知道这个观点是属于某个作者的。同样，在此之前其他作者已经提出的观点，则不能再直接拿来作为自己的观点。否则，即为"知识的剽窃"，可能会侵犯他人的著作权，在一定情况下还要面临非常多的法律后果（第五章边码 16 及以下）。

（二）文献评价：归类、指引和评价功能

通过文献来源的说明，读者可以认识到作者在学术研究中对该问题的思维过程，以及其中包含的论据。通过脚注，我们也可以考证文献的来源，区分

---

[5] S. inzwischen Czwalina, Richtlinien für Zitate, Quellenangaben, Anmerkungen, Literaturhinweise u. ä., 6. Aufl. 1997; Krämer, Wie schreibe ich eine Seminar-oder Examensarbeit, 3. Aufl. 2009, 7. Kap; Bergmann/Schröder/Sturm, Richtiges Zitieren, 2010; von Münch/Mankowski, Promotion, 4. Aufl. 2013, S. 189 ff.; Byrd/Lehmann, Zitierfibel für Juristen, 2. Aufl. 2016; Theisen, Wissenschaftliches Arbeiten, 17. Aufl. 2017, S. 159 ff.; Basak, ZJS 6/2018, 568.

[6] 例如 Neumann, Legal Reasoning and Legal Writing, 6th ed.2009, Chap20; Raistrick, Index to Legal Citations and Abbreviations, 4th ed.2013; French, How to cite legal authorities, 2003。

[7] 参见 www.legalbluebook.com 及本书第五章边码 46。

[8] OSCOLA 4 th ed.2012, Oxford Standard for the Citation of Legal Authorities der Oxford Faculty of Law, s.www.law.ox.ac.uk/published/OSCOLA_4th_edn.pdf; allgemein zu OSCOLA, www.law.ox.ac.uk/oscola。

出重要的和不重要的文献(第四章边码 85 及以下)。借助这些参考文献来源的提示,读者可以理解作者在多大程度上介绍了截至当前学说中的研究成果,或是多大程度上是在他人观点上的继续发展,又或是自己(独立)发展出了新的观点。作者在结论中结合目前他人的观点提出自己的观点时,同样需要列出持有赞同的观点和不赞同观点的文献。如果作者对其提出的观点和论据列出了较为充分的学说或持续的判例来源,无疑会为其观点增加说服力。因此,脚注还同时承担了指引和评价功能。相反,自己的新观点也能很快被感兴趣的读者直接认识到。

(三) 审查功能

5   最后,读者还可以通过引用,很快找到原始的文献。[9] 这样读者可以检查文中引用的说法是否和原始文献中的观点相符合(审查功能)。因此,我们在引用时应当尽可能地准确。一个良好的、简练的引用方式,可以使得文章显得准确及精细。引用与好的法律语言风格及细致的法律论证一样重要。

二、抄袭

(一) 可以引用的观点和抄袭

6   抄袭在一定程度上可以理解为"违反学术著作要求下的完全或部分照搬他人文本或他人思想"[10]。关于不得抄袭的范围,《德国著作权法》第 2 条第 2 款是这么定义的,"个人的精神创造"属于受版权保护的作品。因此,这里可以引用的观点一定与某一个个体的创造有关,其中包含着精神内容。[11] 论点当然属于可引用的观点,另外相关的论据和理由也包含在内。不过,这一精神创造必须最终以可认知的形式表现出来[12],或者以其他形式的语言表现出来并能够通过证据证明。

---

[9] Mann, Einführung in die juristische Arbeitstechnik, 5. Aufl. 2015, Rn.327.

[10] VDStRL, Leitsätze "Gute wissenschaftliche Praxis im Öffentlichen Recht" v.3.10.2012, Nr.1; abrufbar unter www.vdstrl.de/gute-wissenschaftliche-praxis/.

[11] Nordemann, in: Fromm/Nordemann, Urheberrecht, 12. Aufl. 2018, § 2 Rn.23.

[12] Nordemann (ebd.), § 2 Rn. 23 通过著作权的保护,另外参见本书第五章边码 17。

(二)抄袭的种类和要件

文字抄袭是指引用原文时完全不给出引用文献的来源。[13] 内容抄袭是指,作者在写作时仅仅稍微修改了原文的表述,并没有给出引用的文献出处,但是文中的思路仍然是原文中的。[14] 翻译抄袭是指将原文翻译成另外一种语言,但并不标注引用。

抄袭与否并不以是否故意为前提,但是否必须要存在主观要件,则是有争议的。[15] 故意(刑法中同样如此)可以从客观的证据中推导出,如抄袭的数量和程度。[16] 因此,在直接复述他人的观点时,如果不保留作者信息,则无疑可以认定是故意抄袭。除了直接复述他人观点,在保留观点进行改写时,如果不保留作者信息,同样也可以认为是故意抄袭。内容的抄袭可能是故意而为,同时也可能是因为工作方式的不妥而造成抄袭的后果,例如,复制互联网上没有作者信息的内容,粘贴之后又没有进一步补全作者信息。这样的工作方式,常常导致抄袭的结果。由于在写作时常常会忘记注明文献的来源,通常也无法创造出优秀的学术研究成果。[17] 关于如何高效、仔细地分析文献,本书前文已加以描述。[18]

需要警惕的是"半吊子"式的法律检索,例如,仅在有限的法律数据库中检索,容易忽略了那些没有在数据库中出现的文献。在图书馆中进行完善的法律检索是不可缺少的步骤(第四章边码9)。需要再次明确的是:遗漏检索和分析目前已有的文献同样是有瑕疵的,并因遗漏复述当前的文献而导致学术研究成果出现错误。在写作时,引用缺漏问题同样可能会造成抄袭的结果。

---

〔13〕 这里包括脚注以及文末文献索引中的文献来源, s. Kommission "Selbstkontrolle in der Wissenschaft" der Universität Bayreuth(§ 6 Fn.8), S.14。

〔14〕 拜罗伊特大学"学术自律"委员会的报告(本书第四章边码12),第 14 页。Von "Ideen-klau" spricht *Löwer*, Bonner Rechtsjournal(BRJ), Sonderausgabe "Plagiate in der Wissenschaft", 2011, 4, 5。

〔15〕 有观点认为完全不需要主观要件。关于美国法律的深入探讨参见 *Gerhardt*, 12 Rich. J. L.&Tech.10 Rn.19 ff.(2006)。德国法的参见 *Stumpf*, BRJ, 8, 22 m.w. N。

〔16〕 VG Frankfurt a. M., Urt.v.23.5.2007, 12 E2262/05, Rn.15(Juris); VG Berlin, Urt.v.25.6.2009, 3 A 319/05, Rn.54 f.(Juris)。

〔17〕 最终会不可避免地"彻底忘记", Kommission "Selbstkontrolle in der Wissenschaft" der Universität Bayreuth(§ 5 Fn.12), S.22。

〔18〕 如何正确地分析文献,参见本书第四章边码85 及以下。

(三)例外

10　　(1)不过,有些情形也会因为缺少一些前提要件,而不构成抄袭。并不是每一个观点或文献出处都需要加上引用。对于一个无须证明且无须再说明论证过程的事实,例如地球是圆的,再添加脚注说明显然是多余的。一些不言自明的论断是无须再提供证据的。[19] 否则,会出现下文哈夫特(Haft)所举示例中的讽刺结果:

一句话如"星期一之前是星期日",对法律人而言,显得单薄和浅显。同样的一句话,法律精英通过添加注释引用会变成:星期一(相关的判决如:RGSt 7 14, 18; BGHZ 48, 32 f.; BVerfGE 17, 8)之前(a. M. Müller-Seibermann, NJW 1977, 1788," schließt sich an"–dagegen treffend AG Deitzenbach, in: Kritische Justiz 1978, 55)是星期日[通说观点,但反对星期日优先理论的萨维尼(Savigny)提出不同意见,耶林(Jhering)在其1859年于莱比锡出版的著作《为了星期一而斗争》中也提出了反驳意见。另外,参见鲍曼(Baumann: Sonntag, Montag und was dann? Kritische Gedanken zur Woche, Berlin 1977)、本德林的观点(Benderling, JZ 1953, 66 ff.)]是没有根据的,他反对整个星期系统。[20]

11　　(2)写作时如果是使用自己的观点没有引注,同样不属于抄袭。这种情况不是将他人的精神创造据为己有,而只是没有明确说明引用的是自己的观点。[21] 不过,将同样的内容在不同的地方多次发表,仍然是不好的行为。因此,作者应当写明这个观点曾发表的地方。

(四)抄袭的无价值评价

12　　基于上述考虑,不允许的引注[22]应被谴责为抄袭,应引用而没有引用或错误引用属于撒谎和偷窃。因为,这种行为是将他人的观点占为己有。[23] 总

---

〔19〕 合同中包括对第三人的保护效力,这是被普遍承认的,因此不必再提供判例等证明。S.auch *Theisen*, Wissenschaftliches Arbeiten, 17. Aufl. 2017, S.161.

〔20〕 *Haft*, Juristische Rhetorik, 8. Aufl. 2009, S.118; s.auch *Häberle/Blankenagel*, Rechtstheorie 19 (1988), 116, 119; Basedow, ZEuP2008, 671 f.

〔21〕 不同的观点参见 *Rieble*, Das Wissenschaftsplagiat, 2010, S.32 ff. 由于在多个作品中使用里贝勒(Rieble)的概念而被起诉的例子,见 LG Hamburg, Urt.v.21.1.2011, 324 O 358/10(Juris)。

〔22〕 罗马诗人马休尔(Martial)将发表诗文和释放奴隶相比较;如果谁再次把他据为己有,就是"盗窃",是贩卖人口,s.*Schack*, Urheber–und Urhebervertragsrecht, 9. Aufl. 2019, Rn.283.

〔23〕 非常形象的介绍见 *Gerhardt*, 12 Rich. J. L.&Tech.10Rn.28(2006)。

而言之,如果使用他人的成果却没有写上引用,无疑属于抄袭。[24]

三、卡尔-特奥多尔·楚·古滕贝格(以下简称"楚·古滕贝格")和抄袭的法律后果

(一)楚·古滕贝格博士论文中的抄袭

由于抄袭的影响,楚·古滕贝格男爵(Karl Theodor Freiherr zu Guttenberg, CSU)的政治前途基本已经断送。(当时)《南德意志报》报道了这一消息,并引用了本书第5版。[25] 楚·古滕贝格不仅辞去了国防部长的职务,还被剥夺了博士头衔。拜罗伊特大学"学术自律"委员会调查后的最终结论是,楚·古滕贝格存在故意欺骗,其博士论文中有65%的抄袭。[26]《南德意志报》将楚·古滕贝格抄袭的一个段落和原文作了对比[27](见图5-1):

---

[24] 正如普雷斯顿大学说的"使用他人的知识而没有出处",网址:https://rrr.princeton.edu/students#comp243. S.auch Gerhardt, 12 Rich. J. L.&Tech.10 Rn.26(2006)。

[25] Schulz, Spurensuche im Graubereich, SZ v.16.2.2011, S.2 sowie Preuß/Schulz, Verteidi-gungs-fall, SZ v.16.2.2011, S.2. Aufgedeckt wurden erste Plagiatsstellen von Fischer, Lescarno, KritJustiz2011, 112. Intensiv vertieft wurde die Suche dann von http://de.guttenplag.wikia.com/wiki/GuttenPlag_Wiki

[26] 参见5. Auflage Juristische Arbeitstechnik,拜罗伊特大学"学术自律"委员会的报告(本书第五章脚注12)。

[27] Preuß/Schulz, Verteidigungsfall, SZ v.16.2.2011, S.2.

图 5-1 楚·古滕贝格抄袭的部分与原文的对比

15   古滕普拉格(GuttenPlag)和弗洛尼帕格(Vroniplag)在此期间发现了一些抄袭行为。[28] 斯蒂芬(Steffel)[29]和吉菲(Giffey)[30]的论文是后来发生的抄袭案件。德国柏林、达姆施塔特和明斯特的法学教授们也面临着公开抄袭的指控。[31] 事实上,本书也被抄袭了——直接将本书中的主要观点抄袭去了! 这一抄袭作品应当从市场上下架。[32]

(二)抄袭的法律后果

16   (1)你可以通过谷歌、谷歌学术和谷歌图书检查学术论文的抄袭情况。近年来,各个大学学院逐步安装了一些防抄袭软件,将文章中的文字

---

  [28] 例如,被判犯有抄袭罪的还有安妮特-沙万(Annette Schavan)、希尔瓦娜-科赫-梅林(Silvana Koch-Mehrin)和乔戈-查兹马尔卡基斯(Jorgo Chatzimarkakis)以及前部长埃德蒙-斯托伊贝尔(Edmund Stoiber)的女儿维罗妮卡-萨斯。

  [29] N. N., CDU-Politiker Steffel verliert Doktortitel, FAZ. NET v. 4.2.2019, abrufbar unter https://www.faz.net/aktuell/politik/inland/uni-entzieht-cdu-bundestagsabgeordnetem-steffel-doktor-titel-wegen-plagiaten-16024090.html.

  [30] FU Berlin, Freie Universität Berlin 决定对 Franziska Giffey 博士的论文进行批评——但博士学位不会被撤销,2019 年 10 月 30 日,访问网址:https://www.fu-berlin.de/presse/informationen/fup/2019/fup_19_320-dissertation-franziska-giffey1/index.html。

  [31] Lahusen, KJ 2006, 398 ff.; Basak/Reiß/Schimmel, RW 2014, 277, 281 ff.

  [32] Basak/Reiß/Schimmel, RW 2014, 277, 281 ff.

法》第62f条)[41]，而且是无条件遵守的要求。[42]

18　　最后，正如楚·古藤贝格、莎婉(Schavan)、科赫－梅林(Koch-Mehrin)以及许多其他事例所展现的那样，抄袭会导致学术头衔被剥夺[43]，会对个人名誉造成影响，此后的(政治)职业生涯也几乎没有上升的空间了。[44]

四、非学术论文

(一)非学术论文的典型例子

19　　近年来，由于对知名政治家博士论文的严格审查，"抄袭"这一话题受到了大量关注。但是仍有少数不良学术行为的案例，在细节上存在违规行为，但结果还没有严重到用刚才的手段对这种违规行为采取行动。原则上，任何的"抄袭"争议，例如，持有类似观点或不引用相关论据，在学术上都是不诚信的。除非"抄袭"争议在特定案件中无关紧要或者已有主流观点，其他情况均适用。此外，"引用卡特尔"(Zitierkartelle)也很普遍：友好的作者互相引用，并盗用最初提出想法的作者。稍后将讨论的概括脚注(Sammelfußnote，第五章边码27)也与科学标准相矛盾。[45]

(二)更好的审查科学标准

20　　(1)自古藤贝格丑闻发生以来，结果令人喜忧参半：一方面，人们对正确引用以避免抄袭的意识明显增强。古藤普拉格和弗洛尼帕格无疑对此作出了贡献。许多文集也在致力于研究这一主题。[46] 许多专业文集都采用或修订"在出版物中保持良好的学术行为"这一原则要求。[47] 各个院系都提出了更

---

[41] *Lüft*, in: Wandtke/Bullinger, Praxiskommentar zum Urheberrecht, 5. Aufl. 2019, § 51 Rn.1; Ohly, in: FS Dietz, 2001, S.143 ff.

[42] 关于美国法中侵犯著作权可参见 *Gerhardt*, 12 Rich. J. L.&Tech.10 Rn.38 f.(2006)。

[43] VGH Baden-Württemberg, Urt.v.19.4.2000, 9 S2435/99, KMK-HSchR/NF21A Nr.19.在明斯特，共同抄袭者失去了博士学位。

[44] 在来自柏林和明斯特的教授抄袭事例中，出版社立即下架了抄袭者的作品。达姆施塔特的一位教授因为抄袭永远无缘新版的相关法律评注工作。

[45] Rieble, Das Wissenschaftsplagiat, 2010 (§ 5 Fn. 20)举了很多例子，但把这些形式归为剽窃，而不是归为不科学的行为。

[46] Dreier/Ohly (Hrsg.), Plagiate, 2013; Lahusen/Markschies (Hrsg.), Zitat, Paraphrase, Plagiat, 2015.

[47] 德国研究基金会的荣誉守则；大学协会的决议，保障良好的科学实践；公共宪法法律教师协会等。另见 Dreier/Ohly(编辑)的证据，Plagiate，2013，第185页。

自动在互联网上进行对比。[33] 这一"精神盗窃"的法律后果是比较严重的。在美国,有这样欺骗行为的学生会立刻被开除。在德国,这样的学生也会面临非常严重的后果。在奥格斯堡大学,如果一个学生妄想通过不被允许的手段影响考试结果,最终会得到"不及格"的结果。[34] 尝试采取欺骗行为的学生也有可能会被完全禁止参加整个考试[35],如大学法律考试等。

各院系要求学生进行书面声明,家庭作业或研讨会论文是独立撰写的,并注明引用了所使用的所有文献来源。[36] 学术论文必须以宣誓书的形式进行(第九章边码44)。根据《刑法》第156条,违反者可被处以最高3年的监禁或处罚款。[37]

(2)根据《德国著作权法》第97条及以下条款,著作权受到侵害的,可以请求行使民法中的妨害排除、妨害防止或损害赔偿请求权。[38] 即便观点和科学成果不存在著作权可以免费使用[39],但具体的表达方式,如例子的筛选等,同样受到著作权的保护。[40]《德国著作权法》第51条第1、2项是在写作中引用他人著作应当标注的法律基础。引用中需要给出文献的来源(《德国著作权

17

---

[33] 例如,www.plagiarism.org; www.m4-software.de. 这些程序检测的正确率已经达到了75%。关于早期的抄袭软件 Turitin、Ephorus 和其他抄袭软件,Weber-Wulff, in: Dreier/Ohly, Plagiate, 2012, pp.135, 139 ff., 151。

[34] 也同样适用于在给出成绩后5年内才发现的欺骗行为,参见《考试条例》(APrüfO)第20条第5款、第6款。

[35] 参见《考试条例》(APrüfO)第20条第2款第1句以及《奥格斯堡大学法学专业学习及考试条例》(STO/PO Rechtswiss der Universität Augsburg)第23条第1款第2句。近期,学校就有一名学生因为严重的抄袭行为而被剥夺了考试资格。

[36]《拜罗伊特大学法学研究的学习和考试条例》§ 49 Abs. 5 S. 3, 30.9.2020;《雷根斯堡大学法学研究的学习和考试条例》§ 60, 25.2.2016, 修订后, 1.21.2019。

[37] 例如,奥格斯堡的法律:BayHochschG Art. 64 Abs. 1 S. 6,由 APromO 奥格斯堡 § 7 Abs. 2 Nr. 10 实施。

[38] Schack, in: Dreier/Ohly, Plagiate, 2013, S. 81, 91 ff.

[39] 参见 WIPO Copyright Treaty(WCT)v.20.12.1996 第2条规定:"版权保护表达,而不是思想、过程、操作方法或数学概念。"另参见:Schack, in: Dreier/Ohly, Plagiate, 2013, S.81, 83; K. Weber, in: Jänich/Schrader, Fortschritt durch Nachahmung, 2013, S.27, 36 f.。

[40] Dreier/Schulze, Urheberrechtsgesetz, 6. Aufl. 2018, § 2 Rn.43 f.; s.auch BGH, Urt.v.7.12.1979(I ZR 157/77), GRUR 1980, 227, 230-Monumenta Germaniae Historica; BGH, Urt.v.21.11.1980(I ZR 106/78), GRUR 1981, 352, 353-Staatsexamensarbeit.

加严格的要求,法院也支持大学打击抄袭行为。另一个威慑因素是,博士学位的撤销不受时效限制。[48]因此,相关的声誉损失可能是巨大的(第五章边码18)。另一方面,当作者为大学教授时[49],或就如吉菲案[50],惩罚措施是相当宽松的,而且剽窃被发现的概率仍然不是特别高。

在美国,惩罚措施有时更为严厉:不久前,就有两位科研人员在其发表的成果中捏造或伪造了大量科研数据,因此被辞退。哈佛大学法学院的两位教授也被证明存在抄袭行为,不得不公开道歉。[51]有抄袭嫌疑的学生必须离开大学。此外,抄袭可能会影响到未来在律师行业的就业。[52]在澳大利亚,一位法官甚至被解雇,因为他在判决书中抄袭了一本教科书,却没有正确引用。[53]

(2)可检索电子文献的数量越多,检测到抄袭作品的概率就越大。最近,达姆施塔特工业大学的一位同行被提起纪律处分程序。[54]在美国,研究诚信办公室(ORI)是一个政府机构,负责调查对剽窃行为的指控。在德国也需要类似的机构来保证一个独立于大学和同行的客观程序。[55]目前德国研究基金

---

[48] 这是令人惊讶的,因为在刑法中,除了谋杀之外,所有的罪行都是有时效性的,《刑法》第78条。

[49] Kritisch folglich auch Basak/Reiß/Schimmel, RW 2014, 277, 299 f.

[50] 柏林众议院的一份法律意见书批评这种训斥缺乏法律依据,见 Zenthöfer, Giffey wurde rechtswidrig bevorzugt, FAZ. NET v. 7.8.2020, 访问网址:https://www.faz.net/aktuell/karriere - hochschule/hoersaal/plagiat-franziska-giffey-wurde-rechtswidrig-bevorzugt-16894300.html。

[51] Hemel/Schuker, Prof Admits to Misusing Source, Harvard Crimson online v. 27.9.2004, 访问网址: https://www.thecrimson.com/article/2004/9/27/prof-admits-to-misusing-source-harvard/. 到目前为止,在德国还没有这样的道歉。

[52] 例如,乔治-华盛顿大学的学生在学习之初就会收到一份关于"引证责任"和不当行为后果的指南。

[53] 悉尼大学的教授约翰-卡特对马库斯-赖因费尔德法官的剽窃行为提出了正式投诉,因为赖因费尔德在一份判决书中抄袭了卡特的作品,却没有引用他的话。最终,进一步的罪行导致他被解雇。Sheehan, Trail of lies ends in judgement, The Sydney Morning Herald v. 23.2.2009, available at https://www.smh.com.au/politics/federal/trail-of-lies-ends-in-judgment-20090222-8eoc.html.

[54] N. N., 达姆施塔特大学对 Cornelia Koppetsch 启动纪律程序, Der Tagesspiegel v. 11.8.2020,访问网址:https://www.tagesspiegel.de/wissen/plagiatsvorwurf-gegen-soziologin-tu-darmstadt-leitet-disziplinarverfahren-gegen-cornelia-koppetsch-ein/26085692.html.

[55] Weber-Wulff, in: Dreier/Ohly, Plagiate, 2012, pp.135, 139 ff., 153 f.; German Council of Science and Humanities on Scientific Integrity v. April 2015, Drs. 4609-15, p. 35 f.; Rixen, Selbstkontrolle reicht nicht, FAZ v. 9.1.2020, p. 7.

23 　　（3）对此，我们需要作进一步思考：一方面，需要有统一的标准，以严重程度来区分糟糕的科研工作和大规模的故意抄袭行为；另一方面，必须防止委员会与本大学成员之间的利益冲突，以更具差异化的方式制定制裁措施，从而使之相称。在保留和撤销博士头衔之间[56]，负责任的立法者应该在更大程度上引入中间范围的制裁。除了谴责、纪律处分程序和罚款之外，还可以包括道歉或撤销研究经费或研究学期。

第二节　引用的基本规则

一、可引用的文献

24 　　所有公开发表的文献原则上都是可以引用的。口头表述可以在给出表述人和日期的情况下予以公开。[57] 其他不典型的文献（第四章边码95），例如未发表的研讨课论文或者其他类似文章，也可以如此标注和引用。互联网上的信息原则上是可以引用的，但也要给出网址和访问日期（第五章边码92及以下）。不过，你必须要学会评价文献中的法律文本，不应当引用不严肃的文献（第五章边码95）。

二、作为文献来源证据的引语

（一）直接引语

25 　　直接引语需要加引号作明确标注，并且为了更直观，排版时要缩进。引用的内容必须和原文内容一致[58]；省略的部分要用加括号的省略号标注出来，不允许歪曲原意的简略引语。作者添加的强调也要加以说明。不过，通常来说，直接引用并不常见（第五章边码32）。

---

　　[56]　关于 Steffel 和 Giffey 目前的诉讼（本书第五章脚注28、边码49），也见 Schmoll, Versagen auf der ganzen Linie, FAZ v. 29.10.2020, p. 7。
　　[57]　*Theisen*, Wissenschaftliches Arbeiten, 17. Aufl. 2017, S.160.
　　[58]　*Theisen*, Wissenschaftliches Arbeiten, 17. Aufl. 2017, S. 169; *Bergmann/Schröder/Sturm*, Richtiges Zitieren, 2010, Rn.237.

> 原文为:
>
> Der richterlichen Rechtsfortbildung sind durch den rechtsstaatlichen Grundsatz der Rechts-und Gesetzesbindung in seiner den Senat bindenden Auslegung durch das BVerfG Schranken gesetzt(vgl. BVerfGE 65, 182(190 f., 194f.)= NJW 1984, 475; BVerfGE 69, 315(371f.)= NJW 1985, 2395 jew.m.w. Nachw.). Danach setzt sie voraus, dass die Rechtsordnung, wie sie sich unter Einschluss des Rechtsprechungsrechts und allgemeiner Rechtsüberzeugungen darbietet, Wertentscheidungen, sei es auch nur in unvollkommener Form, für eine Lösung in einem bestimmten Sinne ergibt.
>
> 直接引用时可以这样:
>
> Der richterlichen Rechtsfortbildung sind durch den rechtsstaatlichen Grundsatz der Rechts-und Gesetzesbindung in seiner den Senat bindenden Auslegung durch das BVerfG Schranken gesetzt.(…) Danach setzt sie voraus, dass die Rechtsordnung, wie sie sich unter Einschluss des Rechtsprechungsrechts und allgemeiner Rechtsüberzeugungen darbietet, *Wertentscheidungen, sei es auch nur in unvollkommener Form,* für eine Lösung in einem bestimmten Sinne ergibt.[BGH, Urt.v.19.9.1989, VI ZR 349/88, BGHZ 108, 305, 309 = NJW 1989, 3273-Haftung des Arbeitnehmers gegenüber Dritten bei gefahrgeneigter Arbeit.(由作者添加脚注)或(原文没有这一脚注)。]

原文中有错误的可以通过添加(原文如此)来表明[59],作者自己添加的部分,应当用括号标注。

如果是为了展现原作者国际化的观点或知识,直接引用外语原文并不合适。[60] 我们可以假设读者通常可以阅读英语,但法语、意大利语或其他语言则不行。如果引用的文本读者不理解则无意义,因此,除了英语,其他的语言应当在脚注中写明翻译。

---

[59] "Ich kam, schlief(sic)und siegte." "我来,我睡(原文如此),我征服。" 这一谚语原文应为:"我来,我见,我征服。" 为拉丁谚语。引用时原文为 "我睡",似有错误,因此,作品强调在直接引用时应添加(原文如此)的标注。——译者注

[60] *Theisen*, Wissenschaftliches Arbeiten, 17. Aufl. 2017, S.173.

(二)间接引用以及禁止概括引用(典型引用 Bauernopfer)

27 当不是直接引用时,你需要在脚注中说明他人观点、想法的来源文献。即便对这一观点、想法的表述有所不同,也不能缺少对文献来源的说明。没有使用引号的文本的脚注表明,这一观点来自脚注中原作者,但这一表达方式是你自己的。[61]

而且,如果某一观点是在没有外人帮助下自己想到的,但之后却在一些法院判决或学说文献中发现了同样的观点,尽管这让人很恼火,但仍然应当加上脚注。

同样禁止的是,在一篇文章中多次引用他人观点,但却仅在文章结尾处添加一个脚注。这便是人们常说的不被准许的"典型引用"(Bauernopfer)[62],因为作者的多个观点实质上是从原作者那里得来的,但只是敷衍性地添加了一个脚注,而不是对每一个引用写上脚注。读者在阅读时就会误以为作者想要把原作者的观点据为己有,因此,你应当加上引用信息。即便是多次引用的观点,也应当每一处都加上注释。不过,你可以在第一个注释中写明:"下面的观点来自于……"但是,这个办法应当少用,因为它并不是那么准确。在这种情况下,读者可能无法得知,从哪一部分你又开始写自己的观点和想法了。

(三)盲目引用

28 在引用他人文献时不亲自检查一下,是十分不严谨的,同样也是对他人观点的盗窃。所谓"盲目引用",即从他人文章中复制的注释,不加检查便用在自己文中。由于很多作者盲目引用,一般会有 30%~50% 的注释是不正确的。因此,强烈建议不要使用这些所谓省时的"技术",因为有很高的概率,在盲目引用中会使用到错误的注释。[63] 法院认为这种盲目引用是剽窃,因为欺瞒了

---

[61] *Gerhardt*, 12 Rich. J. L.& Tech.10 Rn.40(2006).

[62] 关于这个术语,Lahusen, KJ 2006, 398, 405 ff; Weber-Wulff, in: Dreier/Ohly, Plagiate, 2013, pp.135, 136 ff; VG Düsseldorf, Urt. v. 20.3.2014, zum 2014, 602, 613。

[63] 同样还有 *Zuck*, JuS 1990, 905, 911; *Theisen*, Wissenschaftliches Arbeiten, 17. Aufl. 2017, S. 177 ff.; *Bergmann/Schröder/Sturm*, Richtiges Zitieren, 2010, Rn.3.

真正的作者。[64]

另外要注意的是一些所谓的"幽灵书"。尽管每年出版社都发布出版这些作品新版的通告,但从未真正出现过。但令人惊讶的是,这些从未出版的书却会出现在脚注中。[65] 因此,每一个引用都要和原始文献进行核对。只有在无法查到原始文献时,才可以例外地根据一些相应的提示进行引用。这种情况下可以通过写上"转引自"加以说明。

(四)观点争议

不同的观点应当清楚地表示出来。在说明通说观点时,也要给出一个少数观点,或至少第二个观点。通说下至少应写明两个代表性的作者。

(五)一致性

一个精确的表达方式要求引用的文献应当保持一致性。例如,在引用银行法案例时,不能一会儿引自《有价证券通讯》,一会又引自《银行和证券交易法杂志》。要么全部注明日期,要么全部不加;要么全部写全作者的姓名,要么只写作者的姓氏。[66] 评注的缩写也要统一,例如《慕尼黑评注》统一写为 MünchKomm 或者写为 MüKo,中间不要换着用。标点符号也是如此,例如,在作者和作品名称间统一加逗号,作者名称统一用斜体或者全部不用斜体。除此之外,可以随意设计自己脚注的形式。但要注意一个作品中注释格式的统一性。

三、文献评价和不必要的引用

学术作品的重要任务同样包括让读者了解有关一个问题的权威观点。以前我们会要求尽可能完美,因此,需要引用所有相关的作者。在信息过载的今天,这已经是不可能的了。目前,作者的任务主要是区分出重要的和不重要

---

[64] VG Berlin, Urt. v. 21.2.2020, 12 K 412.17, BeckRS 2020, 18147 Rn. 18; VG Berlin, Urt v. 15.4.12009, 12 A 319.08, BeckRS 2009, 34504; hierzu Zenthöfer, Berliner Gericht verschärft Zitierregeln, FAZ. NET v. 4.8.2020, abrufbar unter https://www.faz.net/aktuell/.

[65] *Schimmel*, Wie Datenmüll die juristische Alltagsarbeit erschwert, Legal Tribune v.15.3.2013, unter www.lto.de/recht/feuilleton/f/juristische – phantombuecher – fachliteratur – verlage – autoren/; *Grube*, Der Bluff mit dem Fußnoten-Phantom, SZ de v.24.11.2011, s.www.sueddeutsche.de/wissen/falsch–zitiert–der–bluff–mit–dem–fussnoten–phantom–1.1217376.

[66] 例外情况参见本书第五章边码 77。

的,仅仅引用重要的文献就可以了。在重要文献的筛选中,文献评价具有重要的意义(第五章边码4),可以避免"脚注坟墓"。

①当有20位作者引用了第一位作者的观点时,不必把这20位作者全部列上,只用写上第一个作者的信息即可。我们可以不引用那些只是转述他人观点而没有对观点做实质改变的作者。这一规则不仅适用于学说,同样也适用于判例。

②在法学论文写作中,脚注不是用来添加说明性信息,而是为相关的论点和论据提供证据。正文文本离开脚注应当同样是可以读得通的。[67]

③引用不是为了展现自己的博学。不应把自己收集到的已阅读的所有材料全部放在脚注中。而且,这些注释不能代替你自己最终的观点和论证,也不能代表你所主张观点的正确性。[68]

32 如果构成要件和法律后果可以通过法律条文得出,那么再加上引用就是多余的了。这种情况下,只用写明法律条文即可。立法者而非判例或学说将相关的法律后果规定为法律,引用法律时,就无须添加脚注或引号详细说明。但是,当你引用判例时,则必须添加脚注,如果引用较长段落则要加引号。如果是以间接引用的方式表达,也可以省略引号。通过脚注来写明文献的来源,始终需要注意读者是否能认识到你是在表达自己的观点还是在引用别人的观点。最后,涵摄时也不必写明文献来源,因为涵摄的过程是由你进行的。[69]

根据《德国民法典》第280条第1款和第3款、第281条第1款、第437条第3项和第434条第1款,卖方对于标的物瑕疵有过错的,负有损害赔偿责任。这一法律后果的创造者是2002年1月1日《德国民法典》的立法者。此时再引用德国联邦最高法院或帕朗特(Palandt)评注就是不合适的。其他的,例如,请求给付2500欧元货款的依据是买卖合同,而非"根据梅迪库斯"。

---

[67] *Harnack*, Über Anmerkungen in Büchern, in: Harnack, Aus Wissenschaft und Leben, Bd.1, 1911, S.148, 161.

[68] *Thieme*, Die Anfertigung von rechtswissenschaftlichen Doktorarbeiten, 2. Aufl. 1963, S.37.

[69] Ebenso *Mann*, Einführung in die juristische Arbeitstechnik, 5. Aufl. 2015, Rn.402.

四、根据作者的重要性来引用

（一）原始文献的重要性

出于学术公平的考虑，我们应当写明最早提出某具体观点的作者。因此，可以将文献分为原作者提出某观点的原始文献和后续作者仅介绍所接受观点的引证文献。引证文献原则上只是对原始文献的补充引用。[70] 如果判决是采纳学说中的观点也是如此。此时，应当首先引用原作者的这一观点，然后是法院的判决，这样的话，也可以表明这个观点具有较高的权威性，因为它也被一些判决所采纳。相反，如果某一观点是在复述判决的观点，则引用时就应当排在后面。没有那么重要，甚至是有误导性的观点，则可以在脚注中按照字母表顺序排列。早期的法院判决也要先于之后的判决引用。

> "框架权"（Rahmenrecht）的概念来自费肯歇尔（Fikentscher），参见 Fikentscher/Heinemann, Schuldrecht, 11. Aufl. 2017, Rn.1571ff.。
>
> "禁止克减"（Untermaßverbot）的概念最先由联邦财政法院[71]提出，之后由舒佩特（Schuppert）使用。[72] 卡纳里斯（Canaris）也使用了这一概念[但是没有引用舒佩特的文章，参见 Canaris, AcP 184(1984), 201, 228]。伊森泽（Isensee）仅引用了卡纳里斯的文章，并持同意观点（Isensee, HdbStR V, 1992, § 111 Rn.165）。联邦宪法法院在其判决中仅引用了伊森泽的文章，并没有谈论舒佩特及卡纳里斯的观点（v.28.5.1993, 2 BvF2/90, 2 BvF 4/92, 2 BvF 5/92; BVerfGE 88, 203, Leitsätze 6, 8-Schwangerschaftsabbruch II）。

但是，在一些具体研究中仅仅引用一些晚期的、总结性的二手文献也无可厚非。[73]

（二）高级法院的裁判

一些情况下，地方法院的判决会被州初级法院改判，州初级法院的判决会

---

[70] Thieme, Die Anfertigung von rechtswissenschaftlichen Doktorarbeiten, 2. Aufl. 1963, S.38 f.
[71] BFH, Urt.v.15.1.1969, VII R 13/67, BFHE 95, 67 Rn.31. Für den Hinweis danke ich Herrn Kollegen Sachs.
[72] Schuppert, Funktionell-rechtliche Grenzen der Verfassungsinterpretation, 1980, S.15.感谢我的同事 Schulze-Fielitz 先生给出这一提示。
[73] Thieme, Die Anfertigung von rechtswissenschaftlichen Doktorarbeiten, 2. Aufl. 1963, S.38.

被州高级法院改判,而州高级法院的判决会被联邦最高法院改判。由此,上级法院的判决总是要比下级法院的判决重要。因此,在有疑问时,要优先引用较高级别法院的判决。[74]

(三)法院裁判与法律文献

35 写作时,如果错误地评价某些学术观点,也是不符合学术研究规范的。一个高级法院的判例之所以成为一个法律文献,是因为它不仅给出了建议,还作出了裁判(例外情形参见第五章边码33)。尽管根据《德国基本法》第31条第1款的规定,原则上只有宪法法院的裁判对其他法院有约束力,但是其他法院原则上也要参照上级法院的法律意见。[75] 因此,只引用法律评注中的一段,而不引用法院判例是不正确的。引用法律评注时,同样要再引用法院判例。

> 为亲属提供保证可能属于《德国民法典》第138条第1款违反善良风俗的情形。下列是一些需要引用的基础判例和学说:
>
> BVerfG, Beschl.v.19.10.1993, 1 BvR 567/89 u.a., BVerfGE 89, 214, 234 = NJW 1994, 26 m. Anm. *Honsell* = JZ 1994, 408 m. Anm. *Wiedemann*; BGH, Urt.v.11.3.1997, XI ZR 50/96, BGHZ 135, 66, 70; BGH, Urt.v.27.1.2000, IX ZR 198/98, NJW 2000, 1182; Palandt/*Ellenberger*, BGB, 80. Aufl. 2021, § 138 Rn. 38 ff.; *Zöller*, WM 2000, 1 ff.

第三节 引用的形式规则

36 和英美法系引用的格式要求不同,德国引用的形式规则相对比较随意。但是在本部分并不存在所谓"正确"与"错误":因为不同的法学期刊和译注会有不同的引用格式要求。不过,为了让读者能方便地检查学术著作中的引用,最好遵循某些惯例。但这些规则可以改变。[76]

---

[74] 案件初审法院的判决通常仅在不存在更高级别法院判决的情况下引用。

[75] 有关判决先例的论证,参见本书第三章边码29及以下。

[76] 关于欧盟法院裁决的引用,见第四章边码59及以下;关于文献中的边码,见第五章边码41。

一、一般格式

(一)脚注而非尾注

在法学学术文献中通常使用脚注而非尾注。这样的好处是,引用可以放在每页的底部而非文章的末尾,这样读者就不必为了查看引用再费事来回翻页。[77] 文中脚注的缩写是 Fn.或者 Fußn.,边码的缩写是 Rn.或 Rdnr.。某个词语后面的脚注只是用来注释这个词语,句子后面的脚注则包括整个句子或句子的具体部分。[78] 脚注的文本以大写开始,以句号结束。如果一个脚注中有多个参考文献,则用分号分开。简短的注释可以在脚注中说明,例如"另参见"(s.auch)、"类似的"(ebenso)、"亦如此"(so auch)、"相反的意见"(anders dagegen)、"较早的观点"(a. A.)等。但是"参见"(vgl.)本身没有什么说明意义,因此不必写。[79]

通常我们将脚注放在页面的底部而不是文章中,否则太长的脚注会令文章不容易阅读。[80] 但在正文中通过括号插入引用的文献通常见于法院的判决或者交叉判决。

(二)准确的来源

引用文献时,不仅是法律,法院裁判和其他文献也都需要给出准确的来源,这样读者能够找到所引用文献的来源(第五章边码 3)。法律条文有时长达数页。[81] 此时,如果引用不够精确,对读者来说是没有意义的,因为无法期待他们从这么多行的条文中去查找一个具体的观点。

基于内容错误而撤销(《德国民法典》第 119 条第 1 款选项 1),而并不能只写"基于错误"。请求权的依据是《德国民法典》第 812 条第 1 款第 1 句类型 1,而不能只写"根据不当得利法"。请求权基于第 812 条产生,给出具体的依据是很重要的,因为这一条款中包含了四个不同的请求权基础:给付不当得利(第 812 条第 1 款第 1 句类型 1),权益侵害不当得利(第 812 条第 1 款第 1 句

---

[77] 如果法律数据库提供带有尾注的论文,则是由电脑程序生成的。
[78] Ebenso Byrd/Lehmann, Zitierfibel für Juristen, 2. Aufl. 2016, S. 117.
[79] 脚注中常见的缩写参见 Höhne, JA 2014, 737 ff.。
[80] 关于通过微软办公软添加脚注的方法,见附录四边码 51 及以下。
[81] 例如《德国民法典》第 309 条,或者《德国证券交易法》第 63 条、第 120 条,《德国反不正当竞争法》第 19 条、第 20 条还要更长。

类型 2)、支出费用不当得利(第 812 条第 1 款第 2 句类型 1)和追索型不当得利(第 812 条第 1 款第 2 句类型 1)。

40　　有时候法院的裁判文书会有上百页之长[82]，其中不仅标注有页码，还会标注德国很常见的边码，因此，可以把引用做得更加精确。[83]

41　　在法律文献中通常也会出现页码和边码出错的情况。出现这种情况的时候，较好的方式是给出页码及上面的边码，这样比较方便检查给出明确来源的引用是否准确(第五章边码 62 及边码 69)。

(三)完全引用及缩略引用

42　　在专著开始部分的文献索引中需要使用完全引用。其中会包括作者或编者的姓氏和名字、标题和副标题、卷次、版次、出版地点和出版时间。[84] 相反，在专著或文章的脚注中，通常仅仅是缩略的引用，作者的名称以及出版地点都被删去了。

43　　为了避免脚注部分过于冗长，写作时不必每次都给出法学文献的全部引用信息。这些信息通常在第一次引用时给出。在第二次引用时，给出缩略的引用信息即可。在文章以及法律评注或专著中，比较常见的是在脚注中指出完整的引用信息所在的位置。这一提示信息通常是在相关信息之前写上"见上"或"同"。

下面这种引用应当避免，读者对于下面这种引用可能会产生误解。[85]

> ⁶ Palandt/*Grüneberg*, BGB, 80. Aufl. 2021, § 314 Rn. 2; *Gaier*, in: MünchKomm-BGB, 8. Aufl. 2019, § 314 Rn.5.
>
> (……)
>
> ²¹ 同上 Palandt/*Sprau*,(Fn.6), § 651e Rn.6.

44　　有时也会使用仅给出作品关键标题的缩略引用。但前提是必须在文献索引中写明标题缩略的形式。使用缩略引用，一定情况下会混淆作品的标题。

---

[82] BVerfG, Urt.v.28.5.1993, 2 BvF2/90 u.a., BVerfGE 88, 203-366-Schwangerschaftsabbruch II.
[83] 关于边码的引用，参见本书第五章边码 62 和边码 72。
[84] 参见本书第五章边码 108 及以下。
[85] 下面的引用中，脚注 21 指向了脚注 6，但脚注 6 中包含了两个类似的法律评注，而 *Sprau* 的著作并未在脚注 6 中有所体现，会引起误解。——译者注

你在写作时,应当只有在作品标题特别长的时候,才使用这种引用方式,其他情况下应当避免。另外,也要在(脚注)第一次完整引用时说明。

首先需要在文献索引中提示:Hix, Jan-Peter: Das Recht auf Akteneinsicht im europäischen Wirtschaftsverwaltungsrecht: dargestellt am Beispiel des Kartell- und Antidumpingverfahrens der EWG, Baden-Baden 1992.(以下引用为:Hix, Das Recht auf Akteneinsicht im europäischen Wirtschaftsverwaltungsrecht, 1992)。然后可以在脚注中写:Hix, Das Recht auf Akteneinsicht im europäischen Wirtschaftsverwaltungsrecht, 1992, S.42。

相反,文章只是给出提示同上的信息 Ort (a.a. O.)或者 ebenda(ebd.),就没有那么容易读了。这样做,节省不了太多空间,但会给读者带来许多困扰,他们需要花费更多的时间和精力,才能找到引用文献的详细信息所在的位置。然而,如果你再次引用之前的脚注,就可以使用缩写。

在法学著作中,缩略引用时,不能仅标注文献的出版年份或不给出具体的页数。[86]

(四)美国法中的规则

美国法中通常是按照哥伦比亚法律评论协会、哈佛法律评论协会、宾夕法尼亚大学法律评论和耶鲁法律杂志公司推出的蓝皮书(Bluebook)[87]的规则来引用的。为了正确发挥引用的作用,在德文著作中引用美国法的内容也应当按照这一规则进行。此外,判例或法律文献不必译为德文,保留原貌即可,这样别人才能比较方便地找到原始文献。[88]

二、法律

(一)欧盟法

(1)《欧盟业务运作条约》通常会缩写为 AEUV,《欧盟条约》通常会缩写为 EUV。通常会引用到具体的条、款、项和句。

---

[86] 例如:Hix, 1992; a. A. Brinkmann, Die rechtswissenschaftliche Seminar- und Doktorarbeit, 1959, S.68。

[87] 关于蓝皮书可访问:www.legalbluebook.com。如何按照蓝皮书引用,可访问:www.law.cornell.edu/citation/; www.suffolk.edu/law/library/19543.php。

[88] 关于法律参见本书第五章边码 53、司法案例请参见第五章边码 76、学说文献参见第五章边码 89。有不少作者都忽视了这个规则。

在引用次级法源时,详细引用中需要给出完整的标题。详细的引用信息包括具体的条文(指令/条例)、编号(见下文)、发布机构、发布日期和标题。如果修订条例或指令,则要再给出其修改的条例和指令(指出名称)是哪一个。指令和条例的法规编号由发布年份(第一个数字)和序号(第二个数字)组成。在 2014 年 12 月 31 日之前,条例的编号是排号在前,年份在后。

自 2015 年 1 月 1 日起,欧盟法规的编号和引文已统一。在分配序号时,两者就没有区分了。自 2015 年以来,作为条例制定基础的条约需要在编号前面括号内写明。因此,在较新的法规中不再使用"No."这个前缀。自 2015 年 1 月 1 日起,所有法律条文前面都有相应年份和编号的"(EU)"。

最后,要写上条例和指令在《欧盟公报》(L 卷)中所处的位置,如果是早期指令,则是其在《欧洲共同体公报》中所处的位置。最后一个字母为小写(OJ)。因为公报每年都会重新编排一下,因此,除了给出所处位置的页码,也要给出具体的日期。

(2)因为正式的标题往往太长了,所以要使用关键词。然而,欧盟次要法律规范(指令和条例)的关键词和非正式的缩写经常是不统一的。在欧盟商法中,除了德语缩写外,有时还有英语缩写。[89] 欧盟成员国之间需要进行商业交流。英语已成为国际通用语言。因此,至少在商法中,我赞成使用英文版本。在引用时为了更加清楚,需要在脚注和正文中加上法规的编号,也即 MAR(EU)Nr.596/2014。出于节省版面的考虑,在缩略引用时,可以删去该法规是否是由议会和参议院联合制定,也可以精简标题,使用数字写发布日期;发布该法规的官方公报的日期也可以删去,因为在发布日期中一般已经包含了官方公报的年份。

> Verordnung(EU) Nr.596/2014 des Europäischen Parlaments und des Rates vom 16. April2014 über Marktmissbrauch(Marktmissbrauchsverordnung) und zur Aufhebung der Richtlinie2003/6/EG des Europäischen Parlaments und des Rates und der Richtlinien2003/124/EG, 2003/125/EG und2004/72/EG der Kommission, ABl. Nr. L 173 v.12.6.2014, S.1.

---

[89]《防止市场操纵条例》(Marktmissbrauchsverordnung)的缩写是 MMVO 或 MAR(全称为 Market Abuse Regulation)。

或者缩写为：

Verordnung（EU）Nr.596/2014 über Marktmissbrauch（Marktmissbrauchsverordnung）——Market Abuse Directive）v. 16.4.2014, ABl. Nr. L 173, S. 1-MAR.

2015 年 1 月 1 日以后的条例的简明引用方法：

Verordnung（EU）2019/1148 über die Vermarktung und Verwendung von Ausgangsstoffen für Explosivstoffe v. 20.6.2019, ABl. Nr. L 186, S. 1.

Richtlinie 2014/24/EU v. 26.2.2014 über die öffentliche Auftragsvergabe, ABl. Nr. L 94, S. 65-242.

2015 年 1 月 1 日以后的指令的简明引用方法：

Richtlinie（EU）2019/771 des Europäischen Parlaments und des Rates vom 20. Mai 2019 über bestimmte vertragsrechtliche Aspekte des Warenkaufs, zur Änderung der Verordnung（EU）2017/2394 und der Richtlinie 2009/22/EG sowie zur Aufhebung der Richtlinie 1999/44/EG, ABl. Nr. L 136 vom 22. Mai 2015, S. 28-50.

或者缩写为：

Richtlinie（EU）2019/771 v. 20.5.2019 über bestimmte vertragsrechtliche Aspekte des Warenkaufs, ABl. Nr. L 136, S. 28-50-Warenkauf-RL.

（二）国内法

只有在引用新的法律或比较特别的法律时，才需要全部信息。对于一些常见的法律，如《德国民法典》《德国刑法典》或《德国行政诉讼法》等则默认读者知道。

通常来说，德国的立法者会给德国法律一个描述性名称。但它们的使用频率并不高，因为它们还是太长了。因此，这些法律通常都会有一些非正式的缩略名称。[90] 但可惜的是，这些缩略名称并不统一。[91] 只要是官方没有给出具体缩略名称的，我们应采用基什内尔/博星（Kirchner/Böttcher）[92] 书中建

---

［90］ 如 Gesetz über Aktiengesellschaften und Kommanditgesellschaften auf Aktien, 会简称为"AktG", Verordnung über die Laufbahn der Bundesbeamten, 会简称为"BLV"。

［91］ 例如, Umwelthaftungsgesetz 就有 UmwelthaftG, UmweltHG 或 UHG 多种缩略方法。

［92］ Kirchner/Böttcher, Abkürzungsverzeichnis der Rechtssprache, 9. Aufl. 2018; 最近, 该书有了在线版本, 通常您可以在图书馆电子资源中查阅。有关国际组织缩略语参见 Kavass/Prince（eds.）, World Dictionary of Legal Abbreviations, 3. Vol., Loseblatt 1999。

议的用法。对于州的法律,我们也可以采取类似的用法,但在前面加上州的缩写即可,如 BayPAG 或 BayBO。但这些缩写一般不属于官方的法律名称。

51　　在引用法律的时候,需要在脚注中写上法律的全称、发布日期以及公布的地方,也即联邦法律和州法律分别所处的联邦法律公报和州法律公报的位置。

> Gesetz über die Haftung für fehlerhafte Produkte(Produkthaftungsgesetz-ProdHaftG)v.15.12.1989, BGBl. I, S.2198.
>
> Kapitalanlagegesetzbuch(KAGB)v.4.7.2013, BGBl. I, S.1981.
>
> Bayerische Bauordnung(BayBO)v.14.8.2007, GVBl., S.588.

52　　此外,也存在一些引入一个新的法律,并随着引入的新法而修改一系列既有法律的立法(即所谓综合立法,Artikelgesetze)的情况。如《德国资本投资法》(Kapitalanlagegesetzbuch, KAGB)便是根据《转化另类投资基金经理指令的法律》(AIFM-UmsG)第 1 条的规定而引入。此外它也修改了《证券法》(BörsG)、《票据法》(WpHG)和《财产投资法》(VermAnlG)。在引用综合立法时,需要引用所有相关法律。

> Kapitalanlagegesetzbuch(KAGB)v.4.7.2013, eingeführt durch das Gesetz zur Umsetzung der Richtlinie 2011/61/EU über die Verwalter alternativer Investmentfonds(AIFM-Umsetzungsgesetz-AIFM-UmsG), BGBl. I, S.1981.

(三)美国法律

53　　引用美国法律时,除了要给出制定机构设置的官方法律名称外,同样需要给出所处的确切的法典位置及公布时间。[93] 详细的引用规则可参见蓝皮书的做法。[94]

> Ferderal Deposit Insurance Act, 12 U. S. C. § 1812(a)(1)-(b)(3)(2016).[95]
>
> Wilderness Act, 16 U. S. C. § 1131(b)(2016).[96]

---

[93] 参见 Neumann, Legal Reasoning and Legal Writing, 6th ed.2009, S.242 ff.。
[94] 参见本书第五章边码 46。
[95] Bluebook, 20th ed.2016, R 12.2.1; 3.3; T 1.1.
[96] Bluebook, 20th ed.2016, R 12.2.1; T 1.1.

(四)法律规范的引用方式

通常法律规范会引用到款、句、半句、项以及法律规范中包含的具体规范类型等。不过,也只是在法律规范内包含有多个选择可能时,才需要写明具体的类型。款可以用罗马数字指代;句、半句等则用阿拉伯数字指代。

最后,也可以同时引用多个条款,或用双段落标记(§),或用双t(Artt.)来引用文章。

欧洲的指令和法规通常都会有附言,表达立法者的意愿和法律的设立目的。[97]此外,法律还包含分段、字数(字母)和缩略语,在案例中引用时必须注明。

> § 812 Abs.1 S.1 Alt.1 BGB.
> Artt.2 Abs.1 i. V.m.1 Abs.1 GG (Allgemeines Persönlichkeitsrecht).
> ErwG. 1 Warenkauf-RL 2019/770

三、立法资料

(一)欧盟法

在欧盟法方面,立法进程和立法者的意愿可以通过 KOM、SWD 或者 SEK 文件查询(第四章边码 31)。除了给出文档的名称外,还有审议的时间以及文档的边码等。最终版本还会标上"终稿"(endg)。有些文件只有英文版本。

> Vorschlag der Kommission zur Änderung der Richtlinie 85/611/EWG (OGAW) v.17.7.1998, KOM(1998)449 endg.
> Weißbuch v.2.4.2008"Schadensersatzklagen wegen Verletzung des EG-Wettbewerbsrechts", KOM(2008)165 endg.
> Commisson, Staff Working Document on the Impacts of fully harmonised rules on contracts for the sales of goods supplementing the impact assessment accompanying the proposal for a Directive of the European Parliament and of the Council on certain aspects concerning con-tracts for the online and other distance sales of goods v. 31.10.2017, SWD (2017) 354 final.

---

[97] Möllers, Juristische Methodenlehre, 3. Aufl. 2020, § 5 Rn. 16 ff.

(二)国内法

56　　(1)德国法中的立法资料可以在联邦议会或联邦参议院及相关州的出版物中获取(第四章边码 35)。引用时需要写上文档的标题和作者。另外需要给出具体的位置。联邦议院出版物前面会有两个数字来标示：前面的数字表示该议会的任期,后面的数字表示该文档的编号。联邦参议院出版物前面的数字表示该出版物的编号,后面的数字表示出版年份。具体位置通过页码来指示。州出版物也可适用该引用规则。

> Bericht des Finanzausschusses v.21.3.2002 zum Gesetzentwurf der Bundesregierung zur weiteren Fortentwicklung des Finanzplatzes Deutschland ("Viertes Finanzmarktförderungsge-setz") v.18.1.2002, BT-Drs.14/8601, S.21.
>
> Stellungnahme des Bundesrates v. 15. 12. 2006 zum Gesetzesentwurf der Bundesregierung zur Umsetzung der Richtlinie über Märkte für Finanzinstrumente und der Durchführungsrichtlinie der Kommission(Finanzmarkt-Richtlinie-Umsetzungsgesetz)v.8.12.2006, BR-Drs.833/06(B), S.2 f.
>
> Gesetzentwurf der Staatsregierung zur Änderung des Landesstraf-und Verordnungsgesetzes v.27.2.2013, Bayerischer Landtag Drs.16/15831, S.1ff.

57　　(2)立法中涉及的补充材料(第四章边码 41)同样会被参考和引用。这其中有不同利益团体、协会和教授等的意见及行政机关的补充文件。这些材料会给出作者、标题及日期等信息。由于这些材料通常只能在线查阅,所以需要给出网址及访问日期。

> BaFin, Auslegungsschreiben zum Anwendungsbereich des KAGB und zum Begriff des "Investmentvermögens" (Geschäftszeichen WA 41-Wp2137-2013/0001)v.14.6.2013, abrufbar unter www.bafin.de/SharedDocs/Veroeffentlichungen/DE/Auslegungsentscheidung/WA/ae_130614_Anwendungsber_KAGB_begriff_invvermoegen.html.
>
> DSW (Deutsche Schutzvereinigung für Wertpapierbesitz), Öffentliche Anhörung zu dem Gesetzesentwurf der Bundesregierung "Entwurf eines Gesetzes

> zur Umsetzung der Transparenzrichtlinie-Änderungsrichtlinie" BT-Drs.18/5010 hier: Stellungnahme der deutschen Schutzvereinigung für Wertpapierbesitz e. V. (DSW), abrufbar unter www. bundestag. de/blob/386822/2c2fdcc6659ab7ed2ceec1c69590e7b9/04——dsw-data.pdf.

四、裁判文书

近年来,欧盟法院的引用方式发生了变化,适用于诉讼双方名称及官方案例集的引用。

(一)欧盟和国际裁判文书

(1)时至今日,从习惯上,欧盟最高法院的判决是根据案件内容来分类引用的。这样的好处是,在国外的期刊或网站上比较容易找到相应的裁判文书。[98] 欧盟最高法院的案件以边码 C 开头,以此来与欧盟法院(T)和欧盟公务员法院(F)的案件区分。早期的案例(1989 年欧盟法院成立前)在引用时没有字母标识。[99]

和德国的判决不同,欧盟最高法院以往的判决在引用时还经常包含诉讼双方信息。在美国,这是常见的做法。如果是个人的话,只会列出姓氏。如果是企业、国家和机构的话,则会给出通用的名称。

(2)但列出诉讼双方信息会导致引用变长,并且常常没有价值。如果一个诉讼关联了多个案件,则会让引用变得更长。自 2018 年起,欧盟最高法院的裁决也匿名化。考虑到个人信息保护,不再列出当事人的名字。因此,今后只能在已知诉讼双方信息的情况下,用关键词来检索案例。

(3)官方案例集的缩写 是"Slg."。然而,自 2012 年开始,官方案例集停刊。新的裁判文书无法再引用其在官方案例集中的位置。欧盟最高法院采用包含欧盟案例标识符(ECLI-European Case Law Identifier)的新的引用方式。欧盟案例标识使得整个欧盟之内统一案例引用方法成为可能。欧盟最高法院为所有的案例设置了案例标识,以前的案例也是如此。为了在论文中统一引

---

[98] 例如,欧盟最高法院的判决还可以通过访问 http://curia.europa.eu 网站查阅,参见本书第四章边码 48。

[99] 这些案例同样还分为案例集 I(欧盟最高法院)和案例集 II(欧盟法院)。罗马数字会放在具体页码之前。

第五章 文献引用的规则 161

用,也建议你在引用欧盟最高法院和欧盟法院早期的案例时使用这一方法。ECLI 的目的是统一欧盟之内的引用方式。这意味着欧盟成员国的国家法院的判决也使用 ECLI。如果一个关键词或当事人信息是已知的,就能以 ECLI 命名。

欧盟案例标识包括国别代码、法院代码、裁判年份和排号,并用冒号分开。在引用时,可以将缩略语(ECLI:)放在引注前面或者省略,因为通过冒号可以清楚地表明这是按照欧盟案例标识的方法在引用。例如欧盟最高法院 2005 年 7 月 12 日对"舒瑞普(Schrempp)案"作出的判决(C403/03)的欧盟案例标识符是:"[ECLI:]EU:C:2005:446"。它由如下四个部分组成:

- "EU",是指它涉及的是欧盟法院的裁判(如果是欧盟成员国的案例,则采用该国的缩略码),例如 DE 代表德国,NL 代表荷兰;
- "C",是指该案件由欧盟最高法院(EuG)作出,而欧盟法院的标识是 T,欧盟公务员法院的标识是 F(如果是成员国内的法院作出的,则给出该法院的称谓,例如 BVerwG);
- "2005",是指该案件裁决在 2005 年作出;
- "446",是指该案件是 ECLI 在该年涉及的第 446 个案例。这个编码可以通过 Curia 或者 Eur-Lex 查询。

除了欧盟案例标识符,新的引用方式还包括判决通用名称及案件的编码、日期。

> 以一个欧盟最高法院的裁判为例:EuGH, Urt. v. 11.12.2018, C-493/17, EU:C:2018:1000-Weiss/PSPP。
>
> 以一个法院的裁判为例:
> EuG, Beschl.v.22.4.2009, T-217/08, EU:T:2009:111-Milchviehhalter。

(4)在 1968 年之前,欧盟最高法院在其裁判文书中没有加入边码,1969 年之后则开始在裁判理由部分加入边码,但事实部分没有加入边码。1985 年之后,则全部加上了边码。

只要裁判文书中有边码,在引用时就应当写上。通过边码可以指示到具体引用的精确位置。而且,和页码相比,边码也不会改变。读者可以不必通过图书馆去查阅具体期刊或裁判汇集,就可以找到具体的引用信息。[100] 如果裁判文书中还没有边码,则需要给出引用信息在官方裁判集中的页码。所以,引用1968年以前的裁判文书需要给出页码,1984年之前的,如果是引用事实部分,也要给出页码。只要有边码,在给出欧盟案例标识符后,就不必再给出其在官方裁判集中的页码了。

> EuGH, Urt.v.30.9.2003, C-224/01, EU:C:2003:513, Rn.42-Köbler.
> EuGH, Urt.v.15.7.1964, 6/64, EU:C:1964:66, Slg.1964, 1253, 1269-Costa/E. N. E. L.

(5)在2013年之前,总检察官的意见有时会在官方汇编中公布。这一意见也有一个欧盟案例标识符。除了具体的位置,还会给出名称、案例编码、当事人以及日期和具体边码。

> Schlussanträge der Generalanwältin *Trstenjank* zu C-214/10(KHS/Schulte) v.7.7.2011, EU:C:2011:465, Rn.2.

(6)欧盟成员国根据《欧洲人权条约》(EMRK)在斯特拉斯堡成立了欧洲人权法院(EGMR)。它的案例也可以像欧盟最高法院的那样引用。引用时需要给出结案形式、日期、案例编码以及以上欧盟案例标识符中包含的信息。比较推荐的是,引用时另外给出案例的关键词,通常是当事人名称。

> EGMR, Urt.v.25.4.1978, 5856/72, CE:ECHR:1978:0425JUD 000585672, Rn.31-Tyrer v.the United Kingdom.
> EGMR, Urt.v.28.6.1978, 6232/73, CE:ECHR:1978:0628JUD 000623273, Rn.89-Duration of Proceedings.

(二)国内的裁判文书

(1)在引用德国判决时,全部的引用信息包括文书的日期、官方发布地址、平行出处及关键词,这样也是最精确的。但这样引用,通常会比较长,因此

---

[100] 关于这一优势,参见 *Bergmann/Schröder/Sturm*, Richtiges Zitieren, 2010, Rn.471。

在德国比较常见的是,引用时进行一定的缩写。主要是指在法学期刊和教科书中,出于节省版面的考虑,会采用缩略引用。但出于引用的意义考虑,并不推荐这种引用方式。读者应当能够通过引用中的信息快速简单地了解到作者想要引用的内容(第五章边码5)。因此,在不确定如何引用时,详细的信息要比精简的信息更好。但要注意,不能把脚注写得过于"臃肿"。较好的方式是,在首次引用裁判文书时写上全部信息,后面再引用时指引到前面就可以了。

66　　(2)仅仅给出裁判文书的日期肯定是不够的,因为法院通常会在一天内判结多个案件。不过你还是应该给出裁判文书的日期,一般以用"Urt.v."(判决,日期)和"Beschl.v."(裁定,日期)指代。另外,给出裁判文书的日期和编码,也可以避免盲目引用的嫌疑。读者也更易于确定裁判文书。这适用于在一个诉讼中有多份裁判文书的情况。

67　　(3)另外比较重要的是,引用中给出文件编号,也有助于在各个法院的网站上查找该案件。这样,案件就有了一个明确的标识。尽管有时这样引用,脚注会变得很长,但出于引用意义和学术研究的考虑,在引用法院裁判文书时,还是应当加上文书的编号。编号最好写在日期后面,用逗号隔开。如果有几个诉讼正在进行中,那么可以被法院合并为一个诉讼,因此存在几个编号时,你只能引用第一个编号,然后用"u.a."指代其他诉讼。

68　　(4)你也可以像在法学文献中常用的方法那样,在引用中加上裁判文书所处的官方裁判集,以方便读者辨识案例(第四章边码50及以下)。和欧盟最高法院类似,近年来,德国大部分高级法院也给其裁判文书设置了欧盟案例标识符。[101] 和欧盟的案例通过欧盟案例标识符代替了官方案例集不同,德国的国家案例集还继续存在。目前的官方案例集还没有像欧盟那样的案例标识。案例的识别码可以通过相应的法院网站及 Juris 数据库查询。它们也会显示出德国的裁判文书是否采纳了欧盟案例标识。

69　　在引用官方案例集中的案例时,通常会使用常用的缩略词,例如 BGHZ、BGHSt、BVerfGE 或 BVerwGE 等,同时列出卷数和案例的始页。如果要引用具

---

[101] 联邦行政法院为欧盟判例标识码设置了一个说明页面:https://www.bverwg.de/rechtsprechung/ecli。

体的内容,则还要给出具体的页码或者边码。

如果裁判文书没有收录在官方案例集中或案例集不存在,而需要引用法学期刊时,则需要引用那些较常见并容易找到的期刊,例如《新法学周刊》《法学家报》等。不可取的做法是仅引用作者自己手头有的期刊。通常高级法院的裁判文书会在10~15种不同的法学期刊中刊登。但当读者对你的引用有疑问需要查阅时,可能手头并没有你引用的那本,这样会导致他们再费力去图书馆查阅。因此,我们在引用时,应当尽量避免引用不太常见的期刊上面的案例。另外,要注意哪些期刊完整地刊登了裁判文书的全文,要避免引用那些省略案件事实或整个裁判理由的期刊。

> BVerfG, Urt. v. 5.5.2020, 2 BvR 859/15 u.a., NJW 2020, 1647 – PSPP – Urteil.

(5)此外,给出裁判文书的关键词,也会让引用更易读。[102] 如果读者知道该裁判文书,就可以基于日期和关键词重新辨识出该裁判文书,而不必再核实其发布地方了。出于保护当事人信息的考虑,德国的裁判文书没有给出当事人的信息,这样,在引用的时候也不必给出。不过,在一些比较重要的案例中,当事人因媒体而广为人知,就成为关键词写入脚注中。[103] 此外,一些法学文献中通常也会给出与案例主题相符的关键词。

> BGH, Urt.v.26.11.1968, VI ZR 212/66, BGHZ 51, 91 – Hühnerpest.
> BGH, Beschl.v.4.2.2003, GSSt 2/02, BGHSt 48, 197 – Geladene Schreckschusspistole als Waffe.
> BFH, Urt.v.26.3.2009, VI R 15/07, BFHE 224, 444 – Arbeitszimmer.
> BVerwG, Urt.v.13.4.2005, 6 C 4.04, BVerwGE 123, 203.

---

[102] S. z. B. Schack/Ackmann, Das Bürgerliche Recht in 100 Leitentscheidungen, 7. Aufl. 2018. Für Entscheidungen des BVerfG finden sich Schlagworte bei Dreier, GG-Kommentar, Bd. 2, 3. Aufl. 2015 im Anhang.

[103] 例如关于摩纳哥和汉诺威的卡罗琳(Cardine)案件中,就称为 Caroline 案 I – IV [BGH, Urt.v.19.12.1995(Az. VI ZR 15/95), BGHZ 131, 332–346–Caroline I]。

72   （6）近年来[104]，德国的高级法院也以欧盟最高法院为榜样，在1998~2007年期间，在其文书中加入了边码（第五章边码62）。由于边码能更精确地指向要引用的内容，在引用国内裁判文书时，同样要给出法院裁判文书中的官方边码。这种情况下，给出具体的页码位置是不重要的。

近来大部分法学期刊也使用了边码。官方案例集亦是如此。

> BVerfG, Urt.v.30.6.2009, 2 BvE 2/08 u.a., BVerfGE 123, 267 Rn.236–Lissabon.

73   （7）对于尚未在学术期刊中公布，但可以在Juris数据库中查询到的法院判决，可以通过日期、文书编号和边码来引用。但应当标明，这一案例来自Juris数据库，而你在其他出版物中没有发现，例如，这个标注可以放在末尾的括号中。这样可以保证脚注的检查和引证功能。因为我们可以期待，专业的读者能够登录Juris数据库进行检查。通过文书的编号，读者可以在Juris中找到引用的判决。

74   在收费的数据库Juris（第四章边码12）中收入了大量法院判决，只要是有官方边码的，案例都会写上。对于早期没有边码的文书，Juris数据库会给出自己的边码。然而，Juris数据库的边码与法院的官方边码不同。因此，在有疑问的情况下，你应该将Juris数据库的边码与法院的官方边码进行比较。Juris的边码需要标示出来。

专业的读者可以仅通过附注Juris的位置信息来找到裁判文书。在Beck案例数据库（BeckRS）中也可以通过类似方法找到案例。

> VG Frankfurt a. M., Urt.v.23.5.2007, 12 E 2262/05, Rn.15（Juris）.
> OLG München, Urt.v.20.11.2017, 21 U 2018/16, BeckRS 2017, 131847 Rn.32.

75   （8）对于既没有在法学期刊中公布又没有收录在Juris数据库或Beck案

---

[104] 联邦最高法院自2005年9月22日起，在其民事案件中，以及自2006年1月10日起，在其刑事案件中均加入了官方的边码。联邦行政法院自2002年开始，也使用了边码。联邦社会法院和联邦劳动法院自2007年引入了边码。联邦宪法法院则是从1998年就使用了边码。

例数据库中的裁判文书,则需要通过互联网来查找了。通常来说,这些是法院非常新的案例。初级法院的许多裁判文书是公布在法院的网站上的,在给出具体网址的情况下,可以引用。另外,还有大量初级法院的裁判文书,还没有在专业期刊上公布,而由该法院或律师发布到互联网上。在这种情况下,引用时必须要给出具体的文书编号。为了准确地引用还要给出边码(没有的时候给出页码)。考虑到互联网本身的不严谨性,一般推荐引用官方网站的信息,以确保有存档可以提供,这样你引用的材料也能持久访问。

> BVerfG, Urt.v.21.11.2017, 2 BvR 2177/16, Rn.27, abrufbar unter www.bverfg.de.

(三)国外的裁判文书

德国裁判文书常用的引用规则也可以适用于奥地利和瑞士的裁判文书。法国和意大利的裁判文书也是以作出裁判的法院开始的。与欧洲相比,美国的判决包括当事人名称、所处官方案例汇编的位置、所处非正式案例汇编的位置、法院及年份。案例名称和当事人信息不一致时,要以斜体显示。英国的案例也是将案例的名称放在最前面,不过在名称之后紧接着的是年份,澳大利亚也是如此。蓝皮书中包含了美国案例以及国外案例的通用引用规则,在引用国外案例时也可以参考(第五章边码2和边码46)。

> 奥地利:
> OGH, Urt.v.26.4.1966, EVBl.1966, 352.
> OGH, Urt.v.3.2.1994, JBl.1994, 477.
> 瑞士:
> BGer, Urt.v.22.1.1969, BGE 95 I 33–Staubentwicklung.
> BGer, Urt.v.14.9.1999, BGE 125 III 425.
> 法国:
> Cass. Civ., 1re, 24.11.1993, J. C. P.1994. II 22334.
> 意大利:
> Cass., 13.12.1999, n.13981.

> 英国：
> Grey v. Pearson［1857］6 H. L. C.61, 106: 10 E. R.1216.
> Richards v. McBride［1881］8 Q. B. D.119.
> 美国：
> Brown v. Board of Education, 347 U. S.483（1954）.
> Planned Parenthood v. Casey, 112 S. Ct.2791（1992）.
> 澳大利亚：
> Mabo v. Queensland［No.2］（1992）175 CLR 1［1992］, HCA 23.
> Com. Radio Coffs Harbour Ltd.v. Fuller（1986）161 CLR 47, 66 ALR 217.

五、法律文献

（一）脚注中的简短引用

77 法律文献在脚注中和文献索引（第五章边码 106 及以下）中包含的信息范围是不同的。脚注中的引用包含法律文献的以下信息：

> 作者的姓氏，标题，版次，出版年份，页码。

如果存在混淆可能的话，还要加上作者的名字或者名字的首字母。只有作者的姓名信息需要用斜体，逗号以后的信息不用。

以上提到的信息，至少要在第一次引用的时候放在脚注中，之后的引用也推荐这么写。你也可以在文献索引中写明之后该文献在文中的引用格式。不过应当谨慎采用这种方式，因为采用缩写方式容易歪曲作品的标题，实际上也节省不了多少空间。[105] 为了让读者可以简便地知道目前引用的是什么时候的文献，需要你在脚注中一直加上作品的版次和出版年份。[106]

（二）专著及教科书

78 专著（第四章边码 61）和教科书（第四章边码 62）的引用包括作者、标题、

---

[105] 不同的观点参见 *Beyerbach,* Die juristische Doktorarbeit, 3. Aufl. 2019, Rn.454，根据其观点，标题缩写和作品原标题比起来，并不会有太多问题。

[106] 不同的观点参见 *Beyerbach,* Die juristische Doktorarbeit, 3. Aufl. 2019, Rn.453。

版次(如果是第一版则不用写)和出版年份。如果是重版的话,则在标题后面加括注相关信息。最后,也要给出具体的边码或页码。

如果是引用国外的文献,则通常不使用德国的引用规则。例如德语的缩写 Aufl.(版次)、S.(页码)和 Rn.(边码)则需要使用英语的 edition(ed.)、page(p.)和 paragraph(para.)代替。这样可以保持它们的统一性。如果作者或编辑已经去世(如 Dieter Medicus),并且该书后来由另一位作者编辑,则已去世的作者不使用斜体。

> *Hiller*, Das Recht über sich selbst, 1908 (überarbeiteter Nachdruck 2010), S.12.
>
> *Medicus/Petersen*, Allgemeiner Teil des BGB, 11. Aufl. 2016, Rn.509.
>
> *Möllers*, Die Rolle des Rechts im Rahmen der Europäischen Integration-Zur Notwendigkeit einer europäischen Gesetzgebungs-und Methodenlehre, 1990, S.35.
>
> *Posner*, Economic Analysis of Law, 9th ed.2014, p.122.
>
> *Fleischer*, Empfiehlt es sich, im Interesse des Anlegerschutzes und zur Förderung des Finanzplatzes Deutschland das Kapitalmarkt-und Börsenrecht neu zu regeln?, Gutachten F zum 64. DJT, 2002, S.20.
>
> 或缩写为:
>
> *Fleischer*, Gutachten F zum 64. DJT, 2002, S.20

(三)评注和手册

(1)引用评注(第四章边码64)时,需要写上引用部分的作者。对于一些早就不再参与撰写的编者[例如帕朗特(Palandt)先生已经去世了],同样也用斜体。引用时一般会写上编者、评注的标题、版次和出版年份。这种引用主要涉及多卷本的文献,因此需要明确区分编者和作者。

较为常见的是,评注通常会冠以编者的名字(尤其是单卷本的评注)。如果有多个作者,则用斜杠连接,而不是中间符。[107] 具体使用哪种引用方式则看自己的喜好。如果脚注中需要写上两个以上的作者,出于节省版面的考虑,

---

[107] 中间符只用于有两个名字的作者,例如 Coester-Waltjen, Schmidt-Aßmann 等。

可以只写第一个，后面的则用缩写"u.a."（其他）来代替。如果是大型的评注，则只在文献索引中写出编者即可，不用写在脚注里。我们也可以采用评注里面建议的引用规则。

81 　　一般来说，需要注意的是，在引用的时候要保持前后一致。在法学文献中，大部分的评注文献都有好几个缩写方式（例如慕尼黑评注的缩写有 MünchKomm 或者 MüKo）；有疑问时，以原作中推荐的引用方式为准。

> *Schäfer*, in: MünchKomm-BGB, 8. Aufl. 2020, § 854 Rn.3；
>
> *Gsell*, in: Soergel, BGB, 13. Aufl. 2005, § 323 Rn.14；
>
> Schilken, in: Staudinger, BGB, Neubearb. 2019, § 181 Rn. 45.
>
> *Schulze-Fielitz*, in: Dreier, Grundgesetz Kommentar, 3. Aufl. 2013, Art.5 I, II Rn.101；
>
> 单行本：
>
> *Fischer*, StGB, 67. Aufl. 2020, § 223 Rn.4. KK-WpHG/Möllers/Leisch, 2. Aufl. 2014, § § 37b, c Rn. 25 ff.
>
> Palandt/*Sprau*, BGB, 80. Aufl. 2021, § 823 Rn.11.

82 　　（2）大型的施陶丁格评注（Großkommentar Staudinger）已经不再按照版次来引用了，因为目前每卷出版的规律都不一样了。所以现在引用时候，你只用给出重新修订的年份即可。

83 　　（3）除了成卷的评注，还有所谓的活页汇编。它们通过定期更新的方式来补充，而不用整本更换。更新时一般会替换整个章节或者仅仅某几页，而将内容更新到最新的研究状态。这样的话，在引用时就会出现特殊的问题，因为不仅是具体的评论，具体的页码也会发生变化。所以，可以在文献索引中写出整部作品的最新日期以及最后更新时间。

　　这样，在脚注中可以只写上所引用页码的更新时间。[108] 如此读者一眼就可以明白，引用处是否最新修改过。如果引用的地方不在补充更新的部分，则

---

[108] 类似的观点参见 *Putzke*, Juristische Arbeiten erfolgreich schreiben, 6. Aufl. 2018, Rn.288；不同的观点参见 *Theisen*, Wissenschaftliches Arbeiten, 17. Aufl. 2017, S.225 f.；*Bergmann/Schröder/Sturm*, Richtiges Zitieren, 2010, Rn.50 und 258。

表明这个部分的评注没有修改,作者仍然保留了之前的观点。另外要注意的是,一些评注长时间没有更新,即没有补充新的内容,在引用的时候,如有疑问就需要另外补充一些较新的文献。

> *Uhle,* in: Maunz/Dürig, Grundgesetz, 89. EL. Okt.2019, Art.70 Rn.11.

(4)引用在线评注需要给出具体的版本信息。

> *Spindler,* in: Bamberger u.a., BeckOK-BGB, 42. Ed.1.2.2017, § 833 Rn.4.
> 或缩写为:
> BeckOK-BGB/*Spindler,* 42. Ed.1.2.2017, § 833 Rn.4.

(5)手册(第四章边码65)包含了某一特定主题,但按照内容分为不同的章节。而这些章节由不同的作者完成。因此,它的引用方式类似于评注,也同样需要在脚注中给出具体的作者。

> *Edelmann,* in: Assmann/Schütze/Buck-Heeb, Handbuch des Kapitalanlagerechts, 5. Aufl. 2020, § 3 Rn.12; oder Assmann/Schütze//Buck-Heeb /*Edelmann,* Handbuch des Kapitalanlagerechts, 5Aufl. 2020, § 3 Rn.12.

(四)论文集和纪念文集

(1)论文集是就某一主题或不同主题汇总的文章合集。通常法学会议的成果会集结成册,并以论文集的形式发表。与庆典文集、纪念文集不同,论文集在引用的时候,除了给出文章的标题和作者外,还要给出论文集的编者、标题、版次和出版年份。一般可以省略掉"编者"(Hrsg.)二字,因为人们一般都知道论文集是由编者将不同的文章集合而来的。引用论文集和引用专著一样,要在页码前加上缩写"S."。首先要给出文章首页所在的论文集页码,之后写上具体引用的页码,用逗号隔开;如果引用的文章有边码,则先给出文章首页所在的论文集页码,然后在具体引用的边码前写上缩写"Rn."。

> *Möllers,* Das Haftungssystem nach dem KAGB, in: Möllers/Kloyer, Das neue Kapitalanlagegesetzbuch, 2013, S.247, 258.
> 或缩写为:
> *Möllers,* in: Möllers/Kloyer, Das neue Kapitalanlagegesetzbuch, 2013, S.247, 258.

87　　（2）庆典文集和纪念文集（第四章边码69）以及论文集的引用方式类似，因为它同样是有关一定主题的文章集合。在引用的时候，需要注意的是，文集中包含了不同作者的文章。除了作者，还需要给出文集的标题（庆典文集可缩写为FS，纪念文集可缩写为GS），出版日期和文章的始页。文章的标题也需要给出。不过在脚注中通常不用写上编者或者文集的标题。如果是引用文集中的具体观点，还要给出具体观点所在的页码（或者边码）。和引用专著类似（第五章边码78），在引用庆典文集和纪念文集的页码前面会写上页码的缩略语"S."。

> *Möllers,* Sekundäre Rechtsquellen-Eine Skizze zur Vermutungswirkung und zum Vertrau-ensschutz bei Urteilen, Verwaltungsvorschriften und privater Normsetzung, in: Festschrift für Herbert Buchner, 2009, S.649, 654.
>
> 或缩写为：
>
> *Möllers,* in: FS Buchner, 2009, S.649, 654.

（五）文章与期刊

88　　（1）引用文章时（第四章边码66），通常会给出文章的开始页，然后给出具体引用内容所在的页码，此外，引用时通常只用给出期刊的出版年份，档案类期刊（例如《民法实务档案》《整体商法和经济法杂志》等）需要给出卷数。档案类期刊还需要在卷数后用括号标注年份。另外，需要给出确切的页码。不过，页码的缩略语（S.）只是在专著和文集中使用，期刊中的文章则不这么使用。

　　期刊的信息原则上只需给出期刊的缩略语[例如《法学家报》（die Juristenzeitung）的缩略语是JZ]即可。不过，如果期刊没有通用的缩略语或者是外国的期刊的话，又或者是读者不熟悉的期刊，则不能这么引用。[109]

　　你可以给出文章的标题，不过这不是必须的。如果你已经在脚注中给出了上面那些信息，即便没有文章的标题，读者也可以很容易地找到相应的文章。[110]

89　　（2）如果要引用英美法系持续出版的期刊中发表的文章，则需要遵守蓝皮书中的规则。这意味着诸如出版商、版本和页码等信息没有被"德国化"

---

[109] *Bergmann/Schröder/Sturm,* Richtiges Zitieren, 2010, Rn.66 ff.
[110] 不过需要注意的是，你在文章中引用时要保持前后的一致，而且不能只写文章的标题，统一的引用格式另参见本书第五章边码30。

(第五章边码 46)。在给出作者姓氏和标题后,通常需要在期刊前面写上卷数,年份则放在末尾的括号中。[111] 中间写上文章的首页页码和具体引用页码。具体的缩写格式则采用蓝皮书中提供的标准格式。不过和蓝皮书中的规则不同,引用时不用写出作者的名字。

> *Möllers/Kastl*, Das Kleinanlegerschutzgesetz, NZG 2015, 849, 854.
>
> *Lutter*, Defizite für eine effiziente Aufsichtsratstätigkeit und gesetzliche Möglichkeiten der Verbesserung, ZHR 159 (1995), 287, 291.
>
> *Möllers*, Effizienz im Kapitalmarktrecht, AcP 208 (2008), 1, 22.
>
> Oder kürzer:
>
> *Möllers*, AcP 208 (2008), 1, 22.
>
> *Calabresi*, The Decision for Accidents: An Approach to Nonfault Allocation of Costs, 78 Harv. L. Rev.713, 722 (1965).
>
> *Möllers*, The Takeover Battle Volkswagen/Porsche – The Piëch – Porsche Clan – Family Clan Acquires a Majority Holding in Volkswagen, 10 C. M. L. J.410, 415 (2015).

(六)判决评论

另外需要注意的是,对所谓判决评论(第四章边码 92)的引用。这些判决评论的引用一般是和文章类似。《林登迈尔/默林民法典的参考书》中对联邦最高法院的判例评论也可以如此引用。

> *Möllers/Herz*, Anm.zu BGH, Beschl.v.10.1.2017, 5 StR 532/16, WuB 2017, 309, 312.
>
> *Herchen/Herchen*, Anm. zu BVerwG, Urt.v.13.4.2005, 6 C 4.04, EWiR § 25 WpHG 1/05, 747, 748.
>
> *Ebers*, EuGH: Hypothekenvollstreckungsverfahren und Inhaltskontrolle, Anm.zu EuGH, Urt.v.14.3.2013, C-415/11, EU:C:2013:164, LMK 2013, 345483.
>
> 或缩写为:
>
> *Ebers*, Anm.zu EuGH, Urt.v.14.3.2013, C-415/11, EU:C:2013:164, LMK 2013, 345483.

---

[111] 美国法中,年份是放在末尾,英国法则是放在卷数的前面。

(七)跨地区的报纸

91 　　非法学期刊上的文章,如跨地区的报纸像《法兰克福汇报》《南德意志报》《时代报》(DIE ZEIT)等(第四章边码95),如果涉及法律上的相关事实,但出于时间原因尚未出现在法学期刊中的,则可以写上作者姓名、标题、日期和页码来引用。如果报道没有写明作者,则可以标注"佚名"(N. N., nomen nominandum)。

> *N. N.*, Bußgeld gegenüber Volkswagen wegen kartellrechtlicher Behinderung, FAZ v.11.6.1996, S.12.
>
> *Roll*, Ausgebrannt und abgebrannt, SZ v.7.9.2002, S.3.
>
> *Schultz*, Spurensuche im Graubereich, SZ v.16.2.2011, S.2.

第四节　引用互联网上的内容

一、可引用的内容——根据质量标准进行区分

92 　　在新冠病毒感染疫情暴发时期,许多图书馆限制了访客量,这更体现了互联网的重要性。遗憾的是,目前针对引用互联网上内容的引用规则还没有确定的规范。引用互联网上内容存在的问题是,网站上的内容和作者都是可以变化的,而且被引用的内容也不会在网站上保存太久。因此,如果是重要的内容,你应当作为附录放在文末。此外,互联网上的内容一般也不存在质量控制(第四章边码21及以下)。[112] 因此,你必须进行质量控制,即检查相关内容是否可以被引用。考虑因素包括学术讨论的主题性、声誉、质量,以及该内容与你的研究问题的相关性(第四章边码85及以下)。最重要的是,能否引用取决于你想证明什么法律问题。一个政治家的声明可能与你的研究问题相关,但该声明不一定是科学的。[113] 最后,你必须衡量一个可引用的内容是否也值得

---

[112] 关于互联网上的机遇和风险,参见本书第四章边码7及以下。

[113] 关于商业研究的类似标准,见 Träger, Zitieren 2.0, 2nd ed. 2018, p. 13 ff; Prexl, Mit digitalen Quellen arbeiten, 3rd ed. 2019, p. 140。

引用。在这个动态体系下(第三章边码 25),你必须对可引用内容进行分类。例如,在其他法律文献缺乏的情况下,一个学术性稍差的内容可能会被引用,因为它特别具有时效性。或者当该资料与你的研究问题特别相关,该内容也可能值得引用。所以在科学论文尚未发表的前提下,你不得不借助互联网。

二、互联网上原始版本来源

(一)法律数据库

互联网上的内容可以直接达到纸质版的质量。近年来,大量的法学数据库便是通过互联网来访问的(第四章边码 7 及以下)。例如,通过 Beck-Online 中的 Beck 出版社数据库,可以查阅《新法学周刊》的内容。法律评注和论文采用尾注,而不是脚注。页码与纸质版的页码相同。在这种情况下,你不必告知读者,你只是查阅了电子版,因为对他们来说,你是否参考了《新法学周刊》的纸质版并不重要。所以,当数据库中给出了期刊纸质版的页码,就可以像原始版本一样引用了。

(二)可自由访问的原创网站

近年来,谷歌也在整本地扫描一些图书。[114] 因为是扫描的,和原件是一样的,所以在引用的时候就不用再给出网站地址了。如果博士论文以 PDF 格式整本放在网上,那么也可以这么引用。[115] 部分出版社会另外提供 PDF 格式的试读文件[116],一些作者也会将其作品的出版原件上传到其网站上。同样地,可以毫无困难地引用上文所提到的在线期刊或社会科学研究网(SSRN)或 researchgate.com 上已发表的文章(第四章边码 81)。

三、相关网站或者其他著名作者

(一)引用网站的严谨性

原则上对期刊或图书的引用要优先于对网站的引用,因为它们显然保存的时间更久。不过,也有可能会发生要引用的文献只能在网上找到或通过馆

---

[114] Books.google.de,参见本书第四章边码 79。

[115] 例如:Oberleitner, Delisting, 2010, abrufbar unter: http://othes.univie.ac.at/10572/1/2010-06-05_9801590.pdf。

[116] 例如,可访问:http://www.beck-shop.de。

际互借也找不到的情况。即使是出版物也可能对最新的主题还未研究到位。可引用的网站通常分为两种:其质量达到了出版物质量的网站和基于其严肃性及长期的质量控制而至少可以加以引用的网站。[117] 严谨的引用来源包括行政机关和法院,也包括国家级媒体或国家日报和周刊。众多教授所设立的网站也享有盛名。[118] 所以你可以很放心地引用 BMF、ARD、FAZ 或 Der Spiegel。如果在引用报纸时,找不到其所在的版面,又没有档案存储可以查阅的,那么给出作者、标题和网站链接(第五章边码 92 及以下)即可。

> Röder, Adidas-Aktie hat 100-Euro-Marke im Visier, Handelsblatt v.15.11. 2013, abrufbar unter http://www.handelsblatt.com/finanzen/anlagestrategie/zertifikate/nachrichten/chartanalyse-adidas-aktie-hat-100-euro-marke-im-visier/9070750.html.

(二)统计数据、博客、维基百科等

一些行政机关会公布和相关利益团体有关的年报或手册。这些可以通过互联网免费访问,在给出相应网址的情况下,可以引用。统计数据(第四章边码 98)可来自行政机关或类似机构。因为利益团体[119]或律师事务所[120]也会发布有关的统计内容,你应该严格检查它们是否及在何种程度上与利益有关。你还必须对上述博客和在线期刊的质量进行检查。对于《法兰克福汇报》(FAZ)或《法律论坛在线》(LTO),出版商因其严肃性,保证了其上内容的质量。而专业期刊则通过文章的质量来赢得声誉。[121] 推荐的做法是,在文献索引中写出全部信息,在脚注中给出缩略的信息即可。

> BaFin, Jahresbericht 2014, abrufbar unter: www.bafin.de/SharedDocs/Downloads/DE/Jahresbericht/dl_jb_2014.html.

---

[117] 例如,Basak/Schimmel, ZJS 2008, 435, 436; Beyerlein, Die juristische Doktorarbeit, 3rd ed. 2019, marginal no. 484a。

[118] 例如 https://dauner-lieb.jura.uni-koeln.de; http://www.stephan-lorenz.de。

[119] 例如 Deutsches Aktieninstitut(DAI), https://www.dai.de/de/。

[120] 例如 Stüber, Gender Diversity, Allen&Overy 2020, https://www.allenovery.com/de-de/germany/news-and-insights/frauenquote-studie。

[121] 例如 die Beiträge im Heft: Schwerpunktthema Methodenlehre, Ad Legendum 3/2020。

> 缩写为：
> BaFin, Jahresbericht 2014, S.12.
> DAI, Altersvorsorge mit Aktien zukunftsfest machen. Was Deutschland von anderen Ländern lernen kann, Studien desdeutschen Aktieninstituts v. Juni 2019, abrufbar unter https://www.dai.de/files/dai_usercontent/dokumente/studien/190730_Studie_Altersvorsorge.pdf.
> 缩写为：
> DAI, Altersvorsorge mit Aktien zukunftsfest machen, Juni 2019.

对维基百科的评价是好坏参半。因为基本上任何人都可以在维基百科上发表文章，所以质量是非常不稳定的。维基百科当然适合作为研究的起点。然而，在引用维基百科之前，你必须用其他来源检查维基百科上数据的准确性。[122] 关于《民法典》中债法改革的评论可以举出以下几点：

97

> N. N., Schuldrechtsmodernisierung, abrufbar unter: https://de.wikipedia.org/wiki/Schuldrechtsmodernisierung.

（三）电影、YouTube、音频文件、访谈和准法律文献

电影、YouTube 或音频文件也可以被引用。若所研究的主题具有极强的时效性，则这些都可以被视为文献来源（第四章边码 99）。但是，它们的时效性比书面文献更短暂。人们在电视上看到了一个值得引用的内容，然而几个月后它就会从媒体库中消失，此后就必须通过广播公司获得。但是读者（或校对者）无法做到，因此，你必须把此版本写在你作品的附录中。访谈也是如此。最后，一些准法律文献也是可以引用的。准法律文献，例如，迄今尚未出版的、因此，无法通过出版行业取得的行政机关的档案、教授的报告、工作论文等。

98

因为这类文献还没有出版，所以读者可能无法取得原文以查证所引用的内容。所以只有在没有其他已出版文献可以引用的时候，才能引用这类文献。

---

〔122〕 例如, Prexl, Mit digitalen Quellen arbeiten, 3. Aufl. 2019, S. 225; Vogel, Erfolgreich Recherchieren, 3. Aufl. 2020, S. 8 f.。

此外,还应当将引用准法律文献的内容放在文章的附录中。另外,也只有符合学术要求的内容才可以被引用。

> Bundesministerium der Finanzen v. 16.7.2020, Aufzeichnung für den Finanzausschuss des Deutschen Bundestags Sachstandsbericht und Chronologie Wirecard, abrufbar unter https://www. bundesfinanzministerium. de/Content/DE/Standardartikel/Themen/Internationales_Finanzmarkt/Finanzmarktpolitik/2020－07－17－Sachstandsbericht-Wirecard.pdf?__blob=publicationFile&v=3.
>
> Bräutigam, Markenstreit vor EuGH "Fack ju Göhte" und die guten Sitten, ARD v. 13.2.2019, abrufbar unter https://www.tagesschau.de/inland/fackjugoehte-marke-101.html.
>
> Weidmann, Interview mit dem Autor v. 25.9.2020, s. Anh. 2.

(四)不能引用的网站

除了一些比较严谨的网站,还有很多网站不再更新,以至于在使用或参考网站上的法律时会存在较大风险,因为它给出的可能不是最新的版本。这样的网站不能引用,或应当始终和纸质版对照,检查其是否是最新版本。和出版物类似,网络上的内容也有质量的差别,虽然近来知名期刊上的知名作者也在引用维基百科,但应当避免引用一些质量不佳网站的内容,如www.frag-einen-anwalt.de(问律师网)等。很多网站上的信息都是错误的或者有利益关联的(第四章边码22)。[123] 如果对引用内容有任何疑问,则不能引用。[124]

四、引用相关的互联网来源

(一)输出页面和搜索功能

(1)如果引用的网站主页有较好的搜索功能,而且网站可以保存较长时间,则可只写上引用网站的主页。然后通过 www.google.de,可以快速找到文献。写上文献的标题则更好。例如,《股份公司法》(AktG)第 161 条所指的

---

[123] Schimmel, JA 2015, 643, 645 ff.
[124] Schimmel, JA 2015, 643, 649.

《企业管理守则》(Corporate Governance Kodex)发布在相关委员会的网站上，由于该守则经常会被修订，所以你应当给出具体的修订版本。

> BVerfG, Urt.v.21.11.2017, 2 BvR 2177/16, Rn.27, abrufbar unter www.bverfg.de.
>
> Zum Corporate Governance Kodex in der Fassung v. 19.12.2019, s. www.dcgk.de.
>
> Möllers/Wecker, Anlegeransprüche gegen Ratingagenturen EU-Kommission will Moody's, Fitch & Co. in Haftung nehmen, LTO v. 25.7.2012, abrufbar unterwww.lto.de.

（2）如果网站没有搜索功能（或搜索功能不佳），则需要给出完整的网址，以便他人能够方便找到你引用的信息。从经验来看，网址越长越让人难以理解。因此，比较可靠的做法是，同时给出网站主页，这样更容易在互联网上找到文本，如果有疑问，你也应该提到文章的标题。

> Venizelos, Passive and Unequal: The Karlsruhe Vision for the Eurozone, Verfassungsblog v. 27.5.2020, abrufbar unter https://verfassungsblog.de/author/evangelos-venizelos/.
>
> Wieland, Monetary Policy and Uncertainty About the Natural Unemployment Rate (Decem-ber 2002), abrufbar unter https://ssrn.com/abstract=391280.

如果是较长的网址，则需要注意换行：在对齐文本时如果出现较大空格，则显得不太美观。但是，如果在网址中加入连字符或其他分隔符的话，会导致网址失效。所以你在给网址分行时，不要使用网站中包含的符号，可以加入空格，但不要使用连字符等其他符号。[125]

（3）为了避免文献来源引用过长，同样可以在第一次引用时写上，后面只用指引到前面的脚注即可。此时可以使用 Word 的互相参照功能，这样可以保证互相参照的脚注自动更新（附录四边码 53 及以下）。除了将网址写在脚注

---

[125] 详细论述，参见 *Bergmann/Schröder/Sturm*, Richtiges Zitieren, 2010, Rn.145 f.。

中,还可以将其放在文献索引中,并给出简短引用的格式(第四章边码44),然后便可以在脚注中加以引用。

(二)互联网文献和检索日期

103 (1)只有在要引用的内容有页码时,才需要写上。有些网站尤其需要注意,它的网页内容并不稳定,存在很大的风险。[126] 主要是一些尚未发表的,或者仅在社会科学网[Social Science Research Network(SSRN)](本书第五章边码68)上发表的准学术文献,这些一般只能在一定时间内访问。之后这些具体的网址链接可能会无效或显示其他内容。你需要明确说明是什么时间下载的这个文档。这也是在引用中给出访问时间的原因(给出具体的访问日期即可,不用给出具体时间)。可以写为:"登录于什么时候"(abrufbar am 或 Abruf v.)。除了在脚注中写出访问时间,你也可以在脚注最开始部分写上:"本文所有网站均是在2017年9月20日写作时访问。"[127]

> *Noack*, Aktienrechtsreform: Die Internet-Hauptversammlung kommt, abrufbar unter www.jurawelt.com/aufsaetze/1454(Abruf v.20.9.2017).
>
> 或者更好的方式是:
>
> 所有网站均是在2017年9月20日写作时访问。

问题:应当如何引用瑞士证券交易所《上市规则》(Kotierungsreglement)第72条?[128]

104 (2)如果引用的内容比较重要,最好在附录中附上原文。至少在请他人校对自己文章发生疑问时,可以通过脚注去检查引用的内容确切与否。为了保险起见,你最好将文中所有引用的网址汇总出来。[129] 如果在文章完成前,某个网址已经不能再访问,则需要更新一下,或者尝试使用其他的引用来源。

105 综上所述,引用互联网上的内容可分为以下情形,见表5-1。

---

[126] *S. N. N.*, Das Internet ist ein schlechtes Archiv, Forschung und Lehre 1/2004, S.32.
[127] 本书自这一版起,也开始采纳这一方法,参见本书第一章第一个脚注。
[128] 答案见本书第十章边码10。
[129] 同样意见参见:*Theisen*, Wissenschaftliches Arbeiten, 17. Aufl. 2017, S.80 f.

表 5-1 互联网内容的引用

不用给出网址	需要给出网址
(1)不用给出网址的情况包括: ①引用法律数据库的内容,如 Juris、Beck-Online 等; ②文献的扫描版,如谷歌图书或者 PDF 文件等。	(1)如果网站搜索功能较好或网站运行比较稳定,仅给出网址主页即可,例如 www.bverfg.de(德国宪法法院网站)。
(2)不严谨的网站原则上不能引用。	(2)其他情形须给出具体的引用网址和访问时间。

第五节 文献索引和判例索引

一、文献索引的要求

研讨课论文、家庭作业和博士论文等都应包含文献索引,展示其引用的二手文献。我们可以通过保存的文献列表来创建(第四章边码 113 及以下)。文献索引放在正文的前面或后面均可。[130] 放在正文前,(页码)一般使用罗马数字;放在文末,则继续使用阿拉伯数字。文献索引中应包括所有在文中引用的文献。引用互联网上的内容也是如此(第五章边码 92 及以下)。反之,放在文献索引中的内容,也应在正文中至少引用过一次。[131] 读者可以通过文献索引知道你在文章中引用了多少相关的文献。

在文献索引中一些内容是不必给出的:如法律规范和案例这种主要来源。[132] 如果有需要的话,法律规范和案例可以另外单独制作索引(第五章边码 115 及以下)。某些准文献是不可引用的(第五章边码 99)。同样,出版商、丛书名、ISBN 号、"博士"、"教授"和其他学术头衔,以及官方头衔也无须给出。[133] 一般来说,没有必要将其细分为专著、文章和文集。

106

107

---

[130] 根据 *Theisen*, Wissenschaftliches Arbeiten, 17. Aufl. 2017, S.218 必须放在后面,根据 *Gerhards*, Seminar-, Diplom-und Doktorarbeit, 8. Aufl. 1995, S.18,应放在前面。在法学著作中,两种都较为常见。

[131] *Kosman*, Wie schreibe ich juristische Hausarbeiten, 2. Aufl. 1997, S.55.

[132] 不同的观点, *Brinkmann*, Die rechtswissenschaftliche Seminar-und Doktorarbeit, 1959, S.87 ff.。

[133] So auch Bergmann/Schröder/Sturm, Richtiges Zitieren, 2010, Rn. 7.

二、文献索引的内容

108　　（1）文献索引中的内容和脚注中的内容有比较大的差别。除了脚注中的信息外（第五章边码42及以下），还包括作者的名字和出版地点。荣誉称号作为姓名的一部分放在名字前面。[134] 通常来说，你需要写出以下信息：

姓氏、名字、标题、卷、版次、出版地点、出版年份。

一般来说，应当按照作者姓氏首字母排序。如果一个著作有多个作者，应当都列出，而且应当按照出版社给的顺序排列。[135] 如果无法知道作者是谁，则以"o. V."表示没有给出作者，或者以"N. N."表示佚名（nomen nominandum）。[136] 在脚注中引用评注时，如果是精简的方式，即只有著者和标题，而不写编者的话，在文献索引中就不能以编者首字母来排序，而是要按照著者的姓氏首字母排序。这种情况下，例外的先写标题再写编者。

109　　一般来说，要写全大标题和小标题。如果是活页作品，还要在标题后面加上（活页）的提示。

如果有多个出版地点，只用给出第一个即可；其他的以"u.a.（其他）"代替即可。如果有多个版次的话，则一般要引用最新版。

文献索引中的每个文献最后都以句号结尾。

> *Rosen*，*Rüdiger von*（*Hrsg.*），Das Finanzmarktstabilisierungsgesetz（Dokumentation des Seminars vom 4. Dezember 2008），Frankfurt a. M.2009.
>
> *Möllers*，*Thomas M. J.*，Die Rolle des Rechts im Rahmen der Europäischen Integration – Zur Notwendigkeit einer europäischen Gesetzgebungs – und Methodenlehre, Tübingen 1990.
>
> *Medicus*，*Dieter/Petersen*，*Jens*，Allgemeiner Teil des BGB, 11. Aufl. Heidelberg 2016.

110　　如果是没有正式出版的博士论文，则通过"Diss."标记并写出高校所处位置。

---

[134] So auch *Bergmann/Schröder/Sturm*, Richtiges Zitieren, München 2010, Rn.7.
[135] 如果有三位以上的作者，也可以省略后面的作者（一般写上"u. a."或者"et al."）。
[136] 例如 *N. N.*, Das Familienrecht der DDR, Kommentar, Berlin 1966。

Ilg, *Luisa*, Die Neuregelung der Wohlverhaltensregeln durch die Richtlinie 2004/39/EG-Eine Verbesserung des Anlegerschutzes im Vergleich zum derzeitigen deutschen Recht, Diss. Augsburg 2006, abrufbar unter opus.bibliothek.uni-augsburg.de/opus4/frontdoor/index/index/docId/407.

如果是期刊中的文章和判决评论,则需要给出其在期刊中的起始页码;另外,必须注明文章的结束页,让读者了解文章的范围。起始页和结束页中间使用"—"符号分隔;在分隔符号前后不留空格。注意是较长的分隔符,而不是短的那个"-"。[137]

> *Möllers*, Thomas M. J., Europäische Richtlinien zum Bürgerlichen Recht, JZ 2002, 121—134.
>
> *Gsell*, *Beate*, Die Geltendmachung nachträglicher materieller Einwendungen im Wege der Vollstreckungsgegenklage bei Titeln aus dem Europäischen Mahn-oder Bagatellverfahren, EuZW 2011, 87—91.
>
> *Möllers*, *Thomas M. J./Herz Pirmin*, Anmerkung zu BGH, Beschl.v.10.1. 2017, 5 StR 532/16, WuB 2017, 309—313.

(2)文献索引中的编者也须加上"Hrsg."(编者)。在评注和手册中,只用在文献索引中写上编者,而无须写上具体的作者。编者("Hrsg.")需要设置为斜体。如果是庆典文集、纪念文集和论文集,需要给出文章的作者和文章的标题。此外,应当写出编者,这时编者不用设置为斜体。由于庆典文集还没有通用的引用规则,所以即便不写编者也是可以的。编者也有可能是行政机关或组织(例如联邦金融监管局,BaFin)。不过,一些著作则需要给出最早的创立人,例如由 Julius von Staudinger 创立的大型民法典评注。这时要在其名字后面加上"Begr.(创立人)"。

另外,你也可以在文献索引中决定文献在文中的引用方式,以避免脚注太过臃肿。通常是在索引中文献条目后面用括号标注"引用为:"(zitiert als)。不过这种缩写常见于专著和评注,对于文章则不常见。

---

[137] 在 Word 程序中可以通过快捷键[Ctrl]+[Alt]+数字键盘上的减号[-],或通过"插入→符号→符号→其他符号"中找到。

Assmann, *Heinz-Dieter/Schütze*, *Rolf A.* (Hrsg.)/*Buck-Heeb, Petra* (Hrsg.), Handbuch des Kapitalanlagerechts, 5. Aufl., München 2020 (zitiert als: *Bearbeiter*, in: Assmann/Schütze/Buck-Heeb, Handbuch des Kapitalanlagerechts, 5. Aufl. 2020).

Bader, *Johann/Ronellenfitsch Michael* (Hrsg.), Beck'scher Online-Kommentar zum VwVfG, 48. Ed., München 1.7.2020 (zitiert als: *Bearbeiter*, in:Bader/Ronellenfitsch, BeckOK-VwVfG, 48. Ed.1.7.2020).

Bamberger, Georg/Roth, Herbert/Hau, Wolfgang/Poseck, Roman (Hrsg.), Beck'scher Online-Kommentar BGB, 53. Ed., München 1.2.2020 (zitiert als: *Bearbeiter*, in: Bamberger u.a., BeckOK-BGB, 53. Ed.1.2.2020).

Maunz, *Theodor/Dürig*, *Günther* (Begr.), Grundgesetz Kommentar, Loseblatt, 89. EL., München Okt. 2019 (zitiert als: *Bearbeiter*, in: Maunz/Dürig, Grundgesetz, 89. EL. Okt.2019).

Drexl, *Josef*, Unmittelbare Anwendbarkeit des WTO – Rechts in der globalen Privatrechtsordnung, in: Großfeld, Bernhard/Sack, Rolf/Möllers, Thomas M. J./Drexl, Josef/Heinemann, Andreas (Hrsg.), Festschrift für Wolfgang Fikentscher, Tübingen 1998, S.822-851.

Münchener Kommentar zum Bürgerlichen Gesetzbuch, *Säcker*, *Franz Jürgen/Rixecker*, *Roland* (Hrsg.), Bd.1, 8. Aufl., München 2018 (zitiert als: MünchKomm-BGB/*Bearbeiter*, 8. Aufl. 2018).

Möllers, *Thomas M. J.*, Das Haftungssystem nach dem KAGB, in: Möllers, Thomas M. J./Kloyer, Andreas (Hrsg.), Das neue Kapitalanlagegesetzbuch, München 2013, S.247-267.

Palandt, *Otto* (Begr.), Bürgerliches Gesetzbuch Kommentar, 80. Aufl., München 2020 (zitiert als: Palandt/*Bearbeiter*, BGB, 80. Aufl. 2021).

Staudinger, *Julius von* (Begr.), Kommentar zum Bürgerlichen Gesetzbuch mit Einführungsgesetz und Nebengesetzen, Zweites Buch, Einleitung zum Schuldrecht, §§ 241-243 (Treu und Glauben), Neubearbeitung Berlin 2019, (zitiert als: *Bearbeiter*, in: Staudinger, BGB, Neubearb.2019).

(3)跨地区的报纸(第五章边码91及以下)和网站(第六章边码91及以下)上的内容,如果可引用,也可以像脚注中的那样,以全部引用格式放在文献索引中。[138] 关于来源批评的解释(第四章边码83及以下)有所帮助的。

拓展问题:如何区分文献索引和脚注中的文献引用内容?[139]

三、案例索引

如果有大量的案例需要研究,为了给读者一些方向指引,可以制作一个案例索引。案例索引应当按照审级来排列,另外,不同的救济途径也要分开。[140] 本书附录三边码31提供了一个示例。

排列的顺序如:地方法院—州法院—州高等法院—联邦最高法院;行政法院—最高行政法院/高等行政法院—联邦行政法院;劳动法院—州劳动法院—联邦劳动法院;宪法法院;欧盟普通法院—欧盟最高法院。

法律规范索引通常是不需要的,因为我们通常都可以查到相关的法律规范。对于比较难查找的法律规范,例如外国法,需要在文中多次引用或解释的,将其放在附录中或在附录中翻译,对读者来说是比较有帮助的。

---

[138] 例如,在《法兰克福汇报》《南德意志报》或者《时代报》中的文章通常会有多页A3大小的内容,它们中包含一些法学文章,同样地,如果缺少其他文献可引用时,也可以引用。

[139] 答案见本书第十章边码11。

[140] 法学期刊,在《新法学周刊》和《法学家报》中的案例索引也可以提供帮助。

> 如果一个人不懂怎样简洁而清楚地说话,那么在他知道该怎么说话之前,最好还是先埋头工作。
>
> 卡尔·波普尔*

第六章　法学语言风格和写作技巧

第一节　法律人的语言

一、法学德语的问题

1　　早在200多年前,腓特烈大帝(Friedrich dem Großen)就曾在他的敕令中这样指责道:

"就法律(……)而言,我发现它们在大多数情况下是以一种不被那些以之为准则的人所理解的语言写成的,这是不合常理的。"〔1〕

类似这种对法律人语言的批评至今仍不绝于耳。〔2〕法学德语被认为生硬、枯燥、不易理解且富有官僚气息;文牍德语可谓出了名的晦涩难懂。在这些批评者当中,最负盛名的当属活跃于20世纪中叶的路德维希·赖纳斯(Ludwig Reiners),他严厉批评了那种"糟糕的"德语和官僚们的语言,并且创

---

* *Karl Popper*, Gegen die großen Worte, in: Popper, Auf der Suche nach einer besseren Welt, 20. Aufl. 2019, S. 100 以及本书第四章边码41。

〔1〕 腓特烈大帝1780年4月14日敕令,转引自 *Günther*, Recht und Sprache, 1898, S. 160, Anm.226。

〔2〕 *Johann Wolfgang von Goethe*, Dichtung und Wahrheit, 2. Teil, 7. Buch:"Die Rechtsgelehrten, von Jugend auf gewöhnt an einen abstrusen Stil"; *Günther*, Recht und Sprache, 1898; *Dölle*, Vom Stil der Rechtsprache, 1949; zum Bürgerlichen Gesetzbuch ausführlich: *Gierke*, Der Entwurf eines bürgerlichen Gesetzbuchs und das deutsche Recht, 1889, S.27-79; *Hamann*, NJW2009, 727 ff.

立了一套"漂亮德语"的规则,也就是作为经典而闻名的所谓"文体学技艺"(Stillkunst)。[3]但他的作品至少可以说是被法学界所忽视了。在德国,无论是在法学教育中,还是在立法的过程中,很多时候还是不够重视"什么是恰当的法学德语"这个问题。在大学的法学教育中,尽管人们都知道事实并非如此,却还是把法学德语默认为大家已经掌握的基础知识。一个典型的佐证就是,经常会有人(不得不)给律师们提供"法学德语课",因为(大家都知道)在之前的法学教育中这部分是缺失的。[4]

清晰透彻的语言风格本身却不是要追求的目的。[5]人们所说的毕竟还是"德语"这门语言,而非"法学"。显然,法学语言变得晦涩难懂,法律人难辞其咎。法学德语看起来冰冷、艰涩而令人望而却步;对法律人表达不待见的评论也难免层出不穷[6],法律人因此以刚愎自用、冷酷无情而臭名昭著。[7]

那些参与立法或者起草合同条款的人,总是希望借此传达一种信息,从而对他人的行为施加影响。法律命令(Gesetzesbefehl)和合同影响着每个人。[8]正如腓特烈大帝当年所指出的,法律表达必须清晰而透彻,这一点要求现在看来确实非常重要。[9]吕特斯(Rüthers)、费舍尔(Fischer)、比尔克(Birk)等人则如此形象地说道:

一种法律制度,只有在它的基本要素能够为市民所理解和接受时,才

---

[3] Reiners, Stilkunst – Ein Lehrbuch deutscher Prosa, 1943/1991/2004/2018; Reiners, Stilfibel: Der sichere Weg zum guten Deutsch, 1951/1990/2007; s. auch W. Schneider, Deutsch für Kenner, 10. Aufl. 2017,只有少数文献提及了这一点,例如 Gast, Juristische Rhetorik, 5. Aufl. 2015, Rn. 1220 ff.; Krämer, Wie schreibe ich eine Seminar-oder Examensarbeit, 3. Aufl. 2009, 6. Kap.;以及更一般化的介绍则参见 Schnapp, Stilfibel für Juristen, 2004; Walter, Kleine Stilkunde für Juristen, 3. Aufl. 2017。

[4] Lauterbach, Anwalt November 2000, 20 f.

[5] 尽管许多指导性的书籍看起来都这样认为,但是正确的看法应该是:只有时间绰绰有余,我们才有必要在语言本身大费周章。

[6] 马丁·路德称:"如果上帝因为这帮可耻的法律人而决定让世界毁灭,那也毫不奇怪。"参见 Colloquia oder Tischreden, 1700, S. 959;歌德说过:"如果暴民们听闻我是个法律人,那我一定会被他们乱石砸死。"参见 Johann Wolfgang von Goethe: Götz von Berlichingen, 1. Akt, 1. Szene;其他著述参见 Dölle, Vom Stil der Rechtssprache, 1949, S. 7; Heinze, Der unbeliebte Jurist, 1981, S. 54; Westermann, Über Unbeliebtheit und Beliebtheit von Juristen, 2. Aufl. 1987; Braun, JuS 1996, 287, 290。

[7] 参见 Radbruch, Rechtsphilosophie, 8. Aufl. 1973, § 14, S.202;以及 Braun, JuS 1996, 287 ff.。

[8] Dölle, Vom Stil der Rechtssprache, 1949, S. 10.

[9] 切萨雷·贝卡里亚(Cesare Marchese di Beccaria)则早就提醒了法律条文的可理解性这个要点,参见 Cesare Marchese di Beccaria, Dei delitti e delle pene, 1774, § V, S. 12。

可能永葆生命力……对此,法律人是否有能力清楚透彻地阐释其观点和看法,就显得十分重要。即使是某个难懂的法律问题,当我们向相关受众解释其中最基本的东西时,也必须能够让非法律人可以理解其中所蕴含的价值衡量。[10]

3   不同于德国,有些国家的人更为深刻地意识到语言的重要性。在英美法系的国家,就曾兴起一场所谓的"简明(法律)语言运动"(plain language movement),致力于让法律条文、判决和合同变得更容易让人理解。[11] 这些国家会通过举办类似"法律文书起草、法律写作和法律语言风格"等课程,让一年级的法科生就开始体会到语言对于法科生的重要意义。[12]

4   语言堪称是法律人的"手术刀"。如果有人错误地使用它,不仅会伤到自己,还会搞砸手头的事情。[13] 法律人必须使人信服:他是为其他人而写作的,因而必须以最简单的方式让人理解自己。[14] 语言差不多就是他唯一的媒介。如果有人没有努力研究法律语言的风格,以及没有很好地掌握德语这门语言,那么他作为法律人就无法令人信服。语言上的短板很容易成为法律工作的扣分项。这一点不仅会表现在闭卷考试上,还自然适用于动辄需要花费数周或者数月时间的法律论文的写作上。既然论文写作需要这么长的时间,人们也通常就会期待,你的论文在拼写或语法上应当无可指摘,行文上则应当流畅易读。下文将首先介绍一些典型的错误(第六章边码5及以下),以此表明,好的德语如何能够帮助我们实现直观且清楚的表达(第六章边码22及以下)。[15] 最后要介绍的是学术论文写作的写作技巧问题(第六章边码42及以下)。

---

[10] *Rüthers/Fischer/Birk*, Rechtstheorie, , 11. Aufl. 2020, Rn. 209.

[11] 在美国的资本市场法中,有一条被法律明文规定的"简明英语规则",这一规则要求(法律材料的语言必须):"使用简短的句子;精准、正确的日常用语;使用主动语态,在材料较为复杂时,使用表格式的描述或者带数字的列表;并且,尽可能地不要使用法律的专业术语,不要使用高度技术性的商业概念,也不要使用多重否定的句型。"参见 s. Rule 421(d), Sec. Act Rel. 7497(1998))。关于英美法的一般性介绍,则参见 *Butt*, 73 Aus. L. J. 807, 812 ff.(1999)。

[12] *Asprey*, Plain language for lawyers, 4th ed.2010; *Calleros*, Legal Method and Writing, 8th ed. 2018.

[13] 参见 *Prosser*, 7 Leg. Ed. 155, 156(1954)。

[14] *Diederichsen/Wagner*, Die BGB-Klausur, 9. Aufl. 1997, § 6. II., S.205.

[15] 关于论文修改这一独立的工作过程,参见本书第四章边码48及以下。

二、糟糕的法学语言风格及其产生的原因

1."嵌套式"

托马斯·曼(Thomas Mann)可以说是"嵌套式"语言风格(Schachtelstil)的大师。不过,并非每个人都能做到像托马斯·曼那样优雅。嵌套式的语言风格有很多缺点。一般人通常只能注意7个概念,读者或听众最多只能对25个词留下印象。[16]如果各种想法并非按顺序进行介绍,而是一个嵌套着另一个,那么你的表达就很难有清楚的思路,或者说会丧失它的"主旨脉络"。最糟糕的情形莫过于读者可能完全无法理解整句话的意思。不是每个法院都能清楚而准确地表达自己的看法。

在柏林州高等法院(KG)的某个判决中,就曾出现过下述可以说无法令人理解的表达[17]:

> 此外,本法院同意地方法院这一观点,即在任何没有对价的情况下根据债权人的意思而作出停止侵权声明(Unterlassungsver-pflichtungserklärung)的情形,依据诚实信用原则,若此时某一被当事人一致认为违反正当竞争因而构成不公平的广告被联邦最高法院认为是毫无疑问的,那么,要求债务人毫无豁免可能地遵守其承诺,就应当是被禁止的。[18]

帝国最高法院(Reichsgericht)对"铁路"(Eisenbahn)一词下过的定义则可以说得上是出了名的"语言怪兽":

> (指的是)这样一种企业,其致力于在金属的基座上通过并不完全没有意义的隔离空间重复地运输人和物,这个基座由于它的连续性、特殊构造和平坦设计,而使得其专门用来实现大型重物的运输,同时还能保障在运输过程中较为重要的高速度;并且,通过同时使用其他用来促进运输的自然能源(例如蒸汽、电力、畜力或人力等,在倾斜的轨道上则还包括其集装箱或者装载物的重力),可以使得在其企业经营的过程中产生强大的能

---

[16] 关于"七"这个魔力般的数字,参见本书第一章边码82。

[17] KG, Urt. v. 17.10.1994, 25 U 7940/93, NJW 1995, 264, 265.

[18] 由于作者意在批评法院的判决晦涩难懂,因此,译者故意保留了原文较为拗口的表达,下段亦同。——译者注

量(这一能量视具体情况的不同或者可能是符合目的而有利的能量,或者可能是摧毁人类生活或者损害人类健康的能量)。[19]

7 **问题**:请试着从欧盟最高法院所表达的这段话当中"破译"一下它的具体想法究竟是什么?

《欧共体理事会 1990 年 6 月 13 日关于一揽子旅游(Pauschalreise)的指令》(90/314/EEC)第 6 条应当作如下理解:若参加一揽子旅游的旅游者,在旅行前已经向旅游主办人支付了住宿费,但由于主办人的支付不能,而不得不再次向酒店老板支付费用,否则(酒店老板)就不允许旅游者离开酒店去赶自己回程的航班,若此时要求(酒店老板)返还支付的费用,上述情形就属于本条的适用范围["打人的酒店老板案"(Schlagender Hotelier)]。[20]

2.空白公式、宽泛的表达、夸大其词

8 有些时候,法院会故意使用模糊的表达。诸如"正义""诚实信用""公平"或者"一切公平和正义的思考者的礼仪感"(das Anstandsgefühl aller billig und gerecht Denkenden)等说法,都属于法律上的空白公式(Leerformel)。因为上述概念都非常抽象,如此才能适用于任何具体案例的判决。阐明这些空白公式的具体含义、揭示其背后隐藏的利益和价值,就是法律人的任务。[21] 要将某个案例涵摄于作为构成要件的法律原理(Rechtsgrundsätze)或者法律原则(Prinzipien)之下,则必须首先对后者进行足够的具体化(Konkretisierung,参见第三章边码 25 及以下)。

《债法现代化法政府草案》[22]第 275 条第 2 款(履行义务的免除)规定如下:

> 如果债务的履行所需的费用,根据债务关系的内容和诚实信用原则,与债权人的履行利益相比严重不成比例,那么债务人可以拒绝履行。如果履行需要以债务人本人的行为而为之,那么基于债权人的履行利益和债务人的履行障碍之权衡,该履行对债务人是不可期待的,债务人亦可拒

---

[19] RG, Urt. v. 17.3.1879, I23/80, RGZ 1, 247, 252; 也参见 Haft, Juristische Rhetorik, 8. Aufl. 2009, S. 60。

[20] EuGH, Urt. v. 14.5.1998, C-364/96, EU:C:1998:226. 问题的答案参见本书第十章边码 9。

[21] 关于"事物的本质",参见 Möllers, Juristische Methodenlehre, 3. Aufl. 2020, § 6 Rn. 72。

[22] Regierungsentwurf v. 11.5.2001, BR-Drucks. 338/01.

绝履行。在确定何为债务人可期待的义务时,亦应考虑,债务人是否对履行债务的产生负有责任。

对于2002年生效的《债法现代化法》[23],图林根州(司法)部长博尔克曼在联邦参议院的立法程序中如此批评道:"如果我没数错的话,就这一句话里面,差不多有五个不确定法律概念和一般条款!在我们的民法规则中,估计很难再找到类似的东西。对于那些无意履行或者没有能力履行的债务人而言,这一条简直就是给他们开具了援引类似抗辩的邀请函。合同条文的明确性被忽略,而法院又不得不诉诸其他程序。"[24] 现行的《德国民法典》第275条第2款虽然删除了原来的两句话,但还是保留了相当多的不确定的法律概念。

此外,还应当避免使用不知所云的补助词。诸如"做……事是不允许的",这类话虽然也经常见诸笔端,但它并不能算作是什么论据。像"这一请求权怎么说也应该……"这样(模棱两可)的句子不过是种小伎俩,因为这其实表明作者自己也不是很明白要说些什么。下列表达很多时候都是非常多余的,诸如:

当然、无疑、没有疑问的、显然、没有问题的是、不需要再证明的是、根据法律的意义和目的不会得出其他的结论、大概、自然、那么、事实上、依据、进一步看、非常、相当……

针对持不同意见的人进行尖刻的批评、讥讽、夸大其词或者刚愎自用的评论,这些在学术论文中原则上是不该有的现象。如果他人的不同观点多少有些道理,那不要直接指责其是"错误的"。过于苛刻的批评者容易搬起石头砸自己的脚;尽量不要使用诸如"大谬特谬"(abwegig)、"无稽之谈"(unsinnig)、"难以理解"(unverständlich)之类的语词。[25] 比如,叔本华曾经有句对黑格尔的评价,就不应当被我们效仿:

一个平庸、愚钝、令人憎恶的无知的江湖骗子,他以罕有的肆无忌惮,

---

[23] Gesetz zur Modernisierung des Schuldrechts v.26.11.2001, BGBl. I, S. 3138.
[24] BR-Plenarprotokolle 766 v. 13.7.2001, S. 426.
[25] Mann, Einführung in die juristische Arbeitstechnik 5. Aufl. 2015, Rn. 385.

将疯癫和荒唐融于一身……[26]

某位律师草拟的一份抗辩声明中,有这样一段同样不是很妥当的话:

> 对方的谬误就不必再细说了。但是,有一个谬误非常明显,那就是被告似乎试图给人一种印象,好像从一开始就只有被告那虚无缥缈的、似有非有的所谓经济上的照顾(Betreuung)。……这样的鸿篇巨制几乎每个词都是错误的,如此来看,我们似乎完全不必为之争论或驳斥些什么了。

12 此外,各种冗长、矫揉造作的表达也应当被避免,例如:

——可以说的一点是……

——正如上文多次提到的……

——如果我们现在据此可以得出一个一定程度上说比较谨慎的结论,那么事实上似乎完全可以将下文所要讲述的内容按照此处的审慎结论来铺陈。

——此处可以使用更简单的表达:"作为结论可以说……"[27]

13 《德国民法典》的有些条文使用了"六音步"(des Hexameter)的格式,立法者可以说就有点过于炫技了。这种格式文学看上去似乎很讨喜[28],但是却损害了它的可理解性。[29] 如《德国民法典》第164条第2款规定:若以他人名义从事行为的意思不明显,则即使缺乏以自己名义为之的意思,亦无关紧要。其"六音步"格式为:

Tritt der| Wi lle, in| frem dem | Na men zu | han deln,|
nicht er | kenn bar her | vor, so|
kommt der | Man gel des | Wil lens, im |

---

[26] Schopenhauer, Parerga und Paralipomena, Bd. I. S. 102, 31(Sämtliche Werke, Bd. 5, 2. Aufl. 1946),不过此书严格意义上讲并非学术作品;更多的例证则参见 Canaris, AcP 200(2000), 273, 362 ff.。

[27] 此处的例子引自 Mann, Einführung in die Juristische Arbeitstechnik, 5. Aufl. 2015, Rn. 351。

[28] 所谓"六音步"的格式,包含3个音节的长短格和2个音节的、同样是首音节重读的长短格。"六音步"最富艺术性的就是它与日常语言截然不同的格律。例如,其句读是被忽略不读的(也就是不停顿——译者注)。参见 Storz, Der Vers in der neueren Dichtung, 1987, S. 163, 169. Die unterstrichene Silbe wird jeweils betont; 类似的例子还有《德国民法典》第923条第3款。

[29] 对此的批评参见 Wieacker, Privatrechtsgeschichte der Neuzeit, , 3. Aufl. 2016, S. 478.。

ei gen en | Na men zu | han deln, | nicht in Be | tracht.

若要简单地表达这句话的意思,即:"如果无从得知某人是以他人的名义行为,则其就是以自己的名义为之。"[30] 在丹宁勋爵(英国最著名的法官之一)后期的某部作品中,就出现了很多饶有趣味但着实冗余的表达。[31]

最后要说明的是,还应当避免使用流行词汇、夸张语词和粗鄙的俗语。在学术著作中,不应当使用类似"显而易见"(leicht ersichtlich)、"理所当然"(selbstverständlich)这样的形容词。除非确有助于使问题更加直观,也就是说为了让问题更形象时,才适宜使用比喻之类的修辞。

14

例如:"如果对当事人人格权的'侵略'故意带有……的目的。"(单引号为译者所加),这句话在语言上就显得比较别扭。[32]

题目:请试着用较为清楚和简洁的表达,转换下面的例句[33]:

——这种经常对第三人的缔约过失责任所提的批评[34],对于审计师和投资人之间的责任,只有有限的或者几乎没有说服力。对此要补充的一点是,此处成立这一责任的优点更为明显……

——然而,尽管如此,最后还是要说的是,调解程序虽然可能很有意义且着眼于将来,但是并非在家庭法所有的领域都适用,也就是说在某些领域会导致一些问题。基于上面所说的问题领域,这里可以总结性地做一个结论。[35]

3.名词化风格

将形容词或动词名词化,可以说是一种屡见不鲜的恶习。如果有人不断罗列一些名词化的动词和形容词,那他的表达就显得很"呆板"且不好理解。

15

---

[30] 参见 *Schmuck*, in: Römermann/Paulus, Schlüsselqualifikationen für Jurastudium, Examen und Beruf, 2003, S. 357, 375。

[31] 在 Hinz v. Berry [1970] 2 Q. B. 40, 42 这一判决中,有如下表达:"此事发生于 1964 年 4 月 19 日。在肯特那正当风信子的时节。欣茨先生和夫人已婚数十年,他们育有四个孩子,他们都不过九岁或者更小的年纪。"参见丹宁勋爵自传, The Family Story, 1981。

[32] BGH, Urt. v. 15.11.1994, VI ZR 56/94, BGHZ 128, 1-Caroline von Monaco, Leitsatz2. 另一个例子是,根据《德国刑事诉讼法》第 227 条:"检察方的职员可以和多名辩护人一同参与主审程序,并共行其公事。"

[33] 答案见本书第十章边码 13。

[34] 《德国民法典》第 311 条第 3 款。

[35] 以上都引自某篇博士论文。

这类人造名词的标志是以"-ung,-keit,-heit"等作为词尾。因此,名词化的语言风格应当尽力避免。

与经理相比,监事要做的(Ausübung)是履行(Ausführung)委托其他执行者(Ausführend)的事务。[36]

《德国民法典》的起草人也未能免俗,例如第883条第1款第1句就用了很多名词化的表达：

就土地上权利的让与或废止,或就土地上所负担之权利的让与或废止,或就该权利的内容或次序之变更,提出请求权者,得为保障其请求权而在土地登记簿上为预告登记。[37]

例外情况下,名词化的语词也是有一定意义的。比如,在编写论文的小标题时(就经常用到名词化表达),或者这些(名词描述的)行为并非句子的重点时。

4.被惯常使用的被动语态

古斯塔夫·拉德布鲁赫(Gustav Radbruch)就曾指出,法律的语言显得非常"冷酷"："(法律语言)抛弃了所有的情感基调,它非常古板:以至于几乎不讲什么道理。如此,这种简练的语言风格可以说是一种刻意选择的'贫瘠'。这种语言风格恰如其分地表现了统治国家充满自负的威权意识。"[38]如此的语言风格看上去非常类似于法国法院判决书的风格。[39]所谓的"被动态语句"就是指不使用人格化的主语。如果使用被动语态,就会因为省略主语而显得不够精确。(《圣经》的)第一卷《创世纪》是以这样的句子开头的："起初神创造天地。地是空虚混沌。渊面黑暗……"据说,普鲁士商务部的一名前副部长曾向他的下属如此说道:

我不得不指出的一点是,《圣经》并没有开好头:开始时,在上帝这

---

[36] BGH, Urt. v. 4.11.1953, VI ZR 64/52, BGHZ 11, 151, 153.

[37] 原文中的名词化表达,译者注作斜体字。——译者注

[38] Radbruch, Rechtsphilosophie, 8. Aufl. 1973, S.202;类似的批评也参见 *Gast*, Juristische Rhetorik, 5. Aufl. 2015, Rn. 1220 ff. m. w. Nachw。

[39] 即判决中以"因……故"(Attendu que)为开头的部分,参见 Cass. Civ. 3, 10.5.1968, Bull. Civ., III, N 209; weitere Nachw. beispielsweise bei *Everling*, EuR 1994, 127, 132; *Kötz*, Über den Stil höchstrichterlicher Entscheidungen, 1973, S. 7 ff.。

边,天和地被创造,而后者又是一片混沌和空虚的。

有的时候,德语的法律语言之所以会使用名词化的语词和被动语态,似乎是因为被动语态象征着威权(Autorität)和不可冒犯,从而可以借此迫使被规制者服从。

> 有些社区协会的规章条款如是规定:任何费用都不得向家庭营业人(Hausgewebetreibende)征收,而应由协会承担保险公司为承保家庭营业人承担的保险额与其实际支出费用的差额。[40]

不过,这种修辞手段确实值得重新审视一番。用来支持这种语言风格的那种理论,如今看来已经过时了,毕竟,我们只能指望普通民众遵守和接纳那些易于理解的法律规范。[41]

只有当主语完全不重要或者说众所周知时,才可以被省略[42],例如《德国基本法》第3条第3款第2句的规定:"任何人不得因其残疾而被歧视。"

5.过度的抽象与援引

接下来要说的是(法律语言)受众的问题。在阅读法律条文、判决或者合同时,读者很多时候容易产生这样的印象,就是这些东西面向的既不是普通民众,也不是当事人自己,它们只是为专业的法律人而写。有些法律人甚至认为,只要能说服他的同人就足够了,至于民众对这些判决、法律条文究竟能理解多少,则是次要的。因此,法律条文对于民众而言的"可理解性"(在他们看来)就是无关紧要的。[43]

如果这样想的话,那么法律语言就成了一种"机密语言"。当然,偶尔使用一些法律技术性的语词是在所难免的。然而,面向普通民众的法律条文本

---

[40] 作者此处的举例是一段不容易被理解的句子:Durch statutarische Bestimmungen des zuständigen Gemeindeverbandes kann angeordnet werden, dass von den Hausgewerbetreibenden Beiträge überhaupt nicht erhoben werden und dass der Verband die Kosten übernimmt, die der Kasse durch die Versicherung ihrer hausgewerblichen Mitglieder nach Abzug des Gesamtbetrages der ihr zufließenden Auftraggeberbeiträge erwachsen.译者根据意思翻译如上。这一例子参见 Reiners, Stilfibel: Der sichere Weg zum guten Deutsch, 1951/1990/2007, S. 35。——译者注

[41] 关于判决的可接受性,则参见 Möllers, Die Rolle des Rechts im Rahmen der europäischen Integration, 1999, S. 54 f.。

[42] 同样的观点参见 Schnapp, Jura2015, 130, 140。

[43] 参见 Günther, Recht und Sprache, 1898, S. 157 Fn.224; Zeh, Wille und Wirkung der Gesetze, 1984, S. 545; Vogel, Juristische Methodik, 1998, S.204。

来应当是通俗易懂的,如此才能让民众更好地遵守它。话虽如此,对于这一点也确实充斥着激烈的争议。[44]并且,由于立法者使用了大量的抽象表述以及援引技术,这一问题一定程度上就显得更加突出了。[45]

例如,《德国民法典》第 2013 条第 1 款第 1 句:

> 若继承人对遗产债务负无限制的责任,则不适用第 1973 条至第 1975 条、第 1977 条至 1980 条、第 1989 条至 1992 条的规定;继承人不得申请遗产管理的命令。

在帕朗特民法典评注(Palandt)中,塞伯特(Seibert)曾如此评价:"第 2013 条——可以说是过度援引技术的典型——是如此晦涩难懂以及过分雕琢,刚接触这个法条的人,就算运气好估计也得花费一个小时才能把它搞明白。"[46]

19 **进阶:**可惜的是,民法法条语言的抽象性在债法现代化改革以后,不仅没有得到缓解,反而更加严重了。[47]像《德国民法典》第 307 条第 3 款这样的条款,必须和第 1 款、第 2 款结合起来才好理解,为此就需要付出相当大的耐心。[48]《德国民法典》第 307 条第 3 款的规定如下:

> (1)一般交易条款(Allgemeinen Geschäftsbedingungen)中的条项,违反诚实信用的要求,不合理的不利于除制定者之外的合同相对人的,不产生效力。条款不清楚或者无法理解的,也可能发生不合理的不利之情事。
>
> (2)条款有下列情形之一者,有疑问时,应认为属于不合理的不利于合同相对人:
>
> ①与其排除适用的法律规定之主要基本理念不相符的,或

---

[44] Dölle, Vom Stil der Rechtsprache, 1949, S.24; Bydlinski, Juristische Methodenlehre und Rechtsbegriff, 2. Aufl. 1991, S. 633; a. A. etwa Zeh, Wille und Wirkung der Gesetze, 1984, S. 545; Hill, Jura 1986, 57, 63.

[45] 基尔克早就对此提出了批评: Gierke, Der Entwurf eines bürgerlichen Gesetzbuchs und das deutsche Recht, 1889, S.27-79。

[46] Palandt/Seibert, BGB, 10. Aufl. 1952, § 2013 Anm. 1.

[47] Braun 在其著作(Der Zivilrechtsfall, 5. Aufl. 2012, Vorwort S. V)中就指出,当代的立法者人为地制造了这种法条理解上的高度困难。

[48] 请尝试用通俗易懂的语言重述《德国民法典》第 307 条第 3 款的意思。这个棘手问题的答案可参见本书第十章边码 15。关于立法者的语言究竟多晦涩难懂,第 310 条第 1 款也同样提供了一个例证。

②基于合同本质所产生之主要权利或义务受到限制,以至于合同目的难以达成的。

(3)第1款、第2款及第308条、第309条的规定,只适用于一般交易条款中为排除或者补充适用法律规定而约定的条款。其他条款仍得依第1款第2句并结合第1款第1句之规定而不产生效力。

除此以外,《德国民法典》中的某些抽象概念也大可被摒弃,例如"法律行为"。[49] 为了避免如下这种指向不明的错误,法律的表述也完全可以不使用类似"前者"或"后者",以及"与之相关"或者"同一"等词汇。

> 当那个(derselbe)[50]爆炸的时候,气球恰好就在商务迈耶先生花园的对面。[51]

或者:

> 这个时候,女证人的男朋友出现了,他接着先是拿走了被告人的晾衣架,然后又和被告人[52]卷入了一场争斗。[53]

此外,立法者还"勇于"推进政治上的男女平权。在修订后的《德国反不正当竞争法》(UWG)第1条中,立法者明确指出要保护民众中的"男消费者"(Verbraucher)和"女消费者"(Verbraucherinnen)。有些时候,立法者这样做,无非是为了表现自己那精致而考究的语言[54],例如《勃兰登堡高等学校法》(brandenburgische Hochschulgesetz)第65条第5款第6句就是如此:

> 如果女主席(Präsidentin)或者男主席(Präsident)在就职前曾是某个高校任职的女教授(Professorin)或者男教授(Professor),而她或者他已经退休,则她或者他可以依据她的或者他的申请,在她或者他之前的高校中

---

[49] 废除法律行为概念从法律技术上是可行的。例如,可以直接将合同的规则准用于其他民事法律关系,《荷兰民法典》第6:216条即是如此。参见 *Zweigert / Kötz*, Einführung in die Rechtsvergleichung, 3. Aufl. 1996, S. 145。

[50] 德语中 derselbe 指代文中的阳性名词,而德语中"气球""花园""先生"都是阳性名词。——译者注

[51] 这个例子见于 *Reiners*, Stilfibel: Der sichere Weg zum guten Deutsch, 1951/1990, S.21。

[52] 德语中 diesem 指代阳性名词,此句中"被告人""晾衣架"都是阳性。——译者注

[53] *Ahrens*, Der Geschädigte liegt dem Vorgang bei, 7. Aufl. 2010, S. 9.

[54] 这一恰当而带有讽刺性的评语见于 *Scheffler*, JZ 2004, 1162, 1163。

担任一个与她或者他在就任女主席或者男主席之前职务相当的职务。

第二节 恰当的法学语言风格的标准：紧凑、简单、清楚、直观而精确

22 好的德语,或者准确地说,好的(法学)德语的语言风格应当遵循的规则,总结起来有如下三点：
(1)表达应当尽可能地紧凑；
(2)表达应当尽可能地简单、清楚而直观；
(3)表达应当尽可能地精确。

一、紧凑的风格

23 一个人如果能做到表达紧凑,那么就表明他懂得如何省去那些不重要的细枝末节,而仅仅提及最令人信服的部分。[55] 读者为了搞明白作者的意思所需要花费的时间越少,就越有时间好好掌握其所表达的核心内容。所以请认真对待下文有关修改和缩写的工作方法(第七章边码 56 及以下),学会删掉那些冗余的表达。

二、简单、清楚而直观的风格

(一)简单与清楚

24 要想实现紧凑的表达,写的东西就需要简单而清楚。在英美法系,流传着这样一个精辟的法则,"KISS 法则——Keep It Short and Simple"。写法学文章的目的是说服他人。比如,法官面向的是当事人,既然判决要说服相关的当事人,并由此实现法之安定性,那么法官的表达就必须易于人们理解。[56] 在法学写作的过程中,这就意味着：必须为自己不清楚的表达承担责任。一句话不可以让人至少读两遍才能理解。

25 如果不确定的话就谨遵如下规则："一句话,一个想法。"因为人类同一时

---

[55] 就此也可参见 *Diederichsen/Wagner*, Die BGB-Klausur, 9. Aufl. 1998, 6. II., S.205。
[56] *Musielak/Voit/Musielak*, ZOP, 17. Aufl. 2020, § 313 Rn.2.

刻只能在脑海里出现一个想法。[57] 大可不必把日常生活中的概念和现象包装成似是而非的法学语汇。优先使用的永远应该是那些最容易让人理解的表达方式。当然,这并不是说,要一味地把主语、谓语、宾语僵化地堆砌起来。只要每个想法都是关联递进的,就完全可以使用从句的表达方式。为了与之前的句子相联系,你可以使用诸如"weil"(因为)、"da"(因为)、"deshalb"(因此)、"so dass"(以至于)、"folglich"(结果是)、"denn"(因为)等连词。关于如何在一个句子中连贯地抛出各个想法,鲁普教授(Rupp)就提供了一个很好的范例:

> 如此来说,从君主制的行政法到共和制的行政法,从市民法治国家到民主社会国家,似乎实现了非常平稳的过渡,而其之所以实现,是因为之前君主制所拥有的职能和特权不过是被共和制的当权者所承继了,因此在行政法系统内部的构造中依然保留着君主制宪法制度的特殊印迹。如果人们透彻地看问题,就会发现这一印迹至今仍然存在,并与当今的宪法制度形成鲜明的对照。[58]

不过,重要的东西还是该写在句子的开端。所以,你应当把主要的观点放在主句,而非从句中。此外,要尽量避免使用会打断读者思路的插入语。因此,句子里插入破折号也是有问题的,因为这样一来,思路就会被打断。

通常而言,作者在写文章时都会使用非本人视角的风格。只有在例外的情况下,要表达自己的观点时,才会使用"我"这个词。而使用"我们"(比如"我们认为"),则很容易给人一种自以为是的感觉[59],因此也是应当极力避免的。

---

[57] "修辞学应当奉行如下的指导原则:人类在某一时刻只能清楚地思考一个想法,因此,不要指望他能够顾及第二个或者说更多其他的想法",参见 Schopenhauer, Parerga und Paralipomena: kleine philosophische Schriften Bd. 1, 1851, § 287 S.450 。

[58] H. H. Rupp, Grundfragen der heutigen Verwaltungsrechtslehre, 2. Aufl. 1991, S. 1;参见 Schnapp, Jura2015, 130, 140: "Schien sich somit der Übergang vom Verwaltungsrecht der Monarchie zu demjenigen der Republik, vom bürgerlichen Rechtsstaat zum demokratischen Sozialstaat äußerlich reibungslos zu vollziehen, indem die früheren Kompetenzen und Prärogativen des Monarchen lediglich durch republikanische Zuständigkeiten ersetzt wurden, so blieb doch dem inneren Gefüge des Verwaltungsrechtssystems jene spezifische Verhaftung mit der Verfassungsordnung des monarchischen Prinzips erhalten, eine Verhaftung, die, sieht man den Dingen auf den Grund, noch bis heute fortwirkt und einen ganz eigenartigen Kontrast zur gegenwärtigen Verfassungsordnung bildet." 。

[59] (这种自以为是)或者是表现于一种表示尊崇的复数形式,例如"我们,上帝恩典的威廉"(这里的"我们"实际是指代威廉皇帝自己,类似于"朕"——译者注);或者就是强行代表了众意,例如"我们的结论是……"

28 　法律人如果想要说服他人，那么就必须做到让非法律人也能够理解才行。这就需要我们把那些大众比较陌生或者说与日常词语意思不一致的法律术语，首先"翻译"成日常的德语。[60] 相比大学生在法学教育中学习的那些拉丁文术语，法官在他们判决中使用的拉丁文要明显少得多，这一点不是没有原因的。但凡可以，请避免使用外来词和拉丁文的表达。如果本来就有合适的德语翻译，那么就更应如此。如果实在没有对应的表达，那么你完全可以用德语说明拉丁文谚语的含义。[61] 这个时候，你只需把拉丁文的表达放在其后的括号里就可以了。

> culpa in contrahendo 可以写作"缔约过失责任"；
> diligentia quam in suis 可以写作"处理自我事务时的注意义务"；
> venire contra factum proprium 可以写作"前后矛盾的行为"；
> 而 falsus procurator 也就是"无权代理"。

　出于同样的原因，也应该避免使用那些外行人不熟悉的法律专业的缩略语，例如"WGG""pFV""EBV""cic"或者"WE"等。当然，你也不能发明独创的缩略语。相反，常用的法典的缩写，例如 BGB、StGB 则可以使用。

（二）直观和悬念

29 　如果想要表达得清楚，那就必须写得"直观"（anschaulich）一些。有疑问的时候，应当舍弃抽象的概念，而使用直观形象的概念。你也可以通过实例来让那些抽象的概念更加具体明朗。

　《德国民法典》第 1353 条第 1 款第 2 句规定："夫妻双方有义务互相结成婚姻的生活共同体。"而《法国民法典》第 212 条的表达就形象多了："夫妻双方互负忠诚、支持及帮助之义务"（Les époux se doivent mutuellement fidélité, secours, assistance）。

30 　（在进行措辞表达的时候）你不光要试着激发别人的兴趣或者吸引他人的注意力，甚至还可以试着增加一些悬念感。[62] 这个要求大概是最难实现的

---

　　〔60〕　在英美法系兴起的"简明法律语言运动"把那些陈旧的、难以理解的法律术语转换成了全新的词汇，参见 Butt, 73 Aus. L. J. 807, 816(1999)。
　　〔61〕　Liebs, Lateinische Rechtsregeln und Rechtssprichwörter, 7. Aufl. 2007.
　　〔62〕　也参见 Reiners, Stilfibel: Der sichere Weg zum guten Deutsch, 1951/1990/2007, S. 155; dagegen immer noch Diederichsen/Wagner, Die BGB-Klausur, 9. Aufl. 1997, 6. V., S.214 f。

了。但是，在研讨课论文或者博士生论文以及判决文书中，经常能够看到这种直观形象的语言风格。联邦最高法院和联邦宪法法院已经身体力行地告诉我们，原来判决也可以表达得如此有趣甚至充满悬念：

> 1978年7月19日，原告的儿子骑着由第一被告生产的和第二被告销售的本田GL 1000"黄金之翼"摩托车，在午饭时间，以140~150公里的时速在"纽伦堡—慕尼黑"高速公路上向南方行驶。在一个平缓的下坡右转弯的出口处，摩托车在无第三人外力的情况下开始打滑并撞向隔离带的一侧。驾驶员从摩托车上摔落，脑袋撞到了隔离带的支柱上，导致颅骨骨折；他……[63]

或者另一个例子：

> 据地方法院查明，作为一名已被确认的拒服兵役者，申诉人正在体验他人生的第一场军事演习。在他的落脚地附近，正好部署了七辆到十辆美国陆军的履带车（Kettenfahrzeuge）。申诉人当即对此感到非常失望，然后在一个床单上写了几个朱红色的大字："士兵就是杀人犯（A SOLDIER IS A MURDER）。"大约十点钟的时候，他把这个标语挂到了城市东郊的一个十字路口处。大约十二点的时候，一个联邦国防军的军官，也就是中校Ü先生，开车路过此地，他注意到了这个标语，于是通知了警方。警方后来……[64]

三、精确的风格

然而，不能为了直观形象，而损害表达的精确性。下面的几点提示看起来似乎是不言自明的道理，但是，如果做不到这几点，会直接导致扣分乃至考试或测验不及格。

（一）拼写和语法

也就是说，要掌握正确无误的德语表达，即使在已经实行了正字法改革的

---

〔63〕 BGH, Urt. v. 9.12.1986，VI ZR 65/86, BGHZ 99, 167-Honda.

〔64〕 BVerfG, Urt. v. 10.10.1995, 1 BvR 1476/91 u.a., BVerfGE 93, 266, 269-Soldaten sind Mörder；判决中出现的翻译错误（英语的 murder=Mord "谋杀"，murderer = Mörder "杀人犯"）实为申诉人的标语原貌。

今天亦非易事。[65] 如果法学文章中出现了拼写或者语法错误,那么就会让读者质疑作者的能力,文章也会因此丧失说服力。参加考试的人必须时刻意识到这一点,即要想顺利通过考试、胜任法官的工作或者就职更高级别的一般行政职务,就必须准确地掌握每个德语字词。[66] 电脑上的书写修订软件可以提供初步帮助(本书附录四边码 58)。此外,在遇到疑难问题时,《杜登词典》也随时可以为你提供参考(第一章边码 14),毕竟电脑程序不会发现那些逻辑关联的错误和某些拼写的失误。[67]

比如,"判例"应该写作"Rechtsprechung",而非"Rechtssprechung";在法学德语中,"损害赔偿"应当参照《德国民法典》写成"Schadensersatz",而不宜写成"Schadenersatz"[68]。此外,各个"法院"缩写的第二格,也是不用变格的,例如:Die Auffassung des BGH("德国最高法院的观点",这里的 BGH 就不能写成 BGHs)。

此外,动词和其他句子组成部分的搭配必须是正确的。

立法者有时候也有点不注意规则,例如《德国民法典》第 919 条:"……若界标被移走或变得难以辨认(wenn ein Grenzzeichen verrückt oder unkenntlich geworden ist)"。这个句子中的谓语动词本该只能和后面的"难以辨认"(unkenntlich)搭配,而不能搭配前面的"移走"(verrückt)。[69]

---

[65] 德语正字法改革是 1996 年发起的一次为统一德语书写规则的运动。——译者注

[66] 参见 VGH Baden-Württemberg, Urt. v.27.1.1988, 9 S 3018/87, NJW 1988, 2633, 2634: "并非如原告在他的上诉答辩书所说的那样,好像他只是出于紧张和考试的压力才会出现语言上的错误,他 1988 年 1 月 12 日那份简短的上诉答辩书已经足以说明问题,这其中除了 bemägelt、Nervösität、zusammendfassend 等错误的德语拼写外,还两次使用了别字 'bestädigen' 以及令人无法理解的词汇 'einwichten',并且没有严格遵守主谓结构(例如这样的句子:'weil der Erstkorrektor die äußere Form... mit ursächlich gewesen ist.')。"

[67] 比如是 wahr 还是 war, Beschuss 还是 Beschluss,更多的参见 Boyan, Verwaltungsrundschau 1991, 122 ff.。

[68] 《杜登词典》中则把"Schadenersatz"作为常规写法,不过也提到了《德国民法典》中"Schadensersatz"的写法。有趣的介绍则参见 Sick, Bratskartoffeln und Spiegelsei, Spiegel Kultur v. 7. 4.2004,网址:http://www.spiegel.de/kultur/zwiebelfisch/zwiebelfisch-bratskartoffeln-und-spiegelsei-a-293186.html。

[69] 谓语动词 werden 作助动词的完成式应为 worden,如本句中的"被移走",作实义动词时完成式则是 geworden,如本句中的"变得……"。——译者注

(二)准确使用法律术语

还有一个典型的错误就是不参考法条。有时候,写作者可能很难找到那些不怎么常用的法条,然后只好借助自己的"法感"或者说试着用"诚实信用"之类的原则去解决问题。这个时候,就很容易产生不好的后果。为此,就必须经常跟进随时更新的各种法律法规,并且时常阅读,然后把每次做相关检索时已经完整读过的各类规范标记出来。对于法律和判决的引注要尽可能地准确,特别是要尽可能地统一。必须准确、恰当地使用法律术语。

买卖合同只能缔结(wird abgeschlossen)或者约定(vereinbart),而不是做出(gemacht)。

根据《德国民法典》第142条,被撤销的只能是意思表示(Willenserklärung),而非合同(Vertrag)。[70]

如果法律概念和日常用语不一致,那就可以对它进行定义,以提示法律术语和日常语言间的区别。

(与生活用语不同)法律术语中的"借用"(Leihe)只能是无偿的(《德国民法典》第598条);

而"占有"(Besitz)和"所有权"(Eigentum)不是一回事(《德国民法典》第854条、第903条);

"公司"(Firma)也并非经营企业,而只是商主体从事法律和交易行为的"名字"(Name)(《德国商法典》第17条第1款)。

而所谓的"立法定义"(Legaldefinition)则是立法者在法律规范中作出的具有法律约束力的定义。[71] 在当代的法律文本中,立法定义通常都出现在一部法律的开端,例如"消费者""产品""错误""生产者""建筑"(Anlage)、"环境影响"(Umwelteinwirkung)等。[72] 因此,需要提前就了解,在一部法律的什么地方可以找到立法定义,否则,对某些概念的定义,可能会与立法者相抵牾。

---

[70] 原文说的是撤销"法律行为",参见 Brox /Walker, Allgemeiner Teil des BGB, 44. Aufl. 2020, § 18 Rn. 38。

[71] Möllers, Juristische Methodenlehre, 3. Aufl. 2020, § 4 Rn. 49 f.; Adomeit/Hähnchen, Rechtstheorie mit Juristischer Methodenlehre, 7. Aufl. 2018, Rn. 35 ff.

[72] 参见 §§2-4 ProdHaftG, § 3 UmweltHG。

因此，自己生造的定义往往是多余的，且通常也会是错误的。

比如，《德国民法典》就给"消费者"（Verbraucher，第 13 条）、"经营者"（Unternehmer，第 14 条）、"不迟延的"（unverzüglich，第 121 条）、"物"（Sache，第 90 条）以及"同意、事前许可、追认"（Zustimmung, Einwilligung, Genehmigung，第 182~184 条）等法律概念作出了定义。《德国民法典》第 249 条解释了何为"损害赔偿"（Schadensersatz），第 194 条则通过将概念置于括号里的形式作出了"请求权"（Anspruch）的定义。

35　事实陈述存在真伪之分。法律则通常都是规范上的命令。[73] 立法者可以恣意地制定规范，规范即自产生效力，而不在乎其是否真实发生或者说不在乎其是真是伪。有些法条属于"可推翻的推定"（widerlegbare Vermutungen），此时本来由原告承担的、证明支持其主张事实的责任，将转移于被告。若被告无法承担举证的责任，判决就会不利于被告。[74]

例如，根据《德国民法典》第 613 条第 1 句之推定，劳动者的职务在"有疑问的情况下"（im Zweifel）应当由其本人亲为（in Person zu leisten）。

36　"不可推翻的推定"（unwiderlegbar Vermutungen）则排除了任何推翻的可能性。此时，无论是否与事实相符合，这一推定都生效。

《德国民法典》第 1566 条第 1 款即是一个不可推翻的推定，即夫妻双方若分居 1 年且双方均请求离婚或者被请求者同意离婚的，婚姻自告破裂。第 1566 条第 2 款则规定了另一个推定：在有离婚意愿的情况下，婚姻被认为是无法存续的[75]，仅第 1568 条的"艰难情事条款"（Härteklausel）规定了例外。[76]

37　对于法学的初学者而言，"拟制"（Fiktionen）可能是一种更奇特的存在。

---

[73] Thon, Rechtsnorm und subjektives Recht, 1878, S. 8; Möllers, Juristische Methodenlehre, 3. Aufl. 2020, § 2 Rn. 7 ff.; Engisch, Einführung in das juristische Denken, 12. Aufl. 2018, S. 45 ff.

[74] Hübner, Allgemeiner Teil des Bürgerlichen Rechts, 2. Aufl. 1996, Rn. 90.

[75] 该款规定，分居三年者不可推翻地推定为婚姻破裂。——译者注

[76] Palandt/Brudermüller, BGB, 80. Aufl. 2021, § 1568 Rn. 1："只有'不合时宜'的离婚才应该被避免。"另一个例子则是《德国民法典》第 612 条第 1 款。

拟制即是假设一种与事实不相符合的情况。[77] "拟制"与真实情况是不同的。之所以会有"拟制"这种现象，是因为法律规范并不需要是真实的，而仅仅需要规定应该怎么做。

例如，1969 年前的《德国民法典》第 1589 条第 2 款规定"非婚生子女视为与其父亲没有亲属关系"[78]，这在生物学上当然是无稽之谈，因为（即使非婚生）父亲也始终是孩子的生父。当时立法者这样规定的原因，是为了阻止非婚生子女主张继承的请求权。不过，如今非婚生子女和婚生子女在继承权上已经是完全平等了。[79]

原则上，权利能力始于出生（《德国民法典》第 1 条）。但是，未出生者（即胎儿，拉丁语：nasciturus）也可以继承，对此，《德国民法典》第 1923 条第 2 款规定："继承事由发生时尚未出生但已孕育者，视为在继承事由发生之前已出生。"

(三) 逻辑正确地表达

还应该注意的是，表达要做到逻辑正确，使用清楚的概念，并呈现连贯的思路。因为这些都是一个合格法律人的特征。正如波普尔所言（第六章边码 1），如果一个人的表达含糊不清，通常说明他的思路也是混沌的。脑子里一团糟的人，说话就会颠三倒四。因此，在表达自己的想法之前，应当先把它捋顺了。

尽量避免使用"总是"（immer）、"从不"（nie）等词汇，因为但凡有一个反例，你的观点就会是错误的。因此，法律人经常会喜欢使用一些留有余地的表达方式，例如"原则上"（grundsätzlich）、"通常是"（in der Regel）、"时常"（oft）、"并不罕见"（nicht selten）等，这不是没有原因的。

有些句子属于"排除了第三种可能性"的表达，就是说，如果有两种截然不同的判断，则两者不可能都是错的，其中必然有一个是对的。例如，"所有"（alle）和"并非所有"（nicht alle）就是一组互斥的矛盾概念。两个互相矛盾的

---

[77] Hübner, Allgemeiner Teil des Bürgerlichen Rechts, 2. Aufl. 1996, Rn. 91.

[78] 参见 Engisch, Einführung in das juristische Denken, 12. Aufl. 2018, S. 36.。

[79] 此举通过《继承权平等法》实现（das Erbrechtsgleichstellungsgesetz v. 16. 12. 1997, BGBl. I, S.2868）。

判断中必然有一个是正确的,没有第三种可能性。[80]

例如,合同要么是有效的,要么是无效的,没有第三种选项。诉讼要么是适格的,要么不是适格的,没有第三种选项。特定的行为要么是合法的,要么是违法的,没有第三种选项。[81]

像"对于这一更正确的意见……表示支持"这种说法就有两处错误,为什么?[82]

39　　注意不要多次使用同一含义的概念,不然就会犯下同义反复(Tautologie)的错误或者出现冗余的重复。

《德国民事诉讼法》第808条第1款涉及的是关于(债务人)管领的"有体物"(körperliche Sache)的扣押。这一法条就出现了同义反复,因为《德国民法典》第90条本来就将"物"(Sache)定义为"有体的客体"。对此可以提供解释的是:《德国民事诉讼法》公布于1877年1月30日[83],早于《德国民法典》的出台,而彼时对"客体"这一概念尚未有明确的认识。

根据《德国基本法》第20a条,国家"在宪法规则的框架内通过立法,且依据法律与法(Gesetz und Recht)通过行政权力和司法保护自然的生存基础"。这句话就显得赘余,因为《德国基本法》第20条第3款已经规定了"法律与法"对司法的约束。[84]

40　　法律文本中体现出来的结构性思想,以及法学精确的概念和"概念金字

---

[80] *Schnapp*, Logik für Juristen, 7. Aufl. 2016, S. 83 f.; *Schmalz*, Methodenlehre für das juristische Studium, 4. Aufl. 1998, Rn. 175; *Adomeit/Hähnchen*, Rechtstheorie für Studenten, 6. Aufl. 2012, Rn. 36 ff.

[81] "践踏草坪是被严格禁止的"——这句话逻辑上是不通的,因为这其实是同义反复(赘语)。只存在"允许"和"禁止"两种情况。"允许"和"禁止"是一对互斥的概念,并没有第三种可能性。因此,不存在对一个行为"宽松"或者"严格"禁止的区别。

[82] 答案参见本书第十章边码16。

[83] Zivilprozessordnung v. 30.1.1877, RGBl. S. 83 ff.

[84] 称其为"多余条款"者,参见 Sachs/Murswiek, GG, 7. Aufl. 2014, Art.20a Rn. 56;另一个例子是《德国产品责任法》第4条:"生产者……,即是生产……的人"(参见 *Oechsler*, in: Staudinger, Neubearbeitung 2014, § 4 Rn. 1 ff.);还有就是《德国民法典》第14条第2款:"有权利能力的合伙,即有能力取得权利和履行义务的合伙"(参见 *Flume*, ZIP 2000, 1427, 1428)。

塔",这一切都归因于潘德克顿科学以及 20 世纪的概念法学。[85] 如果概念之上还存在一个上位概念,就会形成所谓的"概念金字塔":任何下位概念都包含上位概念的所有特征,而又至少包含一个不同的特征;前者为后者所包容。

例如,相对于"法律行为"这一概念,"合同"就是一个特殊概念,因为它是一个多数人的法律行为。而"许可"(Einwilligung)属于事前的"同意"(Zustimmung),见《德国民法典》第 183 条。

(四)法律批评的语言风格

"刚强其实,温柔其表"(Fortiter in re, suaviter in modo)的古训至今依然适用。[86] 论证要让人信服,取决于论据的质量,而非某种咄咄逼人的表达(第六章边码 11)。此外,对于文中介绍的各种争论,通常应当根据争论的内容而安排结构,如此一来,这些争论才能上升为"某说"[87]。如果只是根据手头的法学文献,依次罗列不同作者的争论,那就实在没有什么创意了。[88]

第三节 写作技术

一、标记、草稿以及"断章取义法"

(1)掌握有效的写作方法是十分有益的。[89] 在超过 10~15 篇论文时,写作者通常已经无法注意到它们是否有观点重复的情况,而且也不能确定不同作者所持有的观点。而在写博士论文时,很快就会积累多个复印文件夹,这时就可能会迷失在目前收集的这些文献中,最终彻底失去对全局的把握。如果面临的是新的法律领域,首先去熟悉它似乎是明智的。因此,在第一步中,你应该总结初步草稿和主题框架中的重要结构,即使此步骤纯粹是描述性的,有时也非常适用于导论部分的写作。这样的总结为随后的评论提供了非常重

---

[85] *Möllers*, Juristische Methodenlehre, 3. Aufl. 2020, § 4 Rn. 102 ff.; *Larenz*, Methodenlehre der Rechtswissenschaft, 6. Aufl. 1991, S.23.

[86] *Aquaviva*, Industriae ad curandos animae morbos, 2, 4.

[87] 例如"表示说"和"意思说",参见本书第三章边码 11。

[88] 也就是说,你不要这样写:(1)X 教授认为……(2)Y 教授则认为…… 等。

[89] *Brandt*, Rationeller schreiben lernen, 5. Aufl. 2016.

要的心理准备。

这些复印的文献需要归入到不同的论点和论据下。而你则可以在初稿中直接使用这些已经包含完整脚注的论点。通过这个方法,你可以避免抄袭文献的风险(第五章边码1)。即使你一开始只是为自己的文本提供初步草稿,也可以至少先挑选一部分文献,并可以将就此获得的观点摘录放在粗略的初稿中使用。另外,通过这一"断章取义法"(Steinbruchmethode)[90],就不必多次重复阅读一篇文章了。不过,这样的摘录需要不停地修订,直到在草稿或初稿中完成最终的文本。

43　　(2)同样,在论文中想要引用重要的法院裁判作为示例时,也要尽可能地用自己的语言总结具体的案例事实。这样可以避免将案情的特殊性不当地一般化的危险。[91] 仅阅读裁判前的说明(Leitsätzen)是不够的,它们经常存在误解甚至是错误的。[92] 另外需要注意的是,一些法学期刊删减过多的案情和裁判说理,以至于不能阅读到涵摄的过程。而在德国的期刊中也缺少例如欧盟法院总检察官的意见(第五章边码63)。[93] 因此,参考裁判文书时,要尽可能地查看不同的文献来源,在引用和分析时,只参考给出最完整的原始裁判内容的文献。

44　　(3)最后,不要将在互联网上或其他地方找来的文献直接复制到初稿中。在写作中,仅在很少情况下是允许直接引用原文的。这种情况下,如果没有写明出处,很容易会被判定为抄袭行为。[94]

二、从草稿到初稿

(一)初步草稿:说明个别的法律问题

45　　在向读者(可能是通过介绍一个案例)呈现了问题的概览之后,你的任务

---

[90] 所谓"断章取义法"(Steinbruch-Methode, proof-texting),是指从一篇文章中选出一部分作为自己观点的论证。但值得注意的是,如果没有通篇阅读原文,用这一方法选出的观点可能会误解原文的观点。——译者注

[91] 例如,参见 BVerfG, Beschl. v.28.5.1993, 2 BvF2/90, BVerfGE 88, 203 - Schwangerschaftsabbruch II und BGH, Urt. v. 16.11.1993. VI ZR 105/92, BGHZ 124, 128, 136 ff.-Kind als Schaden; BVerfG, Beschl. v. 12.11.1997. 1 BvR 479/92, BVerfGE 96, 375; hierzu *Stürner*, JZ 1998, 317; Deutsch, NJW 1998, 510。

[92] Generell auch *Hirte*, Der Zugang zu Rechtsquellen und Rechtsliteratur, 1991, S. 52 ff.

[93] 参见本书第六章边码63。

[94] Zu Guttenberg 博士论文,参见本书第五章边码13及以下。

应当是,进一步借由其他案例尽可能生动地阐述接下来所有的法律问题。等一系列的法律问题清晰以后,就可以通过整理"主题大厦"的方方面面来完成论文的初步草稿。这时,如果使用"断章取义法"(即"断石法",第六章边码42及以下),就可能较为迅速地收获你的第一次"成功体验",因为这个时候你就已经可以立即投入到论文的写作中去了。现在,你就可以想一想,该如何独立地描述一个特定的法律领域并阐释具体的问题。

(二)进一步限定主题

提前浏览相关文献并限定论文的主题是非常必要的,反之,就可能白白浪费许多宝贵的工作时间。文献搜寻(第四章边码83及以下)的工作做得越踏实,事后发生"悲剧事件"的风险就越低。比如,发现同主题的论文早已发表或者已经有专著详细地讨论了同一主题,等等。

从始至终你都要提防一种可能性,即论文的主题可能会过于宽泛,因此在着手初稿的时候,就要不断地限定论文主题的范围。这种工作方法常常有点类似于一个"试错"(try and error)的过程。最后你会发现,终稿的许多部分和当初的提纲相比,已是"面目全非"了。

(三)"开胃菜"——问题概览

1.目标:说服

在各种各样的评论和学术论文中,"导论"起到引入主题的作用。这一部分相当于你作品的"名片"。如果在导论部分就让读者失去兴趣的话,那你的"大作"估计很快就要被束之高阁了。因此,导论的意义不容小觑。对于研讨课论文、博士论文及学术演讲来说,莫不是如此。通过对论文问题的概览,论文的关键命题已经呈现于你的脑海中。如果论文的问题首先都无法让自己感到兴奋,那么你就无法说服其他人。"说服"可以说就是法律人的日常工作。论文的写作并非将几页文字乏味地拼凑在一起,你选择研究某个题目时必须对它抱有足够的热忱,以至于在未来的数周(研讨课或学业论文)、数月(硕士论文)乃至数年(博士论文)的时间内,都不太可能放弃该论文的写作。[95]因此,问题的概览是一个准备性的工作,以此为基础,你才能够逐渐理顺论文的主旨脉络(ein roter Faden)。这样一来,就不用一直艰苦地盲目地钻研,而白白

---

[95] 如果你提出的问题无法说服他人和自己,那说明这并非你得心应手的题材。

浪费宝贵的工作时间。

2. 有待更正的法律状况：基于实际案例的铺陈

有的时候，可以通过讲述一个实践中的案例来展开论文的论证，这一案例应当集中暴露某些法律问题，并能够激发读者的好奇心。为此，你需要及早准备，收集那些能够反映特定法律问题的相关案例。比如，你可以选取一个在你看来存有错误的法院判决（第三章边码39）。需要搞清楚的是，（在案例中）哪些利益是受到影响的，哪些利益又是值得法律保护的。通过上述方法，你就可以避免论文主题的研究过于"理论化"的倾向。

通过"问题的概览"这一部分（第七章边码15及以下），对相关领域不熟悉的人或许就能够理解，当下的法律状况为何被认为是有待更正的（unbefriedigend）。比如，从某个似是而非的判决或者某一自相矛盾的学说观点所得来的结论可能没有什么说服力，甚至是错误的。[96]这时，你必须详细地说明其中所存在的法学问题。为了达到这一目的，可以借由几个相关案例，以较为具象化的方式揭示各种利益之间的冲突。

3. 唤起好奇心

从一开始，就要努力唤起读者的好奇心。（使）读者应当抱有继续阅读下去的兴趣。因此，你要假设自己是读者，来试试看能否引起自己阅读的兴趣。

"从政治上看，欧洲和美国三百年前是相同的。"对于我提出的一个并不算正统的问题——"欧洲究竟是更像美国，还是更像联合国"，我的一个学生如是回答。

再看另一例：

我想给你写这些话已经很久了。一年来，有一件事使我忍不住要将之诉诸笔端，那就是：约瑟夫的故事。我的妈妈曾经跟我讲，在她孩提时代的小村庄里，每到晚饭时候，她父母家那个五光十色的花园后面，总会摆放一个没人坐的椅子和一个空荡荡的盘子，那是给"耶稣先生"的。我的外公总会向他祈祷。每次的祷告总是一样的内容：愿他降临寒舍，成

---

[96] 当然，还存在一种法律史的论文，其目的仅仅在于描述某一法律状况，而对法律的改进并无作用。

为"我们的宾客",将他所要赠予的,恩赐于"我们"。[97]

4.以目标为导向的写作

(1)阐述和介绍自己的论点。如果你有自己的观点,不要把它藏在第17页或脚注里,而要在文中的显要位置突出之。

(2)在论文的开头就提出自己的论点。

如果你的篇幅不大,又想吸引读者的注意力,那么就把你的论点放在论文的开头。这样,读者就会知道你在说什么,然后你可以有目的地朝着你的论点展开。

在你的论文中,要尽量吸引读者。用描述的方式来写,因为读者在有疑问的情况下,对主论点没有概念。根据我自己的经验,我可以确认,所有类型的学术论文都可以写得很吸引人!(第六章边码30)

---

[97] 这段话摘录于某次圣诞节前一个交于我手上的捐赠倡议书。

>不知目的在何方的人，也不会识得眼前的路。
>
> (古罗马)塞涅卡[1]

第七章　大学学习阶段的学术论文：家庭作业、研讨课论文及学士、硕士学位论文

第一节　撰写论文：有目的性的工作

一、日历与具体的时间规划

1　　重要的是，你应当按照一定的时间规划来完成论文的每一步，也就是说，你必须保障自己不会白白地浪费时间(第一节)。各种学术论文，诸如家庭作业(第二节)、研讨课论文(第三节)以至于博士论文等，虽然总体上相似，但各自也有一些特殊的地方。这首先包括上面介绍的法学方法(第三章)，以及法律研究、搜索和阅读技巧(第四章)和写作技巧(第六章)。最后，定期修改和缩减学术论文可令思路更清晰，写作风格更精确(第四节)。除此之外，学术论文的外在格式也尤其需要引起你的重视(第五节)。

2　　大学生应当在学期末的假期，即"不用上课的时间"(vorlesungsfreie Zeit)完成自己的研讨课论文或家庭作业，因为每个学期的课前准备和课后复习已

---

　　[1]　这句话为比较随意的意译，原文如下："如果一个人不知道要驶向哪个港口，那么什么风对他而言都不是顺风"(拉丁文：Ignoranti quem portum petat nullus suus ventus est,)。参见 Seneca, Moralische Briefe an Lucilius, VIII, LXXI, 3。马丁·路德也有类似形象的表达："立有目标者，才能达到目标"(Ans Ziel kommt nur, wer eines hat)。

经够人忙活的了。所以,请尽可能把你的假期空出来,预留至少三到四周的时间来撰写家庭作业或研讨课论文。

和"闭卷考试"一样(第二章边码12),学术论文的撰写也需要进行严格的时间与工作管理。这一点我们在写家庭作业时恐怕已经体验到了,因为家庭作业通常必须在四个礼拜内提交。对于硕士论文或者博士论文而言,可供写作者支配的时间比较长,对于自己在特定的时间段内究竟完成了哪些工作,你也必须时刻了然于心。毕竟,年华是宝贵的。所以,请拿出日历,在你现有的时间内好好规划接下来工作的每个步骤。 3

如果写作期限是四周的话,那么写作者应当在第一个礼拜拟出论文的草稿(eine erste Fassung),同时做好文献的筛选。第二个礼拜则应该开始按照一定的条理来写作,完成论文的初稿(Rohfassung)。在第三、第四周进一步优化润色,完成论文的精校稿(Reinfassung)。当然,并不是必须要死板地遵守这一规则,只是你要按照这样的指导精神来写论文,即你必须清楚地知道,是否以及在多大程度上可以在特定的时间内完成既定的目标。 4

不过,需要注意的是,上述几个工作阶段也并非一定要顺次进行,它们在时间上可以有所重叠,毕竟各个阶段是互相影响的。在使用打字机的年代,论文的精校是一个完全独立于其他工作阶段的过程。而在计算机时代,初稿、初校稿和精校稿之间已经不那么泾渭分明,因为写作者始终是在其初始手稿的基础上进行自己的工作。因此,不要等到精校稿的时候才使用正确的注释引用规则,在完成初稿的时候就应该按照那些规则来写作,如此才能避免不必要的重复工作(第六章边码42)。 5

二、"有目的性的"六个工作阶段以及各自的工具或方法

任何学术论文的写作都包含如下六个工作阶段。这六个工作阶段彼此截然不同,对此,一个井然有序的写作策略是必不可少的: 6

(1)选择主题(Themenwahl)或寻找主题(Themensuche)是论文写作的开始。如果给你一个精确的主题,就像有加工说明的学期论文一样,这很容易。你会定期收到一组明确的事实,必须制定一个专业的法律解决方案。如果教授要求你向他介绍一个主题,或者该主题非常笼统,这将变得更难。这在硕士或博士论文中是很常见的。(第九章边码7及以下) 7

8　　　（2）因此，必须按照特定的目标，安排学术论文的结构。比如，在撰写研讨课论文时，你首先要做的是限定论文的主题。也就是说，你需要独立完成问题的提出、选取相关的研究问题（einschlägige Forschungsfragen）等步骤，这本身就已经意味着某种挑战或者一次不寻常的工作。这个时候，头脑风暴（Brainstorming）和跃跃欲试的创新精神，都会对你的工作有所助益（第二章边码4及以下）。

　　论文的作者必须给自己定一个清楚的目标：此时，通常来说，比较有用的办法是，先给问题拟一个初步的解决方案（erste Lösung），其形式可以是类似完成一次闭卷考试、拟定论文提纲（Gliederung）或者撰写论文的概览（Exposé），等等。在写研讨课论文或者学业论文的时候，还要对主题论文的结构了然于胸。比如，究竟是以解决事实问题为主，还是以研究某个法律原则为主，其区别还是很大的（第七章边码29及以下）。

　　有一个常见的现象是，有的学生阅读量太少，没有充分地利用与论文相关的文献。不过，还存在一个完全相反的现象，就是读得太多，以至于"只见树木，不见森林"。在对待相关的文献时，如果不抱着批判的态度，就很容易迷失在浩如烟海的文献堆里。因此，从一开始就把注意力放在重要的文献（wichtige Literatur）上，然后再好好地研读它们（第四章边码85及以下），才是最有意义的。为了能时刻掌握论文文献的全貌，建议你一开始就使用Microsoft Word（第四章边码110及附录四边码32及以下）和citavi（第四章边码113）等软件。

9　　　（3）正式收集并利用文献。研读了最重要的文献之后，你已经清楚了论文相关问题之所在。此时，进一步涉猎其他文献，就变成一件相对容易的事情，因为你已经知道，将按照怎样的结构来写自己的论文。此时，就可以着手第三步的工作了，即开始正式收集并利用文献（第四章）。在初稿（Rohentwürfen）的写作过程中，你的任务是初步陈述论文的观点。不过，在这一阶段你就需要注意，论文的引注必须规规矩矩地完成，否则，后期可能会陷入抄袭的责难（第五章）。

10　　　（4）在初稿的基础上，为了理清论文的脉络，你需要不断地升华、揣摩或者说加工论文，由此逐渐完成论文的精校稿（Reinfassung）。如果你按照一篇高质量论文的标准来要求自己（第六章边码1及以下），那么你的论文对相关法律问题的阐述就应当准确而利落,并能够简明扼要地表达自己的观点。对于这一点,法学的方法论和说理技巧十分必要(第三章)。你的论证如何才能达到原创和简洁的要求?为此,你必须有清楚的观点、清楚的思路,并使用清晰明了的语言风格(第六章)。如果可以的话,最好让论文的提纲读起来就已经能够像一则故事那般流畅。

(5)在交稿之前,论文还应该再打磨一番。你需要再一次注意那些论文写作的重要规则:论文是否写得简明扼要,也就是说,论文的主旨脉络是否已经清晰了然?是否遵循了清楚而准确的法律语言风格(第六章)?论文中的德语表达是否已经做到无可指摘?对于最后这一点,一本《杜登词典》以及与语法和正字法的相关教材可能会有所帮助。不过,有疑问的时候,也可以向一位精通德语表达的朋友求助。

此外,你还需要再问一问自己,是否已经遵守了引用规则(第五章)和其他的论文形式方面的要求(第七章)?只有完成这些步骤,你才能递交论文的终稿。

(6)大部分的学术论文都还要面临一项任务,即需要用简短的演讲形式,向他人报告自己论文的观点。关于学术报告(Präsentation)时的演说技巧以及相应的策略,比如如何作论点清单(Thesenpapier)、提纲或者幻灯片,将专门用一章进行介绍(第八章)。

下文中的图7-1即呈现了上述六个工作阶段及各个阶段的相关辅助手段[2]。

第二节 家庭作业

一、家庭作业的初步草稿:如同完成闭卷考试

在做基础练习或进阶练习的时候,大学生通常要面临撰写家庭作业的任务。家庭作业与闭卷考试有一个相似的地方:所要解的题干同样经常以一个具体案情的问题(Fallfrage)来结尾,因而几乎总是要利用请求权结构或者案例

---

〔2〕 相关的时间表可参见 *Scherpe*, JuS 2017, 203, 205。

```
开始    第1周   第2周   第3周   第4周   以后
────────────────────────────────────────────────→
```

I. **选择主题**　　○ 选择主题
手段：
期刊
报纸（第五章）

II. **主题的限定**　　○ 初步的结构：
手段：　　　　　　　闭卷考试或论文报告
头脑风暴　　　　　　-指明有待研究的问题

III. **正式收集并利用文献**　　○ 初稿
手段：　　　　　　　　　　　　陈述论文的观点，给出初步的解答
图书（第五章），
符合规矩的引注方法（第六章），
Microsoft Word, citavi

IV. **深化**　　○ 精校稿
手段：　　　　介绍并评价法律状况，提出自己的法律观点
思路图　　　　学术论文的质量（时刻都要重视）
法学方法论（第三章）
提纲，说理

V. **加工、打磨**　　○ 终稿
手段：　　　　　　　论点，思路/清晰的语言风格（德语！），
《杜登词典》等（第四章）　形式要求，对论点的总结
形式要求(第七章第4节)

IV. **报告**　　○ 演讲
手段：　　　　限于主要内容，简明扼要
论点清单，提纲
幻灯片(第九章)

图 7-1　学术论文的时间与任务管理

分析结构(第二章边码 13 及以下)来完成一次法学鉴定（Gutachten）。你通常不必担心题目的界定问题，因为出题人给出的都是具体的任务。相应地，闭卷考试中的涵摄、结构、论辩技巧等方面的规则(第二章)，也适用于家庭作业的写作。

15　　同闭卷考试一样，家庭作业的题目通常由一个案件事实及相应的案情问题组成。因此，论文的撰写者应当像参加闭卷考试那样，解决案件事实的问题，并着手在写作的第一天就拟出案例分析的草图来。[3]对此，如同闭卷考

---

[3]　参见 Hadding, JuS 1977, 241, 242; 以及 Zuck, Jus 1990, 905 ff.。

试,你需要格外注意题目的题干部分(第二章边码 2 及以下)。这样做有如下好处:

(1)写作者在起步阶段就强迫自己使用了特定的结构;类似闭卷考试的解答方法使得论文一开始就有了自己的骨架,从而确定了后面几周的工作纲领;

(2)你不会"迷失"在论文的细枝末节里,也不会陷于文章堆里而无法自拔,从而避免了"只见树木,不见森林"的危险;

(3)你不得不自己独立思考其中的法律问题,由此也就避免了过早被文献中已经讨论过的解决思路(或者被所谓主流的"权威意见")牵着鼻子走[4];

(4)写作者由此可以抛弃一种"执念",即以为自己只要搜集了文献,就可以在最后两天搞定家庭作业。

不过,你还需要知道以下几点:

(1)你的论文不能只是一个"文献整理库",而必须是有条理、有结构的;

(2)你论文的初稿中,有可能还有很多问题没有被论及;换句话说,论文的初稿充其量只是助推了论文的起步,和终稿相比,可能还是会有所出入;

(3)因此,你必须时刻准备推翻已有的结论,也就是说,你不能刻板地墨守于论文的初稿。

二、作为学术论文的家庭作业

(1)与闭卷考试不同的是,家庭作业的完成时间不限于 2 个小时或 5 个小时,而是通常给你 4~6 周的作业时间。不同于闭卷考试,你必须利用图书馆的资源,证明你已经充分挖掘了与主题相关的法律法规及法学文献(第五章),并能针对它们发表你的观点。除此之外,你必须依照学术论文所通行的注释规则(第六章),指明所引用文献的来源。

另外,你还必须合理分配自己的工作时间,有目的性地安排论文的结构以及成文的过程。对此,首先需要一个工作或时间规划,能够进入法律文献资料库,并掌握特定的检索方法(第四章)以及理性的阅读技巧(第四章边码 102 及以下)。为了不迷失在文献的大山中,你应该在开始时将自己限制在几个基

---

[4] 参见 Stein, Die rechtswissenschaftliche Arbeit, 2000, S.102。

本的文本段落中[5]。这样的早期文献综述是有意义的,因为你的许多(上百个)同学正在研究着学期论文中的同一主题。你应该立即复印那些最重要的参考资料,因为你无法确定你是否能很快再次得到这些文献。

18　　(2)对家庭作业中各种争论点(Streitstände)的论证应当比闭卷考试更为精准、详细。为此,法学方法论和法学论辩技巧(第三章)的基本知识是必不可少的。与闭卷考试不同的是,你可以也应该多次重复修改你的文本,以达到法律语言风格的完美(第六章)。最后,你还需要遵守学术论文其他形式上的要求,制作论文的目录及参考文献清单(第七章边码69及以下)。

19　　(3)对话伙伴作为学期论文、研讨课论文或学位论文的作者,你不应该变异成一匹孤狼。在学术研究中,你的法律推理水平才是最重要的。寻找那些愿意与你讨论当前法律问题的战友。这对于学期论文来说特别容易,因为整个学期都在研究同一个问题。你将通过扮演"少数派辩护人"(又称魔鬼代言人 advocatus diaboli)和尝试发展对立观点来训练你的论证能力(第一章边码70及以下)。

20　　正如国际象棋玩家必须要进入对手的角色思考一样。你的论文将会变得更加有力度,如果其中可以挑战到其他的观点。你也要和非法律人进行辩论。通过讨论来训练自己;如果你成功地鼓励其他人对自己的题目产生激情,那么你就获胜了。没有法学知识负担的人有时候临近交稿时更焦头烂额,以至于看不到(论文)该往何方。这样的作者能更好地理解"正常人的思维"。

第三节　研讨课论文、学士学位论文和硕士学位论文

一、学习期间的学术主张

(一)研究的问题和研究论文

21　　研讨课论文、学士学位论文或硕士学位论文与家庭作业有一个相似之处,即都要求充分研习相关法律,并很好地阐述各种观点。对于这个方面,请参照前文"学术论文的时间与任务管理"的图(第七章边码13)。不过,与家庭作业

---

[5] Zur juristischen Kreativität s. § 7 Rn. 24 ff.

不同的是,这些论文往往并不会给定一个具体的案件事实,从而有特定的解题套路可供遵循[6],因此,给写作者提出的要求也就更高。此时,写作者将不得不着手一个或多或少有些狭窄的主题。探明论文题目的布置者究竟想从自己这里获得怎样的答案,就成了论文写作的一个重要任务。为此,你就需要经常限定自己论文主题的范围,并在这个范围之内提出恰当的学术问题(richtige Forschungsfragen)。[7]

在接受某个研讨课(Seminar)的主题之前,你必须先要了解这一题目可能涉及的领域究竟是什么。如果从未涉猎过相关主题,那么你现在至少应当搞清楚,"这究竟是关于什么的"。在某些时候,你的老师会大致介绍一下论文的主题,但在大多情况下,这种介绍毋宁说都是十分简略的。给论文的写作提示,也往往非常简单。有时,老师会为你提供参考文献。不然,你就得自己搜寻相关的文献,以熟悉具体的内容。如此一来,写作者的任务即是:独立研究论文的学术问题和法律争议、提炼相应的内容并为之安排合理的结构。

从方法上说,你首先要做的,是熟悉你论文的主题。为此,你需要(像考试的命题人那样)拟出你自己问题的"题干"。由于论文的篇幅可能不过20~40页,如果你能成功地筛选出有待深入解决的学术问题和法律争议,那么你就已经完成了一篇高质量论文的重要乃至最为关键的一步。因此,在对论文题目展开细致的写作和研究之前,一定要先和你的指导老师做好沟通。

在撰写研讨课论文时,先完成初步的文献筛选并自己粗略阅读一下相关内容是非常必要的。由此,你就对相关的法律问题获得了一次概览式的认识。以此为基础,就可以完成第一份论文提纲,并与你的老师讨论提纲的内容(第七章边码46及以下)。只有掌握了足够扎实的相关知识,才能逐渐摸清论文主题的庐山真面目;只有先对各种细节问题建立起具体的认识,才能最终形成论文整体的抽象思路。[8]

(二)猎人和收藏家

需要明确的是,哪些参数标志着一篇好的学术论文。[9]学术工作有时可

---

[6] Instruktiv Theisen, Wissenschaftliches Arbeiten, 17. Aufl. 2017, S. 89 ff.
[7] 参见 Stein, Die rechtswissenschaftliche Arbeit, 2000, S.102 f.。
[8] 有关撰写研讨课论文时的各种工作步骤,参见 Schwab, ZJS 6/2009, 637 ff.。
[9] Mann, Einführung in die juristische Arbeitstechnik, 5. Aufl. 2015, Rn.374 ff.

以与猎人或收藏家的活动相类比。它需要搜集大量的知识和处理目前存在的法律状态(Rechtslage)。小心地选择没有漏洞的法律判决和文献来进行工作,表明了这是一个好的收藏家。

25   学术工作有着更多的意义,即质疑那些通常是不加思考的,同时也常常是没有足够可信度的主流观点,同时也促进了目前法律的新发展。法律因而是一门非常令人激动的学科,因为答案往往不是阅读法条就能发现的。对此学者莱尔歇(Lerche)的表述如下:关心生活中行为的人,必须要经常前瞻性地考虑(vorausdenken)可能存在的法律冲突;他必须深入地思考(nachdenken)现有的法律意见,并寻找出(想出 Hinaus-Denken)未来法律的方向。[10] 法学方法论有丰富的论证手段(方法),其侧重点可能各有不同,既可能是纯粹的形式论证,也可能是推定规则或强制性优先原则等。[11] 猎人的工作则是通过论文写作找出一个新的、原创性的论点,并且尽可能地在法教义学(Rechtsdogmatik)的框架内运用法学方法,有说服力地去论证之。准备和进一步拓展工作是以获取新的知识为目标的。上述这些目标你都应该始终牢记在心。[12]

26   学术论文是一个系统性的工作。对论点的内容进行了分析,获取了新的知识,且具有原创性和有意义等都标志了这是一篇学术论文。学术论文要求描述、解释,但是也有区别与评估。运用法律比较、法律哲学,尤其是法律方法论等手段,可以深化你的论述。

27   在研讨课论文和学习论文中,你不应该经常地"反刍"争议。这对你来说是非常无聊的。最重要的是在此过程中对(以往的)观点进行修正。更重要的是找到当前的问题,批判现有方案并展示其他可能的方式。你必须要质问的是,哪里是该法律解决方案不能完全满足的地方。用我的同事缪尔博特(Mülbert)的话来说:"研讨课论文如同足球一样:前锋必须去踢那些会疼的地方。"[13] 你要进入一个新的领域,通过法律方法论的手段去充分地论证,寻找到自己的解决问题的方法。恰巧研讨课论文和学习论文允许探讨与运用未来

---

  [10] 参见思维导图第七章边码 28。
  [11] 区别参见 Lerche, BayVBl. 2002, 649, 650 (Festansprache anlässlich der Verleihung der Ehrendoktorwürde an ihn)。
  [12] 详细参见 Möllers, Juristische Methodenlehre, 3. Aufl. 2020, § 13 Rn. 127 ff.。
  [13] Mülbert, Leitlinien für das erfolgreiche Verfassen von Seminar-und Magisterarbeiten, S. 8, abrufbar unter https://muelbert.jura.uni-mainz.de/files/2018/10/leitlinien_seminararbeiten.pdf.

的法律(即理想状态的法律。——译者注)来寻找法律解决方案。更多的讨论你将在博士论义部分了解到(第九章边码3及以下)。

下面的思维导图会让你对学术研究的各个步骤有一个大致了解:

图 7-2

二、法学论文的不同类型

国家司法考试令法科学生深受其累,因此,不难想象,很多法科学生以为,司法考试的那种请求权结构就是法学写作的唯一形式了。但是,在参加"主题型考试"(Themenklausur)[14]时,他们就会发现,请求权结构并非总能奏效。对于以研究特定主题为目标的研讨课论文、学士学位论文、硕士学位论文而言,这一点更是通例。这些论文的写作须遵循自己的规则。通常而言,尽管彼此之间并非那么泾渭分明而是常常有所重叠,不同的论文终究还是有着不同的结构形式。

(一) 案例型结构(Fallorientierter Aufbau)

法科学生对案例型结构最为熟悉,因为这通常是闭卷考试所要求的格式。

---

[14] 考试的题目更为抽象,类似于"论述题"。——译者注

此外，案例型结构也可以为范围更广的各种学术论文所采纳。[15] 不过，你需要注意的是，绝不能把论文简单化为纯粹的"案例报告"。如果你的论文无非是罗列一个接一个案例的话，那么你可能永远只是一个"描述者"而已。你应当通过探寻更深层次的观察角度，结构化体系化既有案例，由此梳理出特定类型的案例群（Fallgruppen）。

（二）规范型结构（Normorientierter Aufbau）

31　　还有不少论文围绕的是某一法律规范，以及某一法律规范的具体构成要件。尤其当某一法律是新近的立法成果时，情况更是这样。[16] 写这种规范型结构的论文有一点好处，即可以在研究过程中采纳法律解释和法律续造的方法。有时候，论文研究的是某个一般条款或者某些需要具体化的构成要件，此时，为了让读者清楚地了解，相应案例的介绍仍然是不可或缺的。有为数众多的博士论文将公司法和资本市场法领域的最新法律作为其研究对象。

（三）法律原则

32　　有些学术研究则将目光置于比法律规范更高的层面上。法律制度或法律原则常常并不仅仅体现于某一个具体的法律规范上，例如损害赔偿、预防原则或者法益保护原则等。[17] 各个法律原则之间可能存在着冲突关系。因此，在这样的论文中，法益或利益衡量是必不可少的工作。[18] 你需要找到（适合的）检索步骤、构成要件要素、法律根据和法律原则，依照这些来组织所要研究的法律问题。有时候，你可能需要在公法中区分职责（Aufgaben）与权限

---

〔15〕 例如，欧盟最高法院的"弗兰肯（Francovich）案"——当然也包括《马斯特里赫特条约》——即催生了数量众多的博士论文。

〔16〕 参见 *Staud*, Die Bedeutung der Dokumentationspflichten bei Wertpapiergeschäften (§ 34 WpHG), 1999 (Diss. Augsburg 1999); *Leisch*, Informationspflichten nach § 31 WpHG, 2004 (Diss. Augsburg 2002); *Bertrams*, Die Haftung des Aufsichtsrats im Zusammenhang mit dem deutschen Corporate Governance Kodex und § 161 AktG, 2004 (Diss. Augsburg 2004); *Fedchenheur*, Die Qualifikationsanforderung an Anlageberater (§ 34d Abs.1 WpHG), 2014 (Diss. Augsburg 2014).

〔17〕 参见 *Breidenbach*, Die Voraussetzungen von Informationspflichten beim Vertragsschluss, 1989 (Diss. München 1988); *Möllers*, Rechtsgüterschutz im Umwelt-und Haftungsrecht, 1996; *P. Müller*, Punitive damages und Schadensersatzrecht, 2000 (Diss. Augsburg 1999); *Holzner*, Private Equity, der Einsatz von Fremdkapital und Gläubigerschutz, 2009 (Diss. Augsburg 2009); *Wenninger*, Hedge Fonds im Spannungsfeld des Aktien-und Kapitalmarktrechts, 2009 (Diss. Augsburg 2009).

〔18〕 比如"私法自治"与"保护法律交易"详细的法律观点参见 *Möllers*, Juristische Methodenlehre, 3. Aufl. 2020, § 9 Rn. 15 ff.。

(Kompetenzen),在民法中区分权利、义务及法律后果。在参加闭卷考试时,这些通常是在应付"主题型考试"(即论述题)时所必须考虑的问题。[19]

(四)历史类论文

论文的类型还可以进一步细分。例如,还有一种所谓的历史类论文。对法制史上(罗马法)的典籍、《学说汇纂》等的诠释,即是其中的一种特殊类型。[20]还有一种论文被称作报道型论文(Journalistische Arbeit),这类论文所聚焦的是某个当下流行的话题。[21] 博士论文这章中介绍了这些方法论(第九章边码8及以下)。

三、有目的性地进行组织——传统的论文结构

亚里士多德经典的《修辞学》中[22]就已经阐述了应当如何清晰地表达思路及论证观点。[23] 这些规则已经得到了世人的普遍认可。无论你的论文是案例型的或主题型的,从传统上讲,都包括如下几个组成部分[24]:

1.导论
2.主体部分
①事实描述:介绍所关涉的事实;
②证立(本方观点);
③反驳反方观点。
3.结尾=总结

将论文细分为导论、主体部分(提出并证立观点)和结尾,几乎适用于任何种类的学术成果。研讨课论文、博士论文、学术出版物甚至是判决书,都可以遵循这一体例。

根据《德国民事诉讼法》第313条第1款,判决书由首部(Rubrum)、判决

---

[19] 例如,*Möllers*, JuS 1999, 1191 ff.。

[20] *Ch. Becker*, Kurzanleitung zur Quellenexegese im Römischen Recht, 8. Aufl. 2014; *Wesel*, Die Hausarbeit in der Digestenexegese, 3. Aufl. 1989.

[21] *Schimmel/ Basak/Reiß*, Juristische Themenarbeiten, 3. Aufl. 2017, Rn.584.

[22] *Aristoteles* (Hrsg. Franz Sieveke), Rhetorik, 5. Aufl. 1995, S.1414 b; *Cicero*, De oratore, 2, 315-332; s.hierzu *Gast*, Juristische Rhetorik, 5. Aufl. 2015, Rn.852 ff.

[23] 对此参见 *Gast*, Juristische Rhetorik, 5. Aufl. 2015, Rn.852 ff.;也参见第一章边码73及以下。

[24] 在英美法系也是如此,参见 *Gold/Mackie/Twining*, Learning lawyers' skills, 1989, S.126。

主旨(Tenor)、事实(Tatbestand)和判决理由(Entscheidungsgründe)四个部分组成。在事实部分，将根据争议事实分别叙述原告所指称的事实和法律意见、原告和被告的诉讼请求、被告所指称的事实及法律意见。[25]

36　　在一个严格的请求权结构中，导论或总结部分可以只有短短的一句话。写作者可以立即开始检索相应的请求权基础、检视诉讼的正当性及行为构成犯罪的可能性，等等。[26]如果写作者的重点不在于分析案件事实，而是要解决一些更为抽象的问题的话，那么就应当在"导论—主体—总结"这样的论文结构上多费心思了。

（一）导论

37　　论文的导论和结尾部分可以在论文的主体部分已经完成后再完整地补写出来。导论部分所介绍的是论文的整体结构，结尾部分则是总结并复述论文已经得出的主要结论。

38　　（1）如果你以"问题的概览"（Problemaufriss）作为论文的开端，那么读者上手起来就会容易很多。你需要用几句话说明，论文的主题是关于什么的（第六章边码47及以下）。判决书或者法学闭卷考试的导论部分通常都很简短。判决式风格的导论会先行亮出裁判的结论，例如："A 根据第××条规定的……有权向 B 请求损害赔偿。"在法学鉴定（Gutachten）中，导言也非常简短，常见的是这种符合鉴定式风格（第二章边码68及以下）的句型："需要检索的是，某人是否……"通常而言，不需要（在导论部分）指明待检索的各种请求权的顺序。不过，在存在多个当事人的情况下，最好还是一开始就讲明你要检索的各种请求权的顺序，这是较为妥当的做法。学术论文的导论则是对论文的研究对象提供一个概括性的认识。

39　　（2）在导论部分，你需要向读者说明研究的步骤（Gang der Abhandlung）。如同目录那样，读者由此可以获知你论文的结构是怎样的。这个时候，你就需要让读者知晓你论文的"主旨脉络"是什么。如此一来，读者在阅读的过程中才能时刻清楚地知道他目前正读到论文结构的什么位置，从而对你论文的主题保持集中的注意力。

你需要描述一下论文将要研究的事实问题是什么，以及将如何导向一个

---

[25] 参见 Knöringer, Die Assessorklausur im Zivilprozess, 18. Aufl. 2020, § 5; Musielak/Voit/Musielak, ZPO, 17. Aufl. 2020, § 313 Rn. 8 f.; Zimmermann, Klage, Gutachten und Urteil, 21. Aufl. 2019。

[26] 有关不同类型的请求权结构，参见本书第二章边码13及以下。

合理的解决方案。请尽可能用通俗易懂的方式表述论文的问题。此外,导论部分也需要介绍一下你的研究方法(Methode)。

此外,在导论部分你也可以向读者简要介绍一下论文的研究成果(Forschungsergebnisse der Arbeit),即自己所形成的观点。这样做虽然会在一定程度上牺牲论文的悬念感,但可以让读者更为关注你的思考方法,尤其是关注你对观点的"论证"部分。这样写论文就有点类似于"判决式风格",它与判决书的结构是雷同的。

(3)最后一点是,在论文的导论部分,你还可以限定论文的主题(Eingrenzung des Themas)。写作者可以借此说明,有哪些作者同样感兴趣的问题,最终囿于时间或篇幅的限制而无法进一步展开。如果觉得必要,你可以在脚注部分(就未及深入的问题)罗列一下相关的文献。

(二)主体部分的结构

(1)在主体部分,可以先做一个描述性的介绍(Darstellenden),实际上就是"先一般后具体"的思路。这样做的好处是,你选择了一种驾轻就熟的开始方式。一开始,你可以描述法律状况,即当前的法律、判例和法学文献对问题作出的结论是怎样的。此时,先介绍一下问题的历史演进可能会是一种比较有意义的做法。目前来说,许多问题只有置于欧盟的背景当中才能得到恰当的讨论。在比较法研究的论文中,以国别报告(Länderberichten)的形式描述各国的法律状况,则是一种常见的做法。[27] 不过,比较法论文的行文安排也必须以问题为导向。

比较法研究的"经典结构"是,先介绍 A 国,再介绍 B 国,然后在第三部分对两国进行比较。有些论文则采用了更为时髦的做法,即系统地讨论某些法律问题,并在整体框架中融入比较法的思考。[28]

此外,在进行描述性的介绍时,你也必须注意论文的比例问题。如果你是要完成篇幅仅仅 20 页的研讨课论文,那你就必须尽早地切入具体的法律问题,换句话说,最好在论文的导论部分就进入正题(第六章边码 47 及以下)。

(2)在论文提纲(Gliederung)的帮助下,你的论文可以表现得更有条理,

---

[27] *Zweigert/Kötz,* Einführung in die Rechtsvergleichung auf dem Gebiet des Privatrechts, 3. Aufl. 1996, S.42 ff.

[28] 成功运用的范例参见 *Fleischer,* Gutachten F für den 64. DJT, 2002; *Braun,* Die failing company defense in der deutschen, europäischen und US-amerikanischen Fusionskontrolle, 2003 (Diss. Augsburg 2003)。

借此,你的思路也能够一步步地趋于明朗(第七章边码46及以下)。不过,论文提纲的主要功能还是让读者和审阅人快速而全面地领悟到自己的思路。换句话说,你是通过提纲来"指引"读者的。理想的情况是,论文提纲本身读起来就已经有了故事一般的递进感。需要注意的是,论文提纲的层次也不宜过多、过碎。一般而言,家庭作业或研讨课论文的提纲划分四级,或者最多五级就足够了[即章、节、一、(一)、1.]。

43　　(3)阶段性结论("小结",Zwischenergebnisse),顾名思义,并非出现在论文的篇末,而是位于研究进行过程中的某一章、某一小节或者某次完整的请求权检索结束之后。如果主体部分的讨论尤为庞杂,那么列出阶段性结论对读者来说就非常必要,否则,你的论文可能让读者"找不着北",以至于无法摸透你的思路。小结部分也可以帮助你自己对论文进行排查,比如是否用过多的笔墨探讨了一个不那么重要的问题,等等。当然,你也不能夸大小结的重要性。[29]就篇幅20页的研讨课论文来说,最好还是不要做小结了。

(三)总结

44　　(1)在总结(Zusammenfassung)[30]部分,你应当复述你自己的研究结论,而不能再重复当前已知或无争议的结论。如此一来,"总结"即是在论文的结尾讲述论文最重要的结论,作者由此可以说明自己的研究究竟实现了怎样的"知识增进"。研究结论应当以观点(Thesen)或者总结性陈述的方式提出,并且限于一到两页的篇幅。那些时间紧迫的读者恰好可以据此快速地了解一下你的论文。因此,"总结"部分的写作尤其应当谨慎对待。在"总结"部分的脚注中,你也可以注明正文中具体讨论各个命题的位置。

45　　(2)通常,学术论文还会对未来作出展望(Ausblick),即对于未来的判决和立法(即应然法层面,de lege ferenda)应当如何解决某一法律问题而发表自己的看法。

(四)提纲

1.提纲系统的选择(Die Wahl des Gliederungssystems)

46　　不仅是内容,甚至形式上都要尽可能保持结构清晰:一目了然的结构(例

---

〔29〕　曾经有位博士在他的博士论文中一个紧接着一个地列出了一大堆的"小结"。
〔30〕　或者称作"结语"(Schlussbetrachtung),或者"尾声"(Resümee,法语:Résumé)。

如简单易懂的标题)将有助于对文本内容的理解。大纲是行文简练的重要手段。有数字提纲(如图 7-3 所示)和字母提纲两种形式。

```
1.
    1.1.
    1.2.
        1.2.1.
        1.2.2.
        1.2.3.
            1.2.3.1.
            1.2.3.2.
                1.2.3.2.1.
                1.2.3.2.2.
2.
etc.(…)
```

图 7-3

数字提纲不常见,也不流行于法律人中。字母提纲更受到青睐,因为它可以被分为九个层次。它由部分、段落或章或节、大写拉丁字母、罗马数字、阿拉伯数字、小写拉丁字母、两位数的拉丁字母、阿拉伯数字加括号和加括号的拉丁字母组成(如图 7-4 所示)。[31]

```
1. Teil(部分)
§ 1 oder 1. Abschnitt oder 1. Kapitel(第一节或第一章)
§ 2
        A.
        B.
            I.
            II.
                1.
                2.
                    a)
                    b)
                        aa)
                        bb)
                            (1)
                            (2)
                                (aa)
                                (bb)
2. Teil(部分)
§ 1 etc.(…)
```

图 7-4

---

[31] 不应当采用希腊字母(例如 α,β,γ,δ,ε)。

2.提纲是答卷的"名片"

(1)提纲提供了重要的第一印象,以及表明了作者是否思维清晰并能统一结构。一个片面的提纲通常也表明了作者的思路片面。[32]如果你的思路是明确的,那么后面的结论就会如前面的构架所示。在你的写作中,对于下面将继续论证的问题,只需要提示出其所在的章节即可(例如,何处将继续论述本问题),这些部分也应当只在下面论述,因为读者还没有把前后的内容关联起来,如果提前论述,通常是过高地要求了读者。

(2)标题作为提纲的点应当准确地反映段落或者章节的内容,不要造成读者的误解。标题应当是不言自明的[33],并应当总结了下面相关文字的内容。应当避免双重歧义的标题。

不明确的标题例如"构造""组合""无异议""可能的批评"。

标题作为理想的定位辅助工具应当尽可能简短,也尽可能只限于一行;首字母应当大写,通常不要用句子或者提问的形式 。

例如不要这样写:"原因:法官法、宽泛的范围,对完善与调整是持开放的态度"或者"对法院即最高法院的解决问题的能力具有不同强度的信心"[34]。

(3)提纲也意味着框架。在一个四到五页的长篇论述中,没有提纲会增加清晰思路迷失的风险,也可能会将不同的点混淆在一个提纲要点中。请使用比如大写字母表示当事人,对于诉讼请求使用罗马数字,对于请求权基础使用阿拉伯数字,对于请求权基础内的每一个独立的构成要件使用小写字母。

(4)四到五个层次的提纲划分会带来困惑,不利于全面理解全文。[35]

不要分裂文章。对于闭卷考试而言,三到四个层次的提纲足矣。不是每一个句子都要在文章中以一个段落来表现。一个单独的句子也很少就是一个

---

[32] Theisen, Wissenschaftliches Arbeiten, 17. Aufl. 2017, S.211.

[33] 正如 Beyerbach, Die juristische Doktorarbeit, 3. Aufl. 2019, Rn. 174 ff.。

[34] 双重歧义,无意义的搞笑句子,例如:"妇女会在六十分钟内搞懂"(Frauen verstehen in 60 Minuten)、"事实上会有更多的欺骗"(In Wahrheit wird viel mehr gelogen)、"容许,殡葬者! B 和更多的奇珍异宝"(Gestatten, Bestatter! B und weitere Kuriositäten)。参见 Forschung & Lehre 2011, S. 988。

[35] 许多出版社建议在论文集中只使用三个层次的提纲。

提纲要点。你需要把每个简短论述都归类在构成要件要素之内，然后总结在一个提纲要点之内。

（5）提纲标题需要与其内容对应。只有当至少两个独立的要点需要列出时，才开始一个新的提纲层次，因为一个提纲层次在逻辑上至少需要两个提纲支项。出于清晰的原因，一个提纲层次不应当超过七个要点。[36]

可以把个别的观点归纳到一个广泛的提纲要点下。如果支持一个请求目标（Anspruchsziel）的只有一个请求权基础（Anspruchsgrundlage），那么把这个请求权基础单独列出来的做法就是不妥，即不要采取如下的方式：

（1）抚慰金的请求权（Anspruch auf Schmerzensgeld）

《德国民法典》第 823 条第 1 款、第 253 条第 2 款（§§ 823 Abs.1, 253 Abs.2 BGB）

（2）针对……的请求权（Anspruch auf …）

应当把本案的请求目标和请求基础都归类在提纲的要点中，例如：

（1）根据《德国民法典》第 823 条第 1 款、第 253 条第 2 款的赔偿金请求（§§ 823 Abs.1, 253 Abs.2 BGB）

（2）针对……的请求权（Anspruch auf …）

（6）在闭卷考试中，可以在标题下画线。在家庭作业和研讨课作业（Haus- und Seminararbeiten arbeiten）中，最好用粗体或者用大号字体来标识标题（附录四边码 55）。在本书中也有足够的例子。

第四节 论文的修改与缩减：抓住主旨脉络

一、论文修改作为一个独立的工作步骤——一个好提纲的重要性

既然严谨的论证以及连贯的思路是学术论文质量的标尺，那么，对自己的观点进行多次修改，就是不可省略的工作步骤（第七章边码 56 及以下）。为此，一方面，你要准备好经常修改论文提纲（第二章边码 10）；另一方面，已经

---

[36] 关于神奇的数字"7"，参见本书第一章边码 82 的论述。

成文的部分也不得不多次修改，必要时还需调整结构。注意，即使已然诉诸笔端或者说敲进了电脑里，很多时候也并不意味着这就是终稿。众所周知的是，温斯顿·丘吉尔（Winston Churchill）会对一个45分钟左右的演讲花费八至九个小时对每个表达字斟句酌。[37] 早在两百年前，布莱兹·帕斯卡（Blaise Pascal）就这样写道："我现在写的信之所以这么冗长，完全是因为我根本没有时间缩短它。"[38] 要缩写自己的东西，那还真不是一件让人神清气爽的事情，因为之前写东西的时候费了九牛二虎之力，任谁都不愿意割舍（"怎么看都觉得句句是金句"）。还有可能就是，对于自己写的东西已经厌烦，不想再抽精力去一句一句地修改了。

57 津瑟（Zinsser）在其销量过百万的《写作技巧》（On Writing Well）中，开篇就用了一百页的篇幅强调了论文修改（Überarbeitens），也就是说"重写"（Rewriting）的必要性。[39] 我们都知道，没有人天生就是"大家"，每个写好的词句，背后都是千辛万苦的努力工作。他非常中肯地指出：

> 写作是艰辛的工作。清晰透亮的句子不可偶得。那些在初稿甚至到三稿都准确无误的句子是很少的。在深处疑惑之时，你完全可以据此聊以自慰。如果你发现写作很困难，那原因再简单不过：它本来就是困难的。[40]

58 不过，在这个被闭卷考试主导的时代，如今的法学教育并没有涉及如何对学术文章进行必要的修改的问题。然而，对学术论文的草稿进行多次修改是不可避免的，作者必须借此表明，他能够区分什么是重要的，什么是不重要的。对于那些有篇幅限制的研讨课论文、家庭作业和学业、学位论文而言，更是如此。在完成精校稿之前，你怎么也得修改七八次手稿，直到自己的思想被清楚地表达于纸面，此时你的论文才可以被称得上是真正有说服力的、严谨的论文。此时，格外重要的一点是，应当按照提纲的各个大标题，将自己的思想层次分明地表达出来（第七章边码49）。

---

[37] Manchester, The Last Lion–Visions of Glory（1874–1932）, 1983, S. 32 f.

[38] Pascal, Provinzialbriefe über die Sittenlehre und Politik der Jesuiten, Sechszehnter Brief, Bd. 3, 1775, S. 227.

[39] 参见Zinsser, On Writing Well, 7th ed.2006, Chap.2.

[40] Zinsser, On Writing Well, 7th ed.2006, p. 9.

二、几种修改的可能性

(一)学术论文中描述部分的篇幅

在参加法学笔试时,如果案件事实没有什么争议点,你就不必对"当事人之间是否已经缔结了合同"之类的问题多费笔墨。同样的道理,在学术论文或者说以后可能需要写的法律文书中,你也不必对那些不重要的问题作过多的描述。在写作的任何时候,你都需要搞明白自己论文的学术性究竟体现在哪里。如果在司法实践和学术研究中对某个问题已经有过充分的讨论,那么你(对这些问题)的论述就要尽可能得简略。或许你认为,对当前法律状况的描述(Darstellung des jetzigen Rechtszustandes)是让论文有理有据的第一步。但是,对判决和法律文献的描述除非是前人从未踏足过的"新大陆",否则这些东西就算不上独创。这里("新大陆")指的主要是那些新颁行的法律,因为还没有相关的判决和文献。请谨记这样的经验法则:若有必要,已知的东西尽可能少说;若有可能,自己的东西尽可能多写。

59

(二)思路的严谨性

(1)在写研讨课论文或者博士论文的时候,你就是相关问题的专家,读者可能对相关问题知之甚少。把问题为读者呈现得越清楚,论文的说服力就越高。而如果对问题的论述越艰涩、复杂与难懂,那么人们就越容易质疑你给读者描述的东西到底能否经得起推敲。

60

思路要清晰,以论文存在一个贯穿每个章节和整篇论文的主旨脉络(roter Faden)为前提。(在写论文的时候)你通常不能(像考试那样)按照"请求权结构"依葫芦画瓢,因此,一个高质量的提纲(第二章边码 64 及以下)本身已经是重要的独创性内容。对于博士论文而言,这一点尤其难以实现,因为你面对的不再是 15~25 页,而是 150 页或者更多的篇幅,你需要为之安排提纲,从而使得思路得以清楚地表达。千万不要让读者在读到某个地方的时候心生"为什么这个地方要这样写"的疑惑。

61

清晰的思路构建了论文的主旨脉络,而这又以逻辑严谨的论证为前提。新写的每句话都应该以之前的句子为前提。最理想的情况是做到有力而逻辑

62

顺畅地论证。[41] 因此，很多时候，从文稿中删除部分句子或片段完全是可以乃至是必须的。不必墨守成规，即使在将要交稿之时，你也可以推翻之前的部分提纲。

63　　时刻记住这句话：质量比数量重要，深度比广度重要。如果脱离了主旨脉络，读者就因此很难把握作者思路的话，那么论文可以说就没有达到一篇学术论文所应有的平均水平。

64　　（2）有时候你会发现，写了很多看似有价值的东西，但它们很可能与文章的主旨脉络无关或者说无助于呈现出一个清晰的思路。在判决书中，就有所谓的"判决理由"（ratio decidendi）与"附带说明"（obiter dicta）之分。只有"判决理由"构成裁判之根据，判决的这一部分才有法律上的约束力，而"附带说明"则可以被省略。[42] 因此，在写论文的时候也要检查一下，看看究竟哪些论述对于论文整体的进展来说是无关紧要的。(有的论文会在标题部分)注明"题外话"（Exkurs），这就已经表明这部分描述对论文接下来的论述并非必要。写论文时应尽量避免写这类"题外话"。

（三）清楚地形成自己的观点

65　　学术论文的目的在于促进思想（Idee）以及法律制度的发展，并用最具独创性、迄今为止未有人尝试过的方式和方法，为法律问题提供开创性的解决方案。你需要经常扪心自问：你在论文中打算论证的观点到底是什么。唯有服务于论证自己观点的论述才是最有意义的。其他部分充其量不过是"描述性"的内容。博士论文不能和"法律评注"（Kommentar）混为一谈。很多时候，对于当前法律状况的描述，法律评注比你写的要更加漂亮、精确与完整。即使是写研讨课论文，也不能让自己的观点消失无踪，而是应当恰如其分地对其进行强调。要做到这一点有很多办法，比如，可以在论文的开篇就长驱直入地说明自己的观点。[43] 在"前言"部分我就使用了"1000块拼图"的比喻：如果你能很快地结束拼图，那么也同样会令人印象深刻。这里我们也可以借用克里

---

〔41〕 关于论证的"线性结构"，参见本书第一章边码83及以下。
〔42〕 关于判决的约束力，参见本书第四章边码46及以下。
〔43〕 参见本书第六章边码52。

彭朵夫的一段话[44]：

请努力写出"好读"的文章，究竟是否好读，可以遵从自己的内心去评判。你的文章必须做到让每个人都想读。你可以假设这个文章不是自己写的，然后看自己是否乐意读下去。

三、《杜登词典》的修改符号

在修改论文的时候，可以使用《杜登词典》上推荐的修改符号。

1. Falsche Trennungen werden am Zeilenschluss und folgenden Zeilenanfang gekennzeichnet.

2. Fehlende Buchstaben werden angezeichnet, indem der vorangehende oder folgende Buchstabe durchgestrichen und zusammen mit dem fehlenden wiederholt wird. Es kann auch das ganze Wort oder die Silbe gestrichen und auf dem Rand wiederholt werden.

3. Fehlende Wörter (Leichen) werden in der Lücke durch Winkelzeichen ⌈ gemacht und auf dem Rand angegeben.

4. Fehlende oder überflüssige Satzzeichen werden wie fehlende oder überflüssige Buchstaben angezeichnet.

5. Überflüssige Buchstaben oder Wörter werden durchgestrichen und auf dem Rand durch (für deleatur, d.h. „es werde getilgt") angezeichnet.

6. Wegfall eines Absatzes verlangt man durch eine den Ausgang mit mit dem Einzug verbindende Linie:
   Die Presse bestand aus zwei Säulen, die durch ein Gesims verbunden waren.
   In halber Manneshöhe war auf einem verschiebbaren Karren die Druckform befestigt.

((Anmerkungen, die vom Verlag nicht übernommen werden sollen, werden in doppelte Klammern gesetzt.))

图 7-5　修改规则[45]

---

[44] *Krippendorf*, in: Narr/Stary, Lust und Last des wissenschaftlichen Schreibens, 3. Aufl. 2000, S.27, 35.

[45] 该修改规则仅适用于德语，故示例未作翻译。——译者注

67 **任务**：请试着修改下文的语言并对其进行缩减。[46]

前文已详述，董事会和监事会所具有的较高的忠诚义务，产生于公司和公司组织之间特殊的信任关系。董事会所享有的组织上的权限使得其可以对公司的财产发挥影响，而这要受到如下原则的限制，即其不得为任何危害公司的行为，且公司的利益在与其个人利益相冲突时应居于优先地位。不过这一原则性的论断还需要考虑各主体义务高低及其相应具体行为方式的不同。因此，首先要对董事会和监事会二者进行区分。前者全职地履行领导企业之责，而后者只是兼职地承担监事之职能。此外，忠诚义务也不能延伸于公司组织成员生活的方方面面，必须区分作为组织而为的行为以及组织功能之外的行为。

董事会的忠诚义务：正如前文多次提到的，董事会成员的职务活动是全职的。董事会应将其全部的劳动力贡献于企业。作为对价，其获得实质上高于监事会成员的薪酬。同时还需要注意的事实是，董事会领导公司的事务，也因此享有比监事会更多的权限。

结论上说，公司与董事会之间的关联要比董事会与监事会之间的关联更加紧密。这在后果上就会影响其忠诚义务。可以说的是，董事会的忠诚义务使其要受到比对于监事会而言更严格的限制。

第五节 外在形式

68 不论文章内容写的怎样，假如不重视论文的格式要求，那也会面临一个很糟糕的评价。[47]与闭卷考试相比，这一点也算是一个特殊的挑战。

一、家庭作业和研讨课论文的一般格式

69 你可以向你的指导老师或者去学院办公室咨询一下，你需要提交几份论文样本。为了排除抄袭的可能性，论文通常还应当同时提交电子版（elektronische Form）。

---

[46] 答案见本书第十章边码 17。
[47] 前文已提及闭卷考试的格式，参见本书第二章边码 73 及以下。

研讨课论文和家庭作业必须严格遵守规定的篇幅(Umfang)和提交时间(Abgabezeitpunkt)。如果允许某人的论文写作时间多于其他人,那么所谓"机会均等"就会成为一句空话了。[48]研讨课论文、家庭作业和学业论文的篇幅,大多情况下是 20 页或 4000 字。在字数限制的问题上,你可没办法投机取巧,因为借助 Word 软件事后很容易计算出你文章的实际字数。你必须注意的是,超出规定字数的部分将被视为无效内容,你的论文也会因此被评价为"未完成"。毕竟,遵守字数限制意味着需要对各种问题进行恰当的取舍,并尽可能使用简洁明了的语言,而这也是一篇杰作的必备要素。

70

页码的数字可以使用罗马数字或阿拉伯数字。正文部分的页码采用阿拉伯数字,其他部分(目录页、缩略语页、文献索引页)如果置于正文之前,页码则应当使用罗马数字(本书德语原版即是如此)。如果文献索引紧随正文之后,则应继续采用阿拉伯数字的页码。扉页上不显示页码,但是如果采取罗马数字计数,则应将扉页一并计入(Word 软件的相关设置,附录四边码 46 及以下)。

71

二、论文的正式组成部分

(一)论文扉页

研讨课论文、家庭作业、学业论文和硕士论文都包括一个扉页(Deckblatt)或者说"标题页"[49](附录三边码 28 的示例)。极少情况下会出现题词页(Motto)或前言页(Vorwort)。[50]

72

论文扉页包含论文的主题(题目),有时可以有一个副标题,此外还包括:

(1)论文的类型(研讨课论文、家庭作业、硕士论文或博士论文);

(2)姓名;

(3)居住地;

(4)职业名称,例如法科学生(stud.iur., cand.iur.)、通过第一次或第二次司法考试的候补文官(Rechtsreferendar、Assessor)、律师等;

(5)准确的学校地址及作者的电话、学号;

---

[48] 因此,超期完成论文就意味着已经退出了研讨课或练习课。

[49] 参见 Brinkmann, Die rechtswissenschaftliche Seminar-und Doktorarbeit, 1959, S.1 ff.; Theisen, Wissenschaftliches Arbeiten, 17. Aufl. 2017, S.208 f.。

[50] 博士论文属于例外,参见本书第九章边码 57 及以下。

(6)指导教师的姓名；

(7)论文提交时间。

(二)索引:缩略语列表、摘要、文献和判例

73 索引页(Verzeichnisse)的功能在于给读者提供论文的概览,从而使其初步了解你的作品(附录三边码29以下)。内容索引(目录)和文献索引是任何论文都不可或缺的(第五章边码106及以下),而是否要设置缩略语索引、法律法规索引以及判例索引、附录甚或关键词索引,则完全取决于作者的想法或者论文的风格。[51]索引页不属于正文部分,因此,页码应当使用罗马数字。

74 (1)缩略语索引有时候为了解释那些较少使用的或者来自外来语的缩略语,缩略语索引的制作就显得很必要。[52]家庭作业或研讨课论文中,缩略语索引通常是可以省略的。

需要注意的是,不要自己发明缩略语,而应当使用通行的表达,就此可以参见柯克纳/伯切尔(Kirchner/Böttcher)[53]主编的《法律语言缩略语》一书或者《杜登词典》。另外,在使用缩略语的时候,要切记不可影响文章的可读性:如果缩略语层出不穷,那么读者可能会忙于对缩略语的"解码",而无法认真地领悟内容。对于有篇幅限制的研讨课论文和家庭作业,如果你频繁使用缩略语,会很容易给人一种印象——那就是,你只是想通过使用缩略语来腾出更多的篇幅空间。

75 (2)内容索引(目录),即目录(Inhaltsverzeichnis),应当与论文提纲一致(第七章边码45及以下),其同样反映的是论文的结构。它应当使得读者对论文的行文安排形成初步的整体印象。目录中的各个大标题必须与正文的段落题目一致。除了段落的题目,目录还指示了具体的页码。为了更加直观清楚,每个低一层级的标题都要首行缩进,必要时还应使用小一号的字体(附录五边码29)。在篇幅较长的论文中,比如教授资格论文或者专业书中,除了详细的目录之外,有时还会制作一个内容概览(Inhaltsübersicht)。内容概览只列出最重要的章节标题,因此,比起提供论文全部大小标题的目录,其对论文内容的

---

[51] 排印时如何制作关键词索引,则参见本书第九章边码60。

[52] 参见本书德文版的缩略语援引。das Abkürzungsverzeichnis dieses Werkes。

[53] *Kirchner/Böttcher*, Abkürzungsverzeichnis der Rechtssprache, 9. Aufl. 2018 (本书第五章边码90)。

指示也就更加一目了然。

(3)文献索引,任何学术论文都应当制作文献索引(第五章边码106及以下)。你可以根据自己的选择,将文献索引置于正文前面或正文之后。若文献索引在正文前面,则页码应使用罗马数字(本书即是如此);反之,如果文献索引在正文之后,则按照正文阿拉伯数字的页码继续计数。

(4)法律法规索引,通常而言,法律法规索引(第五章边码116)是没有必要制作的,因为法律人随时可以找到相关的法律条文。不过,如果涉及的是一些较难接触到的法律渊源,比如外国法,而这些法律又在论文中多次被引用和说明的话,那么在附录中列出相关法律并且提供翻译,则是一种非常有用且对读者来说非常方便的做法。

(5)判例索引(第五章边码115)的制作通常没有什么意义,除非论文讨论了大量的判例,此时制作判例索引可以为读者提供一定的指引性帮助。

(三)正文部分

正文部分的写作,通常也需要遵照一系列特定的格式要求。为此,可以充分利用 Word 等文字编辑软件的功能(附录四边码32及以下)。

(四)附录:图表、数据和实证研究

如果你使用了互联网信息,那么为了便于读者理解你的论文,就应当将相关信息列入学术论文的附录当中。使用图表时也应当如此。法学论文中使用图表的例证已经越来越多,因为图表能够帮助读者更好地理解论文。此外,数据或者说实证研究的成果、访谈的内容等,也应当收于附录之中(第九章边码9)。[54]如果你只是想陈述被采访者的想法,那么只需要在脚注里注明采访对象的名字就可以了。反之,如果你要介绍大段的谈话内容,则必须对访谈进行录音、做好记录,然后收入论文的附录中。对于私密性的访谈,则应当取得被采访者的同意,或者对其进行匿名化处理。

(五)宣誓声明与签字

为了加大对抄袭行为的制裁力度,越来越多的学习和考试规定要求签署声明,说明作品是独立撰写的,所使用的资料来源都进行了适当的引用(第五章边码20)。一个典型的声明表述如下:

---

[54] *Hamann, Evidenzbasierte Jurisprudenz*, 2014; *ders*., Jura 2017, 759 ff.

> 声明
>
> 　　本人在此声明在没有外界帮助的情况下独立撰写本论文，已充分引用了所使用的文献和其他资料来源，并在任何逐字逐句或符合文意引用处标明了出处。
>
> 地点，日期
>
> 名字
>
> （签名）

第六节　小型论文的发表

一、发表小型论文的可能性

82　　在美国，著名法学院的法律评论或法律期刊是由学生编辑的。通常，这些期刊中会发表案例评论以及学生所写的论文，因为发表与否更看重的是论文的质量，而非作者的名气。不过，要在一本著名杂志上发表文章，成功的可能性超不过3%。在某本法律评论杂志社做编辑的经历，或者科研论文的发表，不仅是进高校谋职的基本条件，同时也是踏入大型法律公司的敲门砖。因此，市面上有很多书籍会教导学生如何才能将学术论文发表出去。[55]

83　　目前来说，在德国，研讨课论文、家庭作业、学士学位论文和硕士学位论文通常不会发表。当然，过去也总是存在一些例外的情况。[56] 一直以来，《欧盟

---

〔55〕 近期的作品参见 *Volokh*, Academic Legal Writing, 5th ed.2016。关于如何在德国发表论文，则参见 *Schimmel/ Basak/Reiß*, Juristische Themenarbeiten, 3. Aufl. 2017, Rn.710 ff.。

〔56〕 比如曾经发表的一些研讨课论文，参见 *Röver*, JuS 1988, 761 ff.; *Harman*, BKR 2018, 457 ff.; *Plail*, Wayne State Uni. L. J. of Bus. L. 2021（出版中）。

私法杂志》会为杰出的学生论文提供奖励,然后择优发表。[57]近年来,越来越多的法学期刊是由学生负责出版的。[58]根据我个人的经验,如果交给我们教席的研讨课论文可以打上17分或18分,那么发表绝对是没有问题的。[59]在"法学改革"之后,研讨课论文和学业论文的数量急剧上升,因此可以想象,未来有潜力发表的研讨课及学业论文也会越来越多。

因此,对于如何发表上述小型论文,本书也略提供一点建议。除了报道型文章外,判决评论(Urteilsanmerkungen)和小论文(Aufsatz)是最值得考虑的类型。发表判决评论时需要注意,出版者尤其青睐那些对最新判决及时作出的评论。此外,许多法学期刊都有定期撰写判决评论的固定作者群。因此,相对而言,以学生身份发表小论文的可能性要大得多。通常而言,"档案型期刊"(Archivzeitschriften)采用的是 A5 格式,更易于接受篇幅介于 25 页到 45 页的文章,而每周或每月定期出版的期刊,通常采用 A4 格式,文章的篇幅看起来就明显短很多,大概是在 5~15 页。文章主题的时效性如果比较强,并且相关主题的文献很少或几乎没有的时候,那么文章被采用的机会就会增加许多。

84

二、联系法学出版社

这里给大家一个建议:在投稿的同时,请向出版社提供一张附函。附函应当用不到半页的篇幅,来说明为何该期刊应当发表你的论文。发表的理由可以是主题的时效性、原创的观点以及研究的学术深度,等等。[60]在图书馆可以容易地找到法学类期刊,在期刊的版权页上会载有期刊出版单位的地址信息。

85

由于一篇文章被采用的机会非常渺茫,因此,在美国,一篇文章常常会同时投递多达 30 家法律评论。这样一来就不会浪费许多宝贵的时间,因为等到法律评论编辑部的回复常常要好几个礼拜。而在德国,这样做的人就很罕见了。你应当专稿专投,否则,万一收到某个期刊的用稿通知你却拒绝发表,可

86

---

[57] 例如,ZEuP 2017, 520 以及 *Sanders*, ZEuP 2002, 96, *Walter*, ZEuP 2017, 863 等。网上杂志"洪堡法学论坛"也会提供类似奖励。

[58] 参见本书第四章边码 67。

[59] 《海德堡法学学生期刊》(StudZR)的主编即持同样的见解,参见 *Nohlen*, StudZR 2004, Heft 2, 出版者说明。

[60] 作为发件人,你只需要写明你的姓名,不必提供你的学位身份,例如 cand.iur. 等。

能会让期刊的编辑很难堪。

87　　如果收到了文章将付梓出版的承诺,那你必须立即搞清楚,文章具体何时发表,以及作为作者的你能拿到几本免费的、特别版本的样刊。令人奇怪的是,这两件事情常常还需要双方商谈。如果出版的等待期多于 1 年,你就得考虑一下是否应该将文章转投其他期刊。毕竟,一篇法学文章的新鲜期也就 3 年,超过这个期限的法学文章在许多领域就都属于过时的了。

88　　还有一个远未统一解决的问题,即二次发表的著作权问题。大部分出版社倾向于向作者取得各种可以想到的著作权,这是有些不合理的。因此,建议你为自己保留在一定期限后、在注明首次发表出处的前提下再次发表同一篇文章的权利。[61]此时,将文章以外语形式发表或者登载于自己的网页上,都是不错的选择。[62]

89　　如果文章已经被发表,那么没有理由不让它家喻户晓。为此,将样刊寄送或以电子邮件发送给那些曾经在文章脚注中提及过的作者们不失为良策。如果自己还是不为人知的初生牛犊,最好在附函中简要介绍下论文的观点。

---

〔61〕 根据《著作权法》第 38 条第 3 款第 1 句,若无相反约定,作者保有二次发表的权利。

〔62〕 德国的法学期刊通常不会专门就这一问题与作者达成约定,而美国的法律评论则会在所谓的"协议"(Agreementsrecht)法的框架下详细规定该问题。通常,文章都会接着在 SSRN(本书第四章边码 81)上发表。

摒弃PPT。

拉丽莎-霍尔茨基*

第八章　学术报告

——演讲和口试的修辞技能

第一节　演讲对法律人的重要性

一、口头演讲的意义

"法律"从产生之日起，直到以后很长的时间里，都是通过口头传播的方式来实现的。早在亚里士多德那里就有了政治式言说、赞颂式言说和庭辩式言说的区分。[1]从古代到现代，"修辞"（Rhetorik）一直被认为是必备的个人技能。如今，修辞技能在英美法系中也同样占据着重要的位置。自14世纪以来，在英国，出庭辩论被视为一种"倡导能力"（advocacy skills），平日里这种能力可以在各种谈判活动中得到训练。"沟通能力"（communication skills）[2]则是美国、英国和澳大利亚的法学院法学训练的固有部分。法学院学生很早就习

---

* Holzki, Schafft die Powerpoint ab, SZ.de v. 26.4.2018, abrufbar unter www.sueddeutsche.de.

[1] 参见 *Aristoteles*（Hrsg. Franz v. Sieveke）, Rhetorik, 5. Aufl. 1995, Nr.1414 b。

[2] 参见 *Adair*, The Effective Communication, 2009; *Brayne/Grimes*, The Legal Skills Book: A Student's Guide to Professional Skills, 2nd ed.1998, Chap.3, 7; *Inns of Court*（ed.）, Advocacy, Negotiation & Conference Skills, 3rd ed.1991; 关于谈判技巧,参见 *Boulle*, Mediation: Principles, Process, Practice, 3rd ed.2009, Chap.6; *Gygar/Cassimatis*, Mooting Manual, 1997; *Noone*, Mediation, 1996, S.88 ff.。

得了"演讲、辩护和说服"的技能。[3]即使普通高校的学生也能做到侃侃而谈、巧舌善辩。在这些国家,所谓怯场已经是不复存在的现象。

2　　德国的法律人也需要口头沟通,例如检察官作的结案陈词,庭上审讯证人或者与当事人谈判,等等。可惜的是,德国的法学教育并不重视古希腊修辞学的"庭辩式言说"传统,更受推崇的是中世纪晚期的"书面审理主义"(Schriftlichkeits-grundsatz)。[4]这样做难免给人造成一种印象,似乎法律人懂得如何找到法律规定并解释法律就足够了。法律人必须精通书面和口头这两种沟通方式——这一点在过去的法学教育中时常被忽视。[5]在过去,法律学生通常直到第一次国家司法考试中的口试时才需要用口头的方式呈现自己的观点。因此,在学习如何演讲以及非言语的沟通(这里指使用表情、手势、眼神等方法——译者注)这件事上,他们总是着手太晚。

3　　正是因为意识到了这一缺憾,(之后推行的)法学教育改革要求训练法学院学生诸如修辞学、审讯理论或者沟通技巧等方面的执业技能。[6]当然,法学院不应该也不可能取代那些提供口才训练课程的私人辅导机构。但是,掌握基本的修辞学知识可以使人们意识到"沟通"(包括非言语上的)的重要意义。比如,法学院学生可以更容易知道哪些口头表达的方式是不得体的。除了第一次国家司法考试以外,"口试"也成为大学法学院里各种普通考试的结业方式。在

---

〔3〕 优秀的大学生在模拟法庭上针锋相对,还请注意本书第八章边码42的介绍。

〔4〕 参见 *Ueding/Steinbrink*, Grundriss der Rhetorik, Geschichte, Technik, Methode, 5. Aufl. 2011, S.138 (mit Verweis auf *Adam Müller*); *Gräfin von Schlieffen*, in: Römermann/Paulus, Schlüsselqualifikationen für Jurastudium, Examen und Beruf, 2003, S.192, 196 f.; *Soudry*, in: Ponschab/Schweizer, Schlüsselqualifikationen, 2008, S.67 ff.。

〔5〕 (与口头表达)相关的法学文献是比较少的,关于第二次国家司法考试口试部分的"判决分析报告"(Aktenvortrag)可参见 *Schuschke/Kessen/Höltje*, Zivilrechtliche Arbeitstechnik im Assessorexamen, 35. Aufl. 2013, 7. Abschnitt; *Teubner*, Die mündliche Prüfung in beiden juristischen Examinader Akten-(Kurz-)Vortrag, 4. Aufl. 1994; *Brühl*, Die juristische Fallbearbeitung in Klausur, Hausarbeit und Vortrag, 3. Aufl. 1992, Zweiter Teil. C., S.174 ff m. w. Nachw.; *Martinek*, Schüchternheit im mündlichen Staatsexamen-Versuch einer Aufmunterung, JuS 1994, 268 ff.; 有关谈判、调解技巧则参见 *Bender/Gottwald*, Lassen Sie sich nicht manipulieren, in: Gottwald/Haft, Verhandeln und Vergleichen als juristische Fertigkeiten, 2. Aufl. 1993, S.90 ff.; 修辞上的窍门可参见 *Ott*, Juristische Dialektik, 3. Aufl. 2008, VII;在法学领域之外,还有些通识类的著作值得参考,例如 *Huth u.a.*(Hrsg.), Duden-Reden gut und richtig halten!, 3. Aufl. 2004; Flume/ *Mentzel*, Rhetorik, 4. Aufl. 2019; *Schönherr/von Trotha/Ueding u.a.*, Der neue Reden Berater, Loseblatt, 2011; *Franck*, Rhetorik für Wissenschaftler 2001。

〔6〕 《德国法官法》第5a条第3款第1句根据2002年7月11日颁布的《法学教育改革法案》修订,参见 BGBl. I, S.2592。

有些高校,口试的比例可能更高一些。之前只在第一次国家司法考试中进行口试的情况已得到完全改观,以口试为主要方式的考试已经显著增加了。

在下文中,将首先讨论非言语沟通(第八章边码 5 及以下),然后将讨论口头表达的最重要组成部分(第八章边码 17 及以下)。在此基础上,提出了脱稿演讲(souveränen Rede)的先决条件,类似于乘法表(第八章边码 34 及以下)。

二、修辞与沟通作为法律人的媒介

(一)沟通对于法律人的重要性

法律人必须使得他的听众、他的当事人"相信"他的观点。律师必须为他的当事人提供咨询意见。在调解程序中,调解人的言语和非言语的沟通能力具有特别的重要性。证人的手势、面部表情有助于提高证词的信服力。在刑事诉讼中,检察官和辩护人都试图通过他们的总结性陈词说服法院相信他们的观点。为此,他们必须掌握一系列沟通方面的个人能力,简单来说,就是所谓的"修辞能力"。

如果有人以为律师的任务不过是生产一些法学书面材料,那他就大错特错了。如果有人破坏了和法院的"交情",例如提出了荒唐的举证申请或职务监督申诉(Dienstaufsichtsbeschwerde),或者发表了充满敌意的媒体声明,那么他在总结性陈述的时候完全可以"畅所欲言"——反正他再也无法说服法院了。[7]律师如果无法相信自己的当事人是无罪的,那么他就几乎不可能使法官相信这一点。[8]

(二)非言语沟通对于法律人的意义

在我们说话时,除了语言的内容之外,剩下的所有部分即构成所谓的"非言语沟通"。[9]诸如外表、服装、发型和首饰等外在的形象都属于非言语沟通

---

[7] 比较形象的介绍可参见 Haft/Eisele, Kommunikationsfähigkeit, in: Römermann/Paulus, Schlüsselqualifikationen für Jurastudium, Examen und Beruf, 2003, S.332, 333。

[8] Haft, in: Gottwald/Haft, Verhandeln und Vergleichen als juristische Fertigkeiten, 2. Aufl. 1993, S.14, 24, 这里介绍了一些案例研究,在这些研究中,被测试人员如果违背自己的内心确信而以检察官的角色去起诉,则无法使得法院信服。

[9] 参见 Watzlawick/Bavelas/Jackson, Pragmatics of Human Communication.1967, übersetzt als: Menschliche Kommunikation13. Aufl. 2017; Argyle, Bodily Communication, 1975, übersetzt als: Körpersprache und Kommunikation, 10. Aufl. 2013; Nierenberg/Calero, How to read a Person Like a Book, 1980; Pease / Pease, Body Language: How to Read Others' Thoughts by Their Gesture, 2004; Molcho, Körpersprache im Beruf, 2001; Stary, Visualisieren, 1997; Morris, Körpersignale: Vom Dekolleté zum Zeh, 1996。

的"信号"。说话者的举止则主要表现为身体语言,例如手势、面部表情、嗓音等。我们所能感知的,比如听到的和感觉到的一切,都是非言语沟通。身体语言通常就是说话者情感和意识的表达。无论是否意识到这一点,说话的传达者和接受者之间始终都在进行着非言语沟通。

8 　　非言语沟通常常为人所忽视。美国的一项研究表明,在评价一个人时,55%取决于他的外在形象,38%取决于他的举止动作,他说话的内容只占不过7%的重要性。[10] 相对于说话的内容,对方通常能够更好地理解你的身体语言。

图 8-1

9 　　每个人都需要与人沟通,每次沟通都包含内容和关系两个维度。非言语和言语的沟通总是一体的。如果非言语和言语的部分是契合一致的,那么二者就可以相互促进;反之,如果接受者获得的是各种互相矛盾的信号,那么他就可能根据自己的直觉,不再相信对方言语的内容,而是宁愿相信他言语之外的东西。如果谈话者忽略非言语的部分,那么就极可能被人误解,或者给人产生一种不可信赖的印象。[11]

---

〔10〕　Mehrabian, Silent messages, 1971; 同样非常有启发意义的文献还有: Havener, Ich weiß, was du denkst, erweiterte Aufl. 2013。

〔11〕　因此,如果母亲一直在微笑,那么孩子就不会相信这是在责骂他。

三、非言语、次言语和言语沟通的方法

(一)说话者的行为

言语的接受者或受众,首先是从视觉上感知到说话者的身体语言。手势常常能够揭露说话者的内心情感。如果手势自然大方,那么就更容易让谈话的内容显得生动而可信。重音、停顿、语速缓急、明确易懂,这些都属于"次言语"(paraverbale)的风格要素。舒缓、清澈和有力的嗓音不仅能够给人踏实、可靠的印象,同时,也能折射出一个人的能力、身份和权威。[12]反之,过低的、颤抖的声音,就跟"山盟海誓"一样让人觉得不可靠。[13]

(二)听众的反应:非言语沟通的一部分

既然非言语沟通有着如此重要的作用,那么在谈话的过程中你就需要时刻注意听众(也就是你的信息的接受人)的反应,并据此对你说话的方式不断作出调整。尤其重要的是,你一定要与对方保持目光接触。在西方的文化中,目光的接触所表达的是信赖、坦诚和尊重,如果你拒绝眼神接触,那么就会给人一种不靠谱的感觉。[14]特别是在私人性的会谈中,眼神接触就尤其显得重要。因此,律师应当时刻看着当事人的眼睛,并时不时通过点点头与做一些姿势来表示自己的理解及兴趣。[15]

从听众的肢体语言常常也能感受到他的反应。例如,胳膊和腿平行放置,往往说明对方乐意倾听;胳膊、腿交叉起来则表明一种心理的抵御。略微前倾的上身,表明了倾听的兴趣;上身后倾也暗示如此。如果摆出一种俯身低头的样子,则表明对方不是很能听得进去。耸肩的动作则表明对你讲的内容一无所知。

作为非言语的"受众的反应",面部表情(Mimik)同样很有意义。持续的

---

[12] 参见 Waibel, Ich Stimme, 2000; Amon, Die Macht der Stimme, 10. Aufl. 2018; Nolmeyer, Die eigene Stimme entfalten, 1998。

[13] 在一个讨论的过程中,那种未经训练的战战兢兢的说话方式,会让人觉得缺乏能力、难以信任。说话的声音同样可以被训练,关于这一点以及呼吸训练法,详细内容可参考 Inns of Court (ed.) Advocacy, Negotiation & Conference Skills, 3rd ed.1991, Chap.7.

[14] 在亚洲文化中,直接与地位尊贵的人眼神接触反而被视为无礼。

[15] 如果谈话的时候只是埋头于自己的文件、懒洋洋地靠在桌子另一侧的椅子里或者无聊地瞥向窗外,那么效果自然完全相反。

眼神接触说明听众对你的信息很有兴趣。点头表示同意。闪烁不定的目光则意味着等待澄清。一个训练有素的谈话者,能够熟练地针对听众的各种反应而作出不同的应对。

(三) 情感、语气、姿势和德性

14 　　伽斯特(Gast)把修辞学描述为"一种成功沟通的学说"。修辞的目的是增进"说服力"[16]。亚里士多德(Aristoteles)将修辞的风格要素总结为"情感(Pathos)、德性(Ethos)和理性(Logos)"[17]。所谓情感指向的是人的内心。任何提高表现力的都属于"情感"上的修辞方法。诸如语调、音量、表情、手势和肢体姿态等非言语的信号,都属于此类。在法律的语言中,图表、借喻等都能够增强表现力[18]。

15 　　理性指向的则是对事物的理解。比如客观性,特别是说话的"理由",就属于这类促进可信度的要素。[19]这一点经常不被说话者所遵守。要洞察究竟哪些要素是不可靠的,的确是一门高端的艺术:

(1) 人们经常不证实其正确性,就在口头演讲中盲目地援引自以为权威的意见(例如说:"联邦宪法法院在其一贯的判决中认为……");

(2) 对法律原则(比如法的安定性、信赖保护、公平原则)没有根据事实加以具体化就引用,则沦为一种"格言论证"(Totschlägerargumente);

(3) 说话者使用一些逻辑技巧,例如类推论证(第三章边码 18)或者反推(第三章边码 21),但却不符合规范之目的,或者陷入了循环论证(petitio principii)。[20]

16 　　谈话者还必须(保证谈话的内容)有一定的公信力。所谓德性即听众对社会正统、道德、风俗和正义的下意识的判断。[21]就这一点来说,谈话者的外

---

[16] *Gast,* Juristische Rhetorik, 5. Aufl. 2015, Rn.11.

[17] *Aristoteles* (Hrsg. Franz Sieveke), Rhetorik, 5. Aufl. 1995, 112, 185 ff., 214; 对此可见 *Gräfin von Schlieffen,* in: Römermann/Paulus, Schlüsselqualifikationen für Jurastudium, Examen und Beruf, 2003, S.192, 213 ff.。

[18] 比如,"基本权利的反射效果""基本权利的内核"等表述都是很形象的例子。

[19] 关于"说理充分"这一金科玉律,可参见 *Schnapp,* Logik für Juristen, 7. Aufl. 2016, S.101 ff.;关于论题的理据,则参见本书第三章边码 3 及以下。

[20] *Ott,* Juristische Dialektik, 50 dialektische Argumentationsweisen und Kunstgriffe, um bei rechtlichen Auseinandersetzungen Recht zu behalten, 3. Aufl. 2008.

[21] *Gräfin von Schlieffen,* Rhetorik, in: Römermann/Paulus, Schlüsselqualifikationen für Jurastudium, Examen und Beruf, 2003, S.192, 214, 226 ff.

在形象,例如着装,就是一个不可忽略的要素。对他人表示尊重("正如主席正确指出的")就属于德性方面的要素。在演讲的结尾回答听众的问题,也是一种德性上的要求。

第二节 口头表达的构成

一、作为研讨课论文和学业论文一部分的口头报告

(一)抓住重点

在欧盟最高法院审理程序的口头辩论中,一个律师通常只有15分钟或者30分钟的时间来表达自己的法律观点。[22]通常而言,在你完成研讨课论文和学业论文时,你需要做一个简短的口头报告。你只有20~30分钟的时间来完成你的报告,紧随其后的则是讨论环节。[23]规定这样的时间限制是有道理的,因为在20分钟之后,听众的注意力就会下降。你如果不想惹恼法院(或者你大学的老师),那么你就应当严格地遵照规定的时间。有句俏皮话堪称经典:"你谈什么都行,但就是不能谈25分钟。"[24]为了整个研讨课的顺利进行,也为你的听众着想,请你谨记规定的时间。此外,在简短的时间里把论文主题介绍清楚,也是你个人能力的体现。这同样也会是你成绩的一部分,相比于长篇大论,长话短说往往显得更为困难,因为你此时必须能够分清重点与非重点。[25]

(二)结构

一般来说,一个报告包含导论、主体和总结三个部分(第七章边码34及以下)。[26]请用一个导论来展开你的报告;作报告的时候不要"单刀直入",而是

---

[22] 关于口头辩论中诉讼代理人的角色,参见 NJW 1988, 615 f.; 以及 *Glaesner/Wegen/Metzlaff*, Die anwaltliche Praxis im Gemeinschaftsrecht, 1995, Rn.199。

[23] 国家司法考试中的"判决分析报告"则只给考生10~15分钟的时间,例如北威州即是如此。参见 *Brühl*, Die juristische Fallbearbeitung in Klausur, Hausarbeit und Vortrag, 3. Aufl. 1992, S.184 f.

[24] 当然,视情况而言,这里可以替换成10分钟、15分钟、20分钟或者30分钟。

[25] *Büdenbender/Bachert/Humbert*, JuS 2002, 24, 25.

[26] 参见 *Glückher* 等人, Das Referat, 1995, S.9-24 以及 *Theisen*, Wissenschaftliches Arbeiten, 17. Aufl. 2017, S.264, 不过这里使用的说法是:"开篇、阐述和收尾"。

应该先给听众提供一个问题的概览（第六章边码 47 及以下），从而激发他们的好奇心。你应当安排好报告的结构，并在刚开始时介绍一下报告的提纲和要点，这样听众就容易跟进你的报告的内容。

<blockquote>我先会讲一下……接着我会阐述一下……的问题，最后我会……</blockquote>

19 　　由于时间的限制，报告的主体部分不可能反映你的书面论文的全部，因此，你不可能面面俱到地讲完论文的所有要点，而只能专注于论文的核心想法。你的论文刚开始很可能只是一些介绍性的内容，之后才是有价值的、发表自己观点的部分。

　　最后，你需要总结一下报告的主要观点。由于听众通常对报告的结尾尤为印象深刻，因此，你应当使用简明扼要的表达来结束报告。如果你此时还对一些未竟的问题提出展望（Ausblick），那么之后的讨论环节就恰好可以据此展开。

（三）形象、清楚

20 　　留给你作报告的时间非常短，因此你不得不只讲重点。在欧盟最高法院的审理程序中，律师通常都只讲最关键的论点。因此，你必须学会如何清楚而简单地表达自己最重要的想法。这里需要谨记的基本原则有两个：形象和清楚。

21 　　首先，最基本的是，要有一个清晰的思路，你的阐述应当严谨可靠，并呈现一个连贯的主旨脉络（第七章边码 60 及以下）。[27] 在作报告时，你应该循序渐进地抛出你的每个观点。这里，要遵守逻辑的原则，也就是说，报告应当有一个线性的及有层次的结构（第一章边码 84 及以下）。听众需要时刻知道，你现在讲到了什么地方。

22 　　其次，你报告的质量还取决于，你如何整理并论证你的问题。如果你能用令人信服的方式介绍自己的、原创的观点，那么你报告的质量可能还会再上一个台阶。此时，你需要使用法学的论辩方法，为你的论题辩护（第一章边码 3 及以下）。由于时间有限，你只能讲述并重点强调 2 个到 3 个法律问题。一个严谨的报告人，自己就会提出几个可能出现的相反观点，然后加以反驳，这样

---

[27] 现代修辞学的一个窍门是所谓 KISS 法则，即"Keep it short and simple"。

在后面的讨论环节就不用再对这些观点予以回应了。[28]

如何让自己的演讲易于听众理解?所需要遵守的标准总结起来如图 8-2 所示[29]:

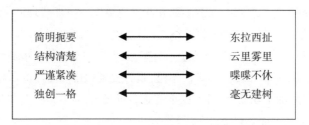

图 8-2　有关理解性的几个维度

(四)报告提要(Handouts):提纲和观点清单

通常而言,听众不会或者说至少不会经常去查阅你的论文。你是自己论文相关领域的"专家",听众期待从你这里学到一些东西,对你的题目大多并不熟悉。因此,最重要的一点,就是要使用简洁易懂的语言。(自己先)大声读一下你的报告,这样你就知道,哪里因为使用了过于生涩的语言,而显得太突兀或者别扭。[30]

> 对于这一点,图霍夫斯基(Tucholsky)有点半开玩笑地写道:"你必须把什么东西都塞到从句里。不要说'税收太高了'。这么说太简单了。你得这样说:'我想就我刚才所说的再简单补充一点,我觉得吧,税收对我而言很多时候还是太高了……'这样说才像回事嘛。"[31]

此外,提纲以及观点清单(Thesenpapier),都是你作报告的重要辅助手段。通过报告的提纲(第七章边码 48 及以下),听众能够很快了解你报告的结构。他们不必边听边记就可以更容易对你的报告保持注意力,从而跟上

---

[28] *Kals,* Machen Sie einen Krimi aus Ihrer Rede, FAZ v.5.3.2005, S.57.

[29] 关于所谓的"汉堡理解纲要",请参阅 *Schulz von Thun,* Miteinander reden, Bd.1, 2011, S.160 ff.。

[30] 一种好的语言风格应当尽量避免使用名词化的动词、过多的被动态,以及复杂的多重套句,参阅本书第六章边码 5 和边码 22 及以下。

[31] *Tucholsky,* Ratschläge für einen schlechten Redner, aus Kurt Tucholsky, Gesamtwerk, Hrsg.v. Sascha Kiefer, 2003 Bd.13, S.466.

你的思路。

26　　与此不同,观点清单则主要是列明你所要报告的核心观点,只不过是省去了具体的论证。观点清单对报告人本人也是大有助益,因为报告人可以借此简短地总结报告的要点。注意不要在观点清单中写下那些理所当然的东西,而是应当呈现你自己独创的研究结论(第九章边码 29 及以下)。[32] 如果报告人准备了观点清单,那么听众也会心怀感激,因为观点清单以最简短的篇幅反映了你报告中最为重要的知识。不过,报告提要(Handouts)也不能包含过多的内容:对你的听众而言,首要的事情是聆听报告,而不是把全部注意力放在你发给他们的书面材料上。

(五)讨论

27　　在报告之后,如果能就报告的主题进行一场生动的讨论,那么对于报告人、老师及所有的听众或者研讨课的参加者而言,都可谓是一件幸事。如果报告人已经很清楚地阐明了问题,很好地介绍了相反观点,且对法律状况的不足之处进行了透彻的研究,那么讨论环节对他而言就会显得很轻松。(讨论环节中所提到的)问题有的是理解所需,有的则是为了进一步深入探讨。讨论中提出的问题有如下几种不同类型:

　　W 字开头的问句(即特殊疑问句,德语中都以字母 W 打头——译者注),例如"你对……是什么看法""为什么你有……""有什么其他的可能性""你为什么觉得……重要"等,一般都是所谓"开放型的问题"。而"封闭型的问题"则只能用"是"或"否"来回答。

　　释疑型的问题,则是为了减少疑惑或者解开疑点,例如"如果我说……是否算是正确理解了您的观点?"

　　假设型的问题则是针对一个假设的未来的事实情况。你需要让报告人在当下的立场之外,考虑一下其他的可能性,例如虚拟语气的句子:"如果……那会怎么样。"[33]

---

[32] 恰如赛尔珀·布莱辛(Scherpe-Blessing)所言:"你要有勇气做一个奠基者。"参见 JuS 2017, 624, 626。

[33] 其他富有启发性的例子参见 Franck, Rhetorik für Wissenschaftler, 2001, S.99 ff.; Neumann/von Rosenstiel, Gesprächsführung, in: Römermann/Paulus, Schlüsselqualifikationen für Jurastudium, Examen und Beruf, 2003, S.149, 177 ff.。

一个训练有素的演讲者,在回答问题之前就开始思考了,他能够简短、紧凑地回答问题,而不会兜圈了[34]。回答问题时能够一丝不苟、彬彬有礼。他会努力做到正确无误地理解问题。如果你觉得别人的问题表达得不够清楚,那么在回答之前,你应该先问个明白。如果还是有疑惑,那么自己至少要能分辨,哪些问题是有助于深化主题的,哪些问题则是离题万里的。

二、判决分析报告

在某些联邦州,例如北威州,第二次国家司法考试时还会要求考生作一个判决分析报告(Aktenvortrag)。研讨课论文、学业论文和学位论文口头报告所应注意的事项,原则上也适用于判决分析报告。不过,判决分析报告多是自由会谈的形式。[35] 它的目的在于向律所或者法院的同人们介绍案件的事实和争议,以及案件可能的法律后果。

在作第二次国家司法考试的判决分析报告时,首先应当对争议事实进行介绍。[36] 在介绍案件事实时,必须将有争议的和没有争议的部分区分开。判决中的"程序历史记录"(Prozessgeschichte)包含了举证环节。最有评价价值的部分则在于判决意见(Entscheidungsvorschlag)。此时,就需要从程序上的"可诉性"(Zulässigkeit)和实体上的"有理由性"(Begründetheit)两个方面来进行审查。就此而言,还应该区分原告诉讼请求的"充足性"(Schlüssigkeit)和被告抗辩的"相关性"(Erheblichkeit)——也就是所谓的"关系法"(Relationstechnik)。判决意见是判决分析报告的结尾。

在有的大学里,学生也会在学期课程的进行过程中作报告,并作为大学法学考试成绩的一部分来考核。对于这类报告,人们就不一定非要严格遵循所谓的"关系法",而是会更加在意那些在作研讨课论文和学业学位论文报告时所应遵守的规则。

---

[34] 做不到这样"高超技艺"的大有人在。

[35] 也可参见 Schuschke/Kessen/Höltje, Zivilrechtliche Arbeitstechnik im Assessorexamen, 35. Aufl. 2013, Rn.1107;以及北威州"司法考试局"关于判决分析报告的说明,参见 www.justiz.nrw.de/Karriere/landesjustizpruefungsamt/2_jur_staatspr/mdl_pruefung/weisungen_aktenvortrag_ab-dem-22-02-2018/index.php。

[36] 详细参见 Schuschke/Kessen/Höltje, Zivilrechtliche Arbeitstechnik im Assessorexamen, 35. Aufl. 2013, 7. Abschnitt。

有一点永远是重要的：报告人不能迷失在细枝末节里，而必须时刻牢牢把握报告的主旨脉络（roten Faden）。

三、大学法学考试和国家司法考试中的口试

31　　第一次国家司法考试和大部分法学院的大学法学考试都以口试为尾声（第一章边码 45 及以下）。在法学教育改革后，口试的重要性增加了。第二次国家司法考试同样也以口试收尾，根据所在联邦州的不同，口试在考试总分中所占的比例在 25%[37]~40%[38] 之间。

32　　与作报告不同，在参加口试时，你并不需要在 20 分钟的有限时间内完成一次独角戏。相反，口试是以会谈、对话的形式进行的。这里的特殊之处恰恰是前面在讲"讨论环节"的时候所强调的要点：你必须回答考官的问题。请你一定要抓住重点，不可跑题。要积极思考，并酝酿你的答案。没有什么是比"沉默不语"更为致命的了。相比于知识储备不足，如果你还缺乏配合的积极性，那么口试的成绩就会更加糟糕。因此，在口试的时候，可千万不要行使一个根本不存在的"缄默权"，也不要信奉什么"说话是银，沉默是金"的格言。[39] 如果涉及实质的内容，那么请尽可能地回答得详细点。

33　　在这里，非言语沟通同样具有重要的意义：请注意考官的反应，比如他的手势和面部表情。[40] 借助于课代表或辅导老师所收集的以前的考试记录（Protokolle），你可以对每个考官的考试风格获得一个初步的印象。即使（考官）没有明确是在向你发问，你也应当表现得谨慎一些，最好通过表情或手势来暗示对方，你熟知这个问题的答案。但是，不要打断别人的话，也不要去纠正考官。

---

[37]　例如，《巴伐利亚州法学教育与考试规定》（BayJAPO）第 67 条第 1 款第 2 句。

[38]　例如，《柏林法学教育与考试规定》第 30 条第 2 款第 2 句就规定，判决分析报告的成绩也必须算进去。

[39]　关于口试的部分，参见 Petersen, Die mündliche Prüfung im ersten juristischen Staatsexamen, 4. Aufl. 2020。

[40]　这有时候就能暗示你是回答对了还是回答错了。

第三节　脱稿的报告

一、一个好的演讲报告的风格元素

（一）开讲、第一印象

在演讲之前，你首先得知道受众是谁。你是在学生面前，还是在教授、实务工作者抑或是在非法律人面前作报告？你必须根据听众不同的经验水平来调整自己及报告的内容。这对你的表现将起到决定性的作用。

报告人刚一出场就已经开始对听众施加影响。他究竟是带着自信的目光，从人群中走向讲台，还是头也不抬地在自己的书包里笨手笨脚地找东西？第一印象是关键的。请你保持自然轻松的状态。即使你面向的观众都是著名的专家们，你也不要忘了这句话："社会大众更愿意被娱乐，而不是被教导。"[41]如果能有四五次的机会让观众发笑，那么演讲者就可以掌控全局了。

如果你不想马上以"拦腰法"（in medias res）[42]的方式来讲述问题，那不妨先通过和听众建立私人关系来拉开报告的序幕。亚里士多德早就认为，向听众表达一下感激之词，也就是拉丁语俗称的"拍马屁"（captatio benevolentiae），在演讲时是一种有效的修辞技巧，这样可以挑起听众的兴致。在美国，差不多每个脱稿而作的报告都是用一个成功的笑话来开始的。不过，最好还是讲一些即兴的笑话，例如，你可以毫不刻意地讲一些与举行地点、到会情况、天气等有关的（俏皮话），讲一点趣闻轶事也是可以的。[43]

　　图霍夫斯基以讥笑的语气写道："不要刚开始就入戏，而要先兜个几百米的圈子。比如这样：'我的女士们，先生们！在开始讲我的题目之前呢，请允许我先简单地讲一下……'这样一来，一个报告开篇所应有的要素——俗套的打招呼，开讲前的寒暄，宣告下你要说话以及你要说什么，也就是你要发什么言，等等，你可都具备了。如此一来，你简直顷刻间就

---

[41]　出自阿道夫·弗莱尔·冯·克尼格 Adolf Freiherr von Knigge，德国著名作家。——译者注，转引自 Franck, Rhetorik für Wissenschaftler, 2001, S.93.

[42]　（拉丁语）即从事物的中间、中心部分（开始讲述），Horaz, Ars peelica 148。

[43]　Flume, Karrierefaktor Rhetorik, 2005, S.144 f.

俘获了听众的心与耳。"[44]

37　　但是,讲笑话或者段子也不能勉为其难。你也可以用一个问题概览(第六章边码47及以下)来展开你的讲演。比如,你可以先讲一个听起来很不合理的事实,以此来吸引听众的注意力。你可以描述下其中的利益冲突,来激发大家的兴趣。你可以把开篇导论讲得和侦探小说一样引人入胜。如果你做到了这一点,那么让听众开始关注相关的法律问题,就变得轻而易举。[45]在上文讲解关于法律语言的风格时,也已经介绍了一些如何让法律德语表达得更为动人的例子(第六章边码29及以下)。

　　　　不要忘了之前举的例子:"从政治上看,欧洲和美国300年前是相同的。"对于我提出的问题——"欧洲究竟是更像美国,还是更像联合国",我的一个学生是这样回答的。

(二)收尾时的要点

38　　如果你给听众分发了报告的观点清单,那么在结尾的时候,就不需要再对报告进行总结了。你可以考虑使用一些毫不新奇的套话,诸如"感谢各位的倾听"或者"至此,想必各位的耐心已经行将耗尽"之类。

　　对于这一点,图霍夫斯基也曾戏谑般说道:"请在很早的时候就预先告诉大家你的报告要收尾了,以免听众到时候会因为(好不容易等到结束——译者注)过于高兴而中风。"在某次令人紧张的婚礼上,作家保罗·林道是这样开始他的祝酒词的:"我最后要说的是……"[46]你可以宣告你要结束你的报告,然后再从头开始,接着又讲个半小时。你可以如此这般,重复好几个来回。

39　　或者,你也可以让报告的结尾和开头一样生动而富有个性。毕竟,听众对开头和结尾尤其印象深刻。这里,我们也可以举一个例子:

　　　　……欧洲必须着手考虑一些未来的任务,这些任务在过去可能只是肇因于各自的共性,而在今天和将来则可能是出于共同利益而亟待处理和解决的。欧洲的一体性也正是建基于此。

---

　　[44]　Tucholsky, Gesamtwerk, 2003, Bd.13, S.464.
　　[45]　在美国,要申请比较好的法学院,申请人通常要在申请时附上一份Essay,建议在Essay的开篇也可以讲一个吸引人的故事,比如个人的经历等,来唤起读者的兴趣。
　　[46]　Tucholsky, Gesamtwerk, 2003, Bd. 13, S. 466.

为此,我们需要的是人民的热忱,对充满荣光、自信和美感的欧洲的期待,以及整个欧洲休戚与共的精神。这里所说的许多东西,可能不过是南柯一梦。然而,正如菲利普·阿洛特所言:"在各种威力中最有力的就是思想的威力。"[47]

二、做一个脱稿口头报告的前提

(一)报告为何要采用脱稿的形式

如果一个人(在演讲时)只会老老实实地对着稿子念,那么他可能是一个很好的作者,但不会是一个优秀的演讲者。听众所期待的是一场思辨的演说,而非一次照本宣科的朗读。就算演讲者偶尔使用了蹩脚的句子结构,或者不符合语法规则的构词,也不是那么要紧。[48]把报告当作一次对话来对待(第八章边码11及以下),如果你脱稿演讲,那么就可能吸引听众更多的注意力。可以想象的是,如果你自己都记不住你报告的内容,那么凭什么指望听众能记住呢?[49]

如果你在作报告的时候,只看着(手头的)文字,而不看你的听众,那么等于是丢弃了面部表情最重要的因素——眼神交流。听众很可能会想,你重视的只是文字本身,而不是人。如果听众觉得不被认真对待并开始觉得无聊,那么他们就可能会"投桃报李",对你同样表现出缺乏兴趣。因此,来自修辞学的一个专业建议是:"眼神必须持续地在他人的鼻梁和嘴唇之间来回逡巡。"[50]

对此,图霍夫斯基带着反讽的口吻说道:"不要脱稿说话——这给人一种不够平静的印象。你最好啊,就是照着稿子念。这显得多么踏实、可靠,如果朗读的这个家伙每读几个句子,为了确认大家都还在场,还能时不时抬头瞄一眼,那简直就是皆大欢喜的事情哦。"[51]

---

[47] 原文和脚注可参见 Möllers, Die Rolle des Rechts im Rahmen der europäischen Integration, 1999, S.90 f.。
[48] Kühn, zitiert nach Lemmermann, Lehrbuch der Rhetorik, 6. Aufl. 1997, S.206.
[49] 与此不同的观点详见 Brinkmann, Die rechtswissenschaftliche Seminar-und Doktorarbeit, 1959, S.183.
[50] Kals, Machen Sie einen Krimi aus Ihrer Rede, FAZ v.5.3.2005, S.57.
[51] Tucholsky, Gesamtwerk, 2003, Bd.13, S.464.

(二) 前提条件

42　　要做好口头报告,需要满足如下条件,即内在和外显的平静、对事物的要点保持精神上的专注、语言和思考都清清楚楚、有洞察力和说服力,而且还得懂得替人着想以及关心自己的听众。[52]一个训练有素的演讲者知道如何回应听众的身体语言,并在必要时调整自己的演讲方式。

　　但你不能反应得太夸张,也不能效仿演员的作为。[53]不过,差不多每个不习惯在许多人面前讲话的人,都会有一定程度的怯场。只有通过不断的练习,这一点才可以被克服。因此,请把握好每个可以作口头报告的机会。[54]"模拟法庭"(Moot Courts)这种在英美法系国家兴起的虚拟庭审程序,在德国的法学院也被推广起来。这个时候,经常会使用摄像机录像。此外,大学生还可以通过在课堂上的积极参与,当然主要还是借助于私人工作小组的形式,来训练自己沟通的能力。但凡能让你当众讲话的机会都应该利用起来。

43　　在脱稿作报告的时候,你就更需要注意分寸的拿捏。不仅要脱稿,还得很好地掌控你的主题。所谓"说话",意思就是把有具体内容的材料,用自由的、自发的形式表达出来供大家讨论。[55]首先要做的是保持"本真"。也就是说,你最起码不要去背诵你的报告内容。因为如果一个报告是被背诵出来的话,那么你的报告很可能会显得过于"顺口",以至于语速太快,导致听众不再能跟得上。你可以在朋友面前作个报告试试,这样,你就能找到语言、时间上的感觉,用不了几次,自然就可以做到表达自如。你可以让朋友试着总结下你的核心观点。由此就能够判断,别人是否已然理解了你报告的内容。

　　在正式报告的时候,你当然可以找个小帮手,让他在你演讲时坐在最后一排,然后通过手势告诉你,你的报告是否太快、太慢、太大声或者太小声了。[56]

(三) 非言语及次言语的沟通

44　　1.在作报告的时候,手势和面部表情尤其重要。演讲者如果能够摆出一

---

[52] 也参见 Brühl, Die juristische Fallbearbeitung in Klausur, Hausarbeit und Vortrag, 3. Aufl. 1992, S.176。

[53] 正确的见解参见 Haft/Eisele, in: Römermann/Paulus, Schlüsselqualifikationen für Jurastudium, Examen und Beruf, 2003, S.332, 340。

[54] 在做报告的时候可以通过录影来进行记录和调整,同样的看法参见 Gräfin von Schlieffen, in: Römermann/Paulus, Schlüsselqualifikationen für Jurastudium, Examen und Beruf, 2003, S.192, 215。

[55] Büdenbender/Bachert/Humbert, JuS 2002, 24, 25.

[56] Klaner, Wie schreibe ich juristische Hausarbeiten, 3. Aufl. 2003, S.149 f.

副坦率的姿态,例如,双腿从容挺立,用收敛而平静的手和胳膊的动作来辅助自己的发言等,就会起到一种很积极的效果。[57]反之,如果只是不断地更换支撑重心的腿或者攥紧双手,那就和坐的时候喜欢交叠双腿的人一样,会给人一种不够可靠的印象。此外,如果有人演讲的时候叉着胳膊,那么就会增加他跟听众的距离感。只有双手松弛而自由,你才能做到好好讲话。[58]

在留给他人的印象当中,行为举止会占据38%的比例,因此,面部表情就显得十分重要。如果处理得当,它能让你的报告更加令人印象深刻。脱稿作的报告给人一种自信的感觉:选择脱稿演讲的人,对他所讲的内容一定是笃信不疑的(第八章边码40及以下)。相反,总在朗读,或者照着稿子念,就会让人觉得不值得信赖。如果你报告的内容是自己赞同的观点,可以用点头来表达对此的认同;如果报告的观点是你要反对的,你可以用皱眉来强调这一立场。 45

重音、停顿、语速缓急、明确易懂,这些都属于"次言语"(paraverbale)的风格要素。在学术盛宴里,不存在什么"低等座",因此,要确保你讲话的音量能够穿透整个房间。[59]演讲者必须借助语言和表情上的各种手段,来清晰地传达自己的观点:只有不断地改变语速和音量,你的报告才能变得生动而多彩,也才会更容易让听众理解。讲话中途如果出现(长时间的)间断,则只能让人更加紧张。[60] 46

很多学生误以为,作报告不过就是读一下论文的书面稿。他们忽略了报告自身特有的规则:(论文的)读者可以自行把握接受的速度和强度,但在演讲中,听众则只能完全依赖于演讲者本人。因此,演讲者必须让其他人能够有一种置身其中的感觉。只有一个人(对你自己讲的东西)真正感同身受了,他才能做到把这些内容传递给他人。 47

听众在听取你报告的内容时,总会受到自己直观感觉的影响。如果有人作报告的时候声音单调,那么就会让人觉得报告人对自己讲的东西都没有兴趣;如果报告人自己都觉得无聊(或者至少看起来如此),那么听众也会觉得 48

---

[57] 不同的观点则参见 Brinkmann, Die rechtswissenschaftliche Seminar-und Doktorarbeit, 1959, S.183:"演讲者应当避免使用任何手势。"

[58] 不要总是抓着讲台或者眼镜之类的东西,也不要把手交叠在背后或肚子上。

[59] 参见 Franck, Rhetorik für Wissenschaftler, 2001, S.64。

[60] 参见 Brühl, Die juristische Fallbearbeitung in Klausur, Hausarbeit und Vortrag, 3. Aufl. 1992, S.188。

无聊。反过来,如果报告人对报告的内容本身就充满热情,并在作报告的时候也如此表现,那么这种热情就会传递给听众。[61]

演讲者的行为举止如何才是正当的? 用下面这句话概括最好不过了:信心满满而彬彬有礼,激情洋溢但又不能信马由缰。[62] 坦率自然的手势能起到积极的效果,如下图。

身体语言暗示了演讲者的情感世界　　无故的间断会增加紧张感

双手放松才能好好说话　　只有脱稿的演讲者才最让人信赖

图 8-3

2.通过观察听众的反应,例如面部表情、身体语言等,报告人自己就能够确认,他的报告究竟是让人感到可信、疑惑还是无聊。

图霍夫斯基如是说:"演讲说白了——也不可能是其他的了——就是一场独白。因为毕竟就一个人在说啊。或许就算你有14年的演讲经验,可能也不见得知道这个事实:演讲其实不光是一场对话,它甚至可以说是一场乐队演奏:观众虽然沉默不语,但其实一直都在心里(跟着)默念着。而这,你也必须得听得见。"[63]

一个训练有素的报告人会懂得根据听众的表情和身体语言来做出反应。如果他的报告看起来不是那么有信服力,那么他就会试着随机调整自己的报告风格。比如,他可能开始采用更为自由的讲话方式,或者尝试用几个实例来形象地描述某个法律问题。这些方法固然重要,不过,需要谨记的是:报告人

---

[61] 这差不多就和学者去电视上作节目一样,如果不这样的话,观众可能根本就不会对学者讲的东西产生兴趣。

[62] Lemmermann, Lehrbuch der Rhetorik, 6. Aufl. 1997, S. 188. Die moderne Variante lautet: BAFF: Begeisterung, Autorität, Freunde und Freundlichkeit, s. Franck, Rhetorik für Wissenschaftler, 2001, S. 14.

[63] Tucholsky, Gesamtwerk, 2003, Bd. 13, S. 466.

只有表现得足够自然,才能最让人信服。真实是最重要的东西,也就是说,你需要毫不做作地真诚待人。

3.新冠病毒感染疫情暴发时期的在线会议和播客。在无法进行面对面教学的新冠病毒感染疫情暴发时期,用在线会议或播客(Podcasts)来取代讲座、学习小组或研讨会,则对在线课程提出了特殊要求。同时,研讨课也以在线研讨会的形式举办。为了不使研讨课负担过重,允许学生提前将他的演讲制作成播客。当摄像机关闭时,不能做手势和面部表情:这样一来,报告人就更需要通过声音来有效地表达其观点。但你的声音真的和有声书作者的声音一样好吗?如果你使用播客,你不应该只做声音记录,还应该使用手势和面部表情作为非语言交流的手段,即不应当用音频文件代替视频文件。

顺便说一句,播客只是次优的解决方案,因为视频会议可以进行对话。如果演讲者对着一堵黑墙讲了一两个小时,那么他并不知道其发言是否会被听众所接受。如果使用 ZOOM、Microsoft Teams、Webex、Skype 等作为在线会议的工具,那么双方都应该使用摄像头。摄像头打开后,演讲者不仅可以从听众的面部表情中看到其的发言是否被理解,从而"被接受",在理想情况下,他还能与观众进行口头交流。如果麦克风被静音,那么参与者可以通过手势或所谓的信号图标来吸引他/她的注意力。双方都可以提出问题。这样做的目的是促进思想的交流,以便尽可能地接近实际的演讲。

三、脱稿报告的辅助手段

(一) 讲演稿

在准备报告的时候你就得意识到,你不能朗读你研讨课论文的书面稿,因为书面稿的篇幅通常很长。一页 1.5 倍行间距(70 行、每行 37 个字符或者 240 个单词)的打印稿,读完大概需要 3 分钟,那么你读完 8 页至 9 页的论文就需要 25 分钟。因此,你不得不进行精简(第八章边码 17),除了论文外,你还得另行准备一份讲稿(Redemanuskript)。或者说,你可以专门为报告重新准备一份稿件,然后在上面用记号笔标注出最关键的概念。准备一份讲稿的好处是,万一你不小心脱离了(论文的)主旨脉络,你可以很快地重新切入正题,因为这个时候你直接朗读你的演讲稿就好了,这样做的缺点也恰恰在于此。你最好不要一开始就做好朗读的打算。

(二)提示卡片、思维导图、图表和幻灯片

54 或者你也可以试一试,一开始就只借助关键词来准备你的演讲。为此,你可以使用提示卡片(Karteikarten)或者"想法的地图",即所谓的思维导图(Mind Map,第一章边码 89 及以下)来展开你的工作。在演讲的时候,思维导图能够起到帮助记忆的作用。演讲者以此把演讲内容用图形的方式呈现给自己,这样他就可以确保自己能够面面俱到地完成演讲,而不会有所遗漏。通过使用简短的关键词或者说"刺激词"(Reizwort),你可以顺利完成你的演讲。这样一来,你就不必再准备一个书面的提纲了,并且你也会打消对着稿子朗读的念头。

(三)PPT 演示文稿的缺点

55 1.现在已无法想象没有 PPT 的生活:然而,越来越多的学者对 PowerPoint 演示文稿持批评态度。认为其不利于学习[64]。下面是一系列报告人应当反思的 PPT 的缺点:借助 Power Point 等程序,你只需花费很少的准备时间就可以作出一份演示文稿,而且这样也能让人们更容易记住相关的内容。[65] 90% 的 PowerPoint 讲演稿只具有部分说服力。太多时候,演讲者滥用它们作为单纯的记忆辅助工具,只用一些关键词或者乏味的承上启下的句型把每个幻灯片从语言上串联起来而已。有许多 PPT 演示文稿看起来是无聊而乏味的。通常的情况是,演讲者看起来似乎总是被幻灯片所"遥控"着。如果演讲者只是和听众一起像念材料清单一样朗读幻灯片的内容,那演讲者本人就成多余的了。此外,往往存在信息泛滥的风险[66][67]。每一页幻灯片的内容常常可能过于拥挤;它被太多的事实所覆盖。在单个图示里面,如果有 7 个以上的点,(同样也就)显得"太多"了。[68] 因此,重要的一点就是,千万不要在 PPT 当中

---

[64] 除 Holzki, SZ.de v. 26.4.2018 (第八章边码 1)外,还有 Wecker, Powerpoint kann dem Lernen schaden, Interview der LMU-München v. 26.5.2014,登录网站:https://www.uni-muenchen.de/aktuelles/medien/spotlight/2014_meldungen/power_point_wecker.html; Graf von Westphalen, Verloren geht die Kunst der freien Rede, FAZ v. 15.8.2000, S. 12。

[65] 更详细的介绍参见 Lobin, Die wissenschaftliche Präsentation, 2012; Stickel-Wolf/Wolf, Wissenschaftliches Arbeiten und Lerntechniken, 9. Aufl. 2019, S. 298 ff.。

[66] Hierzu Rogers/Agarwala-Rogers, Communications in Organisations, 1976, S. 90.

[67] 对此的批评可参见 Graf von Westphalen, Verloren geht die Kunst der freien Rede, FAZ v.15.8.2000, S.12。

[68] 关于"7"这个魔力数字,可参见本书第一章边码 82;一个非常适合制作为 PPT 的是上文提到的"遗忘曲线"(本书第一章边码 61),不适合作为 PPT 的则是本书第三章边码 12 的"过失的意思表示"的示意图。

塞入过多的事实材料。

2.为此你应该再想想意欲通过演讲达到什么目的:你只是想站在讲台上,还是想展示你的演讲:"如果你想被听到,就不要展示 PPT。"[69] 替代品是图表、思维导图或经典的观点清单(第八章边码 20 及以下)。然而,如果你认为你不能没有 PPT,那么请避免以下提到的错误:放弃使用联想记忆法,而是使用有关联的图形或图表。如果有必要,那么漫画也是一种选择。要注意避免信息过载:对于 20 分钟的演讲,准备 10 张 PPT 幻灯片就足够了。[70] 在电脑上制作演示文稿的时候,字体可以调整为 24 号和 30 号之间。对于其他你不想舍弃而又不宜置于 PPT 当中的信息,你把它们放在提供给听众的观点清单或者报告提要里面就好。也就是说,把简明利落的幻灯片和观点清单配合起来使用,才是良策。再次引用图霍夫斯基的话:"学生们应该学会赢得听众的关注,不要把时间浪费在字体大小的微调上,而是应当在镜子或同事面前练习演讲。"[71]

四、讨论

(一)中途提问

是否允许听众在演讲的中途提问,也属于报告人的个人风格。这样做的好处在于,问题可以在"正确的地方"得到回答,提问者的好奇心也就能及时得到满足。但是,太多的问题会让演讲的过程"支离破碎"。凭借一定的第六感,或许你可以判断某个问题究竟是只有提问者自己感兴趣,还是大家都会感兴趣。(如果是前者)你完全可以搪塞一下,告知对方在报告之后的讨论环节或者休息时间再来讨论该问题。

(二)如何对待那些不讨喜的讨论者

并非所有提问都是紧扣主题的。你不必粗暴地"扼杀"那些插科打诨的问题,只要用点技巧,你就可以礼貌而轻描淡写地回答这类问题。[72] 总有这样或那样的提问者会让你觉得不舒服。有的时候,如果参与讨论的人作出此种暗示的话,你就不得不(对提问者)进行"追问",例如,对方会说:"我且不说你

---

[69] 如是指出的有 *Holzki, SZ.de* v. 26.4.2018(§ 8 Fn. 1)。
[70] 还有 *Scherpe-Blessing*, JuS 2017, 624, 625。
[71] *Holzki, SZ.de* v. 26.4.2018(§ 8 Fn. 1)。
[72] (比如你可以这样说:)"是的,这确实是一个有趣的问题,但是……"

论证上的缺陷,只提两个问题。"[73]对于那些明显不客观的批评,你可以用一些出其不意、化繁为简的客套话敷衍过去,比如说,"我很欣赏您的幽默"或者"您可真是位出色的讨论伙伴,希望您继续保持本我"[74]。理想的情况下,你可以用一些机智的言论搪塞掉那些充满攻击性的评论。

温斯顿·丘吉尔有一次在下议院演讲的时候曾被一位女士以激烈的言辞攻击:"如果你是我的丈夫,我一定会在你的茶水里下毒。""哦,夫人",温斯顿·丘吉尔回答说,"如果我是的话,我会很乐意喝掉它的"[75]。

总而言之,如果你能做到脱稿演讲、使用正确的修辞技巧,并且能恰当清楚地论证你的独创性观点,那么,你的演讲一定会是卓尔不群的。

作为练习,你可以先试着在朋友面前作一个八句话左右的小报告。你可以参考如下几个题目:

(1)2050年的欧盟会是什么样子?

(2)汉堡的一个天主教教堂将其一座教堂建筑出售给了某个穆斯林团体。请对此事件谈谈你的看法。

(3)请描述何为"社会市场经济"(Soziale Marktwirtschaft)。

(4)消费者保护是否应当属于《德国民法典》的组成部分?

---

[73] *Franck, Rhetorik für Wissenschaftler*, 2001, S.121, 124 ff.

[74] *Berckhan, Die etwas gelassenere Art, sich durchzusetzen*, 8. Aufl. 2003, S.226.

[75] 不过这个段子有点太过时了,参见 www.quoteinvestigator.com/2014/08/27/drink-it/#note-9637-12。

第九章　博士学位论文

第一节　个人成果作为对学术进步的贡献

一、博士论文的学术要求

(一)优秀法律人迄今为止获得的技能

如果你符合学术工作的基本要求(第一章边码 2 及以下),那么你还将参加一个高于平均水平的考试,并考虑博士学位是否是你的一个选择。你是否想要攻读博士学位? 你是否迫切地想要在学术上讨论一个至今悬而未决的法律问题? 你究竟有没有相应的条件及毅力[1],特别是学术上的好奇心? 你又是否值得为此花费 2~3 年的宝贵光阴?[2] 如果你能对所有这些问题回答"是",那么你有意愿读博士。[3]

在你开启本章的阅读之旅以前,你要清楚的一点是,在见识过研讨课论文和学士、硕士学位论文之后,博士学位论文(以下简称"博士论文")对你而言才算是学术论文的"鸿篇巨制",将需要为其付出生命中 1~3 年的时间。为此,相信你已经掌握了本书之前的章节所提到的各种能力:准确运用法学方法论的各种规则(第三章)、熟悉法学检索的方法(第四章)。这意味着,你不仅已经初步掌握了法学论证的技巧,还掌握了收集和评价法律文献的方法。理想的状况下,你应该已经知道,一篇优秀的博士论文在形式上应当符合的要

1

2

---

〔1〕 见弗里德里希·尼采的表述,本书第九章边码 67。
〔2〕 关于上大学的动机,参见本书第一章边码 1 及以下;关于法学博士论文的实证数据,则参见 *Kilian*, JuS 2017, 187 ff.。
〔3〕 关于撰写博士论文的各种动机(Motivation),参见 *von Bargen*, JZ 2017, 726 ff.。

求;谨慎的检索、正确的引注,从而避免抄袭(第五章)以及好的法律语言风格(第六章)。当然,这些都不应当成为你的问题。此外,你在研讨课论文和学业论文的训练中也已经掌握了:如何抱着学术的好奇心去提出恰当的问题,发现学术上的争议并在你的论文中形成鲜明的主旨脉络。最重要的是,你已经在研讨课论文、学士或硕士论文中提前思考和事后反思中实践了学术工作(第七章边码 24 及以下)。你现在可以在这些技能的基础上继续努力。这已经有相当多内容了。

(二) 法律创新是攻读博士学位的先决条件

3   (1) 博士论文要求作者必须作出独立的、学术性的成就,并对学术的进步作出贡献。[4] 在许多学校的"读博规则"里都有如下一句话:

> 博士论文应为独立学术之成就,并为学术进步作出贡献。[5]

4   (2) 博士论文一般在 150~250 页,这样的篇幅才足够我们进行真正意义上的学术研究。并不存在一个成文的评价标准来评判科学研究的质量高低。[6] 不过,可以说,起重要作用的始终是论文的质量,而非数量。曾经有篇 400 页的博士论文,我给它的评分还不及另一篇 180 页的论文。一篇学术文章该有的标准,例如清晰、独创、严谨(第一章边码 38 及以下),以及紧扣主旨脉络(第 7 章边码 60 及以下)等,前文已经论及。舒尔茨-费利茨还列举了论文所应当符合的如下标准:论证不存在自相矛盾;思维论证的步骤在理性和方法上都经得起推演;提供精准的文献来源,例如,随时更新法律文献等。[7] 接下来的内容将论述这些是否足够。

5   对于法律人来说,形成自己的研究成果似乎比预期的要难。家庭作业所针对的是一个给定的案件事实;研讨课论文则由于篇幅的限制,几乎没有多少空间可以用来论述自己的观点,更不用说还为之提供翔实的论证了。如果你在考试中首次从根本上批评联邦最高法院或联邦宪法法院,继而提出自己的新观点,那么恐怕很难获得最高分。

---

[4] 参见本书第一章边码 36 及以下。
[5] 参见例如奥格斯堡大学读博规则(APromO Augsburg)第 9 条第 1 款;也参见 Beyerbach, Die juristische Doktorarbeit, 2. Aufl. 2017, Rn.5 ff.。
[6] *Schulze-Fielitz*, JöR 50 (2002), 1, 5.
[7] *Schulze-Fielitz*, JöR 50 (2002), 1, 8 f., 29 ff.

另外，法律人必须为仍未解决的社会问题制定法律解决方案。因此，法律也包括相当多的法律创新。因此，"法学"这门学科多少也包含了一定比例的"法学创新"[8]。提出新的法律制度的法学家声名显赫。像奥尔特曼（Oertmann）[9]和冯·耶林[10]等这些"交易基础障碍理论"或"积极侵害债权理论"的"发明者"，就是可以想到的例证。创新指的是寻找主题（本章第一节标题二）、主题的方法论路径（本章第一节标题三），以及法律问题的处理（本章第二节标题三）。

二、选择主题时的创新

不仅解决问题的方法要有独创性或创新性，最好是在选择主题方面也要有独创性。虽然许多博士生依靠他们导师建议的主题，但不一定总是这样。自己要留意潜在的博士论文主题。找到一个你感兴趣的主题，因为这样你就会有动力在几年内深入研究它。[11] 潜在的博士论文主题随处可见。[12] 在以前参加研讨课的时候，你对于该如何确定论文主题也多少有了一些初步的想法。在备战考试的过程中，对那些迄今为止尚未解决的，或者解决方案在你看来"不妥"或"不公平"的法律问题，你一定还保留着深刻的印象。根据前述的法律渊源（第四章边码 25 及以下）可以作如下区分：较新颁布的法律常常需要学术讨论。[13] 这也适用于重要的基础判决在 PSPP 案的判决中，联邦宪法法院强调，欧盟法院的判决在理性上不可接受，因此没有约束力。[14] 档案期刊上的论文（第四章边码 66）是潜在的博士论文主题，有深入研究的潜力，因为在 30 页的篇幅中无法涵盖所有内容。[15] 最后，你也可以通过报纸或博客对

---

[8] 参见 Möllers, Juristische Methodenlehre, 3. Aufl. 2020, § 14 Rn. 40 ff.。

[9] *Oertmann*, Die Geschäftsgrundlage, 1921, vorher schon *ders* ., AcP 118（1919），275 ff.

[10] *Von Jhering*, Culpa in Contrahendo, Jb.f. Dogmatik 4（1861）1 ff.

[11] 参见 *Schulze-Fielitz*, JöR 50（2002），1, 42 f.。

[12] 同样观点参见 *Klippel*, Die rechtswissenschaftliche Dissertation, 2020, S. 11. A. A. 不同观点参见 *Münch/Mankowski*, Promotion, 4. Aufl. 2013, S. 52: Themennot; *Martens*, Leitfaden für die Juristische Promotion, 2019, S. 95: Themensuche bis zu einem Jahr。

[13] 例如欧盟货物销售指令 2019/771 必须在 2022 年 1 月 1 日前转化进《德国民法典》，参见 *Möllers*, in: FS Grunewald, 2021（im Erscheinen）。

[14] 例如联邦宪法法院的 PSPP 案的判决（Urt. v. 5.5.2020, 2 BvR 859/15 u.a., NJW 2020, 1647）是目前政治和法律学术界热议的问题，参见上文第四章边码 91。

[15] 关于主题的寻找，参见 *Möllers*, Ad Legendum 2014, 386, 387。

当前存在的问题作初步了解。即使是阅读报刊（第五章边码95），也可以看出社会问题经常得不到解决。例如，前 DAX 公司的 Wirecard 的破产最近成为头条新闻。[16] 如果你阅读每天的《法兰克福汇报》(FAZ)，那么你会发现几乎每天都有多达五个需要深入科学研究的博士论文主题。

三、主题在方法论上的创新

8　　前文已经对研讨课论文进行了案例型结构、规范型结构、法律原则和历史类论文进行了区分（第七章边码29及以下）。事实上，在最初的几周和几个月内，你必须决定用哪种方法来展开博士论文。[17] 这意味着你必须摆脱井底之蛙的视角，即在法学论文中采取鸟瞰的角度。与自然科学不同的，对证据的评估不是强制性的，采取不同的方法论是可能的。你可以采取多种方法，不过不一定要把它们结合起来。在下文中将介绍几种研究方法，但不是最终的方法。这些方法是作为法教义学和法学方法论的补充（第九章边码31及以下）。

（一）事实诠释学和经验主义

9　　如果主题比较新的话，通常还缺乏科学的讨论，而且往往事实还不清楚，那么研究事实就是你主题的一部分。只有在事实清楚的情况下，才能确定行为违反义务，并将相应的法律后果联系起来。这一点在"采油机丑闻"和 Wirecard 破产事件中得到了很好的说明。具体来说，有必要研究审计师的具体行为。从经验上看，了解何时和多长时间内出现过类似的破产是很有意思的。不幸的是，你没有接受过这种所谓的事实诠释学[18]的训练，但在日常生活中，它是日常生活的一部分。[19] 如果没有档案材料，那么信息主要来源于互联网，你必须进行严格筛选（第四章边码83及以下）。此外，可能还需要进一

---

[16] 例如 Peitsmeier, Wirecard stellt Insolvenzantrag, FAZ. NET v. 25.6.2020, abrufbar unter https://www.faz.net/aktuell/wirtschaft/unternehmen/wirecard-ist-pleite-zahlungsdienstleister-stellt-insolvenzantrag-16831752.html.。

[17] 同样提到方法问题的，参见 *Martens*, Leitfaden für die Juristische Promotion, 2019, S. 33 ff.。

[18] *Möllers*, Juristische Methodenlehre, 3. Aufl. 2020, § 14 Rn. 11 ff.; *Reimer*, Juristische Methodenlehre, 2. Aufl. 2020, Rn. 67 ff. spricht von Fall-Hermeneutik.

[19] 参见 *Möllers*, ZfPW 2019, 94, 101 ff.。

步的调查活动或者采访。[20] 经验主义是一个私人的方法。[21]

(二)跨学科性:不同法律领域之间的互动

在以后的实践中,你会发现当前的问题往往涉及几个法律领域。而你需要决定是否可以将自己限制在一个法律领域中,或者是否必须要考虑各个法律领域之间的相互作用。在现代经济法中,不同领域法律的内在联系往往是必然的,因为立法者会使用民法、公法和刑法的手段来执行法律。这就提出了方法上的衔接问题,例如这些术语是否可以用同样的方式解释各个子学科。[22] 在经济法中,公司法和资本市场法之间总是存在着碰撞。如果施莱姆普(Schrempp)想辞去董事会主席的职务,那么是否首先需要监事会的批准,或者是否必须通过临时公告的方式提前告知资本市场,这是一个问题。[23] 或者说,应然的法律解决方案可以从一个法律领域转移到另一个领域,例如在公法中决断的约束力问题。[24]

(三)国际性:欧盟法与比较法

当下,有80%的经济法是由欧盟决定的。[25] 但在其他法律领域,也必须审查这个问题是否只能仅仅通过国家法律,即德国法律来解决。然而,欧盟法律在方法上要与国家法律区别对待。在欧盟法中,有许多必须掌握的论证手段,因为它们部分地偏离了国家法律中的论证手段。通常情况下,这是一个欧盟法律对国家法律的影响问题。上述PSPP的判决,以及Wirecard的破产案,都包含欧盟法律层面。这包括,例如,对欧盟法律的自主解释或符合指令的解

---

[20] 事实诠释学的例子参见 *Dudek*, JZ 2020, 884 (Empirische Daten zur Entwicklung der Fallzahlen der Justiz); *Möllers*, NZG 2014, 361 ff. (Porsche-VW-Übernahme); *ders*., NZG 2018, 649 ff. (Short-Sell-Attacken), *ders*., in: FS 50 Jahre Juristische Fakultät Augsburg, 2021 (im Erscheinen) (Wirecard). Umfrageergebnisse auswertend: *Mansen, Die neuen Anlageberatungsregelungen der MiFID II, 2018 (§ 4 Rn. 98).

[21] *Hamann*, Evidenzbasierte Jurisprudenz, 2014; *ders*., Jura 2017, 759 ff.

[22] 关于解释的割裂,参见 *Möllers*, Juristische Methodenlehre, 3. Aufl. 2020, § 6 Rn. 27 f.。

[23] EuGH, Urt. v. 28.6.2012, C-19/11, EU:C:2012:397, Rn. 38 ff.-Geltl/Daimler AG; hierzu *Möllers/Seidenschwann*, NJW 2012, 2762 ff.

[24] *Gsell/Möllers*, in: Gsell/Möllers, Enforcing Consumer and Capital Markets Law, 2020, S. 465, 493 f. m.w. Nachw.; vorher schon *Möllers/Pregler*, ZHR 176 (2012), 144, 154 ff.

[25] 这一数据参见 BVerfG, Urt. v. 12.10.1993, 2 BvR 2134/92 u.a., BVerfGE 89, 155, 173-Maastricht; es handelte sich ursprünglich um eine Prognose von *Delors*, Bull. EG 1988 Nr. 7/8, S. 124。

释。[26] 如果你有相应的语言能力,那么你也可以在比较法的基础上准备你的博士论文。许多博士论文将德国的法律体系与美国的法律进行比较。这样一篇比较法论文需要有自己的方法论加以考虑。[27]

(四)跨学科性:经济学、法律经济分析和法律社会学

12　　由于法律人应该在法律上评估某些社会问题,我们需要先了解这些问题。任何想写关于人工智能、算法或体育博彩的博士论文的人都应该了解这些现象的运行原理。任何在资本市场法中写到评级机构、金融分析师或审计师的人都应该详细了解他们的工作。只有这样,才能写出他们的义务或可能的义务违反后的责任。进一步的研究方法来自于将你的主题与另一学科相结合。这可能是经济学[28]、计算机科学、法律社会学[29]、心理学[30]或其他科学。此外,你可以研究某些法规是否有效率,这就是法律的经济分析。[31]

四、总体要求

(一)正确的时间

最好该在什么时候开始撰写博士论文,是参加完第一次国家司法考试还是第二次国家司法考试之后? 这一问题并没有定论,完全取决于个人因素。

13　　出于以下考虑,可以选择在第一次国家司法考试之后开始写博士论文:

(1)此时和教授还保持着联系(如果是在第二次国家司法考试之后,估计需要经过一番周折才能和教授取得联系,甚或需要重新经营关系);

(2)博士生的财政开支更少;

(3)个人的羁绊较少(比如,可能不需要照看生活伴侣、配偶或孩子),因此,你也能够比较自由地选择出国留学攻读博士学位;

(4)读博期间不用立即投入到第二次国家司法考试的备战中,可以变相

---

[26] Möllers, Juristische Methodenlehre, 3. Aufl. 2020, § 2 Rn. 71 ff., § 12 Rn. 35 ff.

[27] Zweigert/*Kötz*, Einführung in die Rechtsvergleichung, 3. Aufl. 1996; *Möllers*, Juristische Methodenlehre, 3. Aufl. 2020, § 3 Rn. 75 ff.; § 7 Rn. 78 ff.

[28] 奥格斯堡的法律和经济学学位课程经常允许进行这种跨学科的工作,例如参见 *Harrer*, Exchange Traded Funds (ETFs), 2016。

[29] 例如 *Dudek*, JZ 2020, 884 ff.; *Raiser*, Grundlagen der Rechtssoziologie, 6. Aufl. 2013。

[30] *Stahl*, Information Overload am Kapitalmarkt, 2012。

[31] *Schäfer/Ott*, Lehrbuch der ökonomischen Analyse des Zivilrechts, 5. Aufl. 2012; *Möllers*, Juristische Methodenlehre, 3. Aufl. 2020, § 5 Rn. 122 ff.

地得到休整;

（5）通过制定相对严苛的时间计划（例如计划参加候补文官的见习），可以强迫自己以更有目的性的方式撰写博士论文;

（6）与以后的职业暂时没有冲突;

（7）相比于那些在第二次国家司法考试前仅仅是通过了第一次国家考试而没有选择读博的候选人而言,既顺利通过考试又完成博士论文的人（明显）有更多的就业机会。

如果你决定在第二次国家司法考试后再去攻读博士学位,请注意不要和教授们中断联络。选择第二次国家司法考试后写博士论文的理由可以有：

（1）这样选择可以完全地专注于个人职业技能的培养,而不会中途开小差,也不会在一段休整之后还得再去备战国家考试;

（2）在完成职业培养后,相比于刚刚考完第一次国家司法考试的人,凭借实务中积累的经验,可以获得更宽的视野,甚或在法学道路上"修成正果";

（3）不再有第二次国家司法考试的压力;

（4）由于已经将国家考试见习和第二次国家司法考试抛诸脑后,因此,时间安排上稍微有点放松也没有什么不妥了,交完博士论文之后马上或者仅需几个礼拜就可以去谋求固定的工作岗位了;

（5）也可以相对比较灵活地面对劳动市场上的机遇。

（二）选择主题、选择导师

家庭作业或研讨课论文的主题通常是提前给定的。至于学业和硕士论文,导师则可能希望你向他提出写什么题目的建议。即使对于一些已经计划动笔写的博士论文,我的有些同事们也倾向于期待那些未来的博士生能向自己提出关于题目的建议。有的时候,还会要求他们先写一篇小的研讨课论文,以此来判断某位"候选人"是否有从事学术研究的能力。如果一个人在大学期间曾经做到了有章法地学习,那么找到一个适合博士论文的主题应该不成问题（第九章边码7）。

不过,教授也常常会给博士候选人就主题选择提供一些建议。这样对写作者有一个好处,那就是导师通常会比较有兴趣积极对待论文的主题,相比于自己提出论文主题的博士候选人而言,导师对他们论文的指导也就更加细致。因此,在选择导师时,你应当注意,导师的研究领域与自己的学术兴趣是否一致。对许多博士生而言,同样重要的是,论文主题的相关领域是否会为未来的雇主所青睐。[32]某些博士生导师在论文指导、及时审阅和论文打分等方面,可谓有口皆碑。不过,你最好一次只询问一名教授。同时向多个教授申请博士位置是不礼貌的行为。这种"博士生导师和博士论文选题的撒网行为",只能证明你的社交能力比较低下。

(三)资助

17 　　(1)如同在大学读书一样,进修或攻读博士学位期间也需要财力的支持。对于读博的这段时间,有多种可以考虑的方案。如果你有了博士研究课题和博士生导师的接收函,你就可以作为博士生在大学注册,从而享受社会福利。如果父母或亲属手头宽裕,那么由他们资助无疑是最方便的选择。申请博士奖学金(Promotionsstipendien)的好处在于,博士生可以不必受兼职之苦,而可以专注于博士论文的写作。目前,博士奖学金每月的金额为1150欧元。[33]此外,还会发放家庭补助(Familienzuschlag)、图书金(Büchergeld),以及如果论文的部分内容需要博士生在国外撰写,还可以申领留学补助。奖学金的发放期限是1~3年。申请奖学金的前提条件是第一次或第二次国家司法考试的成绩应高于平均水平。[34]你需要注意的是,不要错过每年一次或两次的固定申请期限,因为奖学金不会溯及既往地补发。因此,你应当及时准备申请材料。上文提到的为大学期间提供奖学金的各种基金[35],也会为博士生提供奖学金。

18 　　另外,还有一些大学会设有由"德国科学基金会"(DFG)资助的"博士生沙龙"。在博士生沙龙(Graduiertenkolleg)中,通常由10~20名博士生分工负责一系列的研究主题。这种所谓的"博士生学校",通过安排课程、双导师、辅导练习等,为博士生提供贴心的指导,从而提高了读博成功的机会。

19 　　还有一种选择是做教授的学术工作人员(wissenschaftlicher Mitarbeiter an einem Lehrstuhl)。这样做的好处是,你可以"精益求精"地学习如何进行学术研究。通过完成教学任务,可以学会如何克服怯场,如何在演讲中获得自主

---

[32] 显而易见,经济法教授尤其受博士生们垂爱。
[33] Britzelmeier, So kannst du deine Doktorarbeit finanzieren, abrufbar unter https://www.e-fellows.net/Studium/Studiengaenge/Promotion/Wissenswertes – zur – Promotion/Promotionsstipendien – im – Vergleich.
[34] 至少要拿到高一级的"满意"(befriedigend)分或者更好。
[35] 联邦范围的奖学金参见本书第一章边码40及以下。

权,如何与学生和其他助理打交道,以此来锻炼社交能力。最后,在教授团队中,可以很容易地为自己的博士论文找到一个专业的讨论伙伴。

(2)打算在第二次国家考试之后再读博的人,通常会有在读博期间去某个律师事务所执业以此来赚取必要资费的想法。依据我多年的经验,强烈建议各位想读博的同学放弃这种想法。把自己空闲时间的50%花在律师事务所,就意味着读博所需要花费的时间将不得不延长100%,换句话说,要再拖延平均1年半甚至3~4年的时间。由于这类博士生不能"心无旁骛"地做一件事,期间不得不重新捡拾起某个论文主题,四年时间反复钻研的文献就要多于本来一两年内要读的文献,因此,博士论文的写作时间可能就会一拖再拖。这种"兼职博士研究生"最大的问题是,他无法拥有一段悠闲的时间(第一章边码9)来好好思索如何形成自己的想法。半途而废者大有人在,只有少数人凭借钢铁般的意志,历经多年同时完成了两个重任。不过,有些律师事务所会在此期间提供奖学金,这为读博者减轻了不少压力。

第二节 有目的性的博士研究

一、论文报告

(一)论文报告的目标

在选好了论文题目之后,请不要浪费刚开始的几个月时间。前文说过,在准备写家庭作业时,可以先像完成一次闭卷考试那样(第七章边码15)起草论文的草稿。在写博士论文时,也可以先就该题目写一篇类似研讨课论文或学业论文的短文,以此展开博士论文的初步工作。博士生申请读博位置时,很多教授都会要求其写这样一篇10~20页的论文报告(Eexposé)。[36]对于博士奖学金(第九章边码17)的资助者而言,他们需要确信某个博士研究生已经开始着手进行了研究,并且已然对相关问题有了粗略的认识,以及有能力在预期的时间里完成相关题目的论文。如果在读博的开始阶段,即敦促自己完成一篇论文报告,那么你就可以节省许多宝贵的工作时间。我自己也会要求向我申

---

[36] 也参见 Beyerbach, Die juristische Doktorarbeit, 3. Aufl. 2019, Rn. 47。

请读博的人写一篇论文报告,以确定他们已经开始着手博士论文的研究工作。通常而言,半途而废者的比例在30%~60%之间,毫无头绪地消耗工作时间对博士生自己和导师而言都不是什么令人惬意的事情。通过撰写论文报告,有志读博的人也能够借此考验一下,自己是否真的愿意读博,是否能够应付尚未熟练的科研工作,是否中意论文的题目,以及最重要的一点,是否已经有人发表了同一主题的博士论文。论文报告应当包括如下四个部分:问题的概览、提纲、初步的时间规划、临时的文献目录(第九章边码27)。

(二)问题的概览和研究方法

22   论文报告的第一部分是问题的概览(Problemaufriss)(第六章边码47及以下)。一开始就要描述法律问题。为什么问题的解决不简单呢?存在哪些互相冲突、碰撞的利益?如果书写论文报告是为了申请奖学金,那么你就必须通过论文报告来让自己成为申请人当中的佼佼者。为此,你就必须要激发读者的阅读兴趣。正如在研讨课上汇报论文那样,需要让读者明白,你论文主题的重要性在哪里。只不过,现在你所面对的不是一个四周之内写完的研讨课论文,而是一个需要付出1~3年的光阴来钻研的题目。你应当说服自己和读者,为何值得花费如此长的时间,去思索这样的题目并为之寻找解决方案。

23   尽可能用简洁的语言陈述你的主题,也就是说,试着用寥寥数句来表达它,或者尝试一种比较"机智"的方式。比如,你可以试着说服你的岳母或婆婆,你为何要把珍贵的两年岁月花费在这个论文题目上。如果你能让一个外行人,也就是非法律人对你论文的重要性感同身受,那么确实说明这一题目值得作为博士论文去研究。

24   最后,你应该已经考虑清楚你想选择的或肯定会排除哪些研究方法(第九章边码8及以下)。

(三)提纲:淬炼具体的研究问题

25   论文报告的第二部分是论文的初步提纲。博士论文的写作与研讨课论文相似,为此,你也应当参考一下研讨课论文的时间框架(第七章边码4及以下)。万里长征的第一步是,你需要明确哪些法律问题需要探讨,以及如何安排博士论文的结构。在写家庭作业之前,(上文建议你)可以把它当作一次闭卷考试来准备,一样的道理,拟定博士论文的提纲也可以减轻博士生的心理负担。

论文提纲有如下两种功能:首先,论文提纲并非纯粹的"头脑风暴",也就是说,它并不只是将看到论文题目时的各种随想简单地、任意地拼凑在一起。论文提纲必须能够表现出研究的进路,即展现作者清晰的思路与论文的主旨脉络。读者需要借此知道,该博士生将讨论哪些法律问题,以及以何种顺序讨论这些问题。在这一阶段,并不要求你已经能够解决这些法律问题。重点是,你现在必须能够先描述具体的研究问题,从而可以在以后的时间里有针对性地展开进一步的研究。为此,你必须对论文的方法和类型了然于胸(第九章边码 8 及以下)。其次,书写论文报告可以实现对论文主题的限定。换句话说,你应当避免涉足其他相近的各种主题,只有这样,才能在适当的时间和适当的篇幅以内,专注地研究你的论文题目。

(四)初步的时间规划

与家庭作业和研讨课论文相比,时间规划对于博士论文而言更为重要。由于博士论文的主题宏大,因而很容易犯下一种错误,即执着于某些具体的问题而花去很多时间。如果毫无章法地纠结于细节问题,那么完全可能要浪费 1 到 3 年的漫长时间。因此,你必须精打细算,明确自己在什么时间应当完成什么任务。你应当制订一个时间和工作计划,将"博士论文"这一浩繁工程分解为一个个清晰明了的时间及工作阶段。比如,你应当为文献收集预留 4~8 周的时间;同样多的时间还需要用于撰写论文报告,由此,你才能在开始的 3 个月之后了解到"漫漫征途该从何处落脚",从而可以真正地着手论文的写作。读博可以很简单、短促,以至于只持续不到 1 年;较长的则可能需要比 3 年更多的时间。[37] 博士论文 200 页的篇幅相当于要写 10 篇 20 页的研讨课论文。为此,你可以参照第七章边码 13 的"学术论文的时间与任务管理"表,只不过得调整一下其中的时间。你只需要根据计划好的博士论文周期,将该表格的时间轴延长一下。

26

(五)临时的文献目录

现在,你需要向导师证明,你不会试图仅仅参考一本诸如帕朗特(Palandt)之类的小型法律评注来写你的博士论文,你需要证明你会认真地完成文献搜

27

---

[37] 攻读博士的这个时间跨度与准备国家司法考试差不多,参见本书第一章边码 55 及以下。

集和文献挖掘的工作(第四章边码 85 及以下)。如果博士论文的题目是你自己选择的,那么就应当保证论文的主题还没有被研究过。不过,就算论文的题目是博士生导师给定的,你也应该在开始的 6 周内确定相关主题之下究竟已经发表了哪些文献。从自身利益考虑,博士生应当自己承担起核实的责任。不同的教授对一个题目进行多次分配,对于特别是较新的题目来说,这并不少见。一个全德层面的法学博士论文数据库是不存在的。[38]

28　　与家庭作业和研讨课论文不同,博士论文的写作不得不就具体的问题穷尽式地考察已有的文献。要写出论文的初稿,这样细枝末节的工作是无法避免。收集相关的文献意味着不仅要收集国内和国际的法律法规,还要涉及判例和出版物。为此,你可以参考法律检索的各种规则和方法。[39]推崇这种工作方式的理由有如下两点:

(1)只有尽可能全面地涉猎相关文献,才能知晓究竟已经有哪些问题被研究,论文的题目是否还有价值,是否就相关题目已经有了其他的博士论文。毕竟,论文的写作者在他即将研究的这个领域中,将成为比他的博士生导师还要专业的专家。

(2)只有提前完整地收集了各种文献,才能避免在后面的写作阶段中重新发现某个重要的文献,以至于不得不大费周章地对其加以考虑和研究。

二、博士论文的典型结构

29　　通常情况下,一篇博士论文包含描述性的组成部分,以及增进知识的组成部分。[40]博士生必须引导读者进入他的论文主题,准确地描述法律状况,也就是说,要准确而完整地反映(当前的)法律和判例("法")。对于与论文主题相关联的文献,也要如此(即穷尽相关文献——译者注)。无论是对某个判例率先进行了实证上的谨慎研究与整理,还是对新颁布的法律进行了详尽的评论,都属于了不起的贡献。如果论文是首次系统地阐述某个法律问题,那么这篇论文就已经可以算得上"作出了自己的学术贡献"了。

30　　一篇优秀的博士论文,除了描述当前的法律问题以外,总能够通过提供自

---

[38] 关于这个问题参见 von Münch/Mankowski, Promotion, 4. Aufl. 2013, S. 58 f.。
[39] 关于图书检索目录和数据库,参见本书第四章边码 72 及以下。
[40] 关于学术上的要求,参见本书第九章边码 3 及以下。

己的解决方案来促进法学的进步:法律人必须学会论证和说理。任何提出的观点,必须以一定的前提和论据为基础。为此,不能仅仅只是"复述"那些曾经出现在某个争论中的人人皆知的论据。如果能做到将理论上的想法与实践中的解决方案有机结合起来,从而以更为广阔的理论视野对法律争议进行梳理,那么你的论文一定会有更为丰富的内涵。[41] 对于新颁行的法律,你可能就只需要研究相关的判例和法学文献。为此,你就需要自己发现和挖掘(新的法律)可能带来的法律争议,并论证相应的法律解决方案。通常,你应该在引言中提出拟定的研究问题,并解释你所使用的研究方法(第九章边码 8 及以下)。

三、解决法律问题时的法学创新

(一)法教义学和法学方法论作为取得法学研究成果的工具

现在,博士生的挑战是为新问题提出法律解决方案。这需要法学方法论和法教义学。所谓"法教义学",指的是除了纯粹的立法文本之外,还包括司法和法学学术在内所形成的各种规则之间的互动协调。[42] 法律思维是由法学方法论形成的。它显示了为什么所提出的解决方案优于其他方法。法学方法论有助于解释法教义学。它将法律思维引向某个方向,将其与所需的推理深度联系起来,从而排除了某些论证结构。

31

通常情况下,创新在于通过提出问题解决方案,对法教义学体系进行内部重构或新建。[43] 法学方法论和法教义学构建并限制了法律创造力。其目的是对你的研究成果进行合理性和论证审查。[44] 因此,一个博士生必须精心研读法学方法论和法教义学,否则就是严重的麻痹大意。

32

(二)法律续造的界限——解释论与立法论

"创新"固然是好的,但是也要注意法教义学的限制,以及法学方法论的规则,由此得出的法律结论才站得住脚。你必须论证,为什么你的研究结论在解释论(de lege lata)上与现行的国内法、欧洲法和国际法相一致。有的时候,

33

---

[41] Schulze-Fielitz, JöR 50 (2002), 1, 34 f., 60.
[42] 关于法教义学的概念,可参见 Möllers, Juristische Methodenlehre, 3. Aufl. 2020, § 9 Rn. 2 ff.。
[43] Schulze-Fielitz, JöR 50 (2002), 1, 48.
[44] 关于合理性,参见 Gast, Juristische Rhetorik, 5. Aufl. 2015, Rn. 455。

可能会打破法律续造所允许的界限。此时，就必须证明，你的解决方案只有在立法论上（de lege ferenda）通过修法才能实现，也就是说，需要立法者的回应。[45]

（三）避免法律论证的瑕疵

34　　如果你将你的相关研究问题嵌入法教义学中，并使用相关的论证方法，那么你可以避免一些方法论上的错误。[46] 例如，应拒绝不作论证的做法。法律人必须在适用法律的基础上广泛地论证他的结论。虚假的理由也是不可接受的。这包括没有得到证实的前提，也包括薄弱的形式论证，如主观臆断的唯一性措辞。[47] 不允许你挑选你喜欢的论点，因为这将是一种不可接受的方法多元化。[48]

第三节　其他工作阶段

一、阅读

35　　你可以使用在写家庭作业和研讨课论文时已经掌握的阅读技巧。比如，仔细挑选文献资料，从而决定需要精读的重要文献（第四章边码102及以下），以及合理地快速浏览那些只赞同早先他人提出的观点但没有进一步论证的文献。

二、逐渐动笔撰写博士论文

（一）致力于解决部分法律问题

36　　你可以使用上文介绍的写作技巧。在写作时可以借助标记和草稿进行工

---

[45] Möllers, Juristische Methodenlehre, 3. Aufl. 2020, § 13. 关于方法意识的重要性，也参见 Schulze-Fielitz, JöR 50 (2002), 1, 39。

[46] 以下内容参见 Möllers, Juristische Methodenlehre, 3. Aufl. 2020, § 14 Rn. 130 ff.。

[47] 关于所谓有争议的唯一性规则，参见 s. Möllers, Juristische Methodenlehre, 3. Aufl. 2020, § 4 Rn. 64 ff., § 6 Rn. 2 ff.。

[48] Möllers, Juristische Methodenlehre, 3. Aufl. 2020, § 14 Rn. 64 ff. 明确表明不同观点的例如 schweiz. Bundesgericht: BGer, Urt. v. 7.9.2012, BGE 138 II 440, 453。

作(第四章边码 102 及以下、第六章边码 42 及以下)。在写完论文报告后,你应当继续马不停蹄地撰写博士论文,并将博士论文依据主题分解为一个个的小章节。请先解决部分法律问题。如此一来,你才可以将浩瀚的知识材料串联起来。此时你就可以采取这样一种工作方法,即将博士论文转换为撰写一篇篇的研讨课论文。就等于说,你需要在每个规划好的时间段内(不宜超过 4~6 周)写一篇研讨课论文。博士论文等同于 10 篇研讨课论文,写 10 篇 20 页的论文,比起写一篇 200 页的论文,在安排论文的结构上就方便很多。这样做的好处还在于,你可以使每个章节的篇幅看起来都比较匀称。每一章的篇幅应在 20~40 页。你可以避免让某些章节的篇幅过于臃肿,以至于打破整体的平衡。不过,这一规则仅仅是一个简单化的粗略模式:显然,论文的各个部分应当是互相关联的,而非各行其道。我自己的学术导师曾给我这样一个建议:每天在纸上写一页的论文。如果这样做,相信你也能比较容易地实现论文的时间规划。

(二)写作障碍

有不少博士生会因为两个典型的错误而耽误很多时间。首先,在动笔之前,很多博士生会动辄花费好几个月的时间。通常谈到的是写作思路的"堵塞"。[49] 在写博士论文的时间里,你应当充满快乐和兴趣,万不可产生心理问题。我的学术指导老师曾经建议我每天在纸上写一页。这样可以使你轻松地按计划进行,因为你将在 200 天后完成。当然,这只是事实的一半,因为不是每一页都会被放入最终的文稿中。但它总是在心理上有帮助的。因此,要迅速选择一个主题,然后准备一篇写论文报告(Exposé,第九章边码 21 及以下)。不要在引言上浪费太多时间,因为它不应该占到论文的 50%(第九章边码 26)。其次,不要犯一个常见的错误,即在开始时试图起草一份详细的大纲。大纲指引的是研究的过程,研究的过程指引相关的法律问题。因此,很明显,在你的博士学习过程中,大纲将会发生变化。因此,即使是引言,也往往只有在论文的最后才能写得真正好。相反,集中精力研究你想论证或反驳的具体研究论题。为此,请使用法教义学和法律方法论的相关方法(第九章边码 31)。

---

[49] 参见 *Beyerbach*, Die juristische Doktorarbeit, 3. Aufl. 2019, Rn. 283 ff.。

三、学术讨论、寻找讨论伙伴

38 　　一个博士生，也是一个单枪匹马的作战者。不过，学术研究离不开讨论（Diskurs）。在写博士论文时，你并非只是想重复已经为世人所知的观点，而是试图发现学术的"新大陆"。你不得不独立研究相关的问题并提出解决方案，这显然不是容易的事。有不少博士生，受请求权结构（Anspruchsaufbau）的影响，总是过于执着于一些本不相关的法律条款。这本是一个"老掉牙"的问题，不过有些博士生恰好缺乏对相关案例的研究，而使得这一问题更加"不可原谅"。因此，正如我在指导研讨课论文或学业论文时常建议的那样，请寻找一个讨论伙伴——你的男朋友或女朋友，较私密的工作小组、博士生沙龙成员、教席的工作人员，等等。通过讨论的碰撞，你才能更好地收获真知灼见（第一章边码71）。当然，这一点的前提是，你应当已经掌握了相关的论辩方法与技巧（第三章边码13及以下）。

四、修改

（一）博士论文修改的意义

39 　　(1)即使博士论文不同于研讨课论文和学业论文，不需要遵照严格的页数限制，你也必须注意应用**论文修改的规则**。你应该尽量缩减论文内容，并参考前文对研讨课论文和学业论文的要求。根据我的经验来说，这样写的论文质量通常会高一些。请时刻注意论文的主旨脉络！删掉与主题无关的题外话，并反复修正论文的草稿（第七章边码56及以下）。你不仅需要注意遵守引证的规则（第五章），还要确保使用恰当准确的德语（第六章）。请使用Microsoft Word软件（第四章边码110及以下；附录四边码32及以下）。最好找第三人来通读一下你的论文，以保证论文的拼写和语法的无可指摘。

40 　　(2)有些博士论文会给人一种感觉，即博士生作者可能混淆了"量"与"质"的区别。一篇200页的博士论文，如果其中没有多少自己的独立想法，那么最后通常很难得到"最优"（summa cum laude）或"优等"（magna cum laude）的评价。由于作者本人还需要逐渐熟悉其论文的主题，往往会在导论部分使用较多的篇幅。[50] 许多论文有一个通病,即作者的写作给人一种"慢热"的感觉。博士生导师熟悉这些材料,你不应该让他感到厌烦。很多时候,博士生认为必须写一本手册,其中必须讨论所有领域中的每一个问题。这往往只是对部分有益,而且还存在一种危险,那就是在这种类似于手册的表述中,顺序性的思路,即论文主线丢失了。相反,要集中精力解决引人入胜的争论点,并试图通过论证的方式使其得到完整的法律解决。论文重质,而不是重量;重深度,而不是重广度。[51]

关于主题历史背景的导论部分不宜超过 10%~15% 的篇幅;在比较法的论文中,国别报告不应超过 50%。简单来说,一篇 200 页的博士论文,其导论最多 30 页,绝不应当超过 60 页。

(二)并非所有都要万古流芳

你需要知道的是,并非每个句子都得万古流芳,也不必要求每句话都能掷地有声。法学的使命仅仅是为当前的问题提供法律上的对策。花费 4~6 年的时间写成的博士论文不见得就更好,写作时遇到的阻力反而会更大(第九章边码 13)。在写博士论文的时间里,你应当充满快乐和兴趣,万不可产生心理问题。论文总有修改得已经差不多的时候(第九章边码 39 及以下)。此时,完全可以就此停笔,把它作为终稿交给你的博士生导师。

第四节 论文形式和口头结辩

一、外在形式、索引和论文合格所需要达到的其他条件

关于学术论文的格式要求,上文已作阐述(第七章边码 45 及以下)。博士论文的扉页格式可以参照下页的附图。攻读博士学位具体还有哪些强制的资格要求(Zulassungsvoraussetzungen),通常规定于学校和学院的各种相关规章

---

[50] 有的作者会对他论文的主题作一个很长的历史背景的导论性介绍,这样一种"脑力劳动的投机取巧",为人们所诟病,参见 Mann, Einführung in die juristische Arbeitstechnik, 5. Aufl. 2015, Rn.379。

[51] 正如普利尼(Plinius)所言:"多不等于出彩"(也译作"大非大"),参见书信集(Caecilius Sendus Epistulae)第 7 卷,9,15。

制度当中。为了避免犯下格式上的错误从而耽搁读博的进程,你应当尽早熟悉一下相关的规则。一般而言,读博规则(Promotionsordnung)通常都要求博士论文必须用德语书写,尽管例外的情况有所增多。

二、代替宣誓的声明

44 恰当的引证,即要求作者指明相关文献的出处。剽窃是不被允许的行为(第六章边码1及以下)。因此,博士生及教授资格申请人在提交论文时,必须保证博士论文或教授资格论文是独立完成的。[52] 博士生条例中已经规定了类似的声明(第七章边码81)。[53] 另外,最近许多考试条例页规定了代替宣誓的书面声明。如此则意味着不诚实的宣誓将面临3年以下自由刑或罚金的处罚(《德国刑法典》第156条,第五章边码16)。

论德国与欧盟判例中的消费者概念

谈判平等与合同平等作为《反不正当竞争法》第3条的规制内涵
博士论文[54]

授予奥格斯堡大学法学院博士学位

提交人
Stefan Niemöller 律师

来自慕尼黑

图9-1

---

[52] 楚·古滕贝格(德国前国防部长,因博士论文抄袭事件下台——译者注)事件的调查委员会曾力主引入一个宣誓承诺机制,这一机制迄今为止仅被少数大学采纳。参见 Kommission " Selbstkontrolle in der Wissenschaft " der Universität Bayreuth (§ 5 Fn.12.), S.37。

[53] 例如参见奥格斯堡大学读博规则(APromO Augsburg)第7条第2款第10项。

[54] 一些大学则要求使用"Inaugural-Dissertation"的称谓。

三、口试或答辩

攻读博士学位的口头结辩(mündliche Prüfung)包括口试(Rigorosum)和答辩(Disputation)[55]两种形式。在一些大学里,口试好比是"第三次国家考试",论文主题通常不会是口试的考察内容。[56]不过,一般而言,并不会考察所有民法、刑法或公法的内容,而是会提前规划好考试的范围。毕竟,有的博士生已经投身实务,对于第一次国家司法考试早已测试过的所有法律领域,不再可能还都掌握着最新的知识。因此,这种类型的口试对他们来说更为适合。不过,既然考试范围已然限缩,那么博士生就应当在相关领域做一些相对深入的研究。

口试无非就是要进行一次深度的"学术型的"测试对话。关于口试,读博规则会作出如下规定:

> 在口试中,申请人需证明,自己已经通过了基本的学术训练,并掌握了独立作出学术判断的能力。[57]

因此,博士生不能只是在口试中背诵已经记住的知识,而是应当对法学论断提出质疑并表达独立的批判性观点。比起国家考试的口试,攻读博士学位的口试更需要考试者表现出提出独立观点的勇气。

有些法学院则明文规定口头结辩采取答辩的形式,也就是说,博士生应当为自己书面论文中的观点进行辩护。此时,也应当注意遵守学术讲演的两个最重要的规则,即主次分明、简洁干练(第八章)。

第五节　博士学位论文的出版

一、出版的义务

博士论文必须付梓出版。如此一来,感兴趣的学者以后才能对其进行引

---

[55]　拉丁文:disputatio,原意"讨论"。过去人们总是通过"disputatio"来辩护自己被反方质疑的观点。

[56]　奥格斯堡大学则同时规定了两种形式。

[57]　例如,奥格斯堡大学读博规则(APromO Augsburg)第 23 条第 1 款、慕尼黑大学读博规则的第 16 条第 1 款第 2 句。

证和讨论。因此,博士生必须在一定的期限内出版其大作。[58]只有这样,他才能获得博士头衔。只在例外情况下,他才会被允许提前使用博士之名。如果博士论文最终未能出版,那么他虽然已经取得了博士学位,但不能以博士的头衔行事。

博士生应当向所在的法学院提交特定数量的论文样本(Pflichtexemplaren),学院会再将这些样本以文献交流的方式分发给德国的其他所有法学院。[59]为此,博士生有两种途径可以选择,一种是在打印店将论文打印好几份;另一种是在某个出版社出版论文,两种选择各有利弊。

二、出版的途径

(一)在新型出版商出版或出版电子书

48 在法学博士论文的出版途径中,一些新型的出版商涌入了市场。这些出版商以低廉的出版费用和并不严苛的要求而闻名——即使博士论文的评分并不高,也可以在这类出版商那里出版。因此,比起那些在传统出版商付梓的博士论文,这类出版商出版的博士论文在质量上难免良莠不齐。[60]

49 在打印店复印论文无疑是最快捷的途径。复印的费用因论文篇幅的不同可在500~1500欧元之间。不过,这种方式有一个重要的缺点:由于博士论文不是在任何一家出版社出版的,因此,嗣后就无法在任何一家书店被人买到。单就外观而言,打印店打印的博士论文总会给人一种"不够完美"的感觉。此外,这样发表的博士论文也很难被学术界所注意到。这就是为什么现在流行一种不同的方法:不是以印刷品的形式,而是以电子书的形式出版学位论文。这在自然科学中已经很普遍了,现在也有一批法学院认可这种形式。[61]

---

[58] 比如,奥格斯堡大学读博规则第30条第1款第1句规定:申请人必须在通过口头结辩后的两年内以被许可的形式发表。院长可以出于重要的原因延长该期限。

[59] 奥格斯堡大学即要求提交40个样本,参见其读博规则第30条第2款第1句。

[60] 这类出版商有:Ars una Verlagsgesellschaft mbH für Literatur und Wissenschaft, Centaurus Verlags-GmbH & Co. KG, Josef Eul Verlag GmbH, Florentz Verlag, Herbert Utz Verlag GmbH, Logos Verlag Berlin, LIT Verlag, Shaker Verlag, Roderer Verlag, TENEA Medienverlag, VDM Verlag Dr. Müller GmbH & Co. KG, Verlag Dr. Kovac, Verlag Peter Lang AG, Vittorio Klostermann,等等。

[61] 例如哥廷根和奥格斯堡法学院,参见例如奥格斯堡大学读博规则第17条第2款。另请访问:https://www.dnb.de/DE/Professionell/Services/Dissonline/dissonline_node.html 和 www.proquest.co.uk.。

(二)在传统的法学出版社出版

然而,我仍然赞成另一种策略:在传统的、法律类出版社出版。让我们直接说缺点:它更昂贵、更耗时。此外,出版时间比电子书出版要长得多,有可能会需要 6~10 个月的时间。[62] 在此期间,博士论文还得做到及时更新。

在传统的出版社出版论文,无疑是一种雄心壮志的道路。

为什么优势大于劣势?通常情况下,出版社只接受评分等级为"最优"(summa cum laude)和"优等"(magna cum laude)"的论文。此外,出现在丛书出版物中的论文也必须由丛书出版物的主编接受。这是在第一次和第二次鉴定(Gutachten)之外的进一步质量控制。最后,如果你的论文由学术出版社出版,那么你的作品被学界关注的机会就会大大增加。在传统出版社出版仍然是质量优异的体现。而你在学术事业上当然需要这种助推。而且,即使对于大多数从事法律实践工作的博士生来说,在简历中或在工作面试中,传统出版形式给人的印象仍然比电子书或复印件更深刻。

在与出版商联系之前,你应该先询问你博士生导师的意见。一般而言,(传统出版商出版的)博士生论文通常会采用所谓的"丛书"(Schriftenreihen)形式。丛书的编排有时是根据所在的大学[63],有时则是基于论文的主题领域。[64] 德国的这类出版商包括 C. H. Beck, Vahlen, Nomos, R.v. Decker's Verlag Duncker & Humblot, Walter de Gruyter, Carl Heymanns-Verlag, Mohr Siebeck, C. F. Müller, Verlag Recht und Praxis, Dr. Otto Schmidt Verlag 以及 Springer,等等。瑞士的传统出版商则有 Stämpfli Verlag, Schulthess Juristische Medien 以及 Helbing & Lichtenhahn Verlag 之类。奥地利则有 die MANZ'sche Verlags-und Universitätsbuchhandlung 和 der WUV-Universitätsverlag Facultas 等出版社。[65]

很多时候,出版商或者丛书主编不仅要求你提供博士论文的手稿,同时还

---

[62] 如果你的博士生导师在口试或答辩前已经出具了第一次和第二次的论文鉴定(Gutachten),那么在口头结辩之前,你就已经可以和出版商谈论出版事宜了。

[63] 例如"慕尼黑大学丛书"(Münchener Universitätsschriften)、"法学院丛书"(Reihe der Juristischen Fakultät)。

[64] 例如"德国和国际银行业研究所金融行业研究丛书"、奥格斯堡全球经济法和规范研究中心(ACELR)主编的"国际经济法和经济规制研究丛书"等。

[65] 美国法领域的传统出版商有 Aspen Publishers, Cambridge University Press, Edward Elgar Publishing, Foundation Press, Hart Publishing, Kluwer Law International, Little, Brown and Company, Oceana Publications, Oxford University Press, Sweet & Maxwell, West Group,等等。

要求出具第一次和第二次的鉴定书(Gutachten)。基于此，出版商自己及(或者)丛书的主编就可以评判，博士论文的主题是否符合出版计划及丛书的要求，是否在质量上能达到相应的标准。出版商可能会向你提供一份出版合同，里面载明出版的费用、免费样本的数量、广告宣传，等等。这类论文会有ISBN书号，通常至少在出版后的5年内可以从任何书店购得。如果博士生以这种方法出版论文，则全德国的高校必须自掏腰包购买。博士生通常只需要向所在学院提交较少的样本，而非动辄就要150本或200本的数量。[66]此外，博士生也可以凭借出版合同，享有暂时使用博士头衔的权利。[67]

(三)出版费用

54　　出版商会要求博士生提供出版费用的资助，因出版商和论文页数不同，价格会在1000~6000欧元不等。此时，你就需要对比一下各个出版商的不同条件了。由于每一页的费用在9~12欧元，因此，在提交作品之前，上文提到的论文精简工作(第七章边码56及以下)也就能为你省一些钱。和出版费用无关的是，作者在出版社出版论文后，可以从著作权集体管理组织(Verwertungsgesellschaft VG Wort)获得大约三百欧元的一次性稿费。前提是，你需要向该集体管理组织登记该出版物。最后，你可以将这些费用作为收入有关的支出来报税。此外，亲友们可能也会在经济上给予帮助，或者换一种说法：如果你费尽心机(关于尼采，参见本书第九章边码67)，最后却没有人注意到，那就太可惜了。

55　　出版商在出版博士论文时，会要求博士生自行承担部分出版费用(Druckkostenzuschuss)。对于这笔费用，如果你不想自掏腰包，可以试试申请第三方的资金支持。有时候，博士生所在的法学院会资助出版费用，前提是博士论文本身收录于自家的丛书当中。[68]在联邦层面，德国文字著作权集体管理组织(VG Wort)和德国科学基金会(DFG)一般会为教授资格论文提供出版费用的资助，例外情况下也会资助博士论文。作者自己不必承担费用的同时也有一个弊端，即需要等待6~12个月才能走完程序，而且成功的几率也就一半左

---

[66] 这一情况下，比如奥格斯堡大学就规定，只需要提交6本论文(奥格斯堡大学读博规则第30条第2款第2句)。

[67] 提前打听一下，在哪些出版商处出版，你所在的学院可以赋予你临时使用头衔的权利。

[68] 例如，奥格斯堡大学、哈勒大学、慕尼黑大学、图宾根大学的法学院。

右。如果把这段时间算进出版的周期,那么等你的大作出现在市面上,总共估计要花费 1~3 年的时间。

(四)出版之前的其他工作阶段

(1)数周之内完成论文的鉴定,已经是比较例外的情况了。在提交论文到口试之前,两个鉴定人的审阅工作、为博士论文作批注及打分、确定下学期的口试时间等,都需要花费数月的时间。如果你还要申请出版费用的补助,以及想在有声望的出版社出版论文,那么从交论文到论文落实付梓也会动辄花费 6~12 个月的时间。在博士论文出版前的这段时间里,论文的文本还得适时更新。但是,不允许重新写。

56

(2)在递交法学院的论文样本上,论文扉页的反面应当写明报告人的姓名和口头结辩的日期。论文的结尾还应附上申请人的简历。简历可以采用表格的形式,应当注明申请人的从业经历、就学地点和通过的考试,等等。

57

有的时候,在论文的正文前可以写一句格言(Motto)或者谚语,这可以更好地说明论文主题的意义,也容易唤起读者的好奇心。这通常是对经典逐字逐句的引用。

58

无论是家庭作业,还是研讨课论文,都不需要写前言(Vorwort)。通常,只有在已出版的博士论文上才能看到前言。如果前言说明了论文主题的意义,那么它通常也就替代了导论的功能。更多时候,论文的前言被用来感谢在读博期间为作者提供帮助的人。[69] 与前言类似,献词(Widmung)也用来向特定的人表达感谢。

59

论文的一个重要部分是目录,有时还会包括缩略语索引及其他附录(第七章边码 73 及以下)。内容索引(Sachregister)有时也被称作关键词或主题词索引,在教授们看来通常是不必制作的。一般来说,只有在论文出版之时才需要制作关键词索引。至少结合关键词索引和目录,那些想匆匆浏览论文的人,就可以管窥论文的全貌。因此,关键词索引也不宜太简略,至少应该在两页的篇幅以上。

60

为了自行制作关键词索引,你可以在刚开始写论文的初始阶段就在正文

---

[69] 对此的质疑参见 *Schroeder*, JZ 2000, 353;相关的回应则参见 *Sendler*, JZ 2000, 614 以及 *Küper*, JZ 2000, 614。如果在感谢博士生导师的同时,还感谢自己的宠物马,那就有些不伦不类了。

中标注出重要的主题词。不过,在这之后你也有必要创造一些新颖的、独创的、有意义的概念,以展示自己论文的精髓。为此,你得设计一些上位概念和下位概念。至于如何安排关键词索引的结构,可以参考本书的索引,以获得一个初步的认识。

61 (3)如果你要在打印店打印论文,则需要提前做好论文的版式设计。你可以使用相关软件提供的版式设计模板。出版商一般会要求作者承担版式设计的部分工作,这样可以少付一些出版费用。[70]

62 在即将付梓之前,出版商还会向作者提供博士论文的校稿清样(Druckkfahnen)。作者应当对清样进行审核,必要时还需要作出修改,毕竟在论文打字输入的过程中总是难免会出现一些失误。不过,如果你当初交给出版商的论文本来就是电子格式,那么在出版时因打字而产生的错误就会少许多。在修改清样时,请根据《杜登词典》使用通行的勘误记号(第七章边码66)。另外,出版商现在通常会提供给你一个PDF版本的文件,你可以直接在这上面添加修改标记。[71]

三、结束读博的历程

(一)博士毕业典礼

63 在大多数情况下,毕业典礼之后会由博士生组织私人酒会,常常为其感到自豪的父母也会出席。越来越多的大学也开始推行一种惯例,即在每年举办的博士生庆典上为各位博士生表示祝贺,并为其中的部分博士生授予奖励。一些新鲜出炉的博士们加入这样的庆典,气氛自然也是其乐融融。

(二)奖励、奖金与书评

64 在大学层面,最好的论文会获得某些奖项。在联邦范围内,每年奖励博士论文的各种奖金的数量也是出人意料得壮观。除此之外,博士生也可以自己申请角逐一些奖金。当然,只有评分为"最优"或"优等"的博士论文才有这种可能性。

65 除了各种奖项外,如果有人就博士论文撰写了一篇或若干篇表示褒赞的

---

[70] 此时出版商会向你提供版式设计的模板。
[71] 例如,使用评论功能,划掉错误的地方,用注释功能添加新的正确文字。

书评(Buchbesprechungen,参见本书第四章边码94),那么对作者而言当然也是莫大的荣耀。通常而言,出版商会询问作者,应当将博士论文推荐给何种法学期刊,然后就可以由相关期刊的编辑审核论文的质量,以决定是否值得为该论文撰写书评。因此,作者会被要求提供几个相关专业期刊的名字,这些期刊应当对论文的主题抱有兴趣。不过,一篇博士论文最终是否会被评论,很多时候纯粹取决于偶然因素。

(三)使用博士头衔的权利

在向所在的法学院提交论文的必交样本之后,博士生就有权使用博士的头衔了。[72] 至此,读博的经历就算是正式结束了。出于感谢,博士生会送给他的导师一本出版的博士论文样本,这也是一种美好的风俗。

尼采,抑或是夏威夷铁人三项。

代结语:在上大学或者读博期间,难免有一瞬间会让我们感到心灰意冷。这个时候,你可不要怀疑自己! 这种缺乏动力的问题也同样是可以克服的——很多时候,持续(而艰苦)的工作,总会让我们开始品尝到成功的喜悦。[73]

或许,你可审视一下你的"内在态度"[74]:我为什么要上大学或者说为什么要读博? 是不是为了那些我追求的外在价值,例如,他人的赞许、野心或者说对高薪酬的憧憬? 又或者,更多的是出于好奇心,以及求知若渴的向往? 如此(问过自己)之后,你便又可以重装上阵了(第一章边码1及以下)。

在这个过程中,你万不可"自缚手脚"。你写下的东西固然应当是经过反复斟酌、深思熟虑的,但不必苛求这些文字会万古流传。你的"大作"或者说学术论文,到达某种程度的时候,就算得上是圆满完成了。用法律人的语言来说就是:后果无关紧要,重要的是行为本身。读书或者说读博是一个漫长的旅

---

[72] 因为只有这个时候才会出具获得博士学位的证明,可参见奥格斯堡大学读博规则第31条第1、4款。不过,由于出版社出版论文往往需要较长的周期,因此,很多法学院允许博士生在签订出版合同之后就可以暂时使用博士的头衔。

[73] 诸如缺乏动力的问题,也见于 von Münch/Mankowski, Promotion, 4. Aufl. 2013, S. 110 ff.;解决此类问题的方法则可参见 Klaner, Richtiges Lernen für Jurastudenten und Rechtsreferendare, 5. Aufl. 2014, S.41 ff.; Messing/Huber, Die Doktorarbeit, 4. Aufl. 2007, S.105 ff.; Knigge-Illner, Der Weg zum Doktortitel, 3. Aufl. 2015, S.138 ff.; Schräder-Naef, Rationeller Lernen lernen, 21. Aufl. 2003, S.71 ff。

[74] 关于此,可参见经典论著 A. Schopenhauer, Aphorismen zur Lebensweisheit, geb. Ausgabe 2019;较为现代的表达,则参见 Erich Fromm, Haben oder Sein, geb. Ausgabe 1996。

途,个中滋味,恰如参加夏威夷岛的"铁人三项"一般。最后,不妨以尼采的一段话作为我们的结尾:

> 吾辈当中,时有为严谨之科学事业而孜孜以求者,其意义绝非在于成果本身:概因在浩瀚的知识海洋中,即便偶有所得,亦不过是沧海一粟。其所追求的,唯在于毅力、禀赋、韧性之增益;其所收获的,实为达成目标之方法。此等为实现"学者"之名而付出的努力,均堪为世人所颂扬。

——弗里德里希·尼采[75]

---

[75] *Friedrich Nietzsche*, Menschliches, Allzumenschliches, 1. Teil, geb. Ausgabe 2006(Erstausgabe 1878)。

第十章　提问和答案

第一节　成功的学习（对应本书第一章）

提问：骑士案（Reiterfall）。着急的骑士鲁迪试图骑着马跳过三米宽的湍急的河流，不幸落入洪水中。萨宾娜不会游泳，与鲁迪一样是法科新生。她穿着新的夹克与她的狗散步路过此地。萨宾娜是否应当跳入湍急的河流中营救鲁迪呢？（第一章边码82）

答案：在负有保证人义务（Garantenpflicht）的情况下，比如，当她与鲁迪是亲密的生活伴侣并共同生活时，美丽的萨宾娜应当跳入河中。[1]本案中，她与鲁迪只是同年级同学，并未符合上述要求，不能期待不会游泳的萨宾娜跳进湍急的河流中，所以不构成《德国刑法案》第323c条的见死不救罪（unterlassener Hilfeleistung）。[2]

提问：怎样才能有意义地准备考试？请你根据学习内容有效地分配时间。（第一章边码55）

答案：应当根据第一次国家司法考试不同学科的比重来分配准备时间。由此，必须区别第一次国家司法考试与法学院的考试。

在理想的情况下，可以在第一次国家司法考试的闭卷考试之前，就完成主要的法学院闭卷考试部分。目前第一次国家司法考试科目仍是以法学教育和考试规定（JAPO）为准。[3]在教育改革之后，选修课已经不是第一次国家司

---

[1] Satzger/Schluckebier/Widmaier/Kudlich, StGB, 4.Aufl.2018, § 13 Rn.26 f.
[2] Fischer, StGB, 67.Aufl.2020, § 323c Rn.17.
[3] 在拜仁州第一次国家司法考试中，笔试部分民法：公法：刑法的比重为3：2：1。

法考试的内容。考试科目仅限定为三个核心科目:民法、公法和刑法。尽管在前三年人们就学习到了这些学科的足够的基本知识,仍应当花 11 个月的时间去充分准备。还需要附带一个月休假时间,因此应当是 12 个月。

以拜仁州地方司法考试规定的教材为蓝本,建议如下安排复习计划。这份计划的前提是你认为最好是每个月同时进行这三个领域的复习。

表 10-1

月份	领域 1	领域 2	领域 3
1	民法总论	刑法总论	国家组织法
2	民法总论	刑法总论	宪法
3	债法总论	物权法	宪法
4	债法总论	物权法	行政法总论
5	债法总论/物权法	商法-/公司法	行政法总论
6	债法分论	商法-/公司法	警察法/安全法
7	债法分论	刑事诉讼法	地方法
8	债法分论	民事诉讼法	建筑法
9	民事诉讼法	刑法分论	行政管理法
10	–	自由安排	–
11	家庭法	刑法分论	欧盟法
12	继承法	刑法分论	劳动法

当然这只是一个建议,每门学科的复习时间还与自己对每个学科的熟悉程度相关,例如发现哪里还有漏洞。一旦参加了一门复习课(Repetitorium)或者考试辅导课(Examinatorium),非常有意义的是,你自己制定与这些课程相适应的复习计划。

第二节 案例分析和闭卷考试(对应本书第二章)

3 提问:基普的双重效应(Kipp'sche Doppelwirkung)。17 岁的 V 对古董没有任何概念,他从刚去世的奶奶那里继承了一个文艺复兴时期的柜子,价值 5

万欧元。V 以 4000 欧元的价格将这个柜子出售给 K，因为 K 恶意隐瞒了柜子的年代和价值。K 继续把柜子转卖给 D。D 明知这是个恶意欺骗，但是不知道 V 是未成年。请编写一个案情框架图。（第二章边码 5）

图 10-1

答案：基普的双重效应的纲要。

根据《德国民法典》第 985 条，V 针对 D 的返还请求权（Herausgabeanspruch）基于：

1. D 的实际占有（+）

2. K 的所有权

（1）原始的所有权（ursprünglich）（+）。

（2）通过 V 向 K、K 向 D 的给付行为丧失了所有权，此处：转让 K-D 依《德国民法典》第 929 条。

①合意（Einigung）

②交付（Übergabe）

③交付当时的合意（Einigsein im Zeitpunkt der Übergabe）

④得利（Berechtigung）

通过 V 向 K 的转让·V 丧失所有权（-），因为与未成年人进行的法律行为无效，《德国民法典》第 107 条及以下。

⑤通过不当得利的取得（Erwerb vom Nichtberechtigten）

然而，根据《德国民法典》第 929 条、第 932 条关于善意取得的条文，D 因是善意第三人而取得所有权。

A.根据《德国民法典》第 932 条，D 是善意第三人，因为他不知道 V 是未成年人，以及不知道该购买合同的无效性。

B.《德国民法典》第 142 条第 2 款明确了，如果第三人明知或者应当知道某处分行为的可撤销性（die Anfechtbarkeit des Verfügungsgeschäftes）而继续该行为，那么则认定为，它应当明知或者已经知道了该法律行为的无效性。《德国民法典》第 142 条第 2 款扩大了《德国民法典》第 932 条第 2 款中关于恶意信赖（Bösgläubigkeit）的范围。恶意债权人（Bösgläubig）不仅包括那些明知是符合《德国民法案》第 932 条第 2 款意义上的非财产所有人的地位（Nichteigentümerstellung）的人，而且也包括那些已经明知或者应当知道法律行为的可撤销性（die Anfechtbarkeit des Rechtsgeschäftes）的人。

在本案中，D 是《德国民法典》第 142 条第 2 款意义上的恶意第三人，因为他明知 V 的恶意（Arglist），由此也明知该法律行为的可撤销性。

C.《德国民法典》第 142 条第 2 款只有当 V 可以针对 K 行使撤销权时方可适用。

实际上，这种对撤销权的思考在逻辑上是多余的，因为 V 向 K 的物权的转让由于 V 是未成年人的缘故已经是无效的了。这里未成年人具有保护价值（schützenswert），因此必须要采取措施来保护其对无效法律行为的撤销权。[4]

第三节　法律论证（对应本书第三章）

4　　**问题**：父母欲询问关于外国学习的优点和缺点（第三章边码 4）。哪一种说法更有说服力，为什么？例如起草如下的图 10-2（第十章边码 4）。

---

〔4〕关于基普双重效应的理论，参见 FS von Martitz, 1911, S.211 ff.; *Fikentscher*, Methoden des Rechts, Bd.IV, 1977, S.363; Palandt/*Ellenberger*, BGB, 80.Aufl.2021, vor § 104 Rn.35。

图 10-2

提问:玩具火车案(Spieleisenbahnfall):父母是否可以送给其5岁的儿子一辆玩具火车作为圣诞礼物?请您运用归谬法(argumentum ad absurdum)来限定《德国民法典》第181条的应用领域。(第三章边码8、21)

答案:如果父母因为送5岁的儿子圣诞礼物需要拥有一个监护许可(Vormund)或者需得到监护法院(Vormundschaftsgericht)的许可,这将是非常荒诞的事:在每一棵圣诞树的背后都必须站立着一个监护权以防止在圣诞之日订立了无效的赠与合同。对此德国联邦最高法院表述如下:

《德国民法典》第107条持有同样的观点,在纯获得法律利益的情况下,未成年人的意思表示不具有需保护性(schutzbedürftig)。相反,这里应当对《德国民法典》第181条进行语义解释:当父母赠送不具备行为能力的子女礼物时,不在其有效代理之内。如果一开始就不运用这个条文,就能自然避免得出这个因荒谬的而被否定的结论(lebensfremd abgelehnte Ergebnis)——其论证理由偏离核心(den Kern nicht treffende Begründungen)。因为根据普遍的自然准则,令人担忧的利益冲突在法律上的纯获利(rechtlichen Vorteils)交易中并不存在;规范希望保护被代理人(der Vertretene)结果却令其处于劣势。[5]

6　　**提问**:酒馆案(Wirtsfall)。当门后是非常陡的楼梯时,酒馆所有人是否应当在通往厕所的地窖的门边放置安全牌提示?如果客人从楼梯上掉落,是否可以请求损害赔偿?

　　答案:酒保在给客人倒酒的时候,就制造了一个危险源(Gefahrenquelle)。从倒酒行为中,酒保也直接获得了经济上的好处。他应当可以预计到,客人喝酒之后注意力会降低。客人相反可以期待其所处的公共空间里不会遇到特别的危险。店主锁上地窖门就可以让客人轻松避免危险。店主应当负责并赔偿损失。[6]

7　　**提问**:深化案例——损害物品(Vertiefungsfall-Sachbeschädigung)。当拆除一个洗手盆、放出自行车轮胎空气、污染邮箱、拆下旗杆上的旗子以及分拆闹钟时,是否构成《德国刑法典》第303条损害物品罪?(第三章边码32)

　　答案:如果令具备特定用途的物品的原有用途受到影响,就属于财产损害。对物质的干涉不是必需的。所保护的是受到尊重的使用利益(respektierende Gebrauchsinteresse)。上述情况下,构成财产损失。[7]

8　　**提问**:介绍伴侣的合同(Partnervermittlungsvertrag)。在《德国民法典》第656条的范围内考虑介绍伴侣的合同?(第三章边码34)

　　答案:德国联邦最高法院赞同了该类推,因为《德国民法典》第656条的目的是,私生活不应当到法庭上来审判。"谨慎需求的保护价值"(schützenswerte Diskretionsbedürfnis)作为规范的目的既适用于婚姻合同,也适用于伴侣合同。[8]

---

[5] BGH, Urt.v.27.9.1972, IV ZR 225/69, BGHZ 59, 236, 240.
[6] BGH, Urt.v.9.2.1988, VI ZR 48/87, NJW 1988, 1588 f.
[7] Satzger/Schluckebier/Widmaier/Saliger, StGB, 4.Aufl.2018, § 303 Rn.9 f.
[8] BGH, Urt.v.11.7.1990 (Az.IV ZR 160/89), BGHZ 112, 122, 126-Anwendung des § 656 BGB auf Partnerschaftsvermittlungsverträge.

在各类文献中,最高法院受到了严厉的批评。根据《法院组织法》第1716条第2款的规定,目前在离婚程序中,私人的问题也会被提交。《德国民法典》第656条的规范目的是给予顾客更高的法律保护,所以婚姻中介人不能对中介费提起诉讼。在实践中,这种权利的保护通常通过事先收取费用的方式来实现。类推会降低对顾客的法律保护,而不会增加之,因为婚姻中介人今后在伴侣的介绍合同中会要求顾客事先交费。[9]

第四节 法律检索及文献阅读(对应本书第四章)

案例练习(第四章边码115):

请检索下列案例、文献和法律:

(1)在哪里可以找到"骑士案"(Herrenreiterfall)?

(2)弗莱舍(Fleischer)关于行为法(Behavioral Law)的文献全称是什么?

(3)请检索《割草机条例》(Rasenmäherverordnung)。

(4)"知识就是力量"(第一章边码16)这句格言的出处?

答案:

(1)通过谷歌,尽管不能直接找到相关案例的裁判文书,但是可以得到案例编号的线索,即 BGHZ 26, 349。通过这个编号,即可以在相关的联邦最高法院官方案例集或其 CD-ROM 中找到判决书。

其引用格式为:BGH, Urt.v.14.2.1958, I ZR 151/56, BGHZ 26, 349-Herrenreiter.

(2)此时,直接在谷歌中搜索"Fleischer"和"行为法"是不可行的。另外,遗憾的是,通过 Karlsruher 电子目录(http://kvk.bibliothek.kit.edu)或者检索 JURIS 数据库也不可行。通过互联网检索,需要一定的创造力。大多数教授会在他们教席的网站上发布其著述的目录。弗莱舍教授是汉堡国际私法研究所的所长(www.mpipriv.de)。而借助私法教师协会(Zivilrechtslehrervereinigung)的帮助,可以找到弗莱舍教授的信息。协会的网站上有几乎所有私法领域教授的地址(www.zlv-info.de)。

---

[9] *Butz*, NJW 1990, 2250, 2252; Vertiefend Möllers, Jivistische Methodenlehre, 3.Aufl. 2020, § 5 Rn.75.

引用的全文为: Holger Fleischer, Behavioral Law and Economics, in: Wirtschafts- und Privatrecht im Spannungsfeld von Privatautonomie, Wettbewerb und Regulierung, Festschrift für Ulrich Immenga, Tübingen 2004, S.575-587.

(3)相对而言,检索《割草机条例》是比较困难的。你可能无法在网络上或 Sartorius I[10] 上面找到。这并不奇怪,因为它们已经失效了。《割草机条例》曾包含在《联邦污染防治条例(八)》(die 8.Bundesimmissionsschutzverordnung, BImSchV)中,属于联邦污染防治法。但《联邦污染防治条例(八)》后来被废除了,并为《联邦污染防治条例(32)》(die 32.BImSchV v.29.8.2001, BGBl.I S.3478)和《机械噪音防治条例》(Geräte- und Maschinenlärmschutzverordnung)所取代。

这些可以在例如 Beck-Online 等网站上找到,也可以在最新出版的 Sartorius I 的补充卷上找到。

(4)(a)"知识就是力量"的格言是一个寻找历史参考脚注的例子。利用谷歌搜索,人们很快发现这句话来自于弗朗西斯-培根,其1597年的作品"Meditationes Sacrae"中引用了这段话。在那里你还可以了解到,原文叫作"ipsa scientia potestas est"。

(b)要查看作品的原文,可以通过登录大学图书馆的网页进行目录搜索(OPAC)——输入作者和标题。在那里,可以对原始作品进行全文检索。然后激活"全文"按钮。然后你可以通过搜索功能找到"ipsa scientia potestas est"这句话的原文。

OPAC 检索路径:自由检索:"Meditationes Sacrae"作者/编辑:"培根,弗朗西斯"(Bacon, Francis) ✍ "奥格斯堡大学图书馆目录"(Katalog der UB Augsburg) ✍ 选择结果"随笔"(Essayes) ✍ 选择"全文"(Volltext)。

(c)然后你会被自动转到英文网站(https://search.proquest.com/eebo/docview/2240864575/99842133)。

点击左侧按钮"Meditationes Sacrae。

(d)利用文件搜索功能[Ctrl]+[F](附录四边码56)可以搜索页面上的引文。

---

[10] 非官方的法律汇编,该卷为宪法和行政法卷。参见本书第五章边码32。——译者注

第五节 文献引用的规则（对应本书第五章）

提问:应当如何引用瑞士证券交易所《上市规则》(Kotierungsreglement)第 72 条？（第五章边码 103）

答案:你可以在瑞士证券交易所的网站上面找到交易所的规则手册。其引用格式为：

Kotierungsreglement der Schweizerischen Börsev.6/2015 abrufbar unter www. six‐exchange‐regulation.com/dam/downloads/regulation/admission‐manual/listing ‐rules/03_01‐LR_de.pdf.

提问:如何区分文献目录和脚注中的文献引用内容？（第五章边码 114）

答案:脚注中文献的引用格式包括以下内容:作者姓氏、标题、页码、版次和出版年份。文献目录中包括姓氏和名字、标题和副标题、卷数、版次、出版地点和出版年份。

特定情况下,文献目录中的一些内容是不用写的。法律法规和案例也不属于文献目录。虽然通常人们在目录中区分专著、文章和文集,但这不是必须的。另外,ISBN 号、出版社或者著作出版的文丛,都是不用写的。

第六节 法学语言风格和写作技巧（对应本书第六章）

提问:打人的酒店老板案。请简单转述一下欧盟最高法院(EuGH)的下列观点:《欧共体理事会 1990 年 6 月 13 日关于各种套餐旅游(Pauschalreise)的指令(90/314/EEC)》第 7 条应当如是理解:若参加套餐旅游的旅游者,在旅行前已经向旅游主办人付了住宿费,但由于主办人的支付不能,而不得不再次向酒店老板支付费用,否则(酒店老板)就不允许旅游者离开酒店去赶自己回程的航班。若旅行者此时要求返还支付的费用,即属于本条的适用范围("打人的酒店老板案")。[11]（第六章边码 7）

10

11

12

---

[11] EuGH, Urt.v.14.5.1998, C‐364/96, EU:C:1998:226.

答案：

(1)《欧共体理事会 1990 年 6 月 13 日关于各种套餐旅游(Pauschalreise)的指令(90/314/EEC)》第 7 条规定,在旅游从业者支付不能或者破产之情形,要确保消费者已支付费用得以返还,并实现其旅游的回程。

(2)如果消费者为了实现旅行而不得不承担额外的费用,这一费用根据第 7 条也应当被返还。

(3)这一费用也包括因酒店老板暴力阻止其离开酒店时,其不得不再次支付的酒店住宿费用。

13　提问:简写下面的段落:"这里经常针对第三人的缔约过失责任所提的批评,对于审计师和投资人之间的责任,只是具备有限的或者说几乎没有说服力。对此要补充的一点是,此处成立这一责任的优点更为明显……"(第六章边码 14)

答案:对审计师为投资人承担第三人缔约过失责任的批评是站不住脚的。上述责任成立的好处要更多一些。

14　提问:简写下面的句子:"然而,尽管如此,最后还要强调的是,调解程序虽然可能很有意义且着眼于将来,但是并非在家庭法的所有领域都得适用,也就是说在某些领域会导致一些问题。基于上面所说的问题领域,这里可以总结性地作一个结论。"(第六章边码 14)

答案:调解程序并非在家庭法的所有领域都是有意义的。

15　提问:解释一下《德国民法典》第 307 条第 3 款的含义(第六章边码 19):

(1)一般交易条款中的条款,如违反诚实信用的要求,不合理的或不利于合同相对人的条款,不发生效力。条款不清楚或者无法理解的,也可能发生不合理的不利情事。

(2)条款有下列情形之一者,有疑问时,应认为属于不合理的不利于合同相对人:

①与其排除适用的法律规定之基本理念不相符的。

②基于合同本质所产生之主要权利或义务受到限制,以至于合同目的难以实现的。

(3)第 1、2 款及第 308 条、第 309 条的规定,只适用于一般交易条款中为排除或者补充适用法律规定而约定的条款。其他条款仍得依第 1 款第 2 句并结合第 1 款第 1 句之规定而不发生效力。

答案:这一条款的含义是这样:

(1)一般交易条款通常只涉及合同的从属条款(accidentalia negotii,合同非必要要素)。例外情况下,则可能是涉及标的价格、内容的主条款(essentialia negotii,合同必要要素)。此时若其表达得不清楚,则需要检查条文是否构成滥用格式条款。比如,约定医生薪资范围的模糊条款,就要受到"透明原则"的限制。[12]

相比而言,《欧共体消费者合同不公平条款指令》第 4 条第 2 款表达得就清楚多了[13]:只要合同条款表达得足够清楚以及便于理解,那么在评价条款是否为滥用格式条款时,合同的主要内容、货物与价款或者服务与报酬作为对待给付是否相称等都不是要考虑的事项。

反过来说,意思就是:如果一般交易条款表达得不清楚或者难以理解,那么即使是涉及合同标的及价款的条款(essentialia negotii)同样属于一般交易条款审查(AGB-Kontrolle)的对象。

(2)在德国法上,要理解这一"透明原则"对读者而言就有些困难了。

①原则:《德国民法典》第 307 条第 3 款第 1 句。第 1、2 款只适用于一般交易条款中约定排除或补充适用法律规定的条款。

②结论:一般交易条款的审查只涉及从属条款,例如关于履行地、交付时间、担保责任的条款等,而不涉及约定货物本身或价款的条款(essentialia negotii)。

③例外情况下,"透明原则"也适用于合同的必要要素。

第 307 条第 3 款第 2 句规定:"其他条款仍得依第 1 款第 2 句并结合第 1 款第 1 句之规定而不生效力。"

由于使用了如此复杂的援引技术,民众以及法学的初学者可能很难从中捕捉到"审查也可以涉及合同的主条款"这一信息。这样的实施与欧盟最高法院的要求相抵触,根据这些要求,成员国必须明确和清楚地将指示转化为国内法。[14] 韦克就曾精辟地说道:"可以想想那些 20 世纪六七十年代糟糕的'导演制歌剧'(Regietheater),过去那些好的剧本被贬得一无是处,被这些导演根据什么现代的审美搞得面目全非。观众选择退票或者提前离场来表达抗

---

[12] LG Berlin, Urt.v.5.10.1990 ,6 S 5/90, NJW 1991, 1554, 1555.

[13] Artikel 4 Abs.2 der AGB-RiL 93/13/EWG v.5.4.1993, ABl.Nr.L 95, S.39.对德语译本的批评参见 Möllers , JZ 2002, 121, 128。

[14] EuGH, Urt.v.18.1.2001, C-162/99, EU:C:2001:35, Rn.22; hierzu Möllers, Juristische Methodenlehre, 2. Aufl. 2019, § 12 Rn.104 ff.

议。可是,当法律条文也这样做,人们对此却毫无办法。"[15]

16 提问:像"对于这一更正确的意见……表示支持""这种说法就有两处错误"的说法是否正确,为什么?(第六章边码38)

答案:"正确"与"错误"是一对互斥矛盾的概念,因此,不存在一个"正确"的不同等级。此外,法学的争论中总是常常存在至少两个观点,轻易地说哪个观点是"错误"的并不得体(也显得过于傲慢)。

第七节 大学学习阶段的学术论文:家庭作业、研讨课论文及学士、硕士学位论文(对应本书第七章)

17 提问:请试着对下文进行缩减,并使用《杜登词典》的修改符号。(第七章边码67)

答案:

图 10-3

---

[15] Weick, JZ 2002, 442, 445.

第八节 学术报告（对应本书第八章）

思路图可以作为脱稿讲演的辅助记忆手段，比如弗兰克设计的这个思路图（如图10-4所示）[16]：

图10-4

---

[16] *Franck*, Rhetorik für Wissenschaftler, 2001, S.64.

附录一 法律检索相关的重要网站

每一个(准)法律人,都应当具备通过图书馆和互联网检索相关法律文献的能力(第四章)。以下是一些可以便利你研究法律的重要网址。首先要提及的是 Beck-Online 和 Juris,它们虽然是收费的,但几乎是最全面的法律搜索。

为了使检索更高效,建议你将这些重要的链接收藏在浏览器的文件夹中。只要在你的浏览器[例如火狐浏览器(Firefox)或微软的网页浏览器(Internet Explorer)]中输入网址,然后保存在收藏夹中即可。这可以使你可以更快、更方便地访问这些网站。

一、常用数据库

(法律、案例和文献)

www.juris.de(§ 4 Rn. 12)
综合性数据库,主要包括期刊文章、裁判文书和法律法规。

www.beck-online.de(§ 4 Rn. 13)
C.H.贝克出版社的综合性数据库,主要包括最新的期刊文章、评注和法律法规。

www.jurion.de(§ 4 Rn. 14)
关于德国法的综合性数据库。

www.eur-lex.europa.eu(§ 4 Rn. 15)
关于欧盟法的免费综合数据库。

www.westlawnext.com(§ 4 Rn. 17)

www.heinonline.org(§ 4 Rn. 19)

www.lexisnexis.com(§ 4 Rn. 20)
关于美国法的数据库。

二、德国法

4

法律法规

www.gesetze-im-internet.de（§ 4 Rn. 37）
目前生效的联邦法律、综合性法律和规章。

www.dejure.org（§ 4 Rn. 37）关于欧盟、德国以及巴登符腾堡州法律和案例的信息。

www.caplaw.de（§ 4 Rn. 16）
关于德国和欧盟公司法、资本市场法和竞争法的法律法规。

www.bgbl.de（§ 4 Rn. 33）
自1949年起的联邦官方法律公报。

www.bundestag.de/dokumente/drucksachen/index.html（§ 4 Rn. 39）
自1976年12月14日起的联邦议会官方出版物（立法草案、提案、报告等）。

dip.bundestag.de（Informationsdienst des Deutschen Bundestages）（§ 4 Rn. 40）
关于德国立法的档案。

案例：

在联邦法院和欧盟法院的网站上可以找到裁判文书的原文及案例报道（第四章边码56）。

（链接：archiv.jura.uni-saarland.de/internet/gericht.html）
www.bundesgerichtshof.de www.bundesverfassungsgericht.de
www.bundesverwaltungsgericht.de www.bundesfinanzhof.de
www.bundesarbeitsgericht.de www.bundessozialgericht.de
www.lexetius.com

以上网站包含了几乎所有高级法院的裁判文书。

法学文献

http://kvk.bibliothek.kit.edu（§ 4 Rn. 76）
包含全球范围内图书馆和图书经销商目录中超过6000万本图书和期刊的虚拟目录。

www.zjs-online.com（§ 4 Rn. 68）
主要面向学生的免费在线期刊网站。

www.ssrn.com（Social Science Research Network）（§ 4 Rn. 81）
内容主要是美国出版物的综合性数据库。

http://books.google.de（§ 4 Rn. 79）

可以访问超过700万本扫描书籍的虚拟图书馆。

www.subito-doc.de（§ 4 Rn. 82）

国际图书馆文献传递服务。用户可以搜索和订购期刊文章以及部分书籍的复印件。

三、欧盟法

www.eur-lex.europa.eu/de/index.htm（§ 4 Rn. 15）

关于欧盟法的综合性数据库

www.curia.europa.eu（Entscheidungen）（§ 4 Rn. 48）

欧盟最高法院网站，包括自1997年6月17日起欧盟法院（EuGH, EuG, EuGöD）的裁判文书。

www.eur-lex.europa.eu/collection/legislative-procedures.html（§ 4 Rn.15）

包括欧盟立法材料（KOM 和 SEK 文档）的综合数据库。

www.caplaw.eu（§ 4 Rn. 16）

关于德国和欧盟公司法、资本市场法和竞争法的数据库。

四、外国法（本书第四章边码44和边码58）

www.vfgh.gv.at（奥地利）

www.bger.ch（瑞士）

www.courdecassation.fr（法国）

www.gov.uk/government/organisations/hm-courts-and-tribunals-service（英国）

www.uscourts.gov/court_locator.aspx（美国）

www.supremecourtus.gov（美国）

www.law.cornell.edu（美国）

www.hcourt.gov.au（澳大利亚）

www.lawinfochina.com（中国）

附录二 重要引用规则概要

以下通过示例向你展示较为重要的引用规则。每一个引用都以句号结尾。如果在脚注中引用多个脚注的话,则用分号隔开。关于引用规则的具体介绍参见本书第六章。

一、脚注中的引用

1. 法律法规

(1) 欧盟法(第五章边码 47 及以下)

指令或条例	官方裁判汇编的位置
Richtlinie 2014/24/EU v. 26.2.2014 über die öffentliche Auftragsvergabe	ABl. Nr. L 94, S. 65-242.
Zitierweise für Richtlinien *nach dem 1.1.2015* Richtlinie(EU)2019/771 des Europäischen Parlaments und des Rates vom 20. Mai 2019 über bestimmte vertragsrechtliche Aspekte des Warenkaufs, zur Änderung der Verordnung(EU)2017/2394 und der Richtlinie 2009/22/EG sowie zur Aufhebung der Richtlinie 1999/44/EG *oder Kürzer:* Richtlinie(EU)2019/771 v. 20.5.2019 über bestimmte vertragsrechtliche Aspekte des Warenkaufs	ABl. Nr. L 136 v. 22.5.2015, S. 28-50. ABl. Nr. L 136, S. 28-50 –Warenkauf-RL.
Verordnung(EU)Nr. 596/2014 des Europäischen Parlaments und des Rates vom 16. April 2014 über Marktmissbrauch(Marktmissbrauchsverordnung)und zur Aufhebung der Richtlinie 2003/6/EG des Europäischen Parlaments und des Rates und der Richtlinien 2003/124/EG, 2003/125/EG und 2004/72/EG der Kommission, oder kürzer: Verordnung(EU)Nr. 596/2014 über Marktmissbrauch(Marktmissbrauchsverordnung-Market Abuse Directive)v. 16.4.2014	ABl. Nr. L 173 v. 12.6.2014, S. 1. ABl. Nr. L 173, S. 1-MAR.
Zitierweise für Verordnungen *nach dem 1.1.2015* Verordnung(EU)2019/1148 über die Vermarktung und Verwendung von Ausgangsstoffen für Explosivstoffe v. 20.6.2019	ABl. Nr.L 186, S. 1.

（2）德国法（第五章边码 49 及以下）

法律名称（官方名称和缩写）	日期	联邦法律公报中的位置
Kapitalanlagegesetzbuch（KAGB）	v.4.7.2013	BGBl.I, S.1981.
Neufassung des Gesetzes über den Wertpapierhandel（Wertpapierhandelsgesetz-WpHG）	v.9.9.1998	BGBl.I, S.2708.

（3）法律条文（第五章边码 54）

§ 812 Abs.1 S.1 Alt.1 BGB.

Artt.2 Abs.1 i.V.m.1 Abs.1 GG（Allgemeines Persönlichkeitsrecht）.

Artikel 2 Abs. 2 lit. d) Spiegelstrich 1 Richtlinie 1999/144/EG des Europäischen Parlaments und des Rates v. 25.5.1999 zu bestimmtenAspekten des Verbrauchsgüterkaufs und der Garantien für Verbrauchsgüter, ABl. Nr. L 171, S. 12 oder kürzer：

Artikel 2 Abs. 2 lit. d) Spiegelstrich 1 Verbrauchsgüterkauf-RL 1999/144/EG

2. 立法材料

（1）欧盟立法材料（第五章边码 55）

名称	日期	KOM/SEK/Slg.	年份	编号	页码
Vorschlag der Kommission zur Änderung der Richtlinie 85/611/EWG（OGAW）	v.17.7.1998	KOM	1998	449 endg.	S.2, 12.
Arbeitsdokument der Kommissionsdienststellen, Begleitunterlagen zum Vorschlag für eine Verordnung zur Änderung der Verordnung（EG）Nr. 1060/2009 über Ratingagenturen und zum Vorschlag für eine Richtlinie zur Änderung der Richtlinie 2009/65/EG zur Koordinierung der Rechts-und Verwaltungsvorschriften betreffend bestimmte Organismen für gemeinsame Anlagen in Wertpapieren（OGAW）und der Richtlinie 2011/61/EU über die Verwalter alternativer Investmentfonds	v.15.11.2011	SEK	2011	1355 endg.	S.3.

11　　(2)德国立法材料(第五章边码56)

标题	日期	机构	Drs.	编号	页码
Gesetzesentwurf der Bundesregierung, Entwurf eines Gesetzes zur Umsetzung der Richtlinie 2011/61/EU über die Verwalter alternativer Investmentfonds（AIFM - Umsetzungsgesetz - AIFM-UmsG）	v.6.2.2013	BT-	Drs.	17/12294	S.100.
Stellungnahme des Bundesrates, Entwurf eines Gesetzes zur Umsetzung der Richtlinie 2011/61/EU über die Verwalter alternativer Investmentfonds（AIFM - Umsetzungsgesetz - AIFM-UmsG）	v.1.2.2013	BR-	Drs.	791/12 (B)	S.10.

3. 裁判文书

12　　(1)欧盟法院和国外法院裁判文书(第五章边码59)

《官方案例汇编》已经停止使用,以便欧盟法院根据欧盟案件标识(ECLI)进行引用。由于旧的裁判文书还没有边码号,所以应以页码来引用:

法院	日期	案号	案例集	页码	关键词
EuGH	Urt. v. 15.7.1964	6/64	EU:C: 1964:66	Slg. 1964, 1259, 1269	-Costa/E. N. E. L.
EGMR	Urt. v. 17.9.2009	10249/03	CE:ECHR:2009: 0917JUD 001024903	Rn. 104 ff.	-Scoppola v. Italien.

13　　总检察官的意见可以在给出案号和页码的情况下引用。

名称和案号	日期	案例集	页码
Schlussanträge der Generalanwältin *Trstenjank* zu C-214/10 (KHS/Schulte)	v.7.7.2011	Slg.2011 I-1157	Rn.2.

(2)德国裁判文书(第五章边码65及以下)

法院	日期	案号	案例集/期刊	页码	-关键词
BAG	Urt. v. 10.6.2010	2 AZR 541/09	NZA 2010	1227	-Emmely.
BGH	Urt.v.26.11.1968	VI ZR 212/66	BGHZ 51	91, 96	-Hühnerpest.
BVerfG	Beschl.v. 12.10.1993	2 BvR 2134/92 u.a.	BVerfGE 89	155, 175（Juris-Rn.70）	-Maastricht.
BVerfG	Urt.v. 30.6.2009	2 BvE 2/08	BVerfGE 123	267 Rn.8	-Lissabon.
BAG	Urt.v. 10.6.2010	2 AZR 541/09	NZA 2010	1227	-Emmely.

案件评议可以采用文章的引用方法(参见附录二边码20)。

4. 法学文献

(1)一般引用方法(第五章边码77)

作者(姓氏)	标题	版次	年份	页码
①仅写出姓氏即可,有可能混淆时再写出名字的缩写 ②格式为斜体	③原则上只写大标题,不用写副标题	④只有在有多个版次时才注明 ⑤写明当前引用的版次	引用版次的出版年份	①写出具体的页码(引用文章和文集时,还要写上首页页码) ②最后以句号结尾

(2)专著和教科书(第五章边码78)

姓氏	标题	版次	年份	页码
Möllers	Juristische Methodenlehre	3.Aufl.	2020	§ 14 Rn.93.
Honsell	Historische Argumente im Zivilrecht		1983	S.45.
Medicus/Petersen	Allgemeiner Teil des BGB	11.Aufl.	2016	Rn.509.
Pennington	Company Law	8th ed.	2001	p.34.

在引用专著、庆典文集、纪念文集和论文集时,不同于文章的引用,要在页码前面加上"S."的缩略语。

17 (3)论文集(第五章边码 86)

姓氏	标题	in:	标题	年份	页码
Möllers	Das Haftungssystem nach dem KAGB,	in:	Möllers/Kloyer, Das neue Kapitalan-lagegesetzbuch (KAGB)	2013	S.247, 250 ff.

18 (4)庆典文集、纪念文集(第五章边码 87)

姓氏	标题	in:	标题	年份	页码
Herdegen	2Präambeln im Text und Kontext von Verfassungen	in:	FS Broermann	2010	S.211, 215.
Müller	Sittenwidrigkeit von Bürgschaften naher Angehöriger,	in:	GS Wolf	2011	S.269, 271.

19 (5)评注(第五章边码 79 及以下)

撰写人	in:	标题	版次	年份	页码
Uhle	in:	Maunz/Dürig, Grundgesetz	90.EL.	Feb.2020	Art.70 Rn.75.
Schäfer	in:	MünchKomm-BGB	8.Aufl.	2020	§ 854 Rn.3.
Schilken	in:	Staudinger, BGB	Neubearb.	2019	§ 181 Rn.45.

在简短的引用时(尤其是单卷本的评注),可以将评注人的名字写在编者或评注名称之后。

编者/撰写人	标题	版次	年份	页码
Palandt/*Ellenberger*	BGB	80.Aufl.	2021	§ 177 Rn.4.

20 (6)文章和报纸。标题通常被省略,只在第一次时被引用(第五章边码 88 及以下)

姓氏	标题	期刊名	卷数/年份	页码
Möllers/Kastl	Das Kleinanlegerschutzgesetz	NZG	2015	849, 854.
Heck	Gesetzesauslegung und Interessenjurisprudenz	AcP	112(1914)	1, 106.

案例评论的引用方式和文章一样(第五章边码90)。

姓氏	标题	期刊	卷数/年份	页码
Herchen/Herchen	Anm.zu BVerwG, Urt.v.13.4. 2005, 6 C 4.04	EWiR	§ 25 WpHG 1/05	747, 748.

(7)跨地区的报纸(第五章边码91及以下)

作者	标题	报纸名称	日期	页码
Schultz	Spurensuche im Graubereich	SZ	v.16.2.2011	S.2.

5. 网站上的信息(第五章边码92及以下)

如果网站上的信息同时有纸质版本,则应首先引用纸质版的。电子(网页)般的杂志作为网上信息来源引用时应当标出标题。

引用信息	具体网址	发布日期(视情况)
N.N., CDU-Politiker Steffel verliert Doktortitel, FAZ. NET v. 4.2.2019	abrufbar unterhttps://www. faz. net/aktuell/politik/inland/uni-entzieht-cdu-bundestagsabgeordnetem-steffel-doktor-titel-wegen-plagiaten-16024090.html	(Abruf v. 9.10.2020).

二、文献索引

1. 一般规则(第五章边码109)

作者	标题	版次	出版地点	年份
①名字与姓氏 ②格式为斜体	原则上只写大标题,不用写副标题	①只有在有多个版次时才注明 ②写明当前引用的版次	需写出出版地点	①引用版本的出版年份 ②以句号结尾

原则上在文献索引中除了脚注中给出的信息(姓氏、标题、版次、年份和页码),还需要给出作者的名字、出版地点以及相应的卷数(如有)。以下按照专著、论文集、文章等的排列只是为了更清楚地展示不同文献的格式。实际上,在文献索引中不用对不同的文献进行分类。大部分情况下,一个作品中的文献索引是按照姓氏或作品名称的首字母排序的。

2. 教科书、专著、评注、活页汇编和手册（第五章边码108及以下）

姓氏,名字	标题	卷数	版次	出版地点	年份	（引用为:）
Assmann, Heinz-Dieter/Schütze, Rolf A./Buck-Heeb, Petra (Hrsg.)	Handbuch des Kapitalanlagerechts		5. Aufl.	München	2020	(zitiert als: Bearbeiter, in: Assmann/Schütze/Buck-Heeb, Handbuch des Kapitalanlagerechts, 5. Aufl. 2020).
Bader, Johann/Ronellenfitsch, Michael (Hrsg.)	Beck'scher Online-Kommentar zum VwVfG		48.Ed.	München	1.7.2020	(zitiert als: *Bearbeiter*, in: Bader/Ronellenfitsch, BeckOK-VwVfG, 48.Ed.1.70.2020).
Baums, Theodor/Thomas, Georg F./Verse, Dirk A. (Hrsg.)	Kommentar zum Wertpapiererwerbs- und Übernahmegesetz, Loseblatt	Bd.1	12.EL.	Köln	Sep.2017	(zitiert als: *Bearbeiter*, in: Baums/Thoma/Verse, WpÜG, 12.EL.Sep.2017).
Leipziger Kommentar Strafgesetzbuch, *Laufhütte, Heinrich Wilhelm/Rissing-van Saan, Ruth/Tiedemann, Klaus (Hrsg.)*		Bd.1	12.Aufl.	Berlin	2007	(zitiert als: *Bearbeiter*, in: LK-StGB, 12.Aufl.2007).
Möllers, Thomas M.J.	Juristische Methodenlehre		3.Aufl.	München	2020	
Palandt, Otto (Begr.)	Bürgerliches Gesetzbuch Kommentar		80.Aufl.	München	2021	(zitiert als: Palandt/*Bearbeiter*, BGB, 80.Aufl.2021).
Spindler, Gerald/Stilz, Eberhard (Hrsg.)	Kommentar zum Aktiengesetz	Bd.1	4.Aufl.	München	2019	(zitiert als: Bearbeiter, in: Spindler/Stilz, AktG, 4.Aufl.2019).

续表

姓氏,名字	标题	卷数	版次	出版地点	年份	(引用为:)
Staudinger, Julius von (Begr.)	Kommentar zum Bürgerlichen Gesetzbuch mit Einführungsgesetz und Nebengesetzen, Zweites Buch, Einleitung zu §§ 241 ff., 241–243(Treu und Glauben)		Neubearb.	Berlin	2019	(zitiert als: *Bearbeiter*, in: Staudinger, BGB, Neubearb.2019).

3. 论文集,庆典文集和纪念文集(第五章边码 112)

姓氏,名字	标题	编者	标题	出版地点 年份	页码
Möllers, Thomas M. J.	Zur methodischen Arbeit mit allgemeinen Rechtsprinzipien –aufgezeigt am europäischen Kapitalmarktrecht, in:	Siekmann, Helmut (Hrsg.)	Festschrift für Theodor Baums zum siebzigsten Geburtstag, Bd.II,	Tübingen 2017	S.805–826.
Kort, Michael	Standardisierung durch Corporate Governance – Regeln: Rechtliche Vorgaben für die Größen und die Zusammensetzung des Aufsichtsrats, in:	Möllers, Thomas M. J.(Hrsg.)	Standardisierung durch Markt und Recht,	Baden-Baden 2008	S.137–175.

4. 文章(第五章边码 111)

姓氏,名字	标题	期刊名称	卷数/年份	页码
Gsell, Beate	Deliktsrechtlicher Eigentumsschutz bei weiterfressendem Mangel,	NJW	2004	1913–1915.
Heck, Philipp	Gesetzesauslegung und Interessenjurisprudenz,	AcP	112(1914)	1–318.
Rossi, Matthias	Anmerkung zu BGH, Beschl. v. 10.1.2017, 5 StR 532/16,	NJW	2017	966–969.

27 5. 跨地区的报纸(第五章边码114)

作者	标题	期刊名称	日期	页码
Schultz, Tanjev	Spurensuche im Graubereich	SZ	v.16.2.2011	S.2.

附录三　封面和目录

以下内容包括封面、内容目录、文献索引以及案例索引等的示例。

Franziska Löwenstein　　　　　　　　　　　　　　　　1.12.2020

Emilienstraße 10

91234 Schafensried

E-Mail: loewenstein@mail.com

Telefon: 0170 7654321

Matrikelnummer 14568394

3.Fachsemester

Hausarbeit im bürgerlichen Recht für Anfänger
bei
Professor Dr.Thomas M.J.Möllers
Universität Augsburg
Wintersemester 2020/2021

II

Inhaltsverzeichnis 内容目录（§ 7 Rn. 75）

Literaturverzeichnis	IV
Rechtsprechungsverzeichnis	VI
Abkürzungsverzeichnis	VIII
A. Ansprüche des A gegen B	1
I. Anspruch auf Kaufpreiszahlung aus Kaufvertrag gem. § 433 Abs. 2 BGB	1
1. Vertragsschluss	1
a) Angebot gemäß § 145 BGB	2
b) Annahme	3
2. Stellvertretung des B durch V	3
a) Zulässigkeit der Stellvertretung	4
b) Eigene Willenserklärung des V	4
c) Offenkundigkeit	6
d) Vertretungsmacht	7
3. Zwischenergebnis	9
II. Herausgabeanspruch gemäß § 812 Abs. 1 S. 1 Alt.1 BGB	9
1. "Etwas erlangt"	9
2. Leistung	10
3. Ohne rechtlichen Grund	10
4. Zwischenergebnis	12
III. Ergebnis	12
B. Ansprüche des G gegen V	13
...	
C. Gesamtergebnis	39

IV
Literaturverzeichnis 文献检索（§ 5 Rn. 106 ff.）

Assmann, Heinz-Dieter/Schütze, Rolf A./Buck-Heeb, Petra（Hrsg.）, Handbuch des Kapitalanlagerechts, 5. Aufl. München 2020（zitiert als: *Bearbeiter*, in: Assmann/Schütze/Buck-Heeb, Handbuch des Kapitalanlagerechts, 5. Aufl. 2020）.

Bader, Johann/Ronellenfitsch Michael（Hrsg.）, Beck'scher Online-Kommentar zum VwVfG, 48. Ed. München 1.7.2020（zitiert als: *Bearbeiter*, in: Bader/Ronellenfitsch, BeckOK-VwVfG, 48. Ed. 1.7.2020）.

Gsell, Beate, Deliktsrechtlicher Eigentumsschutz bei weiterfressendem Mangel, NJW 2004, 1913-1915.

Kümpel, Siegfried/Hammen, Horst/Ekkenga, Jens（Hrsg.）, Kapitalmarktrecht-Handbuch für die Praxis, Loseblatt, EL. 1/20, Berlin 2020（zitiert als *Bearbeiter*, in: Kümpel/Hammen/Ekkenga, Kapitalmarktrecht, 2020）.

Medicus, Dieter /Petersen, Jens, Allgemeiner Teil des BGB, 11. Aufl. Heidelberg 2016.

Möllers, Thomas M. J., Juristische Methodenlehre, 3. Aufl. München 2020.

Möllers, Thomas M. J., Das Haftungssystem nach dem KAGB, in: Möllers, Thomas M. J./Kloyer, Andreas（Hrsg.）, Das neue Kapitalanlagegesetzbuch, München 2013, S. 247-267.

Münchener Kommentar zum Bürgerlichen Gesetzbuch, *Säcker, Franz Jürgen/Rixecker, Roland（Hrsg.）*, Bd. 1, 8. Aufl. München 2018（zitiert als: MünchKomm-BGB/*Bearbeiter*, 8. Aufl. 2018）.

Palandt, Otto（Begr.）, Bürgerliches Gesetzbuch Kommentar, 80. Aufl. München 2021（zitiert als: Palandt/*Bearbeiter*, BGB, 80. Aufl. 2021）.

Schäfer, Frank A./Hamann, Uwe（Hrsg.）, Kommentar Kapitalmarktgesetze, Bd. 2, Loseblatt, 2. Aufl. 7. EL., Stuttgart Jan. 2013.

Schrader, Paul, Haftungsrechtlicher Begriff des Fahrzeugführers bei zunehmender Automatisierung von Kraftfahrzeugen, NJW 2015, 3537-3542.

Schultz, Tanjev, Spurensuche im Graubereich, SZ v. 16.2.2011, S. 2.

Staudinger, Julius von (Begr.), Kommentar zum Bürgerlichen Gesetzbuch mit Einführungsgesetz und Nebengesetzen, Zweites Buch, Einleitung zum Schuldrecht, §§ 241-243 (Treu und Glauben), Neubearbeitung Berlin 2019 (zitiert als: *Bearbeiter*, in: Staudinger, BGB, Neubearb. 2019).

Ullrich, Hanns, Zum Werkerfolgsrisiko beim Forschungs- und Entwicklungsvertrag, in: Großfeld, Bernhard/Sack, Rolf/Möllers, Thomas M. J./Drexl, Josef/Heinemann, Andreas (Hrsg.), Festschrift für Wolfgang Fikentscher, Tübingen 1998, S. 298-328.

Wieacker, Franz, Privatrechtsgeschichte der Neuzeit, 3. Aufl. Göttingen 2016.

...

...

31

VI

Rechtsprechungsverzeichnis 案例索引(§ 5 Rn. 115)

AG München, Urt. v. 23.8.2001, 191 C 9970/01, WM 2002, 594.

LG München I, Urt. v. 28.6.2001, 12 O 10 157/01, WM 2001, 1948.

OLG München, Urt. v. 14.5.2002, 30 U 1021/01, ZIP 2002, 1727.

VGH Baden-Württemberg, Urt. v. 1.7.1991, 1 S 473/90, NVwZ-RR 1992, 19.

BGH, Urt. v. 21.12.1994, 2 StR 628/94, BGHSt 40, 385.

BVerfG, Beschl. v. 20.12.2000, 2 BvR 591/00, NJW 2001, 2245.

BVerfG, Urt. v. 27.7.2004, 2 BvF 2/02, BVerfGE 111, 226-Juniorprofessur.

EuGH, Urt. v. 11.3.1997, C-13/95, EU:C:1997:141-Ayse Süzen.

附录四　利用微软 Word 2019 工作的 12 个步骤

微软的 Office Word 2019[1]大概是目前最有名且使用最广泛的文字编辑软件了。掌握这个软件提供的一些基本功能,可以极大简化你在完成法学学习研究工作中的任务。

下文介绍的 Word 2019 的使用方法,并不是十分详尽的使用方法指引,有专门的书籍介绍详细使用方法。[2] 下文的主旨是帮助你建立一个家庭及研讨课作业的常用文档模板,并且可以适用于学业过程中所有其他的学术创作上,模板中包含一些重要的格式要求和样式等。此外,你也可以找到一些对写作有用的建议。

一、Word 的用户界面

在用户界面的顶部,你可以发现所谓的"功能区卡片"(文件、开始、插入、设计、布局、引用、邮件、审阅、视图,还有其他的功能区可以在设置中自定义)。

当你点击某一功能时,软件会自动打开这一功能内的菜单栏,在这里你可以看到一些比较重要的功能指令。

菜单栏是按照主题以组来分类的(例如在开始功能中有剪贴板、字体、段落、样式等)。点击每个分类功能右下角的箭头,可以打开一个单独的窗口,里面有更多选项。

在屏幕的左侧,你也可以开启导航窗格(附录四边码 44)。在这里你可以查看你的目录,或者搜索文档内容等。

---

〔1〕　微软公司持有该商标。
〔2〕　更进一步的方法指导参见如 *Haselier/Fahnenstich*, Microsoft Office 2016-Das Handbuch, 2015; *Franz*, Wissenschaftliches Arbeiten mit Word 2019, 2019.

图附1　Word 的用户界面

在屏幕的底部是状态栏,在这里你除了可以看到页码和字数外,还可以进行拼写检查和语言设置。你可以通过调整状态栏右侧的滑块来更改文档的缩放比例,从而更改视图。

二、创建一个样式

1. 样式的优势

样式中包含了诸如字体、字号、间距、大纲级别等的预先设置。如果你使用样式,这些预先设定的设置就可以直接应用在输入的文字和标题上。这样你就不必再一步步设置字体、大小、格式等。样式的优势还包括,可以在一些段落适用样式,自动修改所有设置保持前后的统一。适用样式设置的段落,还可以自动生成文档目录(附录四边码42及以下)。

设置样式后,你可以节省时间,而且你可以集中精力于你的写作内容,而不必不停地修改文字的格式。因此,建议你在一开始就设定好样式。如果这个样式你之后会经常用到,那么就要创建一个 Word 模板,设置好格式后(附录四边码35及以下),在开始写作前要先以 Word"文档模板.docx"格式将其保存。之后再创建新文档时,以模板的方式创建,就可以使用以前设置好的样式了。如果你这次的写作中使用该样式,在设置好样式后,以常用的 Word 文档格式保存就可以了。

2. 创建样式的八个步骤

样式可以按照以下的顺序创建：

（1）点击功能区的"开始"。

（2）在菜单栏右侧可以找到右侧的"样式"菜单组，其中已经包含有一些不同的样式。但这些样式通常不符合我们的要求。你可以按照自己的需要来设置样式。

（3）点击"样式"菜单组右下角的箭头（或使用快捷键 Alt+Ctrl+Shift+S），此时会打开一个窗口，展示所有可用的样式。选中"显示预览"。

（4）点击窗口下方的"新建样式"图标。此时会打开一个可以选择所有格式设置的窗口。

（5）为每个样式命名。对于标题，建议按照标题级别命名，正文部分则以"正文"命名。标题类样式的样式基准选择 Word 标准的"标题"即可，这样可以采用一些重要的默认设置。不同的地方，按照你的需求改动。非标题的样式，选择"正文"，脚注的样式选择"脚注文本"。其他情况选择"无样式"即可。

（6）创建不同类型样式时会显示一些基本的设置，你可以在预览窗口中查看。如果要进一步设置，点击窗口下方的"格式"图标。此时会出现其他设置选项，如字体、段落和制表位等。但是不要使用编号功能来给你的大纲标号（见后文）。

（7）如果你不仅想在新建的文档中使用设置的样式，还可以在样式主菜单中选中"基于该模板的新文档"。

（8）重复以上步骤，设置其他标题和正文样式。

在设置脚注样式时，可以在标准设置的基础上，按照你的需求来调整：

①重复上述（1）—（3）的步骤。

②点击右下角的"样式管理"图标。

③在管理样式的"编辑"栏中找到"脚注文本"和"脚注引用"。它们通常按照字母顺序排列。

④选中后点击"修改"，就可以看到熟悉的设置界面，在这里进行相应的设置。

⑤在这里你可以设置脚注文本和脚注编码之间的间隔距离。另外也可以

设置首行缩进和行间距。尤其要注意的是,脚注中的字体与正文中字体的一致性。

⑥样式默认不会应用到脚注。在输入第一行后,点击应有样式,之后的行就可以自动应用。

39 创建标题时需要一个列表,并分配不同的级别,也可以在样式中设置。可按照下面的步骤设置:

①点击"开始"功能中的"多级列表"图标,然后点击"定义新的多级列表"。

②点击设置窗口左下角的"更多"按钮。

③进行格式、缩进、对齐方式、编号样式等的设置。

④将级别链接到之前设置好的相应的标题样式,注意相应的标题级别(附录四边码36)。在窗口左边可以选择要修改的级别,在窗口的右边可以选择"将级别链接到样式"和"要在库中显示的级别"。此外,你要选择重新开始列表的间隔(原则上是从下一个高级级别开始)。

40 技巧:如果你使用编号为双字母(例如 aa 或 bb)的大纲级别,在设置时将其设置为"a)、b)、c)"编号格式即可。它和之前的大纲级别是相似的。

窍门在于,要改变编号的数值,因为在 Word 中这一编号格式是从 a)、b)……到 aa)、bb)、cc)等排列的。你将编号设置为从 aa)开始即可。这个设置是在界面右边的起始编号中设置。

需要多少大纲级别,取决于你论文的长度,以及你自己制定的大纲的长度(第二章边码64及以下)。

只要你的老师没有提出另外的要求,你论文主要部分的样式应当按照以下标准来设置:

- 字体大小为12号,通常为1.5倍行间距,两端对齐。
- 字体为 Times New Roman 或 Arial,它们最为常用。
- 正文的大纲级别应为"正文"。
- 段落之间的间距为段前0号,段后6号。

标题的样式建议如下:

- 一级标题字体大小为14号;其他标题为12号。

- 所有标题加粗。
- 一级标题段前 18 号,段后 12 号。
- 其他标题段前 12 号,段后 6 号。

脚注可以使用 Word 中默认的样式,自己作相应的优化。

- 字体大小 10 号。
- 不用自己输入编号,在插入脚注时 Word 会自动生成编号。
- 单倍行距。
- 两端对齐。
- 如果是较长的脚注不想分开两页显示,点击"开始"中的段落设置窗口,可以在段落设置中"换行和分页"选项下,选中"段中不分页"。

3. 导航窗格

为了在写作时可以更好地把握文章的整体,你可以将文章的大纲通过导航窗格展示在文档的左侧。在"视图"功能区的"显示"选项卡上,你可以勾选"导航窗格"开启这个功能。当你点击某一个标题时,就可以直接跳转到文档的相应部分。另外,你也可以点击屏幕左下方的页码来显示导航区。

三、自动生成目录

借助 Word 软件,你可以自动生成一个内容目录。前提是,你借助样式工具格式化了标题,分配了不同的大纲级别。内容目录可以按照下面的步骤设置:

(1)将光标放在你想要插入目录的地方。

(2)选择"引用"功能区中的"目录"菜单栏下的"自定义目录"选项。

(3)此时会出现一个窗口,可以按照你的需求设置。例如,可以选择不同的"制表符前导符"(在法学家庭作业和研讨作业中,通常使用……),以及决定设置多少级别的标题。

(4)为了在目录中显示所有级别的标题(仅仅在标题样式中设置大纲级别还是不够的),先要点击"选项"按钮。在打开的窗口中会显示所有有效的样式。默认情况下,会显示 Word 自带的样式级别。删除默认的样式级别数字,写上你自己设置的,级别仍然按阿拉伯数字标识(1,2,3,……)。

（5）如果你不想在目录中加入超链接，则在自定义目录窗口中取消勾选"使用超链接而不使用页码"。

（6）Word自带的目录格式通常不能满足你的要求。如果需要按照你的需求来修改，则一开始就在自定义目录菜单处点击"修改"。此时会出现程序自带的目录样式。选择相应的目录样式，然后点击修改。此时可以进一步修改格式。请尤其注意字体、字号、页码和行距。

（7）然后你再按照第2步以下的要求进行设置。

43　　建议：你可以随时更新目录。右键点击目录，选择"更新域"。另外你可以选中目录，然后点击F9进行更新。

四、分页和分章

44　　借助分页功能，你可以在新的一页输入内容，而不管前面一页是否已经写满了。点击"插入"功能区可以看到"页面"菜单栏，在里面可以找到分页功能。

45　　同样还有分章功能，可以把文档分为不同的章节。在一个章节内，你可以独立设置一些格式，如边码、页码和脚注编号等，不用和前面章节连续。

比较推荐的是，将家庭和研讨会作业分为（至少）两个章节。第一章包括封面、案情、大纲和文献索引，并以罗马数字作为页码（附录四边码45及以下）。一些情况下，可能还需要在案例分析之后有一个原创性声明作为独立的一章。主文部分需要用阿拉伯数字作为页码。

分章的设置方法是：

（1）将光标放在你想要分章的地方。

（2）点击"布局"功能区中的"页面设置"菜单栏，点击"分隔符"按钮，选择相应的分隔符（一般选择"下一页"分节符）。

五、页码

46　　家庭作业的长度通常是需要标注页码的。要在作业中标注不同的页码范围的前提是先分好章节（附录四边码45）。

为了让页码更加清晰，需要注意：

- 案情、大纲、文献索引，以及原创性声明等需要使用罗马数字的页码。
- 正文部分使用阿拉伯数字的页码。
- 首页不能有页码,但是要计算在内。
- 另外要注意,页码的字体字号要统一。

页码的插入方法为:

(1)点击功能区的"插入"下"页眉和页脚"菜单栏中的"页码"。

(2)这里你可以选择在页面底端或顶端插入。另外可以选择在顶端或底端插入的具体位置。在家庭或研讨会作业中,你通常需要在页面顶端的中部插入页码。

页码的格式设置方法为:

(1)通过双击页眉或页脚位置,可以打开"页眉和页脚"设置菜单。

(2)选中要编辑的页码,点击"页眉和页脚"菜单中的"页码"选项,里面有"设置页码格式"的选项。在这里你可以选择页码是续前节,还是从某一个数字开始。

(3)在"设计"功能区的"选项"菜单栏中,有一个"首页不同"的选项框,勾选后首页不会出现页码,但是仍然计算在总数中。

六、页边距

有时授课老师也会要求在正文留出页边距。如果想在一个文档的不同部分显示不同的页边距,同样需要提前分好章节(附录四边码 45)。

通常来说,页边距可以按照以下方法设置:

(1)将光标放在需要添加边码的段落。

(2)点击"布局"功能区中的"页面设置"菜单下的"页边距"选项。

(3)点击最下方的"自定义页边距"。

(4)在打开的窗口中进一步设置边码。

技巧:如果没有比较明确的要求,那么一般建议如下设置页边距:上、下和右各 1.5 cm,左边至少要给批改人留出 5 cm 的空白。首页、案情、大纲和文献索引等仍然按照常规的各 2.5 cm 设置即可。

七、脚注

51　　脚注可以通过点击"引用"功能卡中的"插入脚注"选项插入。另外也可以通过快捷键 Alt+Ctrl+F 插入脚注。脚注文本的字号通常为 10 号,单倍行距。添加脚注时,要注意引用方法是否正确(参见本书第五章边码 1 及以下)。

52　　建议:脚注的字体和格式等,你可以通过样式功能来统一格式化(附录四边码 37 及以下)。

八、交叉引用

53　　通过交叉引用功能,你可以在一个文档内将某一脚注指引向另外一个脚注。交叉引用的使用方法是:
　　(1)将光标放在你想要插入交叉引用的脚注位置。
　　(2)点击"引用"功能卡中"题注"菜单栏中的"交叉引用"选项。
　　(3)在"引用类型"的下拉窗口中选择"脚注"。
　　(4)在出现的脚注列表中你可以选择想要指引的脚注。
　　(5)确认插入。

54　　建议:另外,也可以使用命令序列:插入-链接-交叉引用。交叉引用功能中还提供有自动更新功能。所以你不必担心被引用脚注变更导致交叉引用也无效。用快捷键 Ctrl+A 选中所有文本,点击刷新键 F9,即可更新交叉引用。

　　交叉引用也可用于对大纲级别的引用。操作基本上是一样的。

九、字体、符号和特殊符号

55　　你可以在"开始"功能卡中的"字体"菜单中对加粗或斜体、下划线以及上标等进行设置,或者选中后点击右键可以看到"字体"的设置选项。有时你会需要一些在键盘上找不到的特殊字符,例如法语的字母 é、è、ě 等。

　　字符和特殊字符的插入方法是:
　　(1)将光标放在想要插入字符的地方。
　　(2)点击"插入"功能卡中"符号"菜单下的"符号"选项。
　　(3)点击"其他符号"选项,选择想要插入的符号,并确定插入。

十、快捷键

在撰写文章时，为了不打断写作的流畅性，建议掌握一些常用的键盘快捷键。以下的列表中包含了一些在法学写作中常用的快捷键组合。使用快捷键需要同时按下某几个按键。Shift 键位于键盘左侧，其上标有向上方向箭，和字母按键同时按可以输入大写字母。

撤销上一个动作	[Ctrl]+[Z]
搜索文件	[Strg]+[F]
重做上一个动作	[Ctrl]+[Y]
插入脚注	[Ctrl]+[Alt]+[F]
选中光标前或后的所有文本	[Ctrl]+[Shift]+[方向键上或下]
选中所有文本	[Ctrl]+[A]
输入加粗文本	[Ctrl]+[Shift]+[B]
输入斜体文本	[Ctrl]+[Shift]+[I]
剪切文本	[Ctrl]+[X]
复制选中文本	[Ctrl]+[C]
插入复制的文本	[Ctrl]+[V]

十一、利用微软 Word 2019 工作的一般建议

请你每隔一段时间就把文档备份一下，避免之后文档丢失损坏带来的损失。你可以使用"文件"功能区中的"另存为"功能把打开的文档保存在其他地方。"保存"功能只是把改动保存了，没有创建一个新的文档。备份的文件可以加上数字编号或者日期。比较保险的是，把备份文档保存在移动磁盘中，以及(或)将备份文档发送到你的电子邮箱中。这样做的好处是，你可以在任何可以上网且安装有 Word 软件的设备中打开你的文档。更方便的做法是使用在线存储服务。如果担心数据安全的问题，你可以给你的备份文档加密。

微软的 Word 软件在你输入文本时会自动检查语法和拼写是否有误。错误拼写的单词下面会标注红色下画曲线，语法错误的地方会标注蓝色下画曲线。在写作中出现这些错误的时候，你需要马上修改一下，以避免后续再花时间检查。

不过需要注意的是，程序自带的拼写检查并不能完全替代你自己的检查工作。尤其是对比较复杂的句子和法学概念，自动检查的弱势比较明显。法学概念常常会被误标注为错误的，因为 Word 程序并不认识它们。点击右键，你可以让软件将这个概念添加到字典。之后就不会再被 Word 标注为错误的了。

如果家庭或研讨课作业需要使用外文完成，你也可以借助拼写检查。在状态栏中有语言选择的选项，点击后出现的窗口中可以选择相应的语言。

59　　借助同义词库，你可以查找类似的单词。首先选中你想要替换的单词。该应用程序可以在"检查"标签下的"拼写"组找到。你也可以在打开的窗口中查找其他单词的同义词。如果查找的单词存在同义词，你可以点击选中并插入文档中。

59　　在输入法律、法条、款、句、编号、日期等时，如果不想它们分页，你可以插入一些空白的段落，以避免它们被拆开。你也可以通过快捷键 Ctrl+Shift+Enter 快速插入。

61　　为了视图更清楚，你可以把一些编辑标记（例如段落、空格等）在文档中显示。点击"开始"功能区"段落"菜单中的段落标记符号就可以打开。不过可以放心的是，虽然它们可以在电脑上显示，但是打印版并不会显示。

如果你已经在文档中打开了导航窗格，你也可以在这里搜索文档中（包括脚注中）的某一关键词。或者你也可以在"开始"功能区"编辑"菜单中找到查找功能，也可以使用快捷键 Ctrl+F 来查找。一些多处出现的错误，也可以通过替换功能轻松地更改，这一功能在"开始"功能区"编辑"菜单中可以找到，在导航窗格中点击搜索图标右边向下箭头也可以看到。

62　　Word 也提供了自动断字功能。点击"布局"功能区中"页面设置"下的"断字"功能，选择"自动"即可。

63　　就如何编辑文档，Word 程序还提供了一个综合性的帮助功能，这个功能在功能区是用一个小灯泡的图形标识的。在这个帮助窗口中你可以搜索你遇到的问题，或根据分类导航找到你遇到的问题。不过这个帮助功能没有提供详细的指导，只是就具体问题提供了简要的回答。

十二、提交作业前

在完成写作后，你还需要关注以下几点。

①检查断字是否正确(本书附录四边码6),不准确的手动断字。

②如果某句话分段有问题,你可以将其排除自动断字。选中这句话,在"开始"功能区中"段落"菜单下,点击右下角的箭头会出现段落设置窗口,在"换行和分页"选项卡中,选中"取消断字"选项框。

③家庭或研讨会作业的长度通常是有最高字数限制的。通过"字数统计"功能,你可以检查你的作业是否符合要求。该功能可以在"检查"标签下的"拼写"组找到。点击后,在打开的窗口中可以看到字数等信息。在屏幕下方的状态栏中也可以直接看到字数,点击字数后也可以看到这个窗口。

④默认情况下字数统计的是整个文档的字数。另外要注意字数的限制是否包括了脚注和文本框等。你可以在打开的统计窗口中选择是否包括文本框、脚注尾注等。

⑤屏幕下方的状态栏也会直接显示字数。点击后也会打开相应的统计窗口。

⑥单词和语法错误在电脑屏幕上可以清晰地看到,打印版中则没有标注。所以在作业完成后再打印作进一步校对。比较建议的是,把检查出来错误的地方用荧光笔标出,后面再修改时不会把它们忽略掉。

⑦另外要避免的是,在一页的末尾处添加标题。当你插入不同大纲级别的标题时,一般Word会把它和之后的段落放在一起。如果不这样做,你可以在"开始"功能区"段落"设置窗口中的"换行和分页"选项卡中,选中"与下段同页"。

⑧最后,你可以把你的文档另存为PDF格式的文件。转存后就不会再有其他变化。打印PDF文件的好处是,打印过程中不会再出现格式错误等方面的问题。

附录五　与 Beck-Online 和 Juris 一起工作

70　　请首先阅读关于使用法律数据库的导论(第四章边码 7 及以下)。由于侧重点不同,建议兼顾使用 Beck-Online 和 Juris 这两个数据库。使用的先决条件是首先得有一个付费账户,你必须注册一个用户名和密码。在新冠病毒感染疫情暴发大流行期间,一些德国大学还为他们的学生和工作人员提供免费的从家里访问数据库的机会。此外,还有一些奖学金提供可以进入 Beck-Online 数据库的免费途径。

一、通过 Beck-Online 进行检索

71　　Beck-Online(贝克在线)是德国法律的最重要的法律数据库之一,特别适用于研究 C.H. Beck 出版社出版的各类法律文献,即法律评注、工作手册、期刊,也包括法规和案例法。Beck-Online 的订阅被分为不同的模块。这意味着你只能访问你订阅了的各个模块所涵盖的作品的全文。因为专著、教科书和一些重要的期刊不能在 Beck-Online 上被找到,所以还是有必要在图书馆进行搜索(第四章边码 4 及以下)。

(一)使用 Beck-Online 的第一步

72　　由于数据库的规模庞大,有针对性的搜索尤为重要[1]。有几种方法来进行搜索。你可以通过目录(Inhaltsverzeichnis)调用数据库中的作品列表。此外,你还可以使用单行搜索栏、详细搜索或专业搜索进行搜索。[2]

---

〔1〕　详细介绍见:beck-online-Kurzanleitung, 12. Aufl. 2018, 登录网站:https://beck-online.beck.de/Default.aspx? vpath = bibdata/komm/Boka2008_12/cont/Boka2008.htm 或者 beck-online Handbuch, Stand 23.1.2009, 登录网站:https://beck-online.beck.de/? vpath = bibdata% 2Fkomm% 2Fbohdb_2008_8% 2Fcont% 2Fbohdb_2008% 2E62% 2Ehtm。

〔2〕　同时,Beck-Online 还在其媒体库中提供一些视频的演示说明,如果你有任何问题,观看这些演示视频可能会有所帮助。详见网站中如下标识:Service/Hilfe/Mediathek。

1.单行搜索栏

登录数据库网站后,单行搜索栏会出现在上部区域。例如,如果你想阅读某个主题,你可以在这里输入通用术语或关键词进行初步搜索,查找资料来源或使用案件编号来搜索判决。然而,关于搜索关键词,需要注意的是 Beck-Online 并不解释你的搜索条目,这与你可能习惯的从谷歌等搜索引擎上搜索到的情况不同。法律数据库将只向你显示包含你的搜索条目的精准关键词的文件。

2.详细搜索

为了缩小搜索范围,你可以使用详细搜索功能。在这你可以选择特定的出版物类型和法律领域,也可以在时间、地点和作者方面限制搜索。要做到这一点,请点击搜索栏下的详细搜索标签(边码 79 及以下)。

3.专业搜索

(1)如果你想进一步系统地缩小限制搜索要求,或将其与其他关键词联系起来,你可以开始一个所谓的专业搜索。

(1)要做到这一点,你必须首先点击搜索栏下面的详细搜索按钮。在打开的窗口中,选择专业搜索类别。

(2)然后会出现另一个切换窗口。在这里,你可以选择个别领域。通过打钩,你可以选择只在标题中搜索。

(3)在这下面,你可以选择文本、法院、作者或案件号等类别。然后,鼠标点击将只搜索这些领域的关键词。

应特别注意旁边的和(UND)、或者(ODER)、除了(WITHOUT)和相近(NEHR)操作符。通过选择相应的操作,可以进行更特定的搜索。UND 操作符允许你同时搜索两个词。然后,这些必须在被搜索的文件中累积出现。ODER 操作符允许你搜索交替使用的术语。这对同义词特别有用。如果你想要包含一个术语但不包含另一个术语的结果,我们推荐使用 WITHOUT 操作符。你可以使用 NEAR 操作符来获得内含字母差别不超过十个字的两个单词的搜索结果。

你不仅可以结合搜索词,还可以结合不同的操作符。通过放置括号,可使得搜索的结构合理,更容易获得所需的搜索结果。

数据库右侧的关键词列表同样可以提供帮助。此外,所谓的滚雪球式搜索也可以用来进行扩展搜索。你可以点击显示文本中的脚注,这些脚注被列在每页的底部。然后,通过该脚注的超链接,你将被带到被引用的参考文献,从而获得另一个参考文献。不应被忘记的是"另见"(Siehe-auch)功能。这显示了已经引用过该检索文本的所有作品。

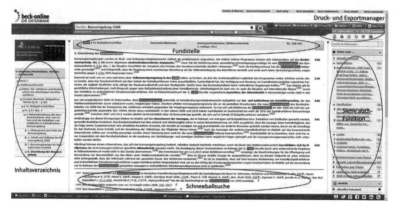

图附2

(二)法律文献

1.法律评注和手册

Beck-Online特别适合作为法律评注和手册的参考书。下面是一个搜索的例子。例如,你要找的是有关过失的意思表示(fahrlässigen Willenserklärung)的争议(第三章边码11)。

(1)第一步,在搜索栏中输入如下相关段落:在 BGB § 119 条缺乏表示意识(意思)的情况下。通过点击搜索,现在首先会出现的该规范的法律条文。

(2)在右侧的"另见"标签下,你会发现有一栏列出了各类的法律评注和手册。

(3)在这里你可以选择个别的法律评注/手册。然后你将被转到相应的文件。这里我们要练习一下,请点击一次《德国民法典慕尼黑评注》。这将带您进入《德国民法典》第119条的慕尼黑评注。

(4)使用文件搜索功能,你现在可以通过在法律评注的第119章中输入"缺乏表示意识"或"特里尔葡萄酒拍卖"等关键词,然后按回车键来搜索争议。

提示:

在右侧的"另见"栏中,在关键词"其他版本"下,你可以调出相关评注的前几个版本。例如,这个功能就特别有用,当脚注中引用了以前的版本。

如果你想搜索更多的特定的关键词,请点击右上角的"在文件中搜索",并输入所需的搜索词。你可以在三个类别中选择——文件、法律评论§119 BGB 和整个作品。通过点击放大镜符号,可以在所选定区域搜索该关键词。

2.论文

"详细的搜索"(Detailsuche)将帮助你找到最新的文章。这里取决于你是否已经知道所需论文的作者或进一步的书目的细节,或者你只是想通过关键词搜索进一步获得一些文章。

(1)如果你有一个特定的参考:

A.点击搜索栏下的详细搜索标签。这将打开另一个具有各种可选择类别的搜索字段。通过打钩来选择论文。

B.再往下看,你必须在"作者(Autor):"栏中输入具体的作者。例如,你可以在这里输入 Möllers, Thomas M. J.。在出版物(Publikationen)搜索栏中,如果你还知道该期刊的名称,你可以输入该期刊的名称。在这里为了练习,你输入一次 EuZW(欧洲经济法杂志)。现在点击右下方的搜索按钮或按回车键。

C.你会看到我的文章"Möllers, Das PSPP – Urteil des BVerfG und die Europäische Rechtsunion, EuZW 2020, 503"作为一个搜索结果。

(2)如果你没有一个特定的参考:

A.在搜索栏下再次点击详细搜索标签。这将打开另一个具有各种可选择类别的搜索字段。同样,通过打钩来选择论文。

B.现在在上述搜索栏中输入所需的关键词。例如 PSPP。点击搜索后,会出现含有关键词 PSPP 的文章。其中就有你刚刚找到的来自 EuZW(欧洲经济法杂志)的文章。

但请注意,该数据库主要可用于访问贝克出版社出版的期刊。你必须自己在 ZIP(经济法)、JZ(法学家报)等杂志上寻找其他参考文献(第四章边码9)。

3.对专著的(徒劳的)搜索

通过 Beck-Online 搜索专著是很困难的,因为 Beck-Online 几乎不包含任何专著的全文(第四章边码9)。因此,有必要通过 OPAC(第四章边码9)进行搜索,并去图书馆(查找)。

搜索某位作者或某部专著是否被引用也是不容易的。例如,如果你在搜索我的《法学方法论》(Juristische Methodenlehre)(附录五边码73)时,在位于顶部标签的 Beck-Online 搜索栏中输入 Möllers,你会自动直接被引导到"Möllers, Wörterbuch der Polizei, 3rd ed. 2018"。通过输入"Möllers"进行短语搜索在这里也无用。只有在输入"Möllers, Juristische Methodenlehre"时加上双引号,才能得到引用该作品的案例法和法律文献的参考资料。

(三)法院判决

82 如果你要搜索法院的判决或裁决,你可以使用各种搜索选项,这取决于你所掌握的信息,或者你是否只想使用关键词搜索。

(1)在详细搜索中,通过打钩"判决"(Rechtsprechung)。

(2)直接在下面,你可以通过点击限制选项来限定你搜索的类别(例如判决的日期/时期;法律规范;法院;案件标识等)。

(3)提交搜索后,将显示与您输入的搜索标准相匹配的法院判决。

如果要按关键词搜索,可以再次按照上述程序进行(附录五边码80)。

提示:在阅读判决书时,看一下参考(Fundstelle)字段:判决书标题旁边的叉号或星号意味着该判决书已在有关法院的判决书文集中出版(第四章边码50及以下)。在右侧的"另见……"一栏中,你可以找到以前的案例,其他来源,甚至还可以找到对官方文集的引用。在"另见……"下的右栏中,您可以找到以前的实例,以及对官方裁判汇编(amtliche Sammlung)的引用。

(四)搜索完成-保存并打印

83 一旦你找到了适当的参考文献,文本上方的字段就会提供有关该文件的书目数据信息。你需要这些信息以保证正确地引用文献(第五章边码36及以下)。为了以后能随时引用,你可以使用右侧栏的打印和导出管理器。这允许你直接打印出文件,或者在下载的情况下,以引用来源为名称保存之。这项服务比用复印机复印要方便得多。文本管理对你的学术工作的修改阶段尤其重要(第七章边码59及以下)。

二、通过 Juris 法学数据库进行搜索的说明

84 Juris 法学数据库特别适合搜索判决书;但是,你也会发现一些法律评注和

论文。与 Beck-Online 数据库相比,在操作上没有太大的区别。因此,这里的说明可以简短点。

(一)找到参考文献的三个步骤

(1)可以通过 Juris 页面顶部的单行搜索栏,通过搜索项(Suche in)进行搜索。

(2)单击"更多搜索字段"(Weitere Suchfelder),打开一个包含搜索类别的窗口。在这里,你可以通过在各个字段中输入规范、作者、法院、日期等类别进行专门搜索。

(3)填写完所需的字段后,点击搜索字段右边的放大镜符号或按回车键。将会出现相应的文件或参考文献供选择。

(二)Juris 的使用技巧

提示 1:通过 Juris,你可以比较容易地找到许多法院判决,从而获得第一手资料。你必须要滚动到该法院的裁决页面底部。在那里可以找到相关的参考资料、会议过程和进一步的说明。然而,请注意,Juris 为判决书添加的边码有时与《官方裁判汇编》(Amtlichen Sammlungen)中的边码不同(第五章边码74)。因此,你应该引用的是《官方裁判汇编》中的边码数字,而不是 Juris 数据库中的数字。且需要与法院官方的判决进行核对。

图附 3

提示 2:与 Beck-Online 相比,Juris 数据库里面法律评论的内容比较少。但是它会为您提供一些知名法律评注的全文,如施陶丁格(Staudinger)对 BGB 的法律评注或 Otto Schmidt 出版社的专门法律评注。

提示 3：即使 Juris 数据库提供的论文范围较小，你也会发现几乎所有的论文都有一个简短的摘要（第四章边码 12）。在这里，你可以得到一个简述。

提示 4：在搜索法律规范文本时，你可以通过版本比较（Fassungs-vergleich）选项将当前有效的版本与旧版本进行比较。这样，你就可以始终跟踪法律的变化。

提示 5：由于 Juris 与 Beck-Online（附录五边码 78）不同，不允许在文件内进行搜索，因此，应提及使用快捷键"［Ctrl］+［F］"（附录四边码 56、边码 61）进行文件搜索功能。这允许你在当前打开的文件中搜索关键词。

提示 6：最后，你会发现在标签的顶部有一个符号，点击后可以将收缩到的文件保存为 PDF 文件。

术语索引[*]

A

Abkürzungsverzeichnis　缩略语索引　§ 7 Rn.74, § 9 Rn.60
Abstraktion　抽象　§ 6 Rn.18 ff.
Advocatus diaboli　少数派辩护人　§ 1 Rn.71, § 3 Rn.42 f.
Ähnlichkeitsargument　相似性论证　§ 3 Rn.22, 32, 34
Aktenvortrag　判决分析报告　§ 8 Rn.29 f.
Aktualisieren　更新　§ 4 Rn.114
　　der Dissertation vor der Veröffentlichung　博士论文出版前的　§ 9 Rn.56
Aktualität s. Quelle　时事性
　　　　　　　　　参见：来源

Amtliche Sammlung, europäische　官方裁判汇编, 欧盟的　§ 4 Rn.48
　　Zitieren von　引用　§ 5 Rn.59 ff.
Amtliche Sammlung, nationale　官方裁判汇编, 国内的　§ 4Rn.50 ff.
　　Zitieren von　引用　§ 5 Rn.68
Amtsblatt, europäisches　官方裁判汇编, 欧盟的　§ 4 Rn.15, 26 f.
　　Zitieren von　引用　§ 5 Rn.47 ff.

Analogie s.Einzelanalogie　类推适用, 参见术语 Einzelanalogie（个别类推）

---

[*] 本索引所示数字指代本书各章之数字及其边码。如 § 7 Rn.48 表示第七章边码 48, § 3 Rn. 43 f.表示第三章边码 43 至边码 44, 而 § 4 Rn.18 ff.则表示第四章边码 18 及以下数段。——译者注

Anhang der wissenschaftlichen Arbeit　学术论文的附录　§ 7 Rn.80
empirische Untersuchungen　实证研究　§ 7 Rn.80
 Graphiken　图表　§ 7 Rn.80
 Statistiken　数据　§ 7 Rn.80
 Verzeichnisse　索引,参见该术语
Anschaulichkeit　直观
 des juristischen Stils　法学语言风格的　§ 6 Rn.24 ff.
Anspruchsaufbau imZivilrecht　民法中的请求权结构　§ 2 Rn.13 ff.
 Anspruchsgrundlagen　请求权基础,参见该术语
 Anspruchssteller　请求人　§ 2 Rn.14
 Anspruchsziele　请求目标　§ 2 Rn.115
 Reihenfolge der Prüfung von Ansprüchen　请求权检验顺序　§ 2 Rn.18 ff.
 Subsumtion　涵摄,参见该术语
Anspruchsgrundlagen　请求权基础　§ 2 Rn.32 ff., 54, 76
 Auslegung　解释　§ 2 Rn.30
 Anspruchssystem　请求权体系　§ 2 Rn.34
 Prüfung innerhalb der　……内的检验　§ 2 Rn.35
 Subsumtion　涵摄,参见该术语
Anspruchssteller　请求人,参见术语 Anspruchsaufbau im Zivilrecht(民法中的请求权结构)
Anspruchssystem　请求权体系
 des Bürgerlichen Gesetzbuchs　民法中的　§ 2 Rn.34
Anspruchsziele　请求目标,参见术语　Anspruchsaufbau im Zivilrecht(民法中的请求权结构)
Anwendungsfälle　适用的案例　§ 1 Rn.77 ff.
 als Hilfe beim aktiven Lernen　作为主动学习的辅助手段　§ 1 Rn77ff.
Arbeiten(s)　研究、工作
 Grundbedingungen akademischen　学术的基本条件　§ 1 Rn2 ff.
 systematisches　系统性的　§ 1 Rn.24, 52
 wissenschaftliches　学术的　§ 1 Rn.23 ff., § 7 Rn.26, § 7 Rn.65, § 5 Rn.3

Arbeitsgemeinschaft　工作(学习)小组
　　private　私下的　§ 1 Rn.51, 66 ff., § 8 Rn.42
Arbeitsmittel　工作设备
　　Laptop, Notebook oder Tablet　笔记本电脑、笔记本或平板电脑　§ 1 Rn. 15
Argumentationsstrukturen　论证结构　§ 3 Rn.13 ff.
Auditorium　礼堂
　　Wirkung auf　作用于 § 8 Rn.16, 34 ff.

　　Zwischenfragen　(演讲的)中途提问　§ 9 Rn.48
Ausblick　展望　§ 7 Rn.45, § 8 Rn.19
Auslandsaufenthalt　到外国学习　§ 1 Rn.42 ff.
Auslegung von Normen　法律规范的解释　§ 3 Rn.14 ff., § 4 Rn.38
Auslegungskanon　解释规则　§ 3 Rn.14
Äußere Form　外在形式
　　der wissenschaftlichen Arbeit　学术论文的　§ 7 Rn.68 ff.
Auszeichnungen　奖励
　　für die Doktorarbeit　对博士论文的　§ 9 Rn.64
Authentizität　真实　§ 8 Rn.50

B

Baumstrukturen　树干结构,参见术语 Strukturen(结构)
Bearbeitervermerk　题干　§ 2 Rn.3 ff.
Beck-Online Beck-Online　数据库　§ 4 Rn.13 附录五 Rn.71
Begriffspyramide　概念金字塔　§ 1 Rn.84 f., § 6 Rn.40
Begründetheit　实体理由,参见术语 Fallaufbau im öffentlichen Recht(公法中的案例结构)
Beispiele　实例　§ 4 Rn.29, § 9 Rn.47
-als Mittel der Veranschaulichung　作为说明的手段　§ 6 Rn. 29, § 8 Rn. 50
Beteiligte　参与人,参见术语　Fallaufbau im Strafrecht(刑法中的案例结构)
Beweisführung　论证　§ 3 Rn.37 ff.

Bibliothek　图书馆

　　Literatursuche　文献检索　§ 4 Rn.4 ff.

Bibliothek, virtuelle　图书馆，虚拟　§ 4 Rn.79 f.

　　Deutsche Digitale Bibliothek　德国数字图书馆　§ 4 Rn.77

　　GoogleBooks　谷歌电子书　§ 4 Rn.79

　　Social Science Research Network（SSRN）　社会科学研究网　§ 4 Rn.81

Bibliographien　文献目录　§ 4 Rn.75

Bildschirmblindheit　屏幕眼盲　§ 1 Rn.20

Billigkeitskontrolle　合理性检验　§ 2 Rn.60

Blickkontakt　眼神接触　§ 8 Rn.11

Blindzitate　盲目引用，参见术语 Zitieren（引用）

Bluebook　蓝皮书　§ 5 Rn.2, Rn.46

Buchbesprechungen　书评　§ 4Rn.94, 89, § 9 Rn.65

Bundesgesetzblatt　联邦法律公报　§ 4 Rn.33, 50

　　Zitieren von　引用　§ 5 Rn.51

Bundesratsdrucksachen　联邦参议院出版物　§ 4 Rn.39

　　Zitieren von　引用　§ 5 Rn.56

Bundestagsdrucksachen　联邦议会出版社　§ 4 Rn.39

　　Zitieren von　引用　§ 5 Rn.56

C

Checkliste zur Formatierung　格式化检查清单　附录四 Rn.32 ff.

Celex-Nummer EUR-Lex　数据库识别码　§ 4 Rn.15

Clustering　聚类分析　§ 1 Rn. 86 ff

Computer　电脑

　　Arbeit am　用电脑工作　§ 1 Rn.18 ff.

　　Checkliste zur Formatierung　格式化检查清单　附录.4 Rn. 32 ff.

　　CIP-Pool　计算机设备援助工程　§ 1 Rn.15

　　Laptop/ Notebook / Tablet　笔记本电脑/ 笔记本 / 平板电脑　§ 1 Rn.15

　　Textverarbeitungsprogramme　文字编辑软件　§ 4 Rn.110

Corona-Pandemie 新冠疫情
-Bedeutung von Lehrbüchern 教科书的重要性 § 1 Rn.17
-Homeoffice 家庭办公室 § 1 Rn.12 f.

-Internetrecherche 互联网搜索 § 4 95 ff.
-Präsentation 演讲 § 8 51 f.
Curia 欧盟法院案官方例网 § 4 Rn.48

D

Darstellender Teil s. Struktur der wissenschaftlichen Arbeit
描述性部分 s. 论文的结构
Datenbanken 数据库 § 4 Rn.9 ff.
Diskussion 讨论
    nach dem Vortrag 在报告之后 § 8 Rn.23 ff., 32, 57 ff.
Dissertation 博士论文,参见术语 Doktorarbeit(博士论文)
Doktorand 博士生,参见术语 Doktorarbeit(博士论文)
Doktorarbeit 博士论文
    Eidesstattliche Erklärung 替代宣誓的声明 § 9 Rn.44
    Finanzierung 资助 § 9 Rn.17 ff.
    Gliederung 提纲 § 7 Rn.46 ff., § 9 Rn.25
    Rigorosum 口试 § 9 Rn.45 f.
    Rohentwurf 初稿 § 9 Rn.28 f.
    sinnvoller Zeitpunkt 有意义的时间 § 9 Rn.13 f.
    Stichwortverzeichnis 关键词索引 § 9 Rn.60
    Themenbegrenzung 限定主题 § 6 Rn.46, § 7 Rn.40
    Themensuche 选取主题 § 9 Rn.15 f.
    Veröffentlichung 出版 § 9 Rn.47 ff.
    Vorwort 前言 § 9 Rn.59
    Zulassungsvoraussetzungen 资格要求 § 9 Rn.43
Druckfahnen 校稿清样

Korrekturvorschriften 修改规则 §9 Rn.55
Layout 版式设计 §9 Rn.61
Druckkostenzuschuss 出版费用 §9 Rn.55
Duden 杜登 §1 Rn.14, §6 Rn.32, §7 Rn.74

E

E-Book 电子书 §9 Rn.48 ff.
Eidesstattliche Erklärung 替代宣誓的声明 §7 Rn.81, §9 Rn.44
Einfachheit 简单
    des juristischen Stils 法学语言风格的 §6 Rn.24 ff.
Einleitung 导言, 参见术语 Struktur der wissenschaftlichen Arbeit (学术论文的结构)
Einzelanalogie 个别类推 §3 Rn.22 ff., 34
Empirische Untersuchungen 实证研究
    im Anhang der wissenschaftlichen Arbeit 学术论文附录中的 §7 Rn.80
Endnoten 尾注, 参见术语 Zitieren (引用)
Entscheidungen 判决, 参见术语 Gerichtsentscheidungen (法院裁判)
Entscheidungsbesprechungen 案例评议 §4 Rn.92
    Zitieren von 引用 §5 Rn.90
Entwurf einer wissenschaftlichen Arbeit 学术论文的草稿
    erster Entwurf 初步草稿 §7 Rn.15
    Rohentwurf 初稿 §6 Rn.42 ff., §6 Rn.45 ff., §9 Rn.28
Erfahrungen 经历
    berufliche 职业的 §1 Rn.45
Erfolgsqualifikation, 结果加重犯, 参见术语 Fallaufbau im Strafrecht (刑法中的案例结构)
Ergebniskontrolle 结论的检查 §2 Rn.60 ff.
    Alternative Lösungswege 替代性解决方案 §2 Rn.61
    Billigkeitskontrolle 合理性检验 §2 Rn.60
    unbekannte Probleme 不认识的问题 §2 Rn.62 ff.

Erkenntnisse 知识 §1 Rn.24

Erklärungsbewusstsein, fehlendes 缺乏表示意识(意思) §3 Rn.11

Erst-recht-Schluss 当然推论 §3 Rn.22, 32, 34

Erste Juristische Prüfung 第一次国家司法考试
  Juristische Universitätsprüfung 大学考试 §1 Rn.30, §1 Rn.46
  Erstes Juristisches Staatsexamen 第一次国家司法考试 §1 Rn.48 ff.

Erstes Staatsexamen 第一次国家考试,参见术语 Staatsexamen(国家考试)

Eselsbrücken 记忆口诀 §1 Rn.82

EUR-Lex 欧盟法律数据库 §4 Rn.15

Europarechtskonforme Auslegung 合欧盟法的解释 §3 Rn.14

European Case Law Identifier-ECLI 欧洲法院案例标识 §5 Rn.61,附录2 Rn.13

Exposé 论文报告
  als Beginn der Promotion 作为读博的开始 §9 Rn.21 ff.

F

Fahrlässige Willenserklärung 过失的意思表示 §3 Rn.12

Fallaufbau im Öffentlichen Recht 公法中的案例结构 §2 Rn.48 ff.
  Begründetheit 实体理由 §2 Rn.56
  Klagearten 诉讼类型 §2 Rn.49
  Obersatz 大前提 §2 Rn.53
  Verhältnismäßigkeit 合比例性 §2 Rn.57
  Zulässigkeit 合法性 §2 Rn.55

Fallaufbau im Strafrecht 刑法中的案例结构 §2 Rn.36 ff.
  Beteiligte 参与人 §2 Rn.38
  Erfolgsqualifikation 结果加重犯, §2 Rn.46
  Konkurrenzen 竞合 §2 Rn.47
  Obersatz 大前提 §2 Rn.40
  Qualifikation 加重情节 §2 Rn.45
  Tatkomplexe 行为综合体 §2 Rn.37 ff.

Falllösung　案例分析　§ 2 Rn.1 ff.
Festschriften　庆典文集　§ 4 Rn.69
　　　Zitieren von　引用　§ 5 Rn.87
Fiktionen　拟制　§ 6 Rn.37
Filmmethode　影片联想法　§ 1 Rn.81
Finanzierung　资助
　　　der Promotion　攻读博士学位的　§ 9 Rn.17 ff.
　　　der Veröffentlichung einer Doktorarbeit　博士论文出版的　§ 9 Rn.54
　　　des Studiums　学业的　§ 1 Rn.40
Folien　幻灯片　§ 5 Rn.55 f.
Formalien　格式
　　　bei der Klausur　考试的　§ 2 Rn.73 ff.
　　　bei der wissenschaftlichen Arbeit　学术论文的　§ 7 Rn.69 ff.
Formulierungen　表达
　　　gedrechselte　矫揉造作　§ 6 Rn.12
　　　in juristischen Texten　用法律文字　§ 6 Rn. 5 ff.
　　　weitschweifige　冗长的　§ 6 Rn.12
Forschungsergebnisse　研究结论
　　　Wiedergabe von　复述　§ 7 Rn.44
Füllwörter　补助词　§ 6 Rn.10
Fußnoten　脚注, 参见术语　Zitieren（引用）

G

Garantenpflichten　保证人义务
　　　strafrechtliche　刑法上的　§ 1 Rn.82 ff.
Gedächtnisschriften　纪念文集, 参见术语　Festschriften（庆典文集）
Gedankengang　思路
　　　klarer　清晰的　§ 1 Rn.83, § 7Rn.48 ff., § 3 Rn.37 ff.
Gegenmeinung　反面观点
-Widerlegung der　驳斥　§ 3 6 ff.

Gerichtsaufbau 法院体系 § 4 Rn.46 f.

Gerichtsentscheidungen 法院裁判

 ausländische 外国的 § 4 Rn.58

 europäische 欧盟的 § 4 Rn.48 ff.

 europäische Amtliche Sammlung 欧盟法院官方裁判汇编 § 4 Rn.48

 nationale 国内的 § 4 Rn.50

 nationale Amtliche Sammlungen 国内法院官方裁判汇编 § 4 Rn.50 f.

 nationale inoffizielle Sammlungen 国内法院非正式裁判汇编 § 4 Rn.53

 Zitieren von 引用 § 5 Rn.58 ff.

Gesetze 法律 参见术语 Gesetzestexte（法律文本）

Gesetzesmaterialien 立法材料 § 4 Rn.41 ff.

 Zitieren von 引用 § 5 Rn.55 f.

Gesetzestexte 法律文本

 europäische 欧盟的 § 4 Rn.26 ff.

 Geschichte 立法史 § 4 Rn.31 f.38

 Sammlungen 法律汇编 § 4 Rn.26, 29

 inoffizielle Sammlungen 非正式法律汇编 § 4 Rn.29, 36

 internationale und ausländische 国际与国外的 § 4 Rn.44

 nationale 国内的 § 4Rn.33 ff.

 Geschichte 立法史 § 5 Rn.34

 offizielle Sammlungen 正式法律汇编 § 4 Rn.26, 33

 Sammlungen 法律汇编 § 4 Rn.33

Gesetzgebungsverzeichnis 法律规范索引 § 5 Rn.116

Gestik 手势 § 8 Rn.5 ff., 32 f., 44 ff., 49

Gliederung 提纲 § 7 Rn.46 ff., § 8 Rn.25

 eines Vortrages 报告的 § 9 Rn.14

 Überschriften 标题 § 7 Rn.75 f.

 Vorteile 优点 § 2 Rn.10 ff.

Gliederungssystem 提纲系统

alphabetisch 字母型 §7 Rn.47
  Auswahl 选择 §7 Rn.46 f.
  numerisch 数字型 §7 Rn.46
Google 谷歌 §4 Rn.24, 79, §5 Rn.94, 99, §10 Rn.9
  Google Books 谷歌书 §4 79; §5 16
  Google Scholar 谷歌学术 §4 79; §5 16
Grammatik 语法
  在法律文本中, §6 Rn.32
Grammatische Auslegung 文义解释 §3 Rn.14
Graue Literatur 不典型的文献 §4 Rn.99, §5 Rn. 24, 98, 107
Gutachtenstil 鉴定式风格 §2 Rn.68 ff.
  Mischformen mit Urteilsstil 与判决式风格的混合形式 §2 Rn.71 f.

H

Handbücher 手册 §4 Rn.65 ff.
  Zitieren von 引用,参见术语 Monographien(专著)
Hauptteil 主要部分,参见术语 Struktur der wissenschaftlichen Arbeit(学术论文的结构)
Hausarbeit 家庭论文 §1 Rn.28 ff., §7 Rn.22 f.
HeinOnline HeinOnline 数据库 §4 Rn.19
Herrschende Meinung 通说 §3 Rn.29, §5 Rn.29
Historische Auslegung 历史解释 §3 Rn.14
Homeoffice 居家工作 §1 Rn. 12 ff.

I

Informationstechnologie 信息技术
  Vorteile und Gefahren 优点与风险 §4 Rn.7 ff.
Inhaltsverzeichnis 目录
  der wissenschaftlichen Arbeit 学术论文的 §7 Rn.73
Internet 互联网 §4 Rn.5 ff.

Gefahren　风险　§ 4 Rn.9

Internetzeitschrift　互联网期刊　§ 4 Rn.82

Vorteile　优点　§ 4 Rn.6

wichtige Adressen　重要网址　附录一 Rn.3 ff.

Zitieren　引用　§ 5 Rn.92 ff.

Interviews　访谈

 in Medien　通过媒体　§ 4 Rn. 98, § 5 Rn.98

 selbst durchgeführte　自行进行的　§ 5 Rn. 98

J

Jurion　陪审团　§ 4 Rn. 14

Juris　数据库　§ 4 Rn.12, 附录五 Rn.84ff.

Juristendeutsch　法学德语　§ 6 Rn.1 ff.

Juristenreform　法学教育改革　§ 1 Rn.45, § 7 Rn.83

Juristische Begriffe　法律术语

 Benutzung von　使用　§ 6 Rn.33 ff.

Juristische Kreativität　法学创新　§ 3 Rn.36 ff.; § 8 Rn.6

 bei dem methodischen Ansatz des Themas　在选题的方法论方面　§ 9 Rn.8 ff.

 bei der Bearbeitung juristischer Probleme　在处理法律问题方面　§ 9 Rn.31 ff.

 bei der Themenwahl　在选择主题方面　§ 9 Rn. 7

Juristische Methodik　法学方法　§ 3 Rn.13 ff.

 Bewegliches System　动态系统　§ 3 Rn.25

 Einzelanalogie　个别类推　§ 3 Rn.22 ff., 34

 teleologische Reduktion　目的性限缩　§ 3 Rn.18 ff.

 Vergleichsfallmethode　案件类比的方法　§ 3 Rn.31 f. Methodenlehre（方法论）

Juristische Recherche　法律检索　§ 4 Rn.1 ff.

Juristische Zeitschriften　法学期刊　§ 4 Rn.66 ff.

Zitieren von 引用 § 5 Rn.88

K

Karlsruher virtueller Katalog 卡尔斯鲁厄虚拟目录 § 4 Rn.76

Karteikarten 索引卡片
 als Hilfsmittel beim Vortrag 作为报告的辅助工具 § 8 Rn.54
 zum Lernen 用于学习 § 1 Rn.73, 85

Kipp'sche Lehre von der Doppelwirkung 基普提出的"双重效力理论" § 2 Rn.5, § 10 Rn.3 ff.

Klarheit 清楚
 des juristischen Stils 法学语言风格的 § 6 Rn.24 ff.参见术语 Roter Faden(主线)

Klausur 闭卷考试 § 2 Rn.1 ff.
 als erster Entwurf einer wissenschaftlichen Arbeit 作为学术论文的初步草稿 § 7 Rn.14
 Zeiteinteilung 时间安排 § 2 Rn.1 ff.

KOM-Dokument 欧盟委员会文档 § 4 Rn.31
 Zitieren von 引用 § 5 Rn.55

Kommentare 法典评注 § 4 Rn.63 ff.
 Zitieren von 引用 § 5 Rn.79 ff.

Kommunikation 沟通
 Agieren des Sprechers 说话者的行为 § 8 Rn.10
 Auftreten 举止 § 8 Rn.2, 34, 45, 47
 Blickkontakt 眼神接触 § 8 Rn.11
 Gestik 手势 § 8 Rn.7 ff., 32 f., 44 ff., 49
 Mimik 面部表情 § 8 Rn.7 ff., 13, 33, 44 ff.
 nonverbale 非言语的 § 8 Rn.7, 11 ff., 44 ff.
 paraverbal 次言语的 § 8 Rn.10 ff., 44 ff.
 Reaktion des Zuhörers 听众的反应 § 8 Rn.11 ff.

Stimme 嗓音 § 8 Rn.10, 46 f.
Konkretisierung von Rechtsnormen 法律规范的具体化 § 3 Rn.25 ff.
Konkurrenzen 竞合 参见术语 Fallaufbau im Strafrecht（刑法中的案例结构）
Konzentrationsfähigkeit 注意力 § 1 Rn.8 f., § 8 Rn.17
Korrekturvorschriften 修改规则 § 7 Rn.66
Kreativität 创新, 参见术语 Juristische Kreativität（法学的创新性）
Kürzen 缩减 § 7 Rn.56 ff.
Kurzzitat 缩略引用 § 5 Rn.43 ff., 77

L

Leerformeln 空白公式 § 6 Rn.8 f.
Legaldefinitionen 立法定义 § 6 Rn.34
Legal Research 法律检索 § 4 Rn.2, 114
Legal Writing 法律写作 § 6 Rn.3
Lehrbücher 教科书 § 4 Rn.62
  Zitieren von 引用 § 5 Rn.78
Lernen 学习 § 1 Rn.47 ff.; 也参见术语 Lerntechniken（学习技巧）
 aktives 主动的 § 1 Rn.66 ff.
 bildhaftes 带图形的 § 1 Rn.78 ff.
 strukturiertes 结构性的 § 1 Rn.83 ff.
Lerntechniken 学习技巧 § 1 Rn.61 ff.
 akustische 听力的 1 Rn.66 f.
 visuelle 视觉的 § 1 Rn.66 f.
Lesen 阅读 § 1Rn.3 ,5f
Lesetechnik 阅读技巧
 rationelle 有效的 § 4 Rn.83 ff.
LexisNexis.com LexisNexis 数据库 § 4 Rn.20
Literaturauswertung 文献评价 § 1 Rn.29, § 4 Rn.83 ff.
Literatursammlung 文献搜集 § 1 Rn.29, § 4 Rn.1 ff.

Literaturverwaltung　文献管理　§ 4 Rn.113 f.
　　Ordner　文件夹　§ 4 Rn.111 f.
Literatursichtung　文献筛选　§ 4 Rn.85 ff.
Literaturverzeichnis　文献索引
　　der wissenschaftlichen Arbeit　学术论文的　§ 5 Rn.106 ff.
　　vorläufiges　临时的　§ 4 Rn.113
Lösungswege　解决方案
　　alternative　替代性　§ 2 Rn.61
　　Lücke, planwidrige　缺口(漏洞),计划外(违反计划)　§ 3 18

M

Master of Laws (LL.M.)法学硕士　§ 1 Rn.42 f.
Masterarbeit　硕士学位论文　§ 1 Rn.35, § 7 Rn.21 ff.
　　Aufbau　结构　§ 7 Rn.34 f.
Meinung　观点
　　herrschende　通说　§ 3 Rn.29, § 5 Rn.29
Meinungsstreitigkeiten　观点争论,参见术语 Streitstände(争论点)
Meta-Katalog　汇总图书目录　§ 4 Rn.4, 76
Methodenlehre　方法论　§ 3 Rn.13 ff., § 9 Rn.2 f.
Mimik　面部表情　§ 8 Rn.7 ff., 13, 33, 44 ff.
Mind Map　思维导图
　　beim Vortrag　报告中的　§ 8 Rn.53
　　Mind Mapping　思维导图　§ 1 Rn.89 f.
Mischformen　混合形式
　　zwischen Gutachten-und Urteilsstil　鉴定式风格和判决式风格 § 2 Rn.71 f.
Monographien　专著　§ 4 Rn.61
　　Zitieren von　引用　§ 5Rn.78
Mündliche Prüfung　口头结辩*,参见术语 Staatsexamen(国家考试)

---

* 口头结辩(mündliche Prüfung)包括口试(Rigorosum)和答辩(Disputation)两种形式。——译者注

N

Neue Informationstechnologie　新信息技术，参见术语 Informationstechnologie（信息技术）

Niederschrift　草稿　§ 2 Rn.65ff., § 9 Rn.21

Nomen Nominandum(N.N.)　佚名　§ 5 Rn.91

Nonverbale Kommunikation　非言语的沟通，参见术语 Kommunikation（沟通）

Normzweck　规范的目的　§ 3 Rn.34 f.

Numerisches Gliederungssystem　数字型提纲系统　§ 7 Rn.46

O

Obersatz　大前提　§ 2 Rn.40, 53

Online Public Acces Catalogue（OPAC）　联机公共查询目录　§ 4 Rn.4, 76

Online-Videokonferenz　在线视频会议　§ 1 Rn.18, § 8 Rn.52

Online-Zeitschrift　互联网期刊　§ 5 Rn.76

Open Access　公共访问权限 § 4 Rn. 80

Optische Hilfsmittel　视觉的辅助工具

　　Skizze　草图　§ 2 Rn.5

　　Zeittafel　时间表　§ 2 Rn.5

Organisation　组织

　　des Studiums　学业的　§ 1 Rn.40 ff.

Orthographie　正字法

　　in juristischen Texten　用法律文字　§ 6 Rn.32 f.

P

Phantasie　想象

　　juristische　法律　§ 2 Rn.64

Plagiat　抄袭　§ 5 Rn.1 ff.

　　rechtliche Konsequenzen　法律后果　§ 5 Rn.16 ff.

Plain language movement　简明法律语言运动　§ 6 Rn.3

Podcast 播客 § 8 Rn. 51
PowerPoint-Präsentation 演示文稿 § 8 Rn. 55 ff.
Präjudizien 判例 § 3 Rn.29 ff.
Präzision 精确
  des juristischen Stils 法学语言风格的 § 6 Rn.31 ff.
Probleme 问题
  unbekannte 不认识的 § 2 Rn.62 ff.
Problemaufriss 问题概览 § 6 Rn.47 ff.
Promotionsstipendien 博士奖学金 参见术语 Stipendien(奖学金)
Propädeutisches 预备的、入门的
  Seminar 研讨课 § 1 Rn.25, 31

Q

Qualifikation 加重情节 参见术语 Fallaufbau im Strafrecht(刑法案例结构)
Quellen 文献
  Aktualität 即时 § 4 Rn. 100; § 5 Rn.99
  Primärquelle 原始文献 § 5 Rn. 31, 33
  Sekundärquelle 引证文献 § 5 Rn. 33
  Seriosität einer Quelle 来源的可靠性 § 4 Rn. 79

Quellenkritik 文献评价 4 Rn.85 ff., § 5 Rn.4, 31 f.
Quellensuche 文献检索
  als Bestandteil juristischen Arbeitens 作为法律工作的组成部分 § 4 Rn. 1 ff.
Querlesen 检视阅读 § 5 Rn.109

R

Randnummer 边码 § 5 Rn.37, 40, 62, 72, 78
Räumlichkeit 空间
  für wissenschaftliches Arbeiten- 用于学术工作 § 1 Rn. 12 f.
Recherche 检索 § 4 Rn.1 ff.

  Hilfen　帮助　§ 4 Rn.75 ff.

  mittels Bibliothek　利用图书馆　　§ 4 Rn.4ff.

  mittels Internet　利用互联网　　§ 4 Rn.21 ff.

  mittels juristischen Datenbanken　利用法律数据库　§ 4 Rn.7 ff.

  über europäische Gemeinschaftsorgane　通过欧盟机构　§ 4 Rn.32

  über nationale Behörden　通过国内政府部门　§ 4 Rn.42

  von ausländischen Gerichtsentscheidungen　外国法院的判决 § 4 Rn.58 f.

  von ausländischen Gesetzen　外国法　§ 4 Rn.44

  von ausländischer Rechtsliteratur　国外的法律文献　§ 4 Rn. 71 ff.

  von europäischen Gerichtsentscheidungen　欧盟法院的裁判　§ 4Rn.48 ff.

  von europäischen Gesetzen　欧盟法律　§ 4 Rn.26 ff.

  von europäischer Gesetzesgeschichte　欧盟的立法史　§ 4 Rn.31 f.

  von europäischer Rechtsliteratur　欧盟的法律文献　§ 4 Rn.61 ff.

  von nationalen Gerichtsentscheidungen　国内的裁判　§ 4 Rn.50 ff.

  von nationalen Gesetzen　国内法　§ 4 Rn.33 ff.

  von nationaler Gesetzesgeschichte　国内的立法史　§ 4 Rn.38 f.

  von nationaler Rechtsliteratur　国内的法律文献　§ 4 Rn.61 ff.

Rechtsanwalt　律师

  Tätigkeit während der Promotion　在读博士期间执业　§ 9 Rn.20

Rechtsdogmatik　法教义学　§ 9 Rn.31 f.

Rechtserkenntnisquelle　法律知识的来源　§ 4 Rn.85 ff.

Rechtsliteratur　法律文献　§ 4 Rn.55ff.

  Zitieren von　引用　§ 5 Rn.77ff.

Rechtsprechung　裁判文书

  Bedeutung beim Zitieren　引用的意义　§ 5Rn.58

  Recherche im Internet　通过互联网检索　§ 5 Rn.7ff.

Rechtsprechungsidentifikator(ECLI-European Case Law Identifier)　欧盟案例识别码　§ 4 Rn.48, 附录二 Rn.13

Rechtsprechungsverzeichnis　案例索引　§ 5 Rn.115

Rechtsquelle　法律来源　§ 4 Rn. 25 ff., 85 ff.

Rechtstexte 法律规范

  von Instituten, Behörden und Gerichten　研究所、政府部门和法院的　§ 4 Rn.42ff.

Redemanuskript　讲演稿　§ 8 Rn.53

Reduktion　缩限

  teleologische　目的性　§ 3 Rn.21ff.

Reform der Juristenausbildung　法学教育改革

参见术语　Juristenreform(法学教育改革)

Relevanz der Quelle　来源的相关性　§ 4 Rn.85 ff.

Renommee　名声

  einer Quelle　一个来源的　§ 4 Rn. 66, 99; § 5 Rn. 95

  eines Verlages　一个出版社的　§ 4 Rn. 89, 9 51

Rhetorik　修辞学

  Rhetorische Qualitäten　修辞学品质　§ 8 Rn.10 ff.

Rigorosum　博士学位口试　§ 1 Rn.21, § 9 Rn.45f.

Rohentwurf der Doktorarbeit　博士论文的初稿 参见术语　Doktorarbeit(博士论文)

Roter Faden　主旨脉络　§ 6 Rn.22 ff., § 7 60 ff.

S

Sachverhalt　案情

  Erfassen des　理解(案情)　§ 2 Rn.7 ff.

  Lektüre des　阅读(案情)　§ 2 Rn.4

  Lücken im　漏洞在　§ 2 Rn.8

Sachverhaltshermeneutik　案情解释学　§ 9 Rn. 9

Sachverhaltsquetsche　扭曲案情　§ 2 Rn.8

Sammelfußnote s. Bauernopfer　概括脚注 参见术语 典型引用

Sammlung　汇编参见术语　Gerichtsentscheidungen(法院裁判)

Schachtelstil　嵌套式语言风格　§ 6 Rn.5 ff.

Schlagworte　关键词　§ 1 Rn.82, § 4 Rn.9, § 5 Rn.60, 65

Schneeballsystem 滚雪球体系 §4 Rn.105

Schreibtechnik 写作方法 §6 Rn.42

Schrifttum 文献

  wissenschaftliches （学术的） §4 Rn.60 ff.

Schuldrechtsmodernisierungsgesetz 债法现代化法 §6 Rn.9

  Anspruchssystem 请求权体系 §2 Rn.34

SEK-Dokument 欧盟 SEK 文件 §4Rn.31

  Zitieren von 引用自 §5 Rn.55

Seminararbeit 研讨课论文(作业) §1 Rn.30 ff.

  Aufbau 结构 §7 Rn.28 ff.

  Benotung 分级 §Rn.1 30

  Themenbegrenzung 限定主题 §7 Rn.27

  Vortrag 讲座、报告 §1 Rn.33

Seriosität einer Quelle s. Quelle 来源的严肃性 参见术语 来源

Skizze 草图参见术语 optische Hilfsmittel(视觉的辅助工具)

Social Science Research Network(SSRN) 社会科学研究网 §4 Rn.81

Soziale Kompetenz 社会竞争力 §1 Rn.72, §9 Rn.19

Sprache 语言

  juristische 法学的 §6 Rn.1 ff.

Staatsexamen 国家考试

  mündliche Prüfung 口试 §8 Rn.31 ff.

  Vorbereitung auf das erste 准备第一次 §1 Rn.45 ff.

Statistiken 数据

  für die eigene Forschungsfrage 为自己的研究问题 §4 Rn. 98

  im Anhang der wissenschaftlichen Arbeit 在学术论文附录中 §7 Rn.80

Steinbruchmethode 断石法,即"断章取义法"(Beweistextmethode) §6 Rn.42

Stellungnahme 意见 参见术语 Struktur der wissenschaftlichen Arbeit(学术论文的结构)

Stichwortverzeichnis 关键词索引

in der Doktorarbeit 在博士论文中的 §8 Rn.60

Stiftungen 基金会 参见术语 Stipendien(奖学金)

Stil 风格

 anschaulicher 直观 §6 Rn.29 f.

 einfacher 简单 §6 Rn.24 ff.

 klarer 清楚 §6Rn.24 ff.

 knapper 紧凑 §6Rn.23

 präziser 准确、精确 §6 Rn.31 ff.

Stipendien 奖学金

 für das Studium 学习的 §1 Rn.40

 Promotionsstipendien 博士奖学金 §9 Rn.17

Streitstände 争议

 Darstellung von 提出 §3 Rn.2ff.

Struktur der wissenschaftlichen Arbeit 学术论文的结构

 Begründung 理由 §3 Rn.2

 Beweisführung 论证 §3 Rn.37 ff.

 Darstellung von Streitständen 提出争议 §3 2 ff.

 Einleitung 导论 §6 Rn.47 ff., §7 36 ff.

 fallorientiert 案例型 §7 Rn.30

 Gedankengang 思路 §7 Rn.48 ff.

 Hauptteil 主体部分 §7 Rn.41 ff.

 normorientiert 规范型 §7 Rn.31

 Zusammenfassung 总结、综述 §7 Rn.44 f.

Strukturdenken 结构性思维 §1 Rn.83 ff.

Strukturen 结构 §1 Rn.84

 hierarchische 递阶的 §1 Rn.84

 lineare 线状的 §1 Rn.84

Studienarbeit 学业论文 参见术语 Seminararbeit[研讨课论文(作业)]

Studium 学习

 Auslandsstudium 境外学习 §1 Rn.42 ff.

Doktorarbeit 博士论文,参见该术语
Finanzierung 资助 § 1 Rn.40
Planung des 计划 § 1 Rn.40ff.
Seminararbeit 研讨课论文(作业),参见该术语
Vorbereitung auf das erste Staatsexamen 准备第一次国家考试 § 1 Rn.45ff.
Subsumtion 涵摄 § 1 Rn.26, § 2 Rn.24 ff,68
Systematisch-logische Auslegung 体系-逻辑的解释 § 3 Rn.14

T

Tageszeitungen 报纸 § 4 Rn.74,95
  Zitieren von 引用自 § 5 Rn.91
Tagungsband 会议论文 § 4 69
Tatkomplexe s.Fallaufbau im Strafrecht 行为综合体,参见刑法中的案例结构
Tautologien 同义反复 § 6 Rn.39
Teleologische Auslegung 目的解释 § 3 Rn.14
Teleologische Reduktion 目的性缩限 § 3 Rn.21 ff.
Textbearbeitungsprogramme 文字编辑软件 § 4 Rn.110 f., 附录四 Rn.32 ff.
Themenbegrenzung 限定主题 § 6 Rn.46, § 7 Rn.21
Thesenpapier 观点清单 § 8 Rn.24 ff., 56
Titelblatt 封面 § 7 Rn.72, § 9 Rn.43, 附录 3 Rn.29
Trierer Weinversteigerung 特里尔葡萄酒拍卖会 § 3 Rn. 11

U

Überschriften 标题 参见术语 Gliederung(纲要)
Übertreibungen 夸大其词
-in juristischen Texten （在法律文本中） § 6 Rn. 8 ff., Rn.14
Umgehungsargument 规避论证 § 3 Rn.18, 32
Unbekannte Probleme 不认识的问题
  Umgang 处理 § 2 Rn.62 ff.

Universitätsprüfung 大学考试 参见术语 Erste Juristische Prüfung（第一次法律考试）

Unwissenschaftliches Arbeiten 非学术研究 § 5 Rn.19 ff.

Urhebergesetz 著作权法

 Verletzung durch Plagiate 通过抄袭侵犯著作权 § 5 Rn.17 ff.

Urteilsstil 判决式风格

 Mischformen mit Gutachtenstil 与鉴定式风格的混合形式 § 2 Rn.71 f.

V

Verfassungskonforme Auslegung 合宪性解释 § 3 Rn.14

Vergessen 遗忘

 von Informationen 信息 § 1 Rn.61 ff.

Vergleichsfallmethode 案例类比的方法 § 3 Rn.31 ff. Verhältnismäßigkeit 合比例性 § 2 Rn.57Verlage 出版社

 für die Veröffentlichung von Doktorarbeiten 博士论文出版 § 9 Rn.50 ff.

Vermutungen 推定 § 6 Rn.35 f.

Veröffentlichung der Doktorarbeit 博士论文的出版

 Aktualisieren 更新 § 9 Rn.56

 Druckfahnen 校稿清样 § 9 Rn.62

 Finanzierung 资助 § 9 Rn.54

 im Kopierladen 在打印店 § 9 Rn.49

 in elektronischer Form 数字出版 § 9 Rn.50

 Kosten 费用 § 9 Rn.54 ff.

Verständlichkeit 可理解、易懂

 des Vortrages 合同的 § 8 Rn.10, 23

Verwaltung 管理

 von Texten 文字的 § 1 Rn.20 ff.

Verzeichnis 目录、索引

 Abkürzungsverzeichnis 缩略语索引 § 7 Rn.74

 Gesetzgebungsverzeichnis 法律法规索引 § 5 Rn.116

　　　　Inhaltsverzeichnis　内容目录　§ 7 Rn.75

　　　　Literaturverzeichnis　文献索引　§ 5 Rn.106 ff.

　　　　Rechtsprechungsverzeichnis　判决索引　§ 5 Rn.115

　　　　Stichwortverzeichnis　关键词索引　§ 9 Rn.60

Vollzitat　完全引用　§ 5 Rn.42 ff.

Vorlesung　大学课程　§ 1 Rn.67

Vortrag　报告、演讲　§ 8 Rn.1 ff.

　　　　Aktenvortrag　判决分析报告　§ 8 Rn.29 f.

　　　　Anschaulichkeit　直观　§ 8 Rn.20 ff.

　　　　Beschränkung auf das Wesentliche　抓住重点　§ 8Rn.17

　　　　Diskussion nach dem　（报告）后的讨论　§ 8 Rn.27

　　　　Einleitung　导论　§ 8 Rn.34 ff.

　　　　freier　自由、脱稿　§ 8 Rn.40 ff.

　　　　Gedankengang　思路　§ 8 Rn.21

　　　　Hauptteil　主体部分　§ 8 Rn.19

　　　　Hilfsmittel　辅助手段　§ 8 Rn.54 ff.

　　　　Redemanuskript　讲演稿　§ 8 Rn.53

　　　　Relevanz für den Juristen　对法律人的重要性　§ 8 Rn.31 ff.

　　　　Thesenpapier　观点清单　§ 8 Rn.26

Vorwort　前言

　　　　in der Doktorarbeit　在博士论文中　§ 9 Rn.59

W

Wahrnehmen von Informationen　信息的认识　§ 1 Rn.61 ff.

Webex　思科网迅　§ 8 Rn.52

Westlaw Westlaw　数据库　§ 4 Rn.17

Widmung　献词　§ 9 Rn.59

Wiedergabe der Forschungsergebnisse　复述研究结论　§ 7 Rn.44

Wiederholen　复习

　　-von Erlerntem　的学问 § 1 66 ff.

Wikipedia　维基百科　§ 4 Rn.24, § 5 Rn.96
Wille　意志、意愿
 gesetzgeberischer　立法者的　§ 3 Rn.34
Wissen　知识
 Wissenserwerb　获取知识　§ 1 Rn.62.
 Wissenskontrolle　检验知识　§ 1 Rn.62., 71
 Wissensumsetzung am konkreten Fall　把知识运用到具体案例中　§ 1 Rn.71f.
Wissenschaftlicher Mitarbeiter　学术工作人员
 während der Promotion　在读博士期间　§ 9 Rn.19
Wissenschaftliches Arbeiten　学术研究　§ 1 Rn.23 ff., § 7 28
Wochenplan　周计划
 für die Phase der Examensvorbereitung　为准备考试阶段　§ 1 Rn.59
Word Word　软件　§ 4 Rn.110 f., 附录四 Rn.32 ff.

Z

Zebrastreifenfall　斑马线案　§ 2 Rn.1, Rn.66
Zeiteinteilung　时间分配
–bei der Klausur　笔试考试时 § 2 Rn.1
Zeitmanagement　时间管理
 während des Studiums　在学习期间的　§ 1 Rn.40 ff.
Zeitplan　时间规划
–bei umfangreichen wissenschaftlichen
Arbeiten　在广泛的学术论文写作阶段　§ 7 3 ff.
–für die Phase der Examensvorbereitung　考试准备阶段 § 1 Rn.56

Zeitschriften　期刊　§ 4 Rn.66
 Zitieren von　引用自　§ 5 Rn.88 f.
Zeittafel　时间表　参见术语　optische Hilfsmittel(视觉的辅助工具)
Zitat　引用
 Blindzitate　盲目引用　§ 5 Rn.28

Einordnungs-, Lenkungs- und Bewertungsfunktion　归类、指引、评价功能
§ 5 Rn.4
 Indirektes　间接　§ 5 Rn.27
 Nachweisfunktion　证明作用　§ 5 Rn.3
 Sammelzitat　概括引用　§ 5 Rn.27
 Überprüfungsfunktion　审查功能　§ 5 Rn.5
 Wörtliches　直接　§ 5Rn.25 f.
Zitieren　引用　§ 5 Rn.1 ff.
 aus der Amtlichen Sammlung　从官方裁判集　§ 5 Rn.66
 Bauernopfer　（典型引用）　§ 5 Rn.27
 Einheitlichkeit　统一性　§ 5 Rn.30
 Endnoten　尾注　§ 5 Rn.37 f.
 Fußnoten　脚注　§ 5 Rn.37 f.
 Kurzzitat　缩略引用　§ 5 Rn.43
 nach der Bedeutung des Urhebers　根据作者的重要性　§ 5 Rn.33 ff.
 nach Bluebook　根据 Bluebook　§ 5 Rn.2, 6 Rn.46
 Plagiat　抄袭　§ 5 Rn.1 ff.
 Primärquellen/Sekundärquellen　原始文献/引证文献　§ 5 Rn.33
 Quellenkritik　文献评价　§ 5 Rn.4, 31 f.
 Randnummer　边码　§ 5 Rn.37, 40, 62, 69, 78
 Vollzitat　完全引用　§ 5 Rn.42 ff., 77
 von US-amerikanischen Gesetzen　美国法律　§ 5 Rn.53
 von ausländischen Urteilen　美国的判决　§ 5 Rn.76
 von europäischen Gesetzen　欧盟法　§ 5 Rn.47 f.
 von europäischen Gesetzesmaterialien　欧盟的立法资料　§ 5 Rn.55
 von europäischen Urteilen　欧盟的裁判文书　§ 5 Rn.59 ff.
 von Fest- und Gedächtnisschriften　庆典文集和纪念文集　§ 5 Rn.87
 von grauer Literatur　非典型文献　§ 5 Rn.98
 von juristischen Zeitschriften　法学期刊　§ 5 Rn.88 f.
 von Lehrbüchern　教科书　§ 5 Rn.79

von Kommentaren　评注　§ 5 Rn.79 ff.

von Monographien　专著　§ 5 Rn.78

von nationalen Gesetzen　国内法　§ 5 Rn.49 ff.

von nationalen Gesetzesmaterialien　国内的立法资料　§ 5 Rn.56 f.

von nationalen Urteilen　国内的裁判文书　§ 5 Rn.65 ff.

von Überregionalen Zeitungen　从跨地区的报纸　§ 5 Rn.91 f.

von US-amerikanischen Gesetzen　从美国的法律　§ 5 Rn.53

von US-amerikanischen Rechtstexten　从美国的法律文本　§ 5 Rn.53

von Webseiten　从互联网　§ 5 Rn.92 ff.

Zitierfähige Quellen　可引用的文献 § 5 Rn.24 ff.

Zitierwürdige Quellen　值得引用的文献 § 5 Rn. 92 ff.

Zitierkartell　引用的索引卡　§ 5 Rn. 19

Zitierregeln　引用规则　参见术语 Zitieren(引用)

ZOOM　视频会议软件名　§ 8 Rn.52

Zulässigkeit　合法性,参见术语　Fallaufbau im öffentlichen Recht(公法的案例结构)

Zulassungsvoraussetzungen　资格要求

　　bei der Dissertation　博士论文(阶段) § 9 Rn.43

Zusatzqualifikationen　附加的资格(条件)证明 § 1 Rn.41

Zwischenergebnisse　阶段性结论　§ 7 Rn.43

译后记

默勒斯教授的《法律研习的方法：作业、考试和论文写作（第10版）》一书在三位译者一年半时间的共同努力下，终于即将付梓。

这本被德国法学院学生誉为法学院学习入门"蓝宝书"的教科书，自2002年第1版问世以来，收获了多方的美誉，得到了广泛的关注，目前已经发行到第10版。本书对法学院学生而言是一本非常实用的学习工作书。它以时间为顺序，贯穿整个学习过程。从开始规划学习法学，到最后一个学习阶段发表博士论文结束学业，给学生们提供了一些非常重要的提示和有益的建议。该书的目标是向学生们介绍法律学习的技巧和学术工作的方法：一方面，指导学生成功地通过第一次国家司法考试；另一方面，帮助学生熟练地应对学习过程中的各种典型的学术工作（闭卷考试、家庭作业、研讨课论文、学业论文、硕士论文和博士论文等）。对于非法律专业的学生而言，从本书法律类的举例中，也可以学习到那些超越法律专业内涵的知识，例如语言修辞、引用文献、书写规范、如何安排学习计划、考试计划乃至人生计划等。

中文版翻译的渊源来自于多位到访奥格斯堡大学法学院的国内教授的建议。每次国内教授来访，默勒斯教授都会赠送《法律研习的方法：作业、考试和论文写作》一书，并虚心询问中文版的发行是否会有益于中国法学院学生。当得到多位贤士，如中国政法大学比较法学研究院张彤教授、北京大学法学院江溯副教授、中南财经政法大学法学院李昊教授、对外经济贸易大学法学院傅广宇副教授等的肯定建议后，2016年年末，默勒斯教授决定授权翻译本书。在此，特别要感谢此期间到奥格斯堡大学作讲座的李昊教授。他充分肯定了本书中文版的发行意义，欣然应允将本书纳入其主编的"法律人进阶译丛"，并向北京大学出版社推荐出版。北京大学出版社陆建华编辑看到书稿介绍后，积极肯定了本书的价值并迅速与德国瓦伦（Vahlen）出版社联系了版权事宜。

瓦伦出版社为了本书中文版的顺利发行也开出了有史以来最优惠的版权条件。

本书的翻译工作由默勒斯教授的学术助理申柳华博士、北京大学和奥格斯堡大学法学院联合培养的民法学博士马强伟和在哥廷根大学法学院攻读知识产权法博士的杜志浩承担。具体分工如下：申柳华（第一章到第三章）、杜志浩（第四章、第七章到第九章）、马强伟（第五章、第六章），第十章、附录、术语索引等文前、文后部分为三人共同承担。本书的译者遵循严谨与团结互助的精神，在严肃认真地翻译自己章节的基础上，互换校稿多次，共同讨论各种存疑译法。例如，"Hausarbeit"和"Studienarbeit"在本书中最后分别翻译为"家庭作业"和"学业论文"，而没有采用此前散见国内各种论文中的翻译法。因为"Hausarbeit"虽然大多数是要求采用鉴定式进行案例分析，但是与闭卷考试中完成的案例分析不同的是：在家庭作业中需要参考引用学术文献并讨论争议。它实际上是介于案例题和论文之间的一种形式。因此，本书采用了这个词本来的字面意义"家庭作业"，即在家里完成的作业。"Studienarbeit"最后翻译为"学业论文"，因为德国大学中，它是为硕士论文（Diplomarbeiten 和 Magisterarbeiten）做准备的一种论文形式。通常学生通过先写作这种论文而获得写作硕士论文的资格。又如，"EuGH（Der Europäische Gerichtshof）"的翻译方法，本书并没有采用国内通用的欧洲法院的翻译方法，而是根据实际所指译为"欧盟最高法院"，将"EuG（Gericht erster Instanz der Europäischen Union）"译为"欧盟法院"（曾称为"第一法院"）。因自《里斯本条约》以来，《欧盟条约（EUV）》第19条第1款中以所谓的"欧盟最高法院"的概念指代司法审判权，分为欧盟最高法院（EuGH）、欧盟法院（EuG）和专门法院[到目前为止只设置了一个专门法庭，即欧盟公务员法庭（EuGöD）]三级。在欧洲冠以 Eu（Europäische）开头的法院，实际上除了欧洲人权法院（Der Europäische Gerichtshof für Menschenrechte）是真正欧洲意义上的法院之外，其他都仅指欧盟的法院的意思，这源于在英译或德译中经常将"Union"一词省略而导致的误解。再如"Festschriften"虽然常用作祝寿文集，但实际也有可能是为庆祝某大会或组织成立、某法典颁布多少周年等之类的文集，本书作为统称并未特指祝寿文集，故翻译为"庆典文集"更为准确。

在本书首版成稿后，中南财经政法大学法学院李昊教授、北京大学博士唐志威对全书进行了细致的校译,纠正和修改了不妥或不完美的译法。因此,本书首版的翻译从严格意义上说是三位译者与校译者共同智慧的结晶。

本书首版的翻译过程中,恰逢拜仁州高教基金奖学金资助的机缘,奥格斯堡大学法学院欧中法律研究创新中心于2017年7月20日举办了"中国民法改革的新发展"论坛。大会由默勒斯教授主持,来自国内著名高校法学院的七位教授与奥格斯堡大学法学院的四位教授就2017年3月15日颁布的《中华人民共和国民法总则》,按照篇章的顺序进行了系统的中德比较研究,分析了其创新与不足。在此次论坛上三位译者还就翻译问题与默勒斯教授进行了面对面的详细交流。

2021年本书德文第10版出版。2020年在肆虐全球的新冠病毒感染疫情暴发的背景下,法学研习方法也面临了新的变革,因此,默勒斯教授在2021年德文第10版中与时俱进地增加了许多于新冠病毒感染疫情背景下如何学习法学的内容,例如视频学习的方法与模式;新版中也引用了默勒斯教授另一部力作《法学方法论》的大量内容。按照默勒斯教授的学术景愿,本书《法律研习方法》是其法学方法论三部曲的首部曲。在本书第9版发行后,默勒斯教授酝酿与写作了二十余年的第二部曲《法学方法论》出版。该书出版后在德国迅速断货,由于德国出版社没有加印一说,只能不停出新版,2021年年底已经是第4版。所幸2022年北京大学出版社顺利发行了中文版,并获得了国内法学教授学者、司法工作者与同其他法律人积极的肯定,进一步推动了中德现代法学方法论之比较研究的更深入的发展。第三部曲目前正在写作当中,近年也将面世。

本书第10版更新了50%以上的内容。本书首版受欢迎的程度也是我们坚持同步更新的动力。本书于2019年出版后,得到了国内法科生与老师们的普遍认可与大力推荐,例如南京大学法学院的朱庆育教授、刘青文研究员、中南财经政法大学的李昊教授等。在此致以由衷的谢意。这也同时让我们有了一种责任感,必须力保作为默勒斯教授法学方法论首部曲的本书的中文版也能成为一本与时俱进的有价值的法科生入门导读物。

中文第10版在第9版文字稿的基础上有所更新,新增加部分文字的翻译工作由原译者中的两位继续承担,分别是:默勒斯教授的学术助理申柳华教授博士(德国奥格斯堡大学法学院欧中研究与创新中心)和马强伟博士(上海财经大学法学院讲师)。

  值本书中文第 10 版发行之际,期冀更多中国法律人能够在这本入门指导书的帮助下,顺利攀登"完全法律人(Volljurist)"之法学阶梯,在了解了德国法学教育的流程、熟悉并掌握德国法学研究的研习方法的基础上,学以致用、融会贯通地学习中国实然的法律制度,并推动中国应然法学研究的繁荣。一方面,这有益于中国法律人进一步熟悉国内法学院正在逐渐推广的德国鉴定式案例教学;另一方面,也期冀能吸引更多的中国学子赴德国研习法学,并在本书的指导下成功地完成学业。促进中德法学教育更深入地交流、更广泛地发展,乃为本中文版发行的最终愿景。

申柳华 2023 年春节
于德国奥格斯堡

法律人进阶译丛

⊙ 法学启蒙

《法律研习的方法：作业、考试和论文写作（第10版）》，〔德〕托马斯·M.J.默勒斯 著，2024年出版

《如何高效学习法律（第8版）》，〔德〕芭芭拉·朗格 著，2020年出版

《如何解答法律题：解题三段论、正确的表达和格式（第11版增补本）》，〔德〕罗兰德·史梅尔 著，2019年出版

《法律职业成长：训练机构、机遇与申请（第2版增补本）》，〔德〕托尔斯滕·维斯拉格 等著，2021年出版

《法学之门：学会思考与说理（第4版）》，〔日〕道垣内正人 著，2021年出版

⊙ 法学基础

《法律解释（第6版）》，〔德〕罗尔夫·旺克 著，2020年出版

《法理学：主题与概念（第3版）》，〔英〕斯科特·维奇 等著，2023年出版

《基本权利（第8版）》，〔德〕福尔克尔·埃平 等著，2023年出版

《德国刑法基础课（第7版）》，〔德〕乌韦·穆尔曼 著，2023年出版

《刑法分则I：针对财产的犯罪（第21版）》，〔德〕伦吉尔 著

《刑法分则II：针对人身与国家的犯罪（第20版）》，〔德〕伦吉尔 著

《民法学入门：民法总则讲义·序论（第2版增订本）》，〔日〕河上正二 著，2019年出版

《民法的基本概念（第2版）》，〔德〕汉斯·哈腾豪尔 著

《民法总论》，〔意〕弗朗切斯科·桑多罗·帕萨雷里 著

《德国民法总论（第44版）》，〔德〕赫尔穆特·科勒 著，2022年出版

《德国物权法（第32版）》，〔德〕曼弗雷德·沃尔夫 等著

《德国债法各论（第16版）》，〔德〕迪尔克·罗歇尔德斯 著，2024年出版

⊙ 法学拓展

《奥地利民法概论：与德国法相比较》，〔奥〕伽布里蕥·库齐奥 等著，2019年出版

《所有权的终结：数字时代的财产保护》，〔美〕亚伦·普赞诺斯基 等著，2022年出版

《合同设计方法与实务（第3版）》，〔德〕阿德霍尔德 等著，2022年出版

《合同的完美设计（第5版）》，〔德〕苏达贝·卡玛纳布罗 著，2022年出版

《民事诉讼法（第4版）》，〔德〕彼得拉·波尔曼 著

《德国消费者保护法》，〔德〕克里斯蒂安·亚历山大 著，2024年出版

《日本典型担保法》，〔日〕道垣内弘人 著，2022年出版

《日本非典型担保法》，〔日〕道垣内弘人 著，2022年出版

《担保物权法（第4版）》，〔日〕道垣内弘人 著，2023年出版

《日本信托法（第2版）》，〔日〕道垣内弘人 著，2024年出版

《公司法的精神：欧陆公司法的核心原则》，〔德〕根特·H. 罗斯 等 著，2024年出版

⊙ 案例研习

《德国大学刑法案例辅导（新生卷·第三版）》，〔德〕埃里克·希尔根多夫著，2019年出版

《德国大学刑法案例辅导（进阶卷·第二版）》，〔德〕埃里克·希尔根多夫著，2019年出版

《德国大学刑法案例辅导（司法考试备考卷·第二版）》，〔德〕埃里克·希尔根多夫著，2019年出版

《德国民法总则案例研习（第5版）》，〔德〕尤科·弗里茨舍 著，2022年出版

《德国债法案例研习I：合同之债（第6版）》，〔德〕尤科·弗里茨舍 著，2023年出版

《德国债法案例研习II：法定之债（第3版）》，〔德〕尤科·弗里茨舍 著

《德国物权法案例研习（第4版）》，〔德〕延斯·科赫、马丁·洛尼希著，2020年出版

《德国家庭法案例研习（第13版）》，〔德〕施瓦布 著

《德国劳动法案例研习（第4版）》，〔德〕阿博·容克尔 著

《德国商法案例研习（第3版）》，〔德〕托比亚斯·勒特 著，2021年出版

⊙ 经典阅读

《法学方法论（第4版）》，〔德〕托马斯·M. J. 默勒斯 著，2022年出版

《法学中的体系思维与体系概念（第2版）》，〔德〕克劳斯-威廉·卡纳里斯 著，2024年出版

《法律漏洞的确定（第2版）》，〔德〕克劳斯-威廉·卡纳里斯 著，2023年出版

《欧洲民法的一般原则》，〔德〕诺伯特·赖希 著

《欧洲合同法（第2版）》，〔德〕海因·克茨 著，2024年出版

《民法总论（第4版）》，〔德〕莱因哈德·博克 著，2024年出版

《合同法基础原理》，〔美〕麦尔文·A. 艾森伯格 著，2023年出版

《日本新债法总论（上下卷）》，〔日〕潮见佳男 著

《法政策学（第2版）》，〔日〕平井宜雄 著